Parteien, Bosse, Promotionen

L. Doğan Tılıç

Parteien, Bosse, Promotionen

Die beschämende Wirklichkeit des Journalismus in Griechenland und der Türkei

Dieses Buch wurde möglich dank großzügiger Förderung durch Hans-Albert Stechl, Journalist und Rechtsanwalt, Freiburg, und Pit Klein, Journalist, Baden-Baden

Erste Auflage März 2003

Originaltitel: *Untanıyorum ama Gazeteciyim*
Erschienen 1988 im Iletişim Verlag, Istanbul,
und 2000 im Papazisis Verlag, Athen

Herausgeber:
Deutsche Journalisten-Union (dju/SWJV) Baden-Württemberg,
ver.di e.V., Fachbereich Medien, Kunst und Industrie

Übersetzung aus dem Türkischen:
Dr. Helga Rittersberger-Tılıç, Vasso Gildizi, Mehmet Uksul

Redaktionelle Bearbeitung: Pit Klein
Umschlaggestaltung: Rainer Oxenknecht
Satz und Layout: Rainer Klüting mit CCS Textline
Herstellung: Books on Demand GmbH, Norderstedt
ISBN: 3-8311-4559-8

Inhalt

Vorwort des Autors zur deutschen Fassung

Das Buch wurde 1998 in der Türkei, und in Griechenland im Jahre 2000 veröffenlicht. Die deutsche Veröffentlichung erfolgt vier Jahre nach der ersten. In diesen vier Jahren hat sich in den türkisch-griechischen Beziehungen Wichtiges getan. Mit den Erdbeben, die in beiden Ländern im Jahre 1999 stattfanden, erfolgte eine Umorientierung in der bis dahin auf Feindschaft basierenden Beziehung: Die Atmosphäre wurde freundschaftlicher. So vergaßen zum Beispiel die Türken in der durch diese Erdbeben hervorgerufenen Freundschaftseuphorie, dass sich der PKK–Führer Öcalan in Kenia ausgerechnet in der griechischen Botschaft aufgehalten hatte. Eine Analyse der gegenwärtigen türkisch-griechischen Verhältnisse benutzt eine neue Zeitrechnung: vor und nach den Erdbeben. Nach den Erdbeben fanden beide Länder eine positivere Beurteilung in den Medien.

Ich fürchte aber, dass sich, trotz dieser auffallenden Veränderungen, im Kern überhaupt nichts verändert hat. Die Besitzstruktur und die strukturelle Basis, welche die Berichterstattung über nationale Themen bestimmen, haben sich nämlich nicht geändert. Ich befürchte, dass die Beziehungen Medien-Staat und die Rolle der Medien bei der Reproduktion der offiziellen Ideologie vor und nach den Erdbeben gleich geblieben sind. Die Journalisten beider Länder disputierten vor den Erdbeben mit einer Hassterminologie, nach den Erdbeben umarmten sie sich mit Liebesworten. Hier sollten die türkischen wie auch die griechischen Journalisten aufrichtig die folgende Frage an sich richten: Wenn sich die beiden Außenminister Cem und Papandreou nicht umarmt hätten, wenn es nicht zu diesem Wandel in der offiziellen Politik gekommen wäre, hätten sich dann die Journalisten beider Länder trotzdem umarmt? Ich glaube, dass die Feindschaft der alten Tage wie auch die momentane Umarmung in Freundschaft eine Reflektion der offiziellen Politik waren und sind. Aber nur wenn Journalisten nicht mehr nur die offizielle Politik reflektieren, werden sie zu einer unabhängigen Macht. Ist dies möglich? Auch wenn es theoretisch möglich ist, zeigen die Entwicklungen nach dem Terroranschlag vom elften September, dass es nicht nur in der Türkei und in Griechenland, sondern auch in den USA, wo die Medien angeblich die größte Unabhängigkeit besitzen, nur sehr schwer zu verwirklichen ist.

In den letzten vier Jahren erfolgten nicht nur wichtige Ereignisse, die auf die türkisch-griechischen Beziehungen in beiden Ländern Einfluss genommen haben, auch in den Medien kam es zu wichtigen Umwandlungen. Während es letztes Jahr in der Türkei zu mehr als 5000 Entlassungen im Mediensektor kam, organisierten die griechischen Journalisten zwei erfolgreiche Streiks gegen die zunehmende Arbeitslosigkeit und die sich verschlechternden Arbeitsbedingungen. In einem Land wie der Türkei, wo die Journalisten, weil sie kaum oder nicht organisiert sind, von einen Streik nur träumen können, gingen Medienbosse ins Gefängnis. Einige Medienorganisationen wechselten so schnell ihre Besitzer, dass es fast unmöglich wurde, die neue Besitzstruktur zu durchschauen. Aber fest steht, dass diese Veränderungen letztendlich zu einer verstärkten Monopolisierung geführt haben.

Im Jahre 2002 wurde vom türkischen Parlament das Gesetz, das eine „Hohe Radio- und Fernsehkommission“ vorsieht, verabschiedet. Es ist ein Gesetz, das nur von den Medienbesitzern befürwortet wird. Über Monate hinweg war das eines der wichtigsten Themen in den Medien. Jetzt aber, da dieses Gesetz gegen den erklärten Willen der meisten Medienschaffenden ratifiziert worden ist, wurde in den großen Medien kein Wort mehr darüber verloren.

Da die Ereignisse der letzten vier Jahre die Hauptthesen dieses Buches bestätigen, habe ich es nicht für notwendig gehalten, die Daten der ersten Veröffentlichungen in dieser deutschen Version zu verändern.

Nach dem elften September bezeugt die Situation der Journalisten in vielen Ländern, dass mein Ansatz auch auf einer globalen Ebene Bestätigung findet. Ein wirklich unabhängiger Journalismus hat es nicht nur in der Türkei und in Griechenland, sondern auch in den USA, in Westeuropa und auf dem ganzen Globus immer schwerer.

Eine neue Technologie, die einerseits neue Kommunikationsmöglichkeiten anbietet, führt andererseits zu einer steigenden Welle von Arbeitslosigkeit, zu einer Entfremdung der Journalisten von ihren Arbeitsplätzen und ihren Gewerkschaften und mündet letztendlich in eine Atomisierung der Journalisten selbst. Weder die neue Technologie noch die so genannte Globalisierung machen Hoffnung auf einen Ausgleich der Informationslücken zwischen den Informationsreichen und den Informationsarmen. Heute nutzen ca. 300 000 Personen weltweit das Internet. Das sind weniger als 5 Prozent der Weltbevölkerung. Die Zahl der Internetnutzer in der kleinen, aber reichen Schweiz ist größer als die Zahl der Internetnutzer auf dem gesamten afrikanischen Kontinent. Wie können wir unter diesen Bedingungen darauf hoffen, daß diese riesigen Diskrepanzen zwischen den reichen und armen Ländern durch die neue Technologie ausgeglichen werden?

Die extreme Monopolisierung und Kommerzialisierung der Medien ist nicht nur für die Türkei und Griechenland ein Problem, sondern ein weltweites Problem. Professor Ben Bagdikian schrieb in der ersten Edition seines Buches *The Media Monopoly* im Jahre 1983, dass die Weltmedien in den Händen von 50 Holdings seien. In der fünften Edition dieses Buches im Jahre 1996 belief sich diese Zahl nur noch auf ca. 10. Dean Alger schrieb in *Megamedia* 1998, dass die Weltmedien von 12 Konglomeraten kontrolliert würden. Diese Konglomerate seien neben ihren Aktivitäten in den Medien in vielen anderen Sektoren, auch in der Waffenindustrie, tätig. Wie können wir den gelieferten Informationen unter diesen Bedingungen Vertrauen schenken? Ist es möglich, diese Monopolisierung zu beoachten und keine Angst vor den Entwicklungen, die das 21. Jahrhundert uns bringen wird, zu bekommen?

Ein türkisches Sprichwort sagt: „Korkunun ecele faydası yoktur“ (Die Angst verhindert nicht den Tod). Wenn wir als Journalisten das Funktionieren der Medien beeinflussen wollen, genügt es nicht, nur Angst zu haben. Was getan werden kann, ist offensichtlich: Wir müssen die unterschiedlichen Journalismuspraktiken in verschiedenen Ländern begreifen und daraus Lehren ziehen. Auf nationaler Ebene müssen wir unsere Berufsgewerkschaften diesen neuen Konstellationen entsprechend umstrukturieren, und wir müssen einer internationalen Medienbesitzstruktur die internationale Solidarität der Journalisten entgegensetzen.

Wenn dieses Buch eine Einsicht in die türkischen und griechischen Journalismuspraktiken gibt und die Basis für Vergleichsmöglichkeiten mit dem real existierenden Journalismus im eigenen Lande ermöglicht, dann leistet es auch einen kleinen Beitrag zum Verständnis der Medienfunktionsprozesse insgesamt und global und hat sein Ziel erreicht.

Die deutsche Fassung konnte nur mit Hilfe einiger Personen zustande kommen: Ich danke meiner Ehefrau, Dr. Helga Rittersberger-Tılıç. Sie hat mich während der Untersuchung stets unterstützt und hat den größten Teil des Buches ins Deutsche übersetzt. Einige Kapitel wurden von meiner Freundin und Arbeitskollegin Vasso Gildizi und von Mehmet Uksul übersetzt. Mein besonderer Dank gilt meinem einstigen „Chef" beim ARD-Radio, Pit Klein. Er, der inzwischen ein lebenslanger Freund ist, hat das Buch gelesen, lektoriert und gekürzt und somit die deutsche Veröffentlichung vorbereitet.

Ich hoffe, daß es unser aller Bemühungen wert war.

Ankara, Juli 2002

Dozent Dr. L. Doğan Tılıç

Kapitel I
Einleitung: „Bevor ich in die Knie gehe, stürbe ich lieber“

Er war über 70 und seit mehr als einem halben Jahrhundert Journalist. In seinem Land galt er als der Papst des Journalismus. Er war der Chefredakteur einer der traditionellsten rechtstendierenden Zeitungen Griechenlands. In seinem halbdunklen, mit klassischen Möbeln äußerst bescheiden eingerichteten Zimmer begann er seine Ausführungen mit den Worten: „Lass‘ mich erst erzählen, wenn du dann noch Fragen hast, kannst du sie später fragen“, und vermittelte mir in einem Zug die Situation des griechischen Journalismus:

> Wie überall auf der Welt, erleben wir hier auch eine Krise in der Presse. In den letzten drei Jahren sind die Auflagen der griechischen Presse um fünfzig Prozent zurückgegangen. Die Auflagen sind unser größtes Problem. Auf der Suche nach einem Weg, um aus dieser Sackgasse herauszugelangen, haben wir als Erstes die Türkei kopiert und uns den Promotionen zugewandt.
>
> Das zweitgrößte Problem, mit dem wir in den letzten zehn Jahren konfrontiert wurden, ist die neue Besitzstruktur in den Medien. Große Kapitalgruppen begannen, eine Zeitung nach der anderen aufzukaufen. Warum steigt ein Geschäftsmann, der sich eigentlich mit anderen Geschäften befasst, in das wenig Gewinn bringende Zeitungsgeschäft ein? Wohl um die Zeitung für seine anderen Geschäfte zu benutzen... Und wirklich begannen die Zeitungen, die von Leuten aufgekauft wurden, die eigentlich Reederei-, Raffineriebesitzer und Immobi-

lienmakler waren, für ihre Besitzer zu arbeiten. Diese neuen Besitzer benutzten die Zeitungen, um ihre Beziehungen zur Regierung zu glätten. Mittlerweile sind 10 der 16 großen Athener Zeitungen in den Händen solcher Vermögensgruppen. Die Besitzer der Radio- und Fernsehanstalten sind dieselben Leute. Es gibt nur noch vier Zeitungen, die solchen Gruppen gehören, die sich nur mit dem Zeitungswesen beschäftigen.

Trotz dieser Krise haben die griechischen Medien einen großen Einfluss auf das politische Leben des Landes. Die Zeitungen haben einen unangefochtenen Einfluss auf das politische Leben. Die vier größten revolutionären Angriffe Griechenlands wurden in Zeitungsbüros ausgelöst.

Meiner Meinung nach gibt es vier Hauptgründe für die Krise, in der wir uns heute befinden: Der erste Grund ist die Einstellung des Staates zu den Medien. In Griechenland gibt es keine richtige Journalistenschule. In den letzten Jahren haben hunderte von jungen Leuten in den Radioanstalten, die wie Pilze aus dem Boden schossen, Arbeit gefunden. Dies war eine Entwicklung, die der Qualität des durchschnittlichen Journalisten abträglich war. Da die Nachfrage nach Journalisten stieg, wurden viele private so genannte Journalistenschulen ins Leben gerufen. Die Jugendlichen imitierten Medienstars und begannen, genau wie diese von Millionen zu träumen. Heute studieren, beherrscht von diesem Traum, fünftausend Studenten in den privaten Journalismusschulen.

Der zweite Grund sind die neuen Medienbosse. Diese denken nicht an das Volk oder an den Beruf Journalist, sondern an ihre eigenen Vorteile.

Wir Journalisten sind der dritte Grund. Wie qualifiziert sind wir? Wie gut haben wir uns ausgebildet? Wie viel lesen wir? Leider kann ich diese Fragen nicht positiv beantworten.

Letztendlich muss man auf die Leser verweisen. Sie sind auch zum Teil verantwortlich für diese jetzige Krise. Das griechische Volk ist faul. Das Fernsehen hat ihm das Lesen abgewöhnt. Wo man doch mit Leichtigkeit durch eine Kiste die Welt verstehen kann, macht sich keiner die Mühe, Zeitungen oder Bücher zu lesen.

Einer unserer größten Feinde sind die Friedhöfe. Jährlich sterben hunderdreißigtausend Griechen. Dies steht gleich mit einem Verlust an Lesern. Da die Auflagen ständig zurückgehen, bedeutet er, dass wir die Verstorbenen nicht durch neue und junge Leser ersetzen.

Es gibt nicht viel Hoffnung, sich von diesen negativen

Aspekten zu befreien. Vielleicht können Journalisten ein bisschen in diesen Verlauf eingreifen. Wenigstens sind sie auf der Suche nach einer Lösung. Noch sind sie weit davon entfernt, eine Lösung zu finden, und leider sind ihre Hände durch die drei aufgeführten Gründe gebunden.

Meiner Meinung nach ist Derjenige, der den Journalismus ernst nimmt, ein Kämpfer. Ein Mensch, der wie ein Künstler leidenschaftlich an seinen Beruf gebunden ist. Ein Journalist ist einer, der seine Hand unter einen Stein steckt und den Stein von den Würmern darunter befreit. Die Stärke eines Journalisten kommt von seiner Unabhängigkeit. Er braucht keine andere Kraft als die der Unabhängigkeit. Ich war, bin und werde immer unabhängig bleiben. Deshalb halten mich viele für altmodisch. Wen kümmert's! Für einen Journalisten ist es besser zu sterben als in die Knie zu gehen. Vielleicht reißen sie mir den Kopf ab, weil ich so denke. Ehrlich gesagt, wollte ich auch nicht einen Kopf auf meinen Schultern tragen, der nicht zu mir gehört...

„Bevor ich in die Knie gehe, stürbe ich lieber", „ich würde nicht einen Kopf auf meinen Schultern tragen wollen, der nicht zu mir gehört"... Ich glaube, solange es Journalisten gibt, die so denken, wird, trotz aller schändlichen Umstände, von denen, die sagen: „Aber ich bin Journalist", immer ein Hoffnungsschimmer ausgehen, auch wenn dieser nur einem Kerzenlicht gleicht.

Es ist unmöglich zu leugnen, dass überall auf der Welt eine Tendenz besteht, Journalisten als Lügner anzusehen, und dass die Medien, außer Menschen zu informieren, auch andere Funktionen haben. Die Anzahl der Journalisten, die diese negative Entwicklung unterstützen, ist nicht zu unterschätzen. Jedoch gibt es auch solche, die unzufrieden sind über die Art und Weise des heutigen Journalismus und sich als „schizophrene Geschöpfe" und ihre Arbeit als „Prostitution" bezeichnen. Die Journalisten sind in einem Dilemma und doch bemüht, einen Ausweg zu finden. Einerseits sollen sie beruflichen Prinzipien und elementaren Zielen des Journalismus folgen, andererseits arbeiten sie an einem Arbeitsplatz, unter einem Arbeitgeber, als bezahlte Arbeitskraft. Dieses Dilemma wird sowohl von dem ein halbes Jahrhundert als Journalist tätigen und als Papst des Journalismus geltenden Journalistem wie auch von Berufsneulingen empfunden.

Hier ist einer von diesen. In seiner zweieinhalbjährigen Berufskarriere hat er in drei Zeitungen gearbeitet, welche er als liberal und islamisch definiert. Er teilt dieselbe Enttäuschung, die viele seiner Kollegen und der „griechische Papst" ausdrückten. Obwohl er für eine islamische Zeitung arbeitet, sieht er sich als „politisch und ideologisch auf einer neutralen Linie". Er betont, dass es zwischen dem Journalismus, wie er ihn sich vorstellt, und dem, den er macht, einen riesigen Unterschied gibt:

> Bevor ich mit dem Journalismus begann, dachte ich, dass dies ein unerreichbarer Beruf sei. Für den Journalismus gibt es viele Definitionen, aber die beste für den Journalisten in der Türkei ist „amigo". Journalisten können den größten Teil der Dinge, die sie wissen und in Erfahrung gebracht haben, nicht an das Volk weitergeben.
>
> Die Türkei ist ein Land, in dem Korruption und Diebstahl vorherrschen. Davon haben auch die Medien ihren Teil abbekommen. Der Wert eines Journalisten wird nicht mehr an den von ihm geschriebenen Nachrichten gemessen, sondern an seiner Nähe zur Regierung. Journalisten lügen. Es gibt keine Nachrichten, es gibt keine ethischen Werte. Alles beruht auf einem groben Profitstreben. Kann der Wirtschaftskorrespondent einer Zeitung, die einem Holdingbesitzer gehört, die Wahrheit schreiben? Der Boss befiehlt „geh' und schlag' zu", und er schlägt zu. Er ist der, der den Abzug drückt. Uns wurde beigebracht, dass Journalisten unparteiisch seien, und dass sie Ereignisse wahrheitsgetreu wiedergeben. Nachdem ich selbst mit drin stecke, habe ich gesehen, wie anders doch die Realität ist. Zunächst einmal gibt es in der Türkei Staatsjournalisten. Der Polizeikorrespondent verhält sich wie ein Polizist, der Korrespondent des Außenministeriums wie ein Bürokrat. Einmal bin ich zu einer Pressekonferenz im Außenministerium gegangen. Einer der Angestellten des Ministeriums drückte mir eine Frage in die Hand, die ich an den Sprecher richten sollte. Ich habe die Frage gestellt. Sie waren zufrieden. Der Sprecher hatte die Antwort auf diese Frage vorbereitet. Also sind wir zu Leuten geworden, die das schreiben, was der Polizist ihnen sagt, und fragen, was der Bürokrat des Außenministeriums uns aufträgt zu fragen. Einer der Hauptgründe hierfür ist das Fehlen einer starken Berufsorganisation.
>
> In meinem ersten Jahr habe ich eine Nachricht über Korruption gemacht. Diese Nachricht hatte eine Gruppe, zu der auch einige Politiker gehörten, schwer beunruhigt. Die Leute, über die ich geschrieben habe, hatten auch Beziehungen zu meinem Chef. Unsere Zeitung machte deren Werbung. Noch bevor mir jemand etwas sagte, hatte ich begriffen, dass ich, wenn ich die-

> se Leute noch etwas mehr beunruhigte, bald arbeitslos sein würde. Kurz gesagt, sobald du in diesen Beruf einsteigst, wirst du vom System geschluckt. Politiker helfen Journalisten, Jobs zu finden. Kann man unter diesen Umständen unabhängig bleiben und dennoch gleichzeitig beruflich aufsteigen?
>
> Schau' dir doch die Zeitungen an... Dieselbe Zeitung unterstützt heute die Regierung, am nächsten Tag unterstützt sie die Opposition. Von einem Tag auf den anderen ändern sich die Linien. Warum? Der Boss der Zeitung trifft sich mit dem Premierminister und will einen Kredit. Konnte er ihn nicht kriegen, kommt er zur Zeitung und erteilt den Auftrag: „Schreibt, schreibt über alles, was für ihn von Nachteil ist." Der Premierminister bleibt so lange unter Beschuss, bis der Kredit bewilligt wird.
>
> Man ist neu im Beruf. Man hatte seine Ideale. Bereits im dritten Monat hatte ich all meine Ideale vergessen. Dafür kann ich mich auch bei meinen älteren Kollegen und Kolleginnen bedanken. Die haben uns beigebracht, wie man als Journalist arbeitet. Ich habe mit eigenen Ohren gehört, wie mein Bürochef einen Bankdirektor um einen Kredit bat. Ich war mehrmals Zeuge, wie er den Bankdirektor wegen des Kredits unter Druck setzte. Und immer sprang er eine Sprosse höher auf der Karriereleiter.
>
> In der Türkei ist alles unter staatlicher Kontrolle, auch Journalismus wird nur so kritisch gemacht, wie der Staat es erlaubt. Niemand soll mir das Gegenteil behaupten.
>
> Ich spreche schlecht über diesen Beruf, also warum mache ich ihn dann noch? Genau das ist wirklich sehr interessant. Manchmal kommt es vor, dass ich aus Krankheitsgründen drei Tage nicht zur Arbeit gehen kann. Ich drehe durch. Drei Tage diese Schreibmaschine, diesen Computer nicht zu berühren... das ist ein unerträgliches Gefühl.

Der eine ist auf der gegenüberliegenden Seite der Ägais, der andere auf dieser Seite... Der eine ist auf dem Höhepunkt seiner Karriere, der andere hingegen hat gerade erst neu angefangen. Beide zeichnen ausgesprochen negative Bilder, und doch ähneln sich diese Bilder sehr... Wenn Journalismus wirklich so betrieben wird, muss man dann nicht daran zweifeln, dass die Medien der Öffentlichkeit die Wahrheit weitervermitteln?

Das, was diese beiden Journalisten von sich geben, steht nicht im Einklang mit den vorherrschenden liberalen Medientheorien. Die liberal-pluralistischen Theorien konzipieren die Gesellschaft als ein pluralistisches Ganzes, das sich aus unterschiedlichen Interessengruppen zusammensetzt. Sie gehen davon aus, dass jede Interessengruppe die Medien nutzen und in gleichberechtigter Weise zu ihren eigenen Vorteilen verwenden kann. Die Medien werden als ein neutrales Instrument und die Journalisten als unparteiische Profis, deren Aufgabe es ist, bestimmte Nachrichten an die Massen weiterzugeben, angesehen. Diesem Ansatz entsprechend sind die Medien ein offenes Fenster, aus dem man hinausschaut, und genau das, was man sieht, wird weitergegeben.

Unter der Voraussetzung, dass die Gesellschaft pluralistisch ist, wird auch angenommen, dass die Nachrichtenquellen nicht monopolisiert werden. Aus diesem Grunde wird angenommen, dass die Nachrichten, die an die Empfänger (Zeitungsleser, Zuhörer und Fernsehzuschauer) weitergegeben werden, aus unterschiedlichen Informationsquellen stammen, und dass ihre Inhalte unverändert, der Wahrheit entsprechend, an uns weitergegeben werden. Dieser Ansatz geht nicht, wie die kritischen Kommunikationstheorien, davon aus, dass die Nachrichteninhalte die herrschenden Klassen begünstigen. Es wird behauptet, dass die Kommunikation in einer Atmosphäre des freien Marktes erfolgt und die Empfänger (audience) auch einen gewissen Einfluss auf die Kommunikationsaktivitäten ausüben können. Deshalb müssten die Inhalte der Nachrichten auch immer den Forderungen der Empfänger entgegenkommen. Im Gegensatz zu den kritischen Ansätzen, die davon ausgehen, dass sich zwischen den Massen und den von oben gesandten Nachrichten immer ein Filter befindet, geht der liberal-pluralistische Ansatz davon aus, dass die Nachrichteninhalte unterschiedlich sind und auch miteinander im Widerspruch stehen. Die Nachrichtenträger oder auch die Quellen sind nicht die herrschenden Klassen. Ganz im Gegenteil, jede soziale Gruppe hat die Möglichkeit, mit Hilfe der Medien ihre Meinung öffentlich kundzutun. Die Medien sind kein von den herrschenden Klassen kontrolliertes Instrument, sondern ein Mittel, das voneinander unabhängigen Interessengruppen dient.

Der liberal-pluralistische Ansatz betrachtet die Empfänger nicht als passive und kontrollierbare Individuen, sondern als aktive Individuen, die sich direkt am Kommunikationsprozess beteiligen. Diesem Ansatz folgend, sind die Nachrichtenempfänger von sehr unterschiedlicher Natur und in der Lage, aus den vielen in der Luft herumschwirrenden Nachrichten diejenigen auszuwählen, die ihnen zusagen.

Parallel zu der Annahme, dass eine Vielzahl von Nachrichten in der Luft herumschwirrt, wird behauptet, dass deren Einfluss nicht besonders stark sei. Nachrichten sind nicht von Dauer, und manchmal können sich unterschiedliche Nachrichten gegenseitig aufheben und somit ein neutrales Umfeld schaffen. Der liberal-pluralistische Ansatz setzt die unparteiische und unverzerrte Nachricht gleich mit *richtiger* Nachricht. Die wichtigste Grundvoraussetzung für das Funktionieren der Medien in einer Demokratie ist ein freier Markt.

Ein Ziel dieser Studie ist, die Richtigkeit des oben in groben Zügen dargestellten liberal-pluralistischen Ansatzes in Frage zu stellen. Da sich die Anschauungen zum Thema Kommunikation und Medien in der Regel auf den liberal-pluralistischen Ansatz stützen, wird eine solche Infragestellung zwingend. Bei dieser Infragestellung dienten die Beobachtungen und Erfahrungen der sich im Mittelpunkt des Kommunikationsprozesses befindlichen Hauptakteure, der Journalisten, als Ausgangsbasis. Kurz gesagt, alles, was in dieser Studie beschrieben wird, sind „ausschließlich deren Geschichten".

Die Mehrheit der Studien, die über Massenmedien und Medien gemacht wurden, konzentriert sich auf die Funktionen und den Einfluss der Medien auf die Struktur der Medienorganisationen. Studien über die Journalisten, Hauptdarsteller im Kommunikationsprozess, gibt es kaum. Die existierenden Untersuchungen stellen nur einige bestimmte Dimensionen der Praxis des Journalismus in Frage. Es wird nicht analysiert, was die Journalisten über ihren Beruf, den Kommunikationsprozess und seine Funktion denken. Auch bei der Entwicklung der Kommunikationstheorien wurde nicht hinreichend daran gedacht. Ich halte dies für einen Mangel. Ob bei der Neubildung von Medientheorien durch kritische Infragestellung oder zum Verstehen des Kommunikationsprozesses, es ist sicher immer von Vorteil, die Sicht der Journalisten mit in diese Prozesse einzubeziehen.

Die Wahrnehmung und Bewertung ihrer eigenen Arbeit, der Platz, den sich die Journalisten selbst in der Gesellschaft einräumen, und die Art und Weise, wie sie den Kommunikationsprozess perzipieren, steuert ohne Zweifel zu einem besseren Verständnis des gesamten Prozesses bei. Die vorliegende Studie wurde in diesem Glauben gemacht und liefert eine Fülle an Material über den Journalismus in beiden Ländern. Die Analyse ist weitgefasst und beruft sich auf die beruflichen und funktionellen Dimensionen der türkischen und griechischen Journalisten. Hiermit soll die Aufmerksamkeit auf einen Bereich gelenkt werden, der bisher kaum zur Bildung und Analyse von Kommunikationstheorien und Kommunikationsprozessen herangezogen wurde. Es ist beabsichtigt, aus dem Munde der Journalisten eine Antwort auf die Frage: „Was ist ein Kommunikationsprozess, und wie funktioniert er?“ zu finden.

Ich gehe davon aus, dass die ideologische Einstellung der Journalisten ihre Ansichten über den Kommunikationsprozess beeinflusst. Es würde deshalb nicht überraschen, wenn Journalisten mit derselben politischen und ideologischen Ansicht den Kommunikationsprozess in ähnlicher Weise bewerten und diesbezüglich von ihren anders ausgerichteten Kollegen abweichen. Andererseits würde es bedeuten, dass die konkrete Praxis, alle abstrakten gedanklichen Schablonen übergreifend, auf eine andere Realität verweist, wenn ideologisch unterschiedlich denkende Journalisten, die noch dazu in unterschiedlichen Ländern leben, den Kommunikationsprozess trotzdem ähnlich beurteilten.

Sozialwissenschaftler haben hervorgehoben, dass sie bei Studien über Journalisten stets auf Schwierigkeiten stießen. Schlesinger (1980: 345) bemerkt, auf seine BBC-Studie verweisend: „Zwischen Journalisten und Soziologen besteht eine schwache Beziehung.“ Während seiner Studie war er von den Journalisten spöttisch als „...ein Philosoph. Er schreibt ein Buch über Nachrichten. Wahrscheinlich ist es in hundert Jahren fertig“ beschrieben worden. Diese Erfahrungen machen einen nachdenklich. Haben Sozialwissenschaftler, die selbst als Journalisten tätig waren/sind, in Studien über Journalisten eine bessere Ausgangsposition? Es kann davon ausgegangen werden, dass Journalisten, die in ein akademisches Leben überwechseln, die Kulissen ihres Berufes mit in die akademische Literatur einarbeiten. Journalismus aber ist ein Beruf, aus dem man nicht so schnell wieder rauskommt, und viele Journalisten beschreiben ihn als „Heroin“. Manchmal, vielleicht sogar häufig, bereitet er dir Schmerzen, aber du kommst nicht von ihm los. Aus diesem Grunde gibt es nur wenige Journalisten, die in die akademische Welt überwechseln. Akademiker, die als Journalisten arbeiten, entfernen sich im irren Nachrichtenverkehr jedoch sehr schnell von ihren akademischen Bestrebungen.

Als ein Journalist, der gleichzeitig seinen Doktor machen wollte, fand ich den Mut, zumindest für eine Weile „beide Hüte“ auf einmal zu tragen. Obwohl ich von Zeit zu Zeit fast im intensiven Nachrichtenverkehr zu ertrinken drohte, beendete ich innerhalb von vier Jahren meine Studie. Dafür habe ich Dutzende von griechischen und türkischen Journalisten in stundenwährenden, systematischen Gesprächen interviewt. Die Interviews mit ihnen füllten 60 neunzigminütige Kassetten. Zusätzlich sprach ich mit mehr als hundert türkischen und griechischen Journalisten. Diese

Gespräche habe ich nicht auf Band aufgenommen, mir jedoch von jedem Gespräch Notizen gemacht. Die Notizen umfassen einige hundert Seiten. Bei der Auswahl der Journalistinnen und Journalisten habe ich großen Wert darauf gelegt, Journalisten jeder politischen Einstellung und von jeder beruflichen Ebene gleichwertig einzubeziehen. Ich habe gleich viele rechte wie linke Presseorgane aufgesucht und mit Chefredakteuren wie auch Reportern, die gerade erst drei Monate Berufserfahrung hatten, gesprochen. Es stellte sich heraus, dass sich vor allem in rechtsgerichteten Organisationen auf den unteren Ebenen sehr viele Journalisten befanden, die sich selbst als Linke bezeichneten. Aus diesem Grunde ist die Zahl der linksgerichteten Journalisten größer, auch wenn die Zahl der linken und rechten Organisationen gleich groß ist. Da die linksgerichteten Orientierungen am unteren Ende der Berufshierarchie weiter verbreitet sind, scheint diese Situation unumgänglich. Es folgt der Schluss, dass beim Einstieg in den Journalismus Orientierungen wie die „Veränderung des Systems“, welche in gewisser Weise mit einer linken Ideologie parallel laufen, dominieren, und dass die existierende Journalismuspraxis im Laufe der Zeit die berufliche Sachkenntnis mit dem Status quo in Einklang bringt.

Es war interessant festzustellen, dass Journalisten auf unterschiedlichen Ebenen und mit unterschiedlichen politischen Ausrichtungen in beiden Ländern ihre eigenen Tätigkeiten, Funktionen und den Kommunikationsprozess ähnlich beurteilten. Linke Journalisten beklagten sich über dieselben Dinge wie rechte Journalisten. Im Ganzen gesehen fand jedoch nicht der liberalpluralistische, sondern der kritische Ansatz eine stärkere Bestätigung. Die Aussage von Marx (1950: 379): „Nicht das Bewusstsein bestimmt das Dasein der Menschen, sondern das gesellschaftliche Dasein bestimmt das Bewusstsein“, scheint auch für Journalisten zu gelten.

McLuhans Konzept des „globalen Dorfes“ präsentiert das Funktionieren der Medien aus einer positiven Perspektive. Dies steht ganz im Gegensatz zu dem negativen Bild, welches die befragten Journalisten zeichneten. McLuhan vertritt die Ansicht, dass technologische Entwicklungen, zunehmende Interaktionen zwischen Gesellschaften und die von den Massenmedien präsentierten Informationen die heutigen Weltbürger näher an die Realität bringen. Wenn sie es vorziehen, gewisse Fragen nicht zu stellen, oder es vorziehen, nicht auf die Journalisten, auf deren Aussagen die Studie basiert, zu hören, wird ihnen das Konzept „globales Dorf“ sehr zusagen.

Können wir davon ausgehen, dass die von den Medien an uns weitergeleiteten Nachrichten und Informationen geeignet sind, uns näher an Realität und Wahrheit zu bringen? Warum und wie wählen Journalisten nur einige Nachrichten aus Millionen von Ereignissen? Werden die von Journalisten in einer bestimmten Medienorganisation zusammengetragenen Nachrichten auch genauso nach außen weitergeleitet? Wie frei fühlen sich die Journalisten bei ihrer Arbeit, wie sehr werden sie von ihrer Organisation kontrolliert? Fungiert die organisationsinterne Hierarchie als ein fortwährender Filter für die eingebrachten Nachrichten? Wer entscheidet, ob etwas eine Nachricht ist oder nicht? Lassen die Medienbesitzer ihre Angestellten frei walten? Oder aber versuchen sie, diese für ihre eigenen Interessen arbeiten zu lassen? Inwieweit wird das für den Journalismus lebensnotwendige Prinzip „Unabhängigkeit des Redakteurs“ befolgt? Wie sind die Beziehungen der Journalisten zu den Medienbossen? Wie beeinflussen diese Beziehungen die Journalisten? Dienen die Medien als ein unparteiisches Forum für alle Ansichten und für neue Gedanken? Warum bleiben einige Dinge mit Nachrichtenwert vollkommen unberücksichtigt, während andere mit all ihren unwichtigen Einzelheiten ins Blickfeld gerückt werden? Lassen Journalisten, wenn sie unter Zeitdruck arbeiten, bestimmte Fakten notgedrungen unter den Tisch fallen? Wer sind die Informanten, wo sind die Informationsquellen? Wem nützt die Beziehung zwischen Informationsquellen und Journalisten? Findet die Beziehung zwischen Staat und Journalisten im Rahmen einer Art „Zuckerbrot-und-Peitsche“-Politik statt, die den Journalisten zur Reproduktion der offiziellen Ideologie zwingt? Wie sehr empfinden die Journalisten eine staatliche Kontrolle? Existieren umfassende berufliche Regeln, ethische Prinzipien, die das Verhalten der Journalisten bestimmen? Können schließlich die Journalisten zur Erziehung und Aufklärung von informierten und kritischen Bürgern beitragen, was für eine lebendige Demokratie unbedingt notwendig scheint? Noch mehr Fragen könnten gestellt werden, und solange keine Antworten darauf gefunden werden, bewahrt das „globale Dorf“ seine Attraktivität.

Eigentlich haben bereits einige Forscher der kritischen Tradition diese Fragen gestellt und beantwortet. Hier teilen alle die Ansicht, dass es keine einzige Wahrheit gibt, sondern dass die Wahrheit sozial konstruiert wird (Fishman, 1988; Golding und Murdock, 1991; Hall, 1978; Hansen und Murdock, 1985; Lester und Molotoch, 1988; Tuchman, 1978).

Andererseits reicht das von den liberal-pluralistischen Theoretikern so sehr geliebte Konzept des globalen Dorfes viel weiter zurück als McLuhan. Unter dem Einfluss des moderen Luftverkehrs sprach der amerikanische Schriftsteller Wendel Wilkie noch vor dem globalen Dorf von einer einzigen Welt. Mowlana (1996: 191) verfolgt ähnliche Konzepte noch weiter zurück in der Geschichte und schreibt, „im astronomischen und technischen" Sinne handele es sich um eine Welt, aber „die Mehrheit derer, die in diesem globalen Dorf leben, haben keine schulische Erziehung, leben in Krankheit, Hunger und Arbeitslosigkeit und können noch immer nicht von den moderen Kommunikations- und Informationsmitteln profitieren". Eine noch deutlichere Kritik des Konzeptes vom globalen Dorf kommt von dem indischen Schriftsteller Vilaniam (1989: 171):

> Nehmen wir an, es gäbe 100 Einwohner in diesem globalen Dorf. Nur einer würde mehr als eine Grundschulausbildung erhalten, 70 von ihnen würden weder lesen noch schreiben. Mehr als 50 würden in schlechten Unterkünften leben. Sechs der einhundert wären im Besitz fast des gesamten Einkommens. Wie also können diese mit ihren Nachbarn in Frieden leben, ohne dass sie sich selbst von Kopf bis Fuß bewaffnen, und ohne die zu bewaffnen, die für sie kämpfen wollen?

McLuhan behauptet, dass „Marx den Kommunikations-Bus verpasst hat". Aber weder die Praxis der Journalisten noch Yves de la Haye's (1980) Studie über die Arbeiten von Marx und Engels bestätigen dies. In Griechenland wie auch der Türkei bemerken die Journalisten gleich zu Beginn ihrer Karriere, dass sie einer paradoxen Mission unterliegen: Einerseits sollen sie beruflichen Prinzipien folgen, andererseits sollen sie den wirtschaftlichen und politischen Machthabern dienen. Diese Studie versucht ein Licht darauf zu werfen, wie Journalisten diese doppelte Aufgabe interpretieren und handhaben.

Zweifelsohne sind Journalistinnen und Journalisten ein Teil der Gesellschaft, in der sie leben. Natürlich stehen sie auch unter dem globalen Einfluss ideologischer und politischer Strömungen. Auch wenn die persönlichen Auffassungen der Journalisten Unterschiede aufweisen, so leisten die Medienorganisationen doch einen wichtigen Beitrag zur Stärkung und Reproduktion der in der Welt vorherrschenden Tendenzen. Das Konzept „Globalisierung" ist ein typisches Beispiel aus neuer Zeit. Globalisierung wird als unumgängliche gesellschaftliche Entwicklung präsentiert. Die internationalen Medien behaupten, dass der Globalisierungsprozess keine Gesellschaft ausschließe. Das Ergebnis ist, dass Globalisierung zu einem der populärsten Konzepte wurde – ein Konzept, welches die neue gesellschaftliche Realität beschreibt, als wertfrei oder sogar als positiv angesehen wird. In jedem Augenblick unseres täglichen Lebens stoßen wir auf dieses Konzept. Fast jeder Politiker benutzt dieses Konzept, um seine eigenen politischen Projekte zu verteidigen, und verhindert so eventuelle Einwände. Die positive Bewertung dieses Konzeptes beruht darauf, dass Menschenrechte, Demokratie und freier Markt zu den heute dominierenden, unumstrittenen Werten zählen. Es scheint unmöglich zu sein, diese Werte nicht zu teilen. Ein anderer Grund für die Popularität dieses Konzeptes ist der Zusammenbruch der Sowjetunion und die Feststellung: „Sozialismus ist ein System, was in die Vergangenheit gehört."

Aber Tatsache ist, dass mit dem Konzept Globalisierung die Welt vor größere Probleme gestellt wird, als dies im Kalten Krieg der Fall war, obwohl man sich alle Mühe gibt, dieses Globalisierungskonzept auf abstrakter Ebene in einen optimistischen Rahmen zu setzen. In Ruanda haben wir zu Beginn der 90er Jahre miterlebt, wie innerhalb von einigen wenigen Tagen eine halbe Million Menschen ermordet wurden. Somalia, Afghanistan, Bosnien und Kaukasien tauchten als weitere blutige Problemzonen der 90er Jahre auf. In Indonesien, einem der asiatischen Tiger, in der Türkei als beispielhaft aufgeführt, verbrannten bei Demonstrationen im Mai 1998 über 200 Personen beim Plündern und Brandschatzen von Einkaufszentren. Wiederum in den 90er Jahren wurde der Kosovo zum Kandidaten für ein weiteres Bosnien und bedrohte den Balkan. In diesem Umfeld von mikro-nationalistischen Kriegen ist es unmöglich, von Menschenrechten und Demokratie zu sprechen. In der heutigen Welt stehen wir einer Situation gegenüber, in der selbst Mafiagruppen in den Besitz von Nuklearwaffen kommen können. Das bedeutet eine weitaus größere Instabilität als in Zeiten des Kalten Krieges.

Ein weiteres Potential für globale Konflikte liefert die schnell anwachsende Weltbevölkerung. Lebensnotwendige Ressourcen werden verschleudert. Hunger ist eines der größten Probleme der Menschheit, und mehr als eine Milliarde, das heißt, ein Fünftel des Weltbevölkerung, kämpft täglich ums Überleben. Wenn die Nahrungsmittel nicht Ressourcen schonend hergestellt und global gerecht verteilt werden, wird es in Zukunft zu noch gewalttätigeren Konflikten kommen. Der Versuch, die Nahrungsproduktion lediglich zu erhöhen, ging bisher auf Kosten der Umwelt. Natur repräsentiert einen der wichtigsten Werte der Menschheit, deshalb scheint ein Wachstumsstreben auf Kosten der Natur unvertretbar. Aus diesem Grund sind die hoch entwickelten Industrieländer darum bemüht, ihre alte Produktionstechnologie an die unterentwickelten Regionen zu transferieren.

Die Konferenz der Interparlamentarischen Weltunion, die im April 1996 in Istanbul stattfand, hatte zwei Hauptthemen: Fische und Minderheiten. Der Unionsvorsitzende, Dr. Ahmed Feti Sorour entwickelte in seiner Eröffnungsrede über Menschenrechte eine interessante Verbindung zwischen Fischen und Minderheiten: „Ich rufe die Konferenz auf, ein besonderes Augenmerk auf den Schutz der Menschenrechte zu richten. Ich bin mir sicher, dass dies dem Schutze von Minderheiten dient und deren Lebensrechte garantiert. Gleichzeitig bin ich auch davon überzeugt, dass der Versuch, Fischvorkommen zu schützen, ebenfalls zum Fortleben der Menschheit beiträgt."

Die Verbindung von Fischen und Minderheiten mag zunächst lächerlich wirken. Überall auf der Welt jedoch ist die Knappheit von lebensnotwendigen Ressourcen ein Konfliktstoff, der zum blutigen Streit zwischen Ländern und Völkern, Armen und Reichen führt. Im Krieg zwischen England und Argentinien um die Falklandinseln spielten die Fischgründe dieser Inseln eine wichtige Rolle. Wenn die Weltparlamente den Schutz von Proteinquellen zum wichtigen, universalen Tagesthema erklären, besteht kein Zweifel daran, dass die Länder der Welt und ihre Machtzentren alle Mittel nutzen werden, die Verteilung dieser Ressourcen zu ihren eigenen Gunsten vorzunehmen. Und genau an diesem Punkt werden die Beziehungen der Medien und des Journalismus zu diesem Thema klar und deutlich.

Die Welt, die aus Ländern mit und Ländern ohne Ressourcen besteht, ist aufgrund der heutigen Nachrichtentechnologie durchaus auf dem Weg, ein „elektronisches Dorf" zu werden. Das aber ist ein Dorf, dessen Hauptprobleme zu Problemen der gesamten Menschheit werden. Die Menschen sind überall auf der Welt in der Lage, mit Hilfe der elektronischen Medien in den Besitz der neuesten Informationen zu kommen. Die sehr wichtige Frage lautet allerdings: Wie sehr können wir diesen Informationen trauen, die uns direkt ins Haus, vor die Nase gesetzt werden? Wie richtig sind diese Informationen zum Beispiel, wenn es um Auseinandersetzungen über die Verteilung knapper Ressourcen geht? Wie können wir uns davon überzeugen, dass diejenigen, die eine größere Kontrolle über die Medien ausüben, eine solche Macht nicht zu ihrem ganz persönlichen politischen Vorteil und wirtschaftlichen Nutzen missbrauchen?

Zusammen mit der Verteilung knapper Ressourcen gehören, parallel zu einer wachsenden Chauvinismuswelle, ethnische, ideologische, religiöse und nationalistische Konflikte zu den Tagesthemen der Weltpolitik und der Medien. Ist es glaubhaft, dass uns über diese Konflikte neutral berichtet wird?

In diesem Wirrwarr erhofft sich der Mensch Beistand von der Wissenschaft. Aber auch die hat ihre Probleme. Die Wissenschaft verspricht der Menschheit vieles, droht ihr aber auch gleichzeitig. Im Hinblick auf die obigen Ausführungen wird die leichte Zugänglichkeit zu Nuklearwaffen zu einem Alptraum. Leider müssen wir feststellen, dass auch die Wissenschaft selbst zu einer Ware geworden ist. Sie ist eine Ware, die selbst Produkte herstellt, um den auf dem freien Markt der kapitalistischen Gesellschaften meist künstlich erzeugten Bedarf abzudecken. Die Wissenschaft rutscht in profitreichere Sphären und wird zum Sklaven des Konsumrausches.

In einem solchen Umfeld versuchen wir, von den Medien und vom Journalismus ein klares Bild zu bekommen. Da Demokratie zu einem allgemein gültigen Wert geworden ist, besteht in der gerechten Verteilung von sachlicher Information eine wichtige Voraussetzung für ein demokratisches Bewusstsein und für demokratische Aktionen. Eigentlich müsste das Chaos, das die Welt beherrscht, mehr und mehr Gründe dafür liefern, dass die Medien in Aktion treten. Die Medien sind dazu aufgerufen, der Menschheit Informationen zu liefern, die zu Frieden, Wohlstand und Entwicklung führen könnten. Sind die Medien diesem Aufruf bisher gefolgt? Werden sie ihm folgen? Können sie ihm folgen? In dieser Studie soll auch auf diese Fragen mit den Worten der eigentlichen Akteure, der Journalisten, eine Antwort gegeben werden.

Einige Kommunikationstheoretiker verweisen darauf, dass wir von Zeit zu Zeit mit übertriebenen Klischees leben. In der heutigen Welt ist eines dieser Klischees: „die Kommunikationsverhältnisse haben die Produktionsverhältnisse ersetzt“. Im Vergleich zu früher ist die Rolle, die Informationen und Kommunikation derzeit in der Gesellschaft innehaben, ohne Zweifel bedeutend größer. Dennoch dienen derartige Klischees nur der Verschleierung bestimmter Wahrheiten. Die Kommunikationsverhältnisse können nämlich nur verstanden werden, wenn die Produktionsverhältnisse, also Produktion, Verteilung, Besitz- und Kontrollstruktur, analysiert werden. Kommunikations- und Informationsquellen sind ebensolche materiellen Resourcen wie Bodenschätze und Lebensmittel und können deshalb dem Kontrollstreben der Machtzentren nicht entgehen (Belsey und Chadwick, 1992, 3):

> Wer schafft Informationen heran, wer produziert, wer kontrolliert und verteilt sie, nachdem sie geordnet wurden? Wenn lokale Kommunikationsnetze eine solche Aufgabe angehen, wie können diese eine internationale Dimension gewinnen? Wenn diese Aufgabe internationale Monopole verwirklichen, wie können diese dazu gebracht werden, nicht nur an ihre eigenen Profite zu denken, sondern verantwortungsvolleren Zielen zu dienen? Können die Medien alle nationalen, ideologischen und sonstigen Feindlichkeiten überwinden und für eine vereinte Menschheit gegen gemeinsame Probleme angehen? Wie kann die Welt auf Gefahren reagieren, die auftreten, wenn alte Traditionen zusammenbrechen und neue ins Leben gerufen werden, ohne Kriegsrisiken auf sich zu nehmen?
>
> Diese Fragen werfen das Thema, inwiefern Profit- und Machtstreben Einfluss auf die Qualität, und das heißt, die Frage der Unabhängigkeit nehmen, auf. Was wird unter einen freien Presse verstanden? Ist es die Freiheit demokratisch gewählter Regierungen, Vorschläge zu machen und zu verbreiten? Ist es die Freiheit von Unternehmen oder reichen Individuen, einen großen Teil der Medien zu kaufen und für ihr eigenes Image zu nutzen? Gehört es zu den Freiheiten der Redakteure zu entscheiden, was gedruckt oder nicht gedruckt wird? Ist es die Freiheit der Journalisten, ohne Furcht vor Unterdrückung und Verurteilung über Tatsachen zu berichten? Ist es die Freiheit der normalen Menschen, zu jedem Thema vollständige und richtige Informationen über alles, was ihr Leben und ihre eigenen Interessen betrifft, zu erhalten (S. 5)?

In dieser Studie werden solche Fragen aus der Sicht der Journalisten diskutiert. Die Journalisten sind „die Personen, die die täglichen Nachrichten, die in Zeitungen und Zeitschriften gedruckt und im Radio und Fernsehen gesendet werden, zusammentragen, beschreiben und interpretieren" (ILO, 1968: 8). Wichtig ist noch, dass Personen, die der zuvor beschriebenen Tätigkeit folgen, damit ihren Lebensunterhalt verdienen.

Die Wahl Griechenlands für diese Studie ist eigentlich das Ergebnis eines abenteuerlichen Prozesses. Ich begann meine Studie im Jahre 1989 in Afghanistan, wohin ich damals aus beruflichen Gründen häufig reiste. Mein Ziel war es, den Journalismus in Kabul, der Hauptstadt eines Landes, in dem eine feudale Struktur und Stammesbeziehungen dominieren, mit dem Journalismus in der Türkei und einem dritten Land zu vergleichen. Das ohnehin schwere Leben in Kabul jedoch und die Tatsache, dass nach dem Sturz Nadschibullahs jeder Stadtteil von einer anderen Gruppe Glaubenskämpfer kontrolliert wurde, machte eine wissenschaftliche Untersuchung unmöglich. Später wählte ich Jugoslawien und Belgrad, wo ich im Jahre 1992 tätig war, als Untersuchungsgebiet. Nach kurzer Zeit vertiefte sich der Bürgerkrieg, und es war mir als Türke unmöglich, diese äußerst komplizierte Studie fortzusetzen. Schließlich entschied ich mich zu einem Vergleich von Griechenland und der Türkei. Die Tatsache, dass ich dort mehrere Freunde und Kollegen kannte, würde mir die Arbeit erleichtern. Im Sommer 1993 reiste ich nach Athen, um mit meiner Studie zu beginnen. In einem Land der Europäischen Union war davon auszugehen, dass kein Krieg ausbrechen würde, der meine Untersuchung behindern könnte. Jedoch noch bevor eine Woche in Athen vergangen war, schied Außenminister Samaras aus der regierenden Partei der Neuen Demokratie aus, um seine eigene Partei zu gründen. Die Regierung trat zurück. Es lag wohl an der fiktiven Annahme einer konkreten Beziehung zwischen dieser Studie und politischen Krisen, dass es mir daraufhin sehr schwer fiel, die Studie in der Türkei zu beginnen. Ende 1996, beim Niederschreiben der Arbeit, geriet denn auch der Konflikt zwischen dem Militär und der Regierung Erbakan in eine akute Krise, und in der Türkei wurde wieder mal von einem möglichen Putsch gesprochen. Auch wenn einige behaupten, ein postmoderner Putsch sei durchaus erfolgt, denke ich, dass ich meine Studie, ohne meinem Heimatland Probleme zu bereiten, beenden konnte.

Ich bin davon überzeugt, dass ein Vergleich Türkei-Griechenland aus verschiedenen Gründen wichtig ist. Zunächst wegen der Art und Weise, wie die Medien Probleme zwischen den beiden Ländern präsentieren: Von Zeit zu Zeit gerieten die türkisch-griechischen Beziehungen deshalb an den Rand eines Krieges. Die „Kardak/Imia-Krise“ ist das beste Beispiel hierfür. Andererseits werfen die Bewohner dieser beiden Länder ihren Medien vor, chauvinistisch und provokativ zu sein und die Wahrheit zu verfälschen. Es schien mir interessant herauszufinden, ob Journalismusauffassungen, die sich als vollkommen entgegengesetzt sehen und präsentieren, sich in der Realität tatsächlich fundamental voneinander unterscheiden. Hinzu kam, dass eine solche Studie, indem sie die Situation der türkischen und griechischen Medien kritisiert und die Journalisten in beiden Ländern zum Denken anregt, einen Beitrag dazu leisten könnte, dass sich die Journalisten dieser beiden Länder besser kennen lernen. Auf diese Weise könnte diese Studie dazu dienen, auf beiden Seiten der Ägais ein Medienumfeld zu schaffen, das sich auf tolerantere Ansichten und gegenseitiges Verständnis stützt. Auch gab es in Griechenland nur sehr wenige Untersuchungen über die griechischen Medien. Aufgrund der Tatsache, dass das griechische Alphabet den westlichen Sprachen sehr fremd ist, existierten auch kaum Studien, die in westlichen Ländern über griechische Medien gemacht wurden (Stangos, 1988: 1).

Andererseits, interessante Ähnlichkeiten und Unterschiede der sozialökonomischen Struktur beider Länder verstärkten die Bedeutsamkeit einer solchen vergleichenden Studie. Sowohl die Türkei wie auch Griechenland hatten in der nahen Vergangenheit unter einer Militärdiktatur gelebt. Dies bot eine gute Gelegenheit zu erforschen, wie unter diktatorischen und demokratischen Verhältnissen Journalismus praktiziert wird. Während Griechenland, nach 1974 mit seiner militärischen Diktaturperiode abrechnend, in eine politische Demokratie überging, findet die Türkei noch immer Erwähnung im Zusammenhang mit Menschenrechtsverletzungen und Folterung und gehört zu den Ländern mit der höchsten Zahl inhaftierter Journalisten (Helsinki Watch, 1989). Es wurde davon ausgegangen, dass diese strukturellen Unterschiede dazu dienen könnten herauszufinden, wie unterschiedliche politische Atmosphären den Journalismus beeinflussen.

Bei der Untersuchung der Staat-Medien-Beziehungen in Griechenland wie auch der Türkei waren Konzepte wie „Zustimmung und Zwang“ (Gramsci, 1971), „Belohnung und Bestrafung“ (Galbraith, 1983) oder „Förderung und Einschränkung“ (Gamson, 1968) für eine Erklärung äußerst hilfreich. Die meisten der Journalisten bezeichneten dieses Verhältnis als eine „Brot-und-Zucker“-Politik.

Eine der Haupthypothesen dieser Studie ist, je zersplitterter und pluralistischer die politische Struktur ist, umso mehr unterschiedliche Ausrichtungen werden durch die Medien reflektiert. Es wird angenommen, dass diese Situation dem Demokratisierungsprozess innerhalb der politischen Struktur eines Landes gleichkommt und dazu führen wird, dass nicht nur bezüglich innenpolitischer Themen, sondern auch bezüglich der Zypern- und Kurdenfrage, der Türken in Mazedonien und West-Thrakien, das heißt also, bezüglich nationaler Tabuthemen in beiden Ländern, unterschiedliche Ansichten von den Medien wiedergegeben werden. Die wichtigste These dieser Studie ist jedoch, dass, egal in welchem politischen Umfeld, die Medien die vorherrschenden

Machtverhältnisse reflektieren.

Athen ist sowohl politisch, wirtschaftlich wie auch technisch gesehen das Pressenzentrum Griechenlands. Aus diesem Grunde waren alle griechischen Journalisten, die in diese Untersuchung miteinbezogen wurden, Journalisten aus Athen. In der Türkei ist die politische Hauptstadt zwar Ankara, das wirtschaftliche und technische Zentrum der Medien ist jedoch Istanbul. Jedoch stellte sich in einer Voruntersuchung heraus, dass es die Studie nicht negativ beeinflussen würde, wenn die Gespräche in der Türkei mit Ankaraner Journalisten geführt würden. Zwischen den Istanbuler und den Athener Journalisten gab es nur bezüglich des Nachtlebens größere Ähnlichkeiten. In der Annahme, dass dies keine besondere Bedeutung für diese Studie hat, wurden alle auf Kassette aufgenommenen Gespräche mit Journalisten aus Ankara geführt. Unter den Gesprächen, die in Notizform niedergeschrieben wurden, befand sich auch eine Vielzahl mit Journalisten aus Istanbul. Bezüglich ihrer Beurteilung des Kommunikationsprozesses und ihrer eigenen Funktion gab es keine grundlegenden Unterschiede zwischen den Istanbuler und Ankaraner Journalisten und ihren Kolleginnen.

Beardsworth bemerkt (1980: 393): „Wenn eine Untersuchungstechnik prinzipiell zum soziologischen Verständnis des Kommunikationsprozesses einen Beitrag leisten soll, so muss sie sich auf eine Kommunikationstheorie stützen." Dies trifft für jede Untersuchung zu. Es ist hier deshalb auch angebracht, darauf zu verweisen, dass die Hypothesen dieser Untersuchung auf kritischen Ansätzen beruhen.

Kapitel II
Theoretische Ansätze der Medienforschung

Welche Rolle und welchen Einfluss haben die Medien in der modernen Gesellschaft? Wie tragen die Medien zur Kultur einer Gesellschaft bei? Wird die Kultur durch die Medien geschaffen und geleitet, oder sind die Medien nur Spiegelbild der Kultur? Gedanken über die Rolle, den Einfluss und die Entwicklung der Medien in der Gesellschaft erfordern eine tief greifende Analyse von Kultur und Gesellschaft.

Was verstehen wir unter Gesellschaft? Ist die Gesellschaft ein organisches Ganzes, welches mehr als die Summe einzelner Mitglieder beschreibt? Besteht die Gesellschaft aus einer Anzahl verschiedener sozialer Gruppen, organisiert als Klassen, die wirtschaftliche Aktivitäten entfalten und Kontrolle von Macht, Wissen und Glauben ausüben?

Was verstehen wir unter dem „Konzept Kultur"? Entspricht Kultur einer Reihe von Ritualen, Praktiken, Glaubens- und Wertsystemen, welche von der gesamten Gesellschaft geteilt werden? Reflektieren sie die Interessen und Wertvorstellungen bestimmter sozialer Gruppen? Oder ist Kultur eine Kombination individueller Praktiken, individuellen Glaubens und individueller Verhaltensformen? Sozialwissenschaftler in der Medienforschung des 20. und 21. Jahrhunderts sind darum bemüht, Antworten auf diese Fragen zu finden. Anders formuliert: Die Antworten auf diese Fragen bestimmen die Diskussionen über Kommunikations- und Medienforschung. Ohne Zweifel ist die Medienforschung zu einem festen Bestandteil der Sozialwissenschaften geworden. Ein Hauptgrund hierfür liegt in der Natur und im Ausmaß der Massenmedien. Heutzutage nutzt eine Vielzahl von Machthabern – gewählter und nicht gewählter – die Massenmedien zur Aufrechterhaltung eines sozialen Gefüges, zur Schaffung bzw. Wiedererschaffung eines sozialen Bewusstseins, als Vermittler von Werten und Glaubensansichten, als eine Hauptinformationsquelle wie auch zur Kontrolle von Informationen.

Die Antworten auf die obigen Fragen wie auch die Erklärungsansätze für die Rolle der Medien im 20. und 21. Jahrhundert werden prinzipiell im Rahmen zweier Paradigmen gegeben: des Funktions- und des Konfliktparadigmas. Ich bin in dieser Arbeit darum bemüht, die Gesamtheit des Kommunikationsprozesses aus der Perspektive der Hauptakteure, das heißt, der Journalisten zu analysieren und hierbei auch eine Antwort darauf zu finden, welches der Paradigmen unsere Fragen zufrieden stellender beantwortet. Es scheint deshalb angebracht, einen kurzen Überblick über die grundsätzlichen Unterschiede dieser beiden Paradigmen und der daraus resultierenden unterschiedlichen theoretischen Ansätze zu geben. Somit können wir uns auch ein besseres Bild über die Journalisten und ihre persönlichen Wahrnehmungen machen.

II.1 Das funktionale Paradigma

Traditionelle Funktionalisten tendierten dahin, zentrale soziale Werte in den Medien zu betonen, um einen Konsens in der Gesellschaft zu schaffen und somit die integrative Rolle der Medien in den Vordergrund zu stellen. Sie hoben die Bedeutsamkeit der Medien für westliche Demokratien hervor, in welchen jeder Bürger ein Recht auf Partizipation und Information hat. Im Rahmen dieses Ansatzes und als Resultat einer Analyse der Machtverteilung in der Gesellschaft erscheint ein Exkurs über Pluralismus angebracht. Funktionalismus und Pluralismus stimmen darin überein, dass sie davon aus gehen, dass die Medien die Demokratie fördern und die Bedürfnisse und Ansprüche ihrer Konsumenten nicht unbeantwortet lassen. Funktionalisten betrachten die heutige Industriegesellschaft keinesfalls als eine homogene Einheit, sondern als die Einheit einer Vielzahl konkurrierender Interessengruppen. Dieser Ansatz betont die Rolle der Medien in der Förderung eines westlichen, kapitalistischen Entwicklungsmodells. Die Funktion der Medien wird von Body-Barett als „missionär“ beschrieben (Reeves, 1993: 24).

Im funktionalen Paradigma wird die Massengesellschaft als eine Masse im städtischen Umfeld lebender, isolierter Individuen definiert. Diese Masse besteht aus Individuen, die sich einander entfremdet haben und keinerlei persönliche Kommunikation mehr pflegen. Das wiederum hat unpersönliche Formen der Massenkommunikation zur Folge. Die Nationalsozialisten in Deutschland waren sehr erfolgreich in der Anwendung der Massenmedien, indem sie mit den persönlichen Ängsten isolierter Individuen spielten und somit die Basis für eine massenhafte Unterstützung fanden. Mit anderen Worten, die Massenmedien besitzen ebenfalls ein Manipulationspotential.

Der theoretische Ansatz der Massengesellschaft postuliert das Publikum/die Empfänger als eine anonyme Masse, welche durch die Verbreiter von Nachrichten gelenkt werden. Harold Lasswell (1948) bildete in seiner Propagandastudie des Zweiten Weltkrieges die Basis für den funktionalen Verhaltensansatz. Nach Lasswell rufen Mediennachrichten, genau wie der Einschuss einer „Kugel" oder der Einstich einer „Nadel", bei den Individuen direkte Reaktionen hervor, welche die Empfänger in gewünschte Bahnen lenken, ursprüngliche Einstellungen und Praktiken ändern.

Lasswell formulierte sein Kommunikationsmodell wie folgt: „Wer sagt was, durch welches Medium zu wem, mit welcher Wirkung?" Mit „wem" meint er den Kommunikator. Unter Kommunikatoren werden nicht Individuen, sondern Gruppen in kommerziellen und bürokratischen Organisationen verstanden. Die Frage „mit welcher Wirkung" basiert auf der Annahme einer passiven Masse. Entwicklungen in den Nachkriegsjahren stellten diesen Ansatz mehr und mehr in Frage, womit die Theorie der Massengesellschaft in soziologischen Kreisen vermehrt an Bedeutung verlor. Individuen wurden von nun an seltener als Masse isolierter Inidividuen, sondern vielmehr als Mitglieder bestimmter sozialer Gruppen angesehen. Lazarsfeld, Brelson und Gaudet (1948) betonten, dass innerhalb dieser Gruppen „Meinungsführer" die Mediennachrichten im Namen anderer interpretieren und diese Interpretationen von den anderen Mitgliedern angenommen und befolgt werden. Von nun an empfing das Publikum die Nachrichten nicht mehr als passiver Empfänger, sondern wurde stattdessen als aus Individuen zusammengesetzt angesehen, welche sich auf feste Werte und Verhaltensweisen berufen und deshalb Nachrichten bewusst auswählen und interpretieren. Demzufolge wurde der Einfluss der Medien weniger als verhaltensverändernd, sondern vielmehr als verhaltensbestärkend angesehen.

Die natürliche Folge derartiger Untersuchungen über den Einfluss der Medien war, dass diese als Institutionen gedeutet wurden, welche die Bedürfnisse der Individuen zufrieden stellend beantworten.

Dieser Ansatz, welcher die Medien als Antwort auf Bedürfnisse sieht, schließt gleichzeitig das Argument mit ein, dass die Medienprodukte den Anspüchen des Publikums genügen. Der Ansatz geht auch davon aus, dass sich Publikum und Medien in einem harmonischen Verhältnis befinden. Eine der größten Schwächen dieses Ansatzes liegt jedoch in der Tatsache, dass er die Individuen getrennt von ihrem sozialen Kontext betrachtet. Ein zweiter Schwachpunkt dieses Ansatzes ist, dass nur sehr wenig Wert auf den Inhalt des Medienoutputs gelegt wird. Egal, was vermittelt wird, sobald es in den Medien auftaucht, hat es auch automatisch ein Publikum. Vor allem Produzenten von qualitätsmäßig schlechten Fernsehprogrammen greifen häufig auf dieses Argument zurück.

Wie bereits zuvor erwähnt, geht der pluralistische Ansatz davon aus, dass die Macht in der Gesellschaft nicht in den Händen einer einzigen Gruppe liegt, sondern auf eine Vielzahl konkurrierender Interessengruppen verteilt ist. Folglich wird davon ausgegangen, dass die Medien die Interessen dieser unterschiedlichen sozialen Gruppen pflichtgetreu wiedergeben. Dieser Ansatz geht gleichermaßen davon aus, dass die westlichen Industrienationen eine demokratische Struktur haben. Eine Gruppe allein kann in einer Gesellschaft keine Macht ausüben. Die Medien sind diesen Gruppen wertfrei gesinnt und „öffnen sich der Welt wie ein Fenster“ bzw. „reflektieren die Wahrheit wie ein Spiegel“. Die Medien sollen die multidimensionale Wahrheit unverfälscht wiedergeben (Curran, Gurevitch und Woollacott, 1982: 70).

Das funktional-pluralistische Paradigma sieht die Hauptrolle der Massenmedien in der Verbreitung politischer Informationen an interessierte Bürger. Diese Bürger erhalten somit die notwendigen Informationen, um politisch partizipieren zu können. Die Massenmedien haben eine Doppelfunktion: Einerseits informieren sie die Öffentlichkeit über die Welt der Politik, andererseits vermitteln sie aber auch Ansichten der Öffentlichkeit an politische Zirkel weiter. Als Vertreter der Öffentlichkeit werden „die Medien und die Journalisten als Wachhunde der Gesellschaft“ angesehen. Eine systematische und aufmerksame Kontrolle verweist die Regierenden in ihre demokratischen Schranken. Dieser Ansatz beschreibt das Verhältnis Macht-Medien nicht als Abhängigkeitsverhältnis, sondern als vollkommen unabhängiges Verhältnis (Blumler und Gurevitch, 1981).

Die Pluralisten betrachten die Gesellschaft als eine Gesamtheit konkurrierender Gruppen und Interessen, keine von ihnen ist stets dominant. Medienorganisationen werden als in sich geschlossene Systeme angesehen, welche zu einem nennenswerten Grad „Autonomie vom Staat, politischen Parteien und Interessengruppen“ genießen. Die Kontrolle der Medien liegt in den Händen einer autonomen Managerelite. Das Publikum kann, seinen Interessen und seiner Bereitschaft entsprechend, die Medien auf eine vielfältige Weise beeinflussen.

Es wird auf eine „autonome Managerelite“ verwiesen. Ende des 19. Jahrhunderts erfolgte eine Veränderung im Wesen des Kapitalbesitzes. Darum bemüht, ihr Kapital für weitere Expansionen zu vergrößern, begannen Firmen, Anteile an Außenstehende zu verkaufen, und wurden somit zu Aktiengesellschaften bzw. Körperschaften. Eine neue Gruppe oder „Klasse“, die Manager, und nicht die Aktienbesitzer, die eigentlichen „Besitzer“, übte von nun an Macht aus. Berle und Means (1968: 116) bemerken, dass mit den modernen Körperschaften eine Revolution erfolgte, welche den professionellen Managern Macht gab und sie zu den „neuen Prinzen“ erkor.

Der bekannteste Beitrag zu diesem Argument ist James Burnhams Buch *Die Revolution der Manager* (1960). Burnham beschrieb in vorausschauender Weise, wie sowohl auf staatlicher wie auch auf betrieblicher Ebene die Macht der professionellen Geschäftsführung in Zukunft an Bedeutung gewinnen wird. Diese Argumentation kann im Zusammenhang mit den Medien zu der Folgerung führen, dass nicht die Besitzer der Medien, sondern diejenigen, welche den täglichen Ablauf in den Medienorganisationen bestimmen, das heißt, die Manager, die eigentlichen Machthaber sind.

II.2 Das Konfliktparadigma

Die Besitzstruktur der Medien und Fragen darüber, wie die Medien kontrolliert werden, spielen eine große Rolle in unterschiedlichen marxistischen und neo-marxistischen Studien. Marx und Engels (1964) gehen in der *Deutschen Ideologie* davon aus, dass die Klasse, welche im Besitz der Produktionsmittel ist, gleichzeitig auch die Kontrolle über Produktion und Verbreitung der Ideen der Zeit hat. Hieraus kann der Schluss gezogen werden, dass die Besitzer der materiellen Produktionsmittel auch die Kontrolle über die kulturellen Produktionsmittel, einschließlich der Medien, haben. Somit werden die Ideen der Medienbesitzer zu Ideen, welche die Zeit beherrschen.

Die Zunahme des Einflusses neo-marxistischer Ansätze in den Sozialwissenschaften führte zu einer Betonung des sozialen Konflikts in der Gesellschaft, was wiederum zum Teil als eine Reaktion auf funktionale Modelle angesehen werden muss.

Marxisten sehen die kapitalistische Gesellschaft als eine Klassengesellschaft. Die Medien werden als Teil einer ideologischen Arena betrachtet, in welcher die Ideen unterschiedlicher Klassen aufeinander treffen. Die absolute Kontrolle liegt in den Händen des Kapitalmonopols. Medienfachleute unterliegen der Illusion, dass sie autonom seien, in Wahrheit jedoch erfahren sie eine Sozialisation im Rahmen der dominanten Kultur, und somit kommt es zu einer Verinnerlichung der dominanten Werte und Normen. Die Medien, insgesamt betrachtet, liefern einen interpretativen Rahmen für die Interessen der herrschenden Klassen. Das Publikum mag diesen Rahmen zum Teil in Frage stellen, ihm fehlt jedoch ein alternatives System (Gurevitch und andere, 1982: 1).

Der marxistische Ansatz beinhaltet verschiedene Ausrichtungen, welche unterschiedliche Erklärungsansätze für die Medienforschung liefern. Gurevitch und andere nennen diese unterschiedlichen marxistischen Erklärungsansätze die „Schulen des strukturellen, des kulturellen und politisch ökonomischen Ansatzes“.

II.2.1 Der strukturelle Ansatz

Einer der wichtigsten Vertreter des strukturellen Ansatzes ist der Althussersche Marxismus. Ideologie und Politik im Überbau sind laut Althusser nicht notwendigerweise von der wirtschaftlichen Basis abzuleiten (Althusser und Balibar, 1970: 177). Er lehnt die direkte Ableitung der Ideologie von der wirtschaftlichen Basis ab und vertritt die Ansicht, dass ideologische Praktiken, wie beispielsweise auch die Massenmedien, relativ unabhängig sind. Althusser lehnt gleichfalls die humanistische Auffassung ab, welche die Individuen als selbstbewusste, autonome Wesen ansieht, deren Handlungen als Resultate ihres Glaubens, persönlicher Absichten und Präferenzen zu betrachten sind. Ideologie verwandelt die Individuen in Kulturobjekte. Erziehung, Religion, Familie, das rechtliche und politische System und die Medien als Instrumente des ideologischen Staatsapparats geben den Individuen bestimmte soziale Identitäten vor. Während die Individuen ihre Identitäten mit Hilfe des ideologischen Staatsapparats definieren, erfassen sie auch die Realität durch diesen Apparat. Althusser betont, dass Ideologie ein künstliches Verhältnis zwischen den Individuen und den wahren Seinsverhältnissen beschreibt.

Althussers Konzept der „Interpellation" liefert marxistischen Medientheoretikern eine Erklärung für die politische Rolle von Medientexten. Texte, verwandte Symbole und ideologisch definierte Beziehungen werden zu Teilen einer bestehenden Struktur, welche den Zuschauer, Hörer oder Leser auffordern, daran teilzunehmen und somit zu einem Objekt macht. Diesem Ansatz zufolge wird das Objekt (Zuschauer, Hörer, Leser) durch den Text definiert. Die Macht der Massenmedien liegt darin, dass die Objekte ihre Darstellung in den Medien als Reflektionen des alltäglichen Lebens auffassen.

Der Althussersche Marxismus sieht keine Möglichkeit, dass Individuen diesem „Interpellationsprozess" widerstehen können, selbst wenn er annimmt, dass der ideologische Staatsapparat nicht perfekt funktioniert. Bennett (1982: 52-3) bemerkt, dass Althusser alle ideologischen Formen als einen Beitrag zur Reproduktion des existierenden Systems ansieht und sich somit in gefährlicher Weise dem Funktionalismus annähert. Denn dies kann so gedeutet werden, dass dem Klassenkonflikt im Kapitalismus kaum Platz eingeräumt und die kapitalistische Gesellschaft als ein kohärentes, monolithisches System angesehen wird.

Andererseits ist einer der bedeutendsten Vertreter des westlichen Marxismus, Gramsci, darum bemüht, einem einfachen und groben marxistischen Determinismus zu entgehen, indem er auf ein komplizierteres Verhältnis zwischen Basis und Überbau verweist. Gramsci betont in seinem humanistisch-marxistischen Ansatz, dass die Akteure im Klassenkampf auf ihre ideologische Überzeugungskraft und Vernunft zurückgreifen.

Er beschrieb die Vorherrschaft einer sozialen Klasse über eine andere mit dem „Konzept Hegemonie" oder auch kulturelle Führung. Hegemonie beinhaltet nicht nur eine wirtschaftliche und politische Kontrolle, sondern die Fähigkeit der herrschenden Klasse, ihre Weltanschauung so darzustellen, dass die untergebenen Klassen diese als „gesunden Menschenverstand" auffassen. Ein hegemonisches Verhältnis basiert deshalb auch immer auf einem Einverständnis. Die Ideologie, welche die Interessen der herrschenden Klasse vertritt, ist insofern „dominant" beziehungsweise „hegemonisch", als sie Zustimmung von den unteren Klassen findet (Schiff, 1996: 177). Gramsci verweist jedoch auch auf die Möglichkeit des Konflikts. Er bemerkt, dass der „gesunde Menschenverstand" keineswegs festgeschrieben ist und ständigen Veränderungen unterliegt. Gramsci lehnt einen strikten Ökonomismus ab und stellt den Kampf um die hegemonische Machtstellung als den wichtigsten Faktor für einen radikalen Wandel heraus. Demzufolge findet in den Massenmedien eine ideologische Auseinandersetzung statt.

II.2.2 Der kulturelle Ansatz

Gramscis Betonung des Überbaus bzw. der Kultur für den sozialen Wandel beinflusste britische Kulturtheoretiker wie Raymond Williams, welche einen wichtigen theoretischen Rahmen für die radikalen Medientheoretiker schufen und die Erforschung der Medien als einen Teil kultureller Praktiken ansehen.

Das *Zentrum für Gegenwärtige Kulturelle Studien der Universität Birmingham* CCCS, unter der ehemaligen Leitung von Stuart Hall, produziert seit Beginn der frühen Siebzigerjahre eine Vielzahl an Materialien über Medien. Der Forschungsschwerpunkt lag/liegt auf dem ideologischen Einfluss der Medien, und wie es den Medien gelang/gelingt, einen Konsensus zu schaffen und zu organisieren, obwohl die Gesellschaft in verschiedene Klassen unterteilt ist.

Die Birmingham-Schule sah den Kommunikationsprozess, im Gegensatz zu den vorherrschenden verhaltensbetonenden Ansätzen, nicht als einen direkten „Stimulus-Antwort-Mechanismus". Das Zentrum sah die Medien als eine Ansammlung sozialer und politischer Kräfte, deren Einfluss indirekt und oft auch nur schwer wahrnehmbar ist. Es betonte, dass alle Medien, einschließlich die Sprache, ein strukturierendes Potential besitzen. Während McLuhan in den späten Sechzigerjahren davon ausging, dass „das Medium die Nachricht ist"[1], konzentrierten die britischen Kulturalisten ihre Studien auf die sprachlichen Zei-

---

[1] McLuhan befaßte sich mit der abnehmenden Bedeutung der gedruckten Medien, untersuchte allerdings auch die psychischen Effekte neuer Kommunikationsformen auf Individuen. Er behauptete, daß die neuen elektronischen Medien die Individuen zu einer großen und einheitlichen Gemeinschaft (globales Dorf) vereinigen. Sein Interesse an den Medien bestand darin, daß er davon ausging, daß Individuen Wesen seien, die nach Informationen streben. McLuhans größter medientheoretischer Beitrag ist die Hervorhebung des Verhältnisses zwischen den Medien und dem Publikum und wie die Medien selbst ihre eigene Information schaffen (siehe auch Ward, 1990: 195-96).

chen (Semiotik), mit denen Informationen das Publikum erreichen. Der kulturelle Ansatz brach auch mit einem passiven und undifferenzierten Verständnis des Publikums. Stattdessen betonte dieser Ansatz, wie Nachrichten vom Publikum, welches aus Personen mit unterschiedlichen politischen und sozialen Ansichten zusammengesetzt ist, diesen Ansichten entsprechend unterschiedlich dekodiert werden.

Die Grundlage für die Medienanalyse der Vertreter der kulturellen Ausrichtung bildet ihre Kulturdefinition. Der Kulturdefinition von Raymond Williams folgend, können die Medien als ein Ort für die Austragung von Interessenkonflikten unterschiedlicher sozialer Gruppen angesehen werden. Dieser Konflikt verschiedener Interessen wird als „kulturelle Aktivität" verstanden. Mit anderen Worten, die Medientexte bzw. ihre Ideologien reflektieren den Kampf unterschiedlicher sozialer Agenten nicht für eine materielle Vorherrschaft, sondern für die kulturelle Führung. Hier kommt deutlich Gramscis Einfluss auf den kulturellen Ansatz zum Vorschein.

Bennett, ein anderer Vertreter der kulturellen Schule (1980: 82-3), sieht Kultur als die formende und bestimmende Grundlage sozialen Lebens. Kultur ist überall und umfasst das gesamte menschliche Tun. Sie ist ein fester Bestandteil des alltäglichen Lebens. Die Welt kann nur durch bestimmte Texte verstanden werden. Diese Argumentation führte dazu, dass Tester (1994: 14) den Schluss zog, dass die Grundlage der kulturellen Studien die populäre Kultur bildet. Sich auf Bennett beziehend, bemerkt er, dass die populäre Kultur den Austauschort verschiedener Kulturen bildet. Die herrschende Klasse ist und bleibt dominant, auch deshalb, weil sie in der Lage ist, die sozialen Gruppen davon zu überzeugen, was für sie und andere „am besten" ist. Demzufolge bleibt die herrschende Klasse dominant, solange sie „im Namen des Volkes" spricht.

Tester (1994: 25) bemerkt, dass populär auch die Bedeutung „von vielen gemocht" hat und die Medien eine zentrale Stelle in der populären Kultur einnehmen. Andererseits behauptet Fiske (1989: 43), dass „die populäre Kultur immer als Reaktion auf und niemals als Teil herrschender Kräfte ins Leben gerufen wird".

Um zu erklären, weshalb untere Schichten die Ideen der herrschenden Schichten unterstützen oder ablehnen, griffen die Kulturalisten und die Birminghamer Schule verstärkt auf Gramscis Konzept von der Hegemonie als Praxis für die Austragung von Konflikten zurück.

Hall interpretiert Gramscis Hegemonie als Instrument, um im Klassenkampf die kulturelle Vorherrschaft zu erreichen, d.h. also aktive Einwilligung der Klassen und nicht rechtlicher oder gesetzmäßiger Zwang (Hall, 1982: 85). Kurz, Hegemonie, auch wenn sie rechtens ist, zwingt den unteren Klassen nicht gewisse Werte und Verhaltensweisen auf, sondern resultiert daraus, dass diese Klassen solche Werte und Verhaltensweisen selbst verinnerlicht haben. In diesem Zusammenhang sind die Medien von Bedeutung. In der Schaffung von Hegemonie nehmen die Medien mit eine der wichtigsten Rollen ein. Mit anderen Worten, die Medien dienen den herrschenden Klassen zur Reproduktion ihrer Interessen und sind der Austragungsort für einen ideologischen Kampf, der in Zustimmung oder Ablehnung mündet. Die Medien betonen ihre konsensschaffende Funktion, indem sie sich als Stimme der Öffentlichkeit und Verteidiger der öffentlichen Meinungen präsentieren. Hieraus folgt, dass die Medien in Krisenzeiten mit Nachrichten über problematische Subkulturen oder Studentenprotestbewegungen gewisse Ansichten vermitteln und bestärken, die zur Legitimation von „Recht und Ordnung" beitragen (Woollacott, 1982: 108-10).

Im Zusammenhang mit dem kulturellen Ansatz sollte auch die *Mediengruppe der Universität Glasgow* GUMG Erwähnung finden. Die Glasgower Schule befasste sich vor allem mit Medien und industriellem Konflikt. *Schlechte Nachrichten* (1976) und *Noch Schlechtere Nachrichten* (1980) sind die wichtigsten Werke dieser Gruppe. In *Schlechte Nachrichten* wurde gezeigt, wie industrielle Konflikte vom britischen Fernsehen präsentiert werden und wie die Situation der Arbeiter einiger Sektoren keinerlei Platz in den Medien fand, beziehungsweise die Situation der Arbeiter in anderen Sektoren in ausgedehnter Weise übertragen wurde. Während das Fernsehen die Fortsetzung der Arbeit stets als „gut" weitergab, wurden Arbeitsunterbrechungen als „schlecht" dargestellt. Auf diese Weise bestärkten/bestärken die Medien die Arbeiter darin, keinem Streikaufruf zu folgen. In *Noch Schlechtere Nachrichten* wird die Sprache, die im Zusammenhang mit der Darstellung industrieller Konflikte benutzt wird, analysiert. Diese Untersuchung hebt hervor, dass die im britischen Fernsehen verwandte Sprache das Management der Unternehmen unterstützt und darum bemüht ist, die Arbeiter als unvernünftig und militant darzustellen.

Tester (1994: 6) kritisiert den kulturellen Ansatz aufgrund der Tatsache, dass wichtige Fragen nicht gestellt werden. Die Medien selbst werden als „interessant" deklariert, dass aber einige

Medien Inhalte besser präsentieren als andere, wird nicht berücksichtigt. Letztendlich, wenn alle Dinge in Kategorien wie interessant und langweilig gezwängt werden, ist dies ein Zeichen dafür, dass nicht nur kulturelle Werte, sondern auch moralische Werte einem Verfall unterliegen. Tester empfiehlt statt eines kulturellen einen soziologischen Ansatz, denn ein kultureller Ansatz bleibt darauf beschränkt, Definitionen zu liefern. Aus einer soziologischen Perspektive heraus wird nicht nur gefragt, wie etwas zutage tritt, sondern gleichzeitig wird auch die Frage gestellt, weshalb es anders sein sollte.

II.2.3 Der politisch ökonomische Ansatz

Der kulturelle Ansatz mit seiner Betonung von Kultur und Ideologie führte dazu, dass weder die Besitzstruktur noch die direkte Kontrollausübung näher untersucht wurden. Murdoch und Golding (1977: 17) kritisieren sowohl die Strukturalisten und ihr übertriebenes Interesse an Ideologie, wie auch die Kulturalisten und bemerken, dass Letztere, statt die wirtschaftlichen Beziehungen konkret zu analysieren, zunächst eine Analyse des kulturellen Produktionsprozesses und dessen Folgen vornehmen, um dann erst den wirtschaftlichen Unterbau zu erforschen.

Der politisch ökonomische Ansatz verweist stattdessen auf die Beziehungen der Medien zum Staat und darauf, dass die Wirtschaft von riesigen wirtschaftlichen Kooperationen dirigiert wird. Dieser Ansatz sieht die Medienpratiken durch die Wirtschaftsstruktur bestimmt, er sollte jedoch nicht als einfache Fortführung eines orthodoxen Marxismus angesehen werden. Er ist gegen eine Überbewertung der Ideologie in Medienstudien. Die relative Unabhängigkeit von Ideologie wird anerkannt, und doch wird auf der Makroebene die Ökonomie als letztendlich bestimmend hervorgehoben. Dieser Ansatz deutet die Ideologie, welche von den Medientexten reflektiert wird, als falsches Bewusstsein und somit als Hindernis zum Verstehen der Realität. Hierbei betont diese Tradition, neben der Ideologie selbst, den Prozess „der Schaffung falscher Götzenbilder".

Der politisch-ökonomische Ansatz konzentriert sich weniger auf die Dekodierung durch die Empfänger der Mediencodes als auf diejenigen, welche diese Codes erstellen. Die wahre politische und wirtschaftliche Situation wird von den Medien verheimlicht. Die Medienorganisationen sind um eine Gewinnmaximierung und Risikominimierung bemüht. Der Druck, das Publikum und den Gewinn zu vergrössern, führt dazu, dass weniger populäre und unkonventionelle Themen kaum behandelt werden. Die Funktion der Medien besteht darin, die Interessen der Medienpatrone und derjenigen, die Kontrolle ausüben, „durch die Schaffung eines falschen Bewusstseins zu legitimieren".

Garnham (1990) beschreibt deutlich, dass der politisch-ökonomische Medienansatz aufgrund seiner theoretischen und historischen Basis darum bemüht ist, die Aufmerksamkeit auf die Bedeutung der Massenmedien als wirtschaftliche und profitschaffende Einheiten zu lenken. Ihre Bedeutung als Ideologiesysteme des Staates steht nicht im Vordergrund. Um die kulturelle Struktur, die Kulturproduktion wie auch die Rolle der Massenmedien zu begreifen, stellt der politisch ökonomische Ansatz einige prinzipielle Fragen: zum Problem der produktiven und nicht-produktiven Arbeit, zum Verhältnis zwischen den öffentlichen und den privaten Sektoren, zur Rolle des Staates in der kapitalistischen Akkumulation und zur Bedeutung und Funktion der Werbung im Spätkapitalismus.

II.3 Die kritische Theorie der Frankfurter Schule

Die bekanntesten Theoretiker der Frankfurter Schule sind Theodor Adorno, Herbert Marcuse, Max Horkheimer, Walter Benjamin und später Jürgen Habermas. Die ersten Mitglieder dieser Schule waren auch gleichzeitig Mitglieder des 1923 in Frankfurt gegründeten *Instituts für Sozialforschung*. Die Analyse des Faschismus war ein Forschungsschwerpunkt des Instituts, welches später Nazideutschland verließ und nach New York umzog. Alle Institutsmitglieder waren marxistisch orientiert und hatten persönlich den Misserfolg des Sozialismus in Deutschland und den Aufstieg des Faschismus erlebt. Die Frankfurter Schule ist bekannt für ihre kritische, sozial-kulturelle Ausrichtung, welche Marxismus, die Philosophie Kants und Hegels, die Soziologie Webers und die freudsche Psychoanalyse in einem typisch europäischen Ansatz vereint.

Die Frankfurter Schule sieht die Massenmedien als Institutionen, die durch die Verbreitung einer „populären Kultur" den eigentlichen Forschungsgeist abtöten und Passivität fördern. Die Massenmedien dienen der vollständigen Integration der Individuen in die moderne kapitalistische Gesellschaft. Horkheimer und Adorno entwickelten das Konzept „Kulturindustrie", wobei sie auf die Vermarktung von Kunst verwiesen und herausstellten, wie diese der Unterhaltung von Massen diente. Die Medien spielen in der Kulturwelt eine wichtige Rolle: Sie schaffen künstlerische Werte. Horkheimer und Adorno (1972: 121) betonten, dass die Kulturindustrie nicht nur zu einer Massenproduktion und Standardisierung der Produktion führt. Für sie mündet diese Standardisierung auch in eine Erosion des Denkvermögens und des Verstandes. Die Logik der Technologie ersetzt menschlichen Selbstrespekt und menschliches Selbstbewusstsein in der kapitalistischen Gesellschaft. Horkheimer (1974) bezeichnet diesen Prozess als Untergang der Vernunft, und Marcuse (1968) spricht von der „Eindimensionalität des Menschen“. Marcuse (1968: 26-7) beschrieb die Medien, auf sehr pessimistische Weise, als eine Kraft, der nicht zu widerstehen sei. Für ihn beinflussen und manipulieren die Produkte der Medien, das heißt, Unterhaltung und Informationen innerhalb der Kulturindustrie, das Publikum. Sie verbreiten falsche Informationen und schaffen, was er „eindimensionales Denken und Handeln“ nennt. Die Massenmedien bestimmen laut Marcuse die Art und Weise, wie Menschen die Welt und die Realität verstehen. Woollacott (1982: 105) kritisiert Marcuses Ansatz, da er den Massenmedien und der Kulturindustrie eine ideologische Vorherrschaft zuschreibt, welche weder dem bürgerlichen Individualismus noch dem revolutionären Potential der Arbeiterklasse Raum lässt. Die Frankfurter Schule interpretierte das Verschwinden der Radikalität der Arbeiterklasse als ein Ergebnis der Tatsache, dass das Publikum die Medienprodukte passiv aufnimmt.[2]

Die Vertreter dieser Schule vertraten unterschiedliche Ansichten darüber, wie die neuen Technologien, einschließlich der Massenmedien, die Kunst durch Reproduktion für die Massen beeinflussen. Theodor Adorno vertrat einen pessimistischen Standpunkt. Walter Benjamim hingegen betonte, dass die Kulturindustrie durch Reproduktion von Kunst für die Massen eine demokratische Funktion ausübt und Kunst zu einem Bestandteil des alltäglichen Lebens der Massen macht. Für Adorno jedoch ist jedwede Reproduktion der Kunst und das Miteinbeziehen in das alltägliche Leben einem Status- und Wertverlust gleichzusetzen.

Die *Kritische Theorie* der Frankfurter Schule wurde von ortho-

[2] Ein neuerer Medienforscher, John Fiske (1987), bemerkt, dass die Kulturindustrie zwar Fernsehprogramme produziere, dass das Publikum jedoch die Fähigkeit besitze, diese zu dekodieren und unterschiedlich zu interpretieren. D.h., Fiske betrachtet das Publikum als aktiv und in der Lage, ihm präsentierte Medientexte unterschiedlich zu interpretieren.

doxen Marxisten als revisionistisch aufgefasst. Einer der wichtigsten Kritikpunkte lautet, dass die Frankfurter Schule zwar die Realität verteufelt, jedoch keinen fruchtbaren Beitrag zu ihrer Veränderung liefert.

II.4 Marxistisch-revisionistische Ansätze

Die Arbeiten von Habermas und Baudrillard führten zu einer Wiederbelebung der Kritischen Theorie. Habermas spricht von einem „öffentlichen Raum“, der den menschlichen Verstand vor der strukturellen Integration in den Kapitalismus bewahrt. Er siedelt diese Öffentlichkeit in einer idealen Kommunikationssituation an, in der ein uneingeschränkter Informationsfluss erfolgt, der keinerlei oppressiven Kräften unterliegt. Er stellt fest, dass die modernen Medien das kommunikative Handeln auf ein höheres Niveau bringen. Auch wenn die Medien den Informationsfluss gewöhnlich von oben nach unten bzw. vom Zentrum zur Peripherie weiterleiten und somit die soziale Kontrolle verstärken, so besitzen sie dennoch ein emanzipatorisches Potential. Habermas sieht die Medien nicht als demokratische Arena, sondern sieht die Individuen als Akteure, die in der Lage sind, den Medien zu widerstehen (Habermas, 1987: 390).

Andererseits sieht Baudrillard „eine soziale Logik des Konsums“ als Grundmerkmal des Kapitalismus. Diese Logik beruht nicht darauf, dass durch den Erwerb von Gütern und Diensten individuelle Bedürfnisse befriedigt werden. Stattdessen funktioniert sie, indem sie sich die Individuen zu Verbrauchern zurechtmacht und manipuliert (Poster, 1995: 105).

Baudrillard versucht, die Kommunikationsstruktur in einer durch die Medien beherrschten Welt zu beschreiben. Er glaubt an einen großen Einfluss der Medien auf soziale und kulturelle Beziehungen. Obwohl die von den Medien gesammelte Menge an Informationen ein Höchstmaß erreicht hat, muss gleichzeitig bemerkt werden, dass diese Informationen immer mehr an Qualität verlieren. Baudrillard argumentiert, dass die Medien Bedeutungsinhalte und somit das Soziale verschwinden lassen. Es wird eine Welt künstlicher Formen geschaffen, die nur mit sich selbst und nicht mit der Realität Verbindungen knüpft. Er sieht in einer „Strategie des Schweigens“ für das Publikum die Möglichkeit, der von den Medien präsentierten Falschheit zu entfliehen. Folglich interpretiert Baudrillard die Passivität der Massen als eine positive politische Strategie. Tester (1994: 124) drückt dies wie folgt aus: „Die Medien wollen, dass sich das Publikum an sozialen und kulturellen Aktivitäten beteiligt; aber gerade diese Beteiligung ist, was die Massen ablehnen.“ Tester folgert, dass Baudrillard zu dem Schluss kommen könnte, dass die Massen keinerlei informative Nachrichten wollten und nur darum bemüht seien, vor dem Tod unterhalten zu werden (S. 125).

Es bleibt die Frage, ob wir uns, wie Neil Postman (1985) bemerkt, „zu Tode amüsieren“. Denn heutzutage zeigt das Fernsehen nicht nur Unterhaltungsprogramme, sondern präsentiert nahezu alles zur und wie Unterhaltung. Somit werden die Medien ihrer Aufgabe nicht gerecht, gut informierte und entscheidungsfähige Staatsbürger für eine demokratische Gesellschaft auszubilden. Postman folgert, dass Unterhaltung im Allgemeinen zu einer Super-Ideologie des Fernsehdiskurses geworden ist, sodass selbst Nachrichtenprogamme auf unterhaltende Art und Weise gezeigt werden. Das Ziel ist, nicht wirklich zu informieren, sondern mit angeblichen Informationen zu unterhalten (Infotainment). Das Bedürfnis der Individuen nach Unterhaltung aber lässt sie uninformierter und macht sie leichter kontrollierbar.

II.5 Abschließende Bemerkungen zu den Medientheorien

Lasswells Frage: „Wer sagt was zu wem durch welchen Kanal und mit welchem Effekt?“ scheint ein guter Ausgangspunkt für die Medienforschung zu sein. Die Medien werden jedoch in diesem Ansatz zu isoliert betrachtet. Die wirtschaftlichen, politischen und kulturellen Dimensionen werden in die Analyse nicht einbezogen. Andere Theoretiker vertreten die Meinung, dass der Beitrag der Medien zur Demokratie, die Ideologie, auf der die Medientexte beruhen, die Medienbesitzstruktur, die Werte und Deutungen, die das Publikum den Medieninformationen zuschreibt, beziehungsweise wie es dagegen angehen könnte, dass all dies in eine vergleichende Untersuchung eingeschlossen werden sollte.

Ein Vertreter dieses vergleichenden Ansatzes, Downing (1990: 18), argumentiert, dass es für die Mitglieder einer Gesellschaft schwierig ist, die Funktion und Struktur der Medien innerhalb dieser Gesellschaft zu begreifen; wird jedoch eine andere Gesellschaft von außen betrachtet, lässt sich die Frage: „Wie können die Leute dies alles nur glauben?" viel leichter stellen.

Im Mittelpunkt dieser Untersuchung stehen die Journalisten, und es ist unmöglich, diese von den Bedingungen, unter denen sie arbeiten, zu trennen. Deshalb ist es notwendig, sich auch einen Einblick in Nachrichtenproduktionen und Nachrichteninhalte zu verschaffen.

II.6 Nachrichteninhalt und Nachrichtenproduktion

Die Frage „Was ist eine Nachricht?" ist von zentraler Bedeutung für die Medienforschung. Sie wird, je nach Erklärungsparadigma, unterschiedlich beantwortet. Der liberal-pluralistische Ansatz geht unter der Prämisse, dass sich in demokratischen Gesellschaften alle Ideen und Ideologien in freiem Fluss befinden, davon aus, dass Nachrichteninhalte ausgewogen sind und alle Interessengruppen durch die Medien vertreten werden. Dieser Ansatz sieht die Medien als vierte Instanz, die Legislative, Judikative und Exekutive kontrolliert.[3]

Zur weiteren Vertiefung dieses Arguments bedarf es einer detaillierten Untersuchung der Beziehung zwischen Nachrichtenproduktion und Ideologien. Youngchul (1989: 61-74) unterscheidet drei Ebenen: die innerorganisatorische Ebene, die zwischenorganisatorische Ebene und die hegemonische Ebene.

II.6.1 Die innerorganisatorische Ebene

In der Regel wird davon ausgegangen, dass Journalisten wissen, was eine Nachricht ist. Journalismus bedeutet gleichfalls, dass ein Journalist aus einer Unmenge von Material diejenigen Nachrichten auswählt, die einen Nachrichtenwert besitzen. Das Auswählen der Nachrichten erfolgt aufgrund des Nachrichtenwerts. Janowitz (1985) betont, dass die Fähigkeit der Nachrichtenwahl durch die Sozialisation in der Medienorganisation selbst und durch die praktische Berufserfahrung eingeübt wird. Gleichzeitig besteht aber die Gefahr, dass als Resultat einer solchen Sozialisa-

3 Wenn man davon ausgeht, dass Griechenland als Mitglied der Europäischen Union eine demokratischere Struktur besitzt, sollte man annehmen, dass die griechischen Journalisten dem liberal-pluralistischen Ansatz zur Erklärung des Kommunikationsprozesses näher stehen. Wie jedoch später gezeigt werden wird, besteht diesbezüglich zwischen den griechischen und türkischen Journalisten kaum ein Unterschied.

tion die Journalisten ihre Auswahlkriterien immer mehr einander angleichen und ihre Autonomie verlieren. Der pluralistische Ansatz sieht die Journalisten als Spezialisten, die objektiven und unabhängigen Normen folgen. Die Nachricht ist die objektive Wahrheit, der Journalist hält dieser Wahrheit den Spiegel vor.

Der pluralistische Ansatz geht nicht darauf ein, wie die subjektiven Ansichten der Journalisten die Nachrichtenproduktion beeinflussen. Die Nachrichtenproduktion durchläuft bestimmte Stadien in der Medienorganisation. McQuail (1984: 185) betont, dass die Nachrichtenherstellung der Massenmedien nicht nur die Interessen der Erzeuger reflektiert, sondern auch unter dem Druck steht, ständig neue Nachrichten herzustellen. Damit ein Ereignis zu einer Nachricht wird, muss es „überraschend" sein. Gleichzeitig sind die Medien jedoch verpflichtet, dem Publikum ständig neue Informationen zu vermitteln. Dies führt zu einer routinemäßigen Nachrichtenproduktion. Da es unmöglich ist, stets unerwartete und neue Ereignisse zu vermitteln, besteht die Gefahr, dass durch die Übermittlung von Routinenachrichten Zuschauer (Leser, Hörer) wegbleiben. Galtung und Ruge (1973) entwickelten folgende Kriterien für den Nachrichtenwert eines Ereignisses: 1) das Ausmaß der Beziehungen zu Persönlichkeiten der Elite, 2) ein negatives Ereignis wie Unglück und Katastrophe, 3) neu und 4) überraschend zu sein.

Der pluralistische Ansatz ignoriert die Subjektivität der Journalisten und die strukturelle Beschränkung der Medienorganisationen. Er beschreibt Journalisten als autonom, objektiv und die Wahrheit berichtende Personen. Jedoch vertreten Theoretiker wie Schudson (1978) und Tuchman (1978) die Ansicht, dass journalistische Konventionen in einem bestimmten Ausmaß den existierenden Status quo bestärken und dass dieses Ausmaß nicht unterschätzt werden sollte. Politisch ökonomische Kritiker wie Murdock und Golding (1978) heben die Besitzstruktur als wichtiges Kriterium für die Nachrichtenproduktion hervor.

In der Bestimmung der Nachrichtenagenda spielen ohne Zweifel nicht nur die Journalisten, sondern auch die Manager der Medienorganisationen und die Medienbesitzer eine ausschlaggebende Rolle. Diese Agenda wiederum bestimmt beziehungsweise beeinflusst die Ansichten der Öffentlichkeit. Das heißt, die Medien sind von großer Wichtigkeit für den Rahmen, innerhalb dessen der öffentliche Disput stattfindet (McQuail, 1984: 226). Schiff (1996: 180) bemerkt, dass die Agenda die Nachrichtenauswahl bestimmt und dem Publikum zeigt, was von Wichtigkeit ist.

II.6.2 Zwischenorganisatorische Ebene

Um die Nachrichtenproduktion zu erforschen, bedarf es nicht nur einer Untersuchung der Journalisten, sondern auch ihrer Nachrichtenquellen. Ein großer Teil der Nachrichtenproduktion beruft sich auf feste Quellen. Die ununterbrochene Produktion von Nachrichten bedarf eines regelmäßigen Zugangs zu „gut informierten“ Quellen. Einige Medienforscher (Sigal, 1973; Schudson, 1978) betonen jedoch, dass diese Informationsquellen oft mit der politischen Macht, beziehungsweise den Machthabern in Verbindung stehen. Die Beziehung zu führenden Bürokraten und Staatsmännern garantiert einen ständigen Nachrichtenfluss, aber die Nachrichtenagenda wird von der dominanten Ideologie bestimmt. Die Ansichten von Gruppen mit „reichen“ Nachrichtenquellen finden deshalb eine stärkere Repräsentation in den Medien als Ansichten unorganisierter Gruppen mit beschränkten Nachrichtenquellen.

Das ist der Grund dafür, dass Tuchman (1978) die Objektivität von Nachrichten infrage stellt und stattdessen das subjektive Verhältnis unterschiedlicher Gruppen, Organisationen und Unternehmen zu den Medien hervorhebt. Schiff (1996: 180) stellt fest, dass Zeitungen als Agenten von Werbeunternehmen fungieren und betont die enge Verbindung zwischen Werbefirmen und Medienorganisation.

II.6.3 Die hegemonische Ebene

Zweifelsohne beinflussen individuelle Kompetenz und Professionalität den Prozess der Nachrichtenproduktion. Darüber hinaus spielen jedoch politische Faktoren eine große Rolle. Die hegemonische Ebene beschreibt die Art und Weise, wie die Werte der herrschenden Klasse von den anderen Schichten der Gesellschaft als „gesunder Menschenverstand“ internalisiert werden. Hall (1982), Hall und andere (1978) sowie die Studien der Mediengruppe Universität Glasgow (1976; 1980) demonstrieren, dass Minoritäten in den Medien nicht vorurteilsfrei behandelt werden. Das muss als Folge journalistischer Vorurteile oder politischer Präferenzen angeschehen werden.

Forscher betonen, dass Journalismus oft auch als eine Art Warnsystem funktioniert, in dem zum Beispiel abweichendes und ungewöhnliches Verhalten beschrieben wird. Die Präsentation von abweichendem Verhalten dient der Festigung der akzeptierten Normen der Gesellschaft. Liebes verweist (1992) in ihren Studien über das israelische Fernsehen genau auf diese hegemonische Ebene. Sie beobachtete, wie der Fernsehjournalismus insbesondere mit der visuellen Darstellung von Konflikten und abweichendem Verhalten arbeitet. Durch die Verwendung von Stereotypen werden wirkliche Lebenssituationen stark vereinfacht, Konflikte dagegen in übertriebener Weise dargestellt. Das verfehlt seine Wirkung nicht: Von den herrschenden Kräften wird erwartet, wieder eine soziale Ordnung zu schaffen. Man konzentriert sich auf Ereignisse, und nicht etwa auf Inhalte und Prozesse, die zu diesen Ereignissen geführt haben. Folglich werden die Ereignisse leicht verfälscht präsentiert.

Ein weiteres Merkmal solcher Fernsehnachrichten ist, dass soziale Wirklichkeiten in Form dramatischer Episoden und durch Personifizierung sozialer und politischer Institutionen präsentiert werden. Letztendlich hat der Anspruch auf „Unterhaltung und Geschichten“ Einfluss auf die Rhetorik der Nachrichtenprogramme und eine Überdramatisierung zur Folge.

II.7 Studien über Journalisten

Obwohl Untersuchungen über Medien weit verbreitet sind, gibt es kaum Studien über Journalisten. Arbeiten über berufliche Orientierungen reflektieren das allgemeine Interesse daran, wie die Spezialisten dieser Berufe ihre persönlichen und gruppenbestimmten Identitäten, Erwartungen und Ideale unter dem existierenden organisatorischen Druck verwirklichen.

Blau und Scott (1962) erwähnen in ihrer klassischen Studie über Organisationen, dass berufliche Ausrichtungen intellektuelle wie auch emotionale Elemente beinhalten. Das emotionale Element beinhaltet eine positive Einstellung zu bestimmten Referenzgruppen, Kollegen, Kunden und Managern. Die intellektuelle Komponente betont die spezialisierten Kenntnisse im Gegensatz zu organisatorischen Progammen und Abläufen. In diesem Zusammenhang muss beim Journalismus auf journalistische Kompetenz, Loyalität, Berufsethik und -regeln, die zu Gegenpolen der von den Medienorganisationen auferlegten Zwänge werden können.

Die Literatur über berufliche Ausrichtungen und Organisationen unterscheidet „professionelle Orientierungen" und „bürokratische Orientierungen". Solche mit professioneller Orientierung streben nach sozialer Unterstützung anderer und berufen sich auf ihre spezialisierten Kenntnisse und Berufsnormen, solche mit einer bürokratischen Orientierung streben nach Anerkennung durch die Vorgesetzten in ihrer Organisation und folgen der organisatorischen Agenda.

II.7.1 Journalismus als Beruf[4]

Es gibt keine einhellige Ansicht darüber, ob Journalismus ein Beruf ist. Kepplinger und Köcher (1990: 307) stellen fest, dass Journalisten nicht zu einer Berufsklasse zählen. Sie argumentieren, dass sie sich, im Gegensatz zu Vertretern wirklicher Berufe, selbst und dritten Parteien gegenüber extrem wählerisch verhalten können. Mit anderen Worten, sie können mit jedem sprechen, sie können über alles berichten, und sie müssen keinen auferlegten Regeln folgen. Forscher wie Broddason (1994) bemerken, dass den Mitgliedern einer Berufsgruppe bezüglich ihres beruflichen[5] Verhaltens ein gewisser Grad an Selektivität zugestanden wird. Sie betonen ebenfalls, dass von den Journalisten, welche ihre Arbeit ernst nehmen, erwartet wird, dass sie sich mit bestimmten Themen in einer bestimmten Weise, beruflichen Grundregeln folgend, befassen und Themen, die diesen Regeln zuwiderlaufen, ablehnen.

Kaya (1985) schreibt, dass der liberale Ansatz keinerlei Voraussetzungen für den beruflichen Einstieg in den Mediensektor vorschreibt. Deshalb bedarf es, um als Journalist zu arbeiten, keines Diploms und keiner Mitgliedschaft in einer Berufsorganisation wie zum Beispiel Ärzte- oder Anwaltskammer. Allerdings

4 In ihrem *Modernen Wörterbuch der Soziologie* definieren Theodorson und Theodorson (1979: 316) *Beruf* als eine Arbeit mit hohem Status, die von gut ausgebildeten Spezialisten ausgeführt wird. Ein Beruf beinhaltet die exklusive Kenntnis bestimmten Wissens und bestimmter Fähigkeiten bedeutsam für die Gesellschaft und individuelle Klienten. Die spezielle und intensive Ausbildung und die notwendige Disziplin führt zu einer starken Gruppensolidarität und Exklusivität. Jeder Beruf, sich auf ein Monopol an Wissen und Können berufend und ausgestattet mit einer Verantwortung für die Ehre und Fortführung dieses Berufes, tendiert dazu, seine eigene Ethik und Qualitätsbewertung zu formulieren. Deshalb lehnen es Berufsgruppen ab, von der Öffentlichkeit oder ihren Klienten kontrolliert zu werden.

5 Theodorson und Theodorson (1979: 280) heben in ihrer soziologischen Definition von *Beruf* die ökonomische Ebene hervor und bemerken, dass alle Tätigkeiten, die für die Schaffung eines Lebensunterhalts ausgeführt werden, als Arbeit zu bezeichnen sind. Arbeit ist eine den Individuen in der gesellschaftlichen Arbeitsteilung auferlegte Rolle. Jeder Beruf ist gleichzeitig auch eine Arbeit, aber nicht jede Arbeit ist ein Beruf.

könnte eine solche Organisation, die berufliche Prinzipien für Journalisten festschreibt, viele der Probleme lösen, mit denen wir heute konfrontiert sind.

Schudson (1988: 145) und Windahl (1975: 154) behaupten, dass nur solche Berufe, die den für ein Leben notwendigen Bedürfnissen der Menschen dienen, die Bezeichnung Beruf verdienen. Der pluralistische Ansatz lässt keinen Zweifel daran, dass der Journalist diese Aufgabe erfüllt. Ohne Journalismus gebe es keine Demokratie (Garnham, 1990: 104).

Einige Theoretiker definieren den Journalismus als den Beruf des „Wahrheitsberichtens“. Journalismus wird bezüglich seiner beruflichen Ziele oft mit Medizin und Erziehung verglichen. O'Neil stellt fest, dass einige menschliche Praktiken, so wie Medizin und Erziehung, ihre eigenen inneren Ziele haben. Das innere Ziel der Medizin ist die Gesundheit. Das innere Ziel und die unveränderliche Vorraussetzung des Journalismus ist das Berichten der Wahrheit.

Belsey und Chadwicks (1992: 1) Journalismusdefinition stimmt mit der O'Neils überein:

> Journalismus ist ein ehrbarer Beruf, auch wenn viele, einschließlich der Journalisten selbst, diesen Beruf befleckt haben. Unterschiedlichste Regierungen, also demokratische wie diktatorische, sind, auch wenn sie den Journalismus nicht direkt abschaffen können, stets darum bemüht, zu zensieren und zu kontrollieren, meist mit Erfolg. Medienbesitzer üben mit Hilfe des Journalismus persönliche Macht aus, befriedigen ihren Größenwahn und mehren ihren Besitz... Journalisten benötigen noch nicht einmal Bestechungsgelder, um unethisch zu handeln. Selbst die Konsumenten sind dem Journalismus nicht förderlich, indem sie Trivialität und schlechten Standard als Norm ansehen.
>
> Dennoch ist der Journalismus ein ehrenvoller Beruf, weil er ein ehrenhaftes Ziel hat, nämlich die Verbreitung von Information... Dieses ist ein ehrenvolles Ziel, weil eine gesunde Gemeinschaft, vor allem eine Gemeinschaft, welche sich als demokratisch ansieht, dies zur Basis hat (Belsey und Chadwick, 1992: 1).

Beim Vergleich mit der Medizin verweisen einige Theoretiker auf die Heiligkeit des Journalismus. Mediziner verwenden ein Vokabular, welches den Laien vom medizinischen Diskurs ausschließt und eine esoterische und mystische Athmosphäre schafft

(Broddason, 1994: 232-3). Obwohl Journalisten eigentlich mit einfachen Laien kommunizieren sollten, benutzen sie ihren eigenen Jargon.

Anthropologische Studien verweisen auf die Mystik der religiösen Führer in primitiven Gesellschaften, welche über ein äußerst wichtiges und eifersüchtig gehütetes Wissen wachen. Diese religiösen Führer besitzen Wissen, welches für andere Menschen unerreichbar bleibt. Dieses Wissen wird als grundlegend für das Wohl der einzelnen Individuen und der Gemeinschaft insgesamt angesehen. Aus welchem Grunde auch immer, aber Journalisten werden für Leute gehalten, die über bestimmte Ereignisse besser informiert sind als andere. So gesehen sollten wir den Journalisten die Heiligkeit zusprechen, welche in primitiven Gesellschaften den heiligen Männern zugeschrieben wird. Ironischerweise sehen auch einige Wissenschaftler Journalisten als Vertreter der Heiligkeit in der Industriegesellschaft, während andere jedoch davon ausgehen, dass deren Bedeutung parallel zu den technologischen Entwicklungen abnehmen wird.

Bakewell und Garnham (1979), Altheide und Snow (1979), Dayan und Vatz (1992) vertreten die Ansicht, dass Journalismus zu den heiligen Berufen der modernen Zeit zählt. Die Zeiten der Nachrichtenübertragungen im Fernsehen können als „heilige Stunden", vor allem für die männlichen Haushaltsvorstände, betrachtet werden, die in dieser Zeit einen Weg finden, sich vom Alltag zu distanzieren. Broddason (1994: 239-40) argumentiert wie folgt:

> Journalisten, genau wie Doktoren und Priester, haben lange und unregelmäßige Arbeitszeiten und sind nie ganz frei von ihrer Arbeit. Ihre Arbeit kann sehr gefährlich sein. Ein Beweis hierfür sind Journalisten, die den Kampf gegen Tyrannei und Korruption mit ihrem Leben bezahlen mussten. Es besteht deshalb kaum ein Zweifel daran, dass einige Journalisten aus altruistischen Motiven handeln und zu Opfern bereit sind. Jedoch ist die Zahl der Journalisten, die im Strom der herrschenden Kräfte mitschwimmen, nicht gering. Dies kann eindeutig nicht als Professionalität verstanden werden, genauso wenig, wie Doktoren, Richter oder Priester professionell handeln, die ihr Wissen und ihre Macht in den Dienst von Despoten stellen.

II.7.2 Unterschiedliche Perzeptionen von Journalismus

In den wenigen Studien über Journalisten wurde entweder ihr Berufsverständnis oder die Rolle, welche sie in der Gesellschaft spielen, hervorgehoben. Es gibt nur wenige Studien, die existierende Medientheorien hinterfragen, nach neuen Modellansätzen streben und dabei auf die zentrale Rolle der Journalisten in der Nachrichtenproduktion und im Kommunikationsprozess verweisen. Das Ziel dieser Studie ist jedoch, den gesamten Kommunikationsprozess aus der Sicht der Journalisten zu bewerten und zu analysieren, wie diese ihre eigenen Tätigkeiten und ihren Beruf beschreiben.

Hachten (1971), der die Presse in Afrika erforschte, unterteilt in drei Kategorien, die *revolutionäre*, die *autoritäre* und die *unabhängige Presse*. Rugh (1979) gibt eine dreifache Unterteilung für das arabische Pressesystem. Er nutzt unterschiedliche Konzepte, beschreibt jedoch ähnliche Inhalte. Pierce (1979) untersuchte das lateinamerikanische Mediensystem und unterschied vier Richtungen, die *enthüllend-oppositionelle*, *vorsichtige*, *kollaborierende* und *absorbierende*. Lent (1987) entwickelte im Rahmen eines modernistischen Ansatzes ähnliche Kategorien für den asiatischen Medienkontext. Derselben Linie folgend, bemerkt Nasser (1983), dass die Journalisten in der Dritten Welt in der Regel als *Erzieher* und *Nationsbilder* fungieren.

Forscher der sowjetischen Medien gingen in der Vergangenheit von einem *Public Relations Modell* aus (Polumbaum, 1989). Ihnen zufolge war es die Aufgabe der Journalisten, die von den Herrschenden (der Partei) bestellten Themen dem Volk als gut zu präsentieren und dessen Unterstützung zu gewinnen. Albright (1981), der polnische Journalisten untersuchte, zitiert einige Journalisten: „Zwischen dem, was wir schrieben, und dem, was wir dachten, bestand immer ein großer Unterschied. Es war so normal, dass Schizophrenie nicht mehr als Krankheit angesehen wurde.“

II.7.3 Journalismus und Technologie

Auf einer Konferenz über Journalismus und Technologie verwies der Chef der NBC Nachrichten, L.K. *Grossman*, auf die „elektronische Demokratie“, welche neben der direkten griechischen Demokratie und der späteren repräsentativen Demokratie als dritte große Transformation anzusehen sei. Auf derselben Konferenz stellte der Chefredakteur des *San Francisco Chronicle*, M.F. *Wilson*, fest: „Die elektronische Demokratie dezentralisiert wirklich alle Dinge. Die Macht der Kommunkation wird in jedes Heim gebracht. Ein jeder wird so zum Redakteur. Ein jeder wird zum Journalisten." (Nieman Reports, 1994: 53-8) Diese Worte bedeuten aber, dass der Journalismus im Verschwinden begriffen ist. Die Tatsache, dass ein jeder zum Journalisten wird, heißt, dass der Beruf Journalist nicht mehr existiert. Sich auf ähnliche Argumente beziehend, kamen einige Theoretiker zu dem Schluss, dass Journalismus vollkommen im Verschwinden begriffen ist und deshalb einer Veränderung bedarf (Bardoel, 1996: 288-90).

Im Zusammenhang mit diesen Diskussionen wird auf den Nachrichtenkanal CNN verwiesen, der weltweit Ereignisse live überträgt. Diese Technologie lässt den Journalisten nur noch minimale Einflussnahme auf die Nachricht. Offensichtlich versteht dieser Ansatz die journalistische Aufgabe nur noch als bloßes „Redigieren und als Umformulieren von Informationen zu Nachrichten". Die Liveübertragung der Ereignisse vom Ort des Geschehens bedarf nicht einmal einer Zusammenstellung, Formulierung und Korrektur. Deshalb bedarf sie auch keiner Journalisten. Aber was ist mit der Wahrheit? Wie können wir sicher sein, dass die Nachrichten, die *live* übertragen werden, auch tatsächlich die Wirklichkeit wiedergeben? Dieser Ansatz, welcher als eine neue Version des globalen Dorfes von McLuhan angesehen werden muss, lässt solche Fragen unbeantwortet.

Münch (1993: 276) vergleicht die modernen Journalisten mit Diskjockeys, die einem tanzenden Publikum eine Auswahl an Musik vorspielen. Das Material ist woanders produziert worden, dem Diskjockey verbleibt lediglich Auswahl und Präsentation.

Während Bardoel (1998: 291) den unweigerlichen Sieg der Technologie über den Journalisten hervorhebt, unterstreicht er gleichfalls, dass dieser Prozess die bereits bestehenden Informationsungleichheiten noch vergrößern wird. Er wird dadurch bestätigt, dass heutzutage junge, gutausgebildete Männer in der Nutzung neuer Kommunikationsformen bereits weiter voran sind als erfahrene Journalisten. Mit dem Verschwinden des Journalismus, so argumentiert Bardoel, wird ein Bedarf an Informationsmaklern, Managern und Verwaltern der öffentlichen Debatten steigen. Ein weiterer Grund für das Verschwinden des Journalismus ist für Bardoel, dass in einer Welt der Spezialisierung und Fragmentierung der Journalismus eine letzte Hochburg der Generalisierung bildet. Um auch in Zukunft eine Existenzberechtigung zu haben, müssten sich die Journalisten von Oberflächlichkeiten und Generalisierungen freimachen und für eine wahrheitsgetreuere Informierung des Publikums sorgen. Nicht Generalisierung rettet vor Spezialisierung, sondern Information.

II.7.4 Soziologie und Journalismus

Der Journalismus wurde ebenfalls von Soziologen kritisiert, welche bemerkten, dass er der Aufgabe der wahrheitsgetreuen Berichterstattung nicht gerecht werde. Diese Theoretiker schlagen die „Soziologie als Ersatz für den Journalismus" vor. Soziologie schaffe eine informierte Bürgerschaft. Die Medien sind damit nicht erfolgreich, argumentiert Golding (1994: 461). Goldings Argumente basieren auf einer realistischen Darstellung der Journalismuspraxis. Die Medien sind nicht in der Lage, den Bedarf an öffentlicher Information zu decken. Die Medien schaffen eine ungleiche Basis für die Verwirklichung der Rolle der Bürger. Die Kluft zwischen den reich Informierten und solchen mit wenig Information weitet sich. Alles wird als Unterhaltung angesehen. Gesellschaftliche Ungleichheiten, Macht und Entwicklungen werden ignoriert…

„Wenn die Ergebnisse der Medienforschung mehrerer Jahrzehnte korrekt sind", behauptet Golding, dann kann die Aufgabe, eine informierte Bürgerschaft für eine demokratischere Gesellschaft zu schaffen, „durch diese zunehmend mangelhaften Mediensysteme nicht erfüllt werden". Eine „unabhängige und dynamische Akademie" soll, statt des Journalismus, soziale und politische Ereignisse kritisch interpretieren. Allerdings fallen die Adjektive „unabhängig und dynamisch" auf, mit denen Golding die Akademie charakterisiert. Sie lenken nämlich das Augenmerk von der Akademie ab und richten es auf „Unabhängigkeit" und „Dynamismus". Wenn folglich dieselben Adjektive den Medien vorangestellt würden, würde sich eventuell auch Goldings Medienkritik in Luft auflösen.

Kapitel III
Ein kurzer Blick auf die Geschichte des Journalismus in Griechenland und in der Türkei

Die ersten Drucksachen politischen Inhalts, die eine nationale Verbreitung in Griechenland fanden, waren die 1787 von russischen Agenten überall im Land verteilten Manifeste, mit denen zu anti-türkischer Kollaboration aufgerufen wurde. Das griechische Medienwesen ist also einer anti-türkischen Haltung entsprungen. Das darf man durchaus sagen.

III.1 Der Journalismus in Griechenland

Efimeris war die erste griechische Zeitung. Sie erschien am 1. Januar 1791 in Wien, war ein unregelmäßiges Wochenblatt und umfasste im Allgemeinen vier Seiten. Ganze 20 Jahre später, 1811, erschien ebenfalls in Wien eine zweite griechische Zeitung (rein literarischen Inhalts), welche eher einem Mittelding zwischen einer Zeitung und einer Zeitschrift gleichkam (Carmocolias, 1974: 176).

Die 1821 beginnende Unabhängigkeitsbewegung und die Periode des wachsenden Widerstandes gegen die osmanische Führung wirkten auf die griechische Presse wie ein Aufputschmittel. Eine Vielzahl neuer Zeitungen erschien, die ihre größte Aufgabe in der Unterstützung dieser Strömungen sah. Sie wurden sowohl in Griechenland als auch in anderen europäischen Hauptstädten herausgegeben. Auch diese Presseerzeugnisse aus der zweiten und eigentlichen Entstehungsperiode der griechischen Presse sind das Ergebnis einer anti-türkischen (damals anti-osmanischen) Grundhaltung.

Salpinx war die erste Zeitung, die auf griechischem Boden gedruckt wurde. Sie erschien am 1. August 1821 auf der Halbinsel Mora in Kalamata. Etwa zur gleichen Zeit, also Ende 1827, unter der Führung von Ioannes Kapodistrias, dem ersten Gouverneur, erkannte Griechenland erste gesetzliche Regeln in Bezug auf eine Pressekontrolle an.

Es waren Jahre, in denen die junge griechische Presse einem massiven Druck ausgesetzt war. Die folgenden Zeilen des namhaften Satirikers Alexandros Sontos zeugen davon (Carmocolias, S. 177):

> Die Presse ist frei,
> Solange sie sie nicht angreift,
> Unsere Regierungsagenten,
> Richter, Minister
> und die Freunde unserer Minister.
> Die Presse ist frei,
> Solange sie sie nicht angreift.

Einen Tag nach der Ermordung von Kapodistrias im Oktober 1831 erschien die letzte Ausgabe der Zeitung *Apollon*. Sie reflektierte die Gefühle der Presse und des Volkes angesichts des herrschenden Drucks und der Zensur mit den Zeilen: „Wir stellen die Zeitung ein, weil wir unser Ziel erreicht haben – der Tyrann lebt nicht mehr."

Die Periode von 1833 bis 1862 war die verfassungsmäßige Monarchie unter Otto I. von Bayern. Der Sitz des Königs war damals Nafplion. In der neuen Hauptstadt Athen entwickelte sich gleichzeitig ein Medienzentrum. Die Zeitungen begannen, zwei-, drei-, ja sogar viermal pro Woche zu erscheinen. Allerdings waren die Inhalte dieser Druckwerke noch weit von dem entfernt, was man eine Zeitung hätte nennen können.

Es trägt zum Verständnis der griechischen Presse in jener Zeit bei, wenn man die Beobachtungen eines russischen Reisenden und Malers liest, der sich zu jener Zeit in Athen aufhielt. Er notierte:

> ...sowohl hier als auch in Nafplion gibt es zwei in französischer und in griechischer Sprache erscheinende Zeitungen. Glauben Sie aber nicht, aus ihnen vernünftige Informationen über die Vorkommnisse in Griechenland erhalten zu können.

> Sie finden in den Spalten außer wüsten Beschimpfungen, die mit Griechenlands Interessen nicht im geringsten Zusammenhang stehen und bestenfalls verworrene Theorien sind, absolut nichts Lesenswertes.

Die Bemerkungen des englischen Reisenden F. Herve decken sich mit denen seines russischen Kollegen. Er schrieb: „Während meines Griechenlandaufenthaltes sah ich eine Menge Zeitungen, deren Daseinszweck jedoch nur darin bestand, sich in der Verbreitung von Lügen gegenseitig zu übertrumpfen." (Carmocolias)

Allerdings entwickelten sich bereits unter König Otto I. die Spuren einer notwendigen Grundvoraussetzung für den Beruf des Journalisten, nämlich eine kritische Grundeinstellung gegenüber den Herrschenden. Diese kritische Einstellung nahm jedoch bald ein Ausmaß an, dass sich sogar König Ludwig von Bayern, der Vater des griechischen Königs, Sorgen machte und diese seinem Sohn schriftlich mitteilte: „...ist es mitnichten vergnüglich für einen Vater, dass die Zeitungen eines von seinem Sohn regierten Landes diesen Sohn auf die beschämendste Weise diffamieren!" (Carmocolias) Fast alle Zeitungen unter König Otto waren gegen ihn und sparten nicht mit Ausdrücken wie „Tyrann" oder „Vaterlandsverräter". Der Einfluss der in Griechenland erscheinenden englisch- und französischsprachigen Zeitungen auf das Otto-Regime war groß. „Die Feststellung, dass neue Regierungen durch fremdsprachige Zeitungen ausgerufen und gleichzeitig bestehende Regierungen ins Wanken gebracht wurden, war keineswegs erstaunlich." (Markesiniz, 1968: 249)

Nachfolger von König Otto wurde ein Mitglied des niederländischen Hauses Glücksburg. In diese dritte historische Periode Griechenlands fielen die Jahre der konstitutionellen Herrschaft von 1863-1903. In diesen 40 Jahren stand die Presse mit den Parteien in direkter Verbindung. Ereignisse wurden aus der Sicht der jeweiligen Partei und einseitig wiedergegeben. Jeder Parteiführer hatte seine eigene Zeitung. Diese Parteigebundenheit besteht bis heute und war zu jener Zeit dermaßen ausgeprägt, dass die regierungstreue *Proia* die Nachricht von der Ermordung eines der damals bekanntesten griechischen Staatsmänner, Charilaos Trikupis, unter „Vermischtes" auf Seite 2 bekanntgab.

1873 war der Beginn einer neuen Periode für die griechische Presse. Mehrere Zeitungen begannen, täglich zu erscheinen und kamen dem, was man unter einer objektiven Berichterstattung versteht, etwas näher.

Die erste Dekade des zwanzigsten Jahrhunderts trägt in Griechenland den Stempel des Offiziersputsches von 1909. Griechische Historiker erklären diesen Coup gegen die Zivilherrschaft mit dem Misstrauen und dem Protest gegenüber den Politikern, unter deren Regierung Griechenland 1897 im Kampf um Kreta den Türken unterlegen war.

Die eindrucksvollste politische Erneuerung in der griechischen Geschichte erfolgte während des Ersten Weltkrieges. Venzilos, der in späteren Jahren freundschaftliche Beziehungen zu Mustafa Kemal Atatürk pflegte und die vom Krieg gezeichneten Länder Griechenland und Türkei einander annäherte, sprach sich gegen den Eintritt Griechenlands in den Weltkrieg aus. Der als Soldatenkönig bekannte griechische König Konstantin I. hingegen befürwortete einen Kriegsbeitritt. Das Duo Venizelos-Konstantin, das bis zu diesem Zeitpunkt einträchtig sein Volk wie eine Mannschaft regiert hatte, entzweite sich infolge seiner konträren Ansichten dermaßen, dass beide nicht mehr miteinander sprachen. Venizelos trat zurück. Das Ergebnis war die Spaltung der Mannschaft: auf der einen Seite die liberalen Anhänger des Venizelos, auf der anderen die nationalen, die königstreuen und geradezu fanatisch national eingestellte „Anti-Venizeloaner“. Die meisten der auf dieser Polarisierung basierenden griechischen Parteien hielten bis 1967 an dieser Grundhaltung fest. Diese Spaltung der Parteien schlug auch auf die Zeitungen durch.

Das Jahr 1922, in dem die Griechen von den Türken aus Anatolien vertrieben wurden, war für Griechenland das Jahr der nationalen Katastrophe. Die Griechen mussten auf das türkische Trakien, Smyrna und sein Hinterland, die ihnen der Vertrag von Sevres zugesprochen hatte, verzichten und sich dem Vertrag von Lausanne, der den türkischen Befreiungskrieg besiegelte, beugen. Weitaus folgenschwerere Ergebnisse als die kriegsbedingten Wirren zeitigte die Migration für die Gesellschaft. Während im Zuge des Bevölkerungsaustausches etwa 500 000 Türken aus Griechenland in die Türkei kamen, waren es an die 1,3 Millionen Griechen, die aus der Türkei nach Griechenland umgesiedelt wurden. Damit wurde die griechische Bevölkerung auf einen Schlag fast verdoppelt. Das löste im Lande einen gesellschaftlichen, politischen und wirtschaftlichen Schock aus. Die Niederlage und eine Zuwanderung derartigen Ausmaßes führten zu tief greifenden Unruhen und Revolten in Griechenland. In den Jahren 1924-1928 traten zehn Ministerpräsidenten an und ab, wurden drei allgemeine Wahlen abgehalten, fanden elf Militärputsche oder Memoranden statt (Carmocolias, S. 185).

Die zwischen den beiden Weltkriegen neu erscheinenden griechischen Zeitungen waren im Allgemeinen nur von kurzer Lebensdauer. Unter der Nazibesatzung wurden die offiziell erscheinenden Blätter von den Besatzern kontrolliert. Das bescherte den Griechen neue Erfahrung mit Zeitungen, die im Untergrund herausgegeben wurden. Sie wurden zur stärksten Waffe des Widerstandes gegen die Deutschen. Während ihrer Besatzung erschienen über 700 Untergrundzeitungen im Lande.

Der politische Einfluß der griechischen Zeitungen war stets von außerodentlicher Bedeutung. Wie Carmocolias (S. 188) mitteilt, haben in den sechziger Jahren „…die Athener Zeitungen nicht nur mit Artikeln und Leitartikeln auf politische Entscheidungen Einfluss genommen, sondern direkt am Prozess politischer Beschlüsse mitgearbeitet. Pressezar *Christos Lambrakis* eröffnete im Juli 1965 dem König die politischen Pläne und setzte sie genauso in die Praxis um. Die Herausgeberin der einflussreichen *Kathimerini*, *Heleni Vlahou*, wird als die treibende Kraft der Anti-Karamanlis-Kampagne angesehen."

Von 1974 bis zum Ende der Militärdiktatur verbreitete die Athener Nachrichtenagentur ANA, dass fast alle in Griechenland bekannt gemachten ausländischen Meldungen „staatseigen seien sowie staatlich kontrolliert und missbraucht würden". ANA wurde 1904 auf der Grundlage eines Vertrages zwischen der Athener-, der Reuter- und der französischen Havas-Nachrichtenagentur gegründet. Sie wurde 1931 verstaatlicht und vermittelt bis heute preisgünstig internationale Meldungen an die nationalen Medien.

Bis zum Beginn der Militärjunta im Jahre 1967 hatte in Griechenland eine typisch traditionelle Presse das Sagen. Es gab einige bestimmte Namen und Zeitungen. Ein bekannter griechischer Journalist drückte es so aus: „…wahrscheinlich bestand keine allzu große Pressefreiheit, aber das Berufsgelübde diente als Richtlinie. Jahr für Jahr haben diese Zeitungen ihren Lesern, die ihnen sehr gut bekannten politischen Richtungen vorgezeichnet und ohne die geringste Abweichung diese Linie fortgesetzt. Nicht wie heute, wo sie wöchentlich oder monatlich ihre politische Haltung wechseln. Es war eine Tradition, dass die Besitzer aus Familien, die selbst aktiv als Journalisten tätig waren, stammten."

III.1.1 Die Periode der Junta

Unter der Militärregierung von 1967 bis 1974 gab es im Lande eine offizielle und strenge Zensur. Sämtliche Zeitungen wurden täglich von den Militärs zensiert. Dieser Zensur fielen nicht nur militärische und politische Themen zum Opfer, sondern auch gesellschaftliche Probleme wie Drogensucht, Prostitution oder Sex. Mit dem Ende der Militärregierung im Jahre 1974 kehrten bekannte Politiker wie Karamanlis und Papandreou, die im Ausland ihren Widerstand gegen das herrschende Regime fortgesetzt hatten, in ihr Land zurück. Ein Journalist schrieb in einer Untergrundzeitung aus der Juntazeit: „Unsere Medien durchlebten eine Revolution. Auf einmal durfte über alles geschrieben werden, auf einmal durfte jeder reden, wie und was er wollte. Nach 1974 schlugen sich viele unterschiedliche Ansichten und politische Meinungen in der Presse nieder."

Die neue Freiheit brachte für die griechischen Journalisten, auch finanziell gesehen, positive Konsequenzen. Plötzlich stiegen die Gehälter. Neue Medienstars, besonders im Fernsehen, wurden geboren. In den gedruckten Medien kam nach 1974 eine neue Generation ans Ruder. In diesem liberalen Klima stiegen die Auflagen. Neue Magazine kamen auf den Markt. Nach Ansicht vieler Journalisten kamen die Tage nach der Aufhebung der Militärdiktatur einer „goldenen Periode" der griechischen Presse gleich.

Der bekannte Journalist Nikolas Voulelis schreibt über die Zeit vor und nach 1974:

> Die Lage vor 1974 war völlig anders. Das gesamte Medienwesen war konservativ. Heutzutage aber liegt bei Presse, Rundfunk und Fernsehen das Schwergewicht auf Äußerlichkeiten, nicht auf dem Inhalt. In der neuen Mediengesellschaft gilt als Grundregel für Journalisten, Herausgeber und führende Mitglieder der Medienfamilien, mit den Regierenden, politischen Führern und Unternehmern auf gemeinsamer Ebene zu agieren. Aus Herausgebern sowie politischen und wirtschaftlichen Leitartiklern ist heute eine Familie führender Journalisten entstanden, die mit den wirtschaftlichen und politischen Machtkreisen in engster Beziehung stehen. Einem Journalisten, der in diesem Dreieck von Journalist-Unternehmer-Politiker keinen Platz findet, wird es niemals gelingen, ein Medienstar zu werden.

Verglichen mit der traditionellen Periode vor 1974 fand nicht nur bei den Herausgebern und Medienbesitzern eine Transformation statt, gleichzeitig unterlagen auch die Journalisten einer Veränderung. Es wurde ein unterschiedliches politisches Verhalten an den Tag gelegt. Heute wechseln die Journalisten nicht mehr lediglich von einer Zeitung zur anderen, sondern sie wechseln mit Leichtigkeit auch ihre politische Haltung.

III.1.2 Die Zeit nach der Junta

Zusammen mit dem Sturz der Junta und der Rückkehr von Politikern wie Karamanlis und Papandreou am 24. Juli 1974 in ihre Heimat verdoppelte sich die Auflage der griechischen Zeitungen. Die Zahl der verkauften Exemplare stieg auf 1,1 Millionen. Als jedoch per Referendum kurz darauf über die Frage, „Soll die Königsfamilie nach Griechenland zurückkehren oder nicht?“, entschieden werden sollte, sank die Gesamtauflage auf 800 000. Allgemeine Wahlen und Debatten zur Verfassungsänderung ließen sie wieder auf 900 000 steigen. Bis 1979 schwankte die Gesamtauflage ständig zwischen einem Minimum von 670 000 (im Jahre 1977 fiel die Gesamtauflage aufgrund einer Preissteigerung auf 670 000) und 900 000.

Eine Auflagensteigerung wurde immer zu Wahlzeiten und während der Gerichtsverhandlungen über die Junta beobachtet. 1980 stiegen die Zeitungspreise um 50 Prozent von 10 auf 15 Drachmen, prompt sank die Gesamtauflage auf 600 000. Als die PASOK-freundliche *Avriani* zum Preis von 5 Drachmen auf dem Markt erschien und die linken Zeitungen *Avgi* und *Rizospastis* ins Leben gerufen wurden (1980), stieg die Zahl der verkauften Exemplare um 100 000 an. Das tragische Erdbeben von Saloniki im Jahre 1981, dem hunderte von Menschen zum Opfer fielen, steigerte ebenfalls die Gesamtauflage. Die markanteste Steigerung der Gesamtauflage seit 1974 auf über eine Million erzielten jedoch erst die allgemeinen Wahlen im September 1981. Diese Zahl blieb abgesehen von minimalen Schwankungen bis 1985 nahezu konstant. Die erste Hälfte des Jahres 1985 war infolge des Rücktritts von Karamanlis, einer Staatspräsidentenwahl, einer Verfassungsänderung und vorgezogener Wahlen politisch sehr bewegt, was sich in einer Gesamtauflage von 1,3 Millionen niederschlug. Diese Zahl hielt sich bis 1989. Im Jahre 1989 erfolgte eine dramatische Auflagenabnahme. Gegen Ende 1992 wurde der tiefste Auflagenstand in Höhe von etwa 500 000 beobachtet (Zausis u. Stavros, 1993: 14-7). Während 1986 von 1000 griechischen Bürgern 131 Zeitungen lasen, waren es 1990 nur noch 118 (Psihogios, 1992: 37).

Die Rückkehr zur Demokratie im Jahre 1974 wurde auch zu einem bedeutenden Wendepunkt im Kommunikationswesen. Neben den Zeitungen begann auch das Fernsehen, Macht und Einfluss zu gewinnen. Bis Mitte der achtziger Jahre gab es in Griechenland wie auch in der Türkei einen traditionellen Medienmarkt. Zeitungen waren samt und sonders Privatbetriebe alten Stils. Die meisten Zeitungsbesitzer waren ziemlich alt und hatten das Zeitungswesen von der Pieke auf im Familienbetrieb erlernt. Sie standen allerdings seit Geburt der elektronischen Medien unter staatlicher Kontrolle (Heretakis, 1996a: 9).

Nach dem Militärregime in der Türkei maß die rechtskonservative Regierung Özal der Entwicklung der Telekommunikation in ihrem Land eine angemessene Bedeutung bei. Die konservative griechische Regierung tat das nach 1974 hingegen nicht. Investitionen auf diesem Sektor wurden gestoppt und relativ veraltete und minderwertige Technologie wurde eingeführt. Zwischen 1978 und 1987 gehörte Griechenland zusammen mit Portugal und Spanien zu jenen Ländern, die am wenigsten in den Kommunikationsbereich investierten. Zwischen 1986 und 1988 belief sich das Investment in diesem Bereich auf 0,4 Prozent des Bruttosozialproduktes. In den EU-Ländern hingegen waren es 0,59 Prozent, und in der Türkei 1,0 Prozent. Zu Beginn der neunziger Jahre investierte Griechenland unter allen EU-Ländern die höchste Summe in den Kommunikationssektor, da das Land gezwungen war, die diesbezügliche tiefe Kluft zwischen jenen und sich zu schließen (Michalis, 1994: 446-8).

Erst relativ spät, am 23. Februar 1966, begann das griechische Fernsehen – nach seit September 1965 andauernden Versuchssendungen – ein regelmäßiges Programm auszustrahlen. Die nach dem Militärputsch im Jahre 1967 sieben Jahre währende Militärregierung benutzte das Fernsehen für ihre eigenen Ziele. Da es keinen weiteren Kanal gab, diente das Fernsehen rein propagandistischen Zwecken. Die Junta betrachtete das Fernsehen als ein ideales Instrument dafür, die Bevölkerung ihre zivilen Rechte vergessen zu lassen, sie zu einer Konsumgesellschaft umzuerziehen und die Gesellschaft von politischen Ereignissen fern zu halten. Diese Einstellung hat die griechische Medienatmosphäre lange Zeit stark beeinflusst, und dieser Einfluss hält bis heute an (Heretakis, 1996a: 9). Tsaliki (1995: 354) schreibt, das griechische Fernsehen sei ein Kind der Militärregierung, von ihr großgezogen worden und habe stets der politischen Herrschaft zu Diensten gestanden.

III.1.3 Der Eintritt des Privatsektors in den Rundfunk- und Fernsehbereich und die Werbeeinnahmen

Zu Beginn des Jahrhunderts fristete der Werbesektor noch eine bedeutungslose Existenz. Er begann 1939 in der Zeitung *Eon*. In jenen Jahren hatten die Reklame-Anzeigen in den Zeitungen denselben Stellenwert wie andere Nachrichten. Die ersten drei Werbeagenturen wurden 1900, 1905 und 1918 gegründet. Ab 1940 und in den Jahren darauf bemerkten die Zeitungsleute, dass der Verkauf sogar erfolgreicher Zeitungen nicht ausreichte, um ihren Fortbestand zu gewährleisten. Deshalb nahm Werbung eine professionellere Gestalt an. In den Achtzigerjahren war die Bedeutung der Werbung beachtlich angestiegen. „Allgemein wurde in Zeitungen, die in Gegenden mit einer gut situierten Einwohnerschaft verbreitet waren, mehr Platz für Werbung eingeräumt." (Carmocalias, 1972: 162)

Parallel zur Entwicklung der Konsumgesellschaft stiegen in den Jahren nach dem Ende der Militärregierung die Ausgaben für Werbung in den Medien steil an. Inzwischen kamen auch immer mehr Fernsehapparate in die privaten Haushalte. Eine effektive Wandlung im Bereich der Werbung geschah jedoch erst in den ersten Monaten des Jahres 1987, vor allem in den elektronischen Medien. Bis dahin hatten sich bereits viele Stimmen erhoben, um das Bollwerk des Staatsmonopols im Hörfunk- und Fernsehbereich zu brechen. Die ersten privaten elektronischen Medien Griechenlands waren die ohne Lizenz ausgestrahlten Radiosendungen im Verlauf der Bürgermeisterwahlen von Athen, Piräus und Saloniki. Die Ausstrahlung der ersten nichtstaatlichen Fernsehsendung über Satellit begann die Stadtverwaltung von Saloniki (Heretakis, 1996a: 10):

> Die radikale Wende erfolgt mit der Freigabe der Fernsehfrequenzen nach den Parlamentswahlen im Juni 1989. Mit einem Ende 1989 in Kraft getretenen Gesetz wurde der legale Rahmen für Privatsender geschaffen. Daraufhin wurden im Dezember 1989 die ersten Privatsender mit einer regionalen Sendelizenz gegründet und begannen mit der Ausstrahlung. Nur

wenige Monate vergingen, bis sie auch auf landesweiter Ebene senden konnten.

Mit dem Erscheinen der privaten Sender auf dem Markt ging das Interesse der Bevölkerung an den staatlichen und städtischen Radio- und Fernsehsendungen zurück. In kurzer Zeit verbreiteten sich die privaten Sender, sei es auf regionaler oder nationaler Ebene, über das ganze Land.

Die neue elektronische Mediengesellschaft machte einen ziemlich „verwilderten“ Eindruck.[1] Dieser Zustand trug wesentlich zur Kommerzialisierung der Medien bei. Viele Verleger erwarben bedeutende Anteile an Rundfunk und Fernsehen, wodurch die neuen Medienherren auch Herrscher über die elektronischen Medien wurden. Mit der Privatisierung der elektronischen wie auch der traditionellen Medien nahm die Macht ihrer Besitzer und damit deren Einfluss auf die politische Führung zu. Bei dieser Entwicklung erwies sich eine Neuregulierung der Beziehungen zwischen Medien, Auftraggebern und Werbeagenturen als notwendig. Unter Einbeziehung all dieser Entwicklungen wurde in der zweiten Hälfte des Jahres 1995 ein neues Mediengesetz beschlossen. Eine notwendige umfassende Neugestaltung des chaotischen Treibens der Medien durch neue gesetzliche Regelungen fand selbst im Jahre 1997 noch immer keine Verwirklichung.

Der Einbruch des Privatfunks in das staatliche Monopol vollzog sich in den ersten Monaten des Jahres 1987. Bis heute nahmen über 1600 Privatsender den Betrieb auf. Die ersten Monopolbrecher waren *Radio Athen 98.4* und *Kanal 1*, Sender der Stadtverwaltungen, die den Weg für die 1600 weiteren Sender ebneten, die selbst 1997 noch ohne Lizenz sendeten. Nach ihren

[1] Der damalige deutsche Hörfunkkorrespondent in Athen, Harald Weiss, berichtete in einer vom ARD am 7. August 1992 ausgestrahlten Sendung über die Existenz von über 100 Rundfunkstationen allein in Athen und von 1620 in Griechenland insgesamt. Laut Weiss waren diese zum größten Teil illegal und arbeiteten entgegen den europäischen Sendeprinzipien, indem sie in andere Frequenzen mit Werbung eindrangen. Um diesem Chaos ein Ende zu bereiten, hatte die griechische Regierung sogar ein staatliches Anti-Terrorteam um Mitarbeit gebeten und es 1988 zu einem Fernsehsender nach Saloniki geschickt.

Weiss bezeichnete in derselben Meldung die meisten griechischen Medien als stark parteigebunden und nationalistisch ausgerichtet. Desweiteren zwängen die Leser die Zeitungen geradezu, ihrer politischen Linie treu zu bleiben. Sollte ein Leitartikel einmal davon abweichen, könne es vorkommen, dass die Ausgabe vor dem Verlagshaus von den Lesern verbrannt würde. In Hinblick auf die Weitergabe von Informationen seitens der Regierung an Journalisten erweise sich erstere als ausgesprochen geizig, berichtete Weiss, dem im Erziehungsministerium auf die Frage: „Wie viele Schüler kommen auf einen Lehrer?“, empfohlen wurde, sich an die EU in Brüssel zu wenden.

Besitzern aufgeteilt, gibt es drei Arten von Radiosendern in Griechenland: staatliche, städtische und private.

Der erste nichtstaatliche Fernsehsender hieß *Mega Channel* und ging in den letzten Monaten des Jahres 1989 auf Sendung. Der zweite private Fernsehsender, *Antenna* TV, nahm Ende desselben Jahres den Betrieb auf. Nun begann die Anzahl der privaten Fernsehanstalten sprunghaft anzusteigen. Mit großer Wahrscheinlichkeit strahlten Anfang 1997 an die 160 regionale und überregionale Privatfernsehsender ihre Programme aus. Aber auch für sie konnte bis 1997 die Lizenzfrage noch nicht gelöst werden.

Die Sendeanstalten haben grundsätzlich eine politische Meinung. Vor der haben die meisten Regierungen stets zurückgesteckt und haben, um dem Druck der Medienbosse, den sie mit ihren erheblichen Einnahmen aus anderen Bereichen ausüben, begegnen zu können, politisch ausbalanciert reagiert.

Es scheint, dass die starke Zunahme an so genannten Medienbesitzern und ihr Einfluss auf die Politik gleichzeitig der bereits erwähnten Frequenzanarchie den Weg geebnet haben. Deshalb waren die meisten dieser Medienbesitzer darum bemüht, die Frequenzen vor allem durch politischen Druck, aber auch andere Möglichkeiten nutzend, wenigstens zu legalisieren.

Als Ergebnis der erwähnten Veränderungen erhöhten sich die Werbeausgaben in Höhe von 29,9 Milliarden Drachmen im Jahr 1987 mit einer Steigerung von 41 Prozent pro Jahr auf 474,2 Milliarden Drachmen im Jahr 1995. Vier als Werbeträger bedeutende Zeitungen, das Fernsehen und der Hörfunk hatten 1989 zusammen einen Werbeanteil in Höhe von 92 Prozent, den sie bis 1994 auf 98,5 Prozent erhöhten. Während der Anteil der Zeitungen und Zeitschriften an den Gesamtwerbeeinnahmen seit 1990 stetig sinkt, hat sich der des Hörfunks eingependelt, und der des Fernsehens steigt konstant (Heretakis, 1996b: 11).

Gemessen an der geringen Bevölkerungszahl erscheinen in Griechenland sehr viele Zeitungen. Das sind hauptsächlich politische, wirtschaftliche und satirische Blätter sowie Sport- und fremdsprachige Zeitungen. Diese Zeitungen werden zum größten Teil am Kiosk verkauft. Obwohl viele Regionalzeitungen erscheinen, geben die Athener Zeitungen, die von dem renommierten Verband der Athener Zeitungsverleger herausgegeben werden, landesweit den Ton an.

Normale Zeitungen werden fast alle von Zeitungshändlern in den Straßen und am Kiosk verkauft. Der Abonnementsanteil

> ist nicht erwähnenswert. Kommunistische Blätter wie *Rizospastis* und *Avgi* hatten ihren eigenen Verteilermechanismus von Hand ... Wirtschaftsblätter werden zum größten Teil abonniert und sind nur in sehr geringer Zahl am Kiosk zu finden (Stangos, 1988: 3-4).

Diese Situation kann auf die Türkei vollständig übertragen werden. Was in Griechenland für die kommunistischen Zeitungen galt, wiederholte sich in der Türkei bei einigen islamischen Blättern, die in den neunziger Jahren erschienen.

Wenn auch bei den politischen Blättern in Griechenland ein gewisser Verkaufsrückgang zu verzeichnen ist, stellen sie doch den Löwenanteil der Gesamtauflage. Die Gesamtauflage betrug 1989 86,5 Prozent, 1991 85,3 Prozent und sank 1995 auf 77,1 Prozent. Der ansteigende Auflagenanteil, besonders von Sportblättern zusammen mit Zeitungen und Magazinen, hat eine aufsehenerrregende Dimension angenommen. Er betrug 1989 11,6 Prozent und erreichte 1995 20 Prozent. Selbst wenn fremdsprachige Zeitungen auch nur einen unwichtigen Anteil der Gesamtauflage stellen, erfuhren auch diese eine Verkaufszunahme. Wie die Gesamtauflage der Zeitungen zeigt auch die Anzahl der pro Kopf verkauften Zeitungen abnehmende Tendenz. Während ein Grieche 1988 durchschnittlich 43 Zeitungen pro Jahr las, waren es 1995 nur noch 28 (Heretakis, 1996b: 15).

Die Zeitungsdistribution in einem kleinen Land wie Griechenland ist leicht und mit den Verteilungsproblemen in der Türkei überhaupt nicht zu vergleichen. Sie wird von der Athener Presseagentur vorgenommen, an der alle Zeitungen Teilhaber sind. Die Verteilung der fremdsprachigen Zeitungen erfolgt durch zwei private Unternehmen.

In Griechenland besteht ein großer Markt für Zeitschriften und Magazine. Die Anzahl der verschiedenen populären und spezialisierten Magazine übersteigt die Zahl 500. Diese Vielfalt fällt beim Blick auf einen Athener Kiosk sofort auf. Allerdings haben nur wenige dieser Zeitschriften und Magazine eine nennenswerte Auflage.

III.2 Das Zeitungswesen in der Türkei

Die erste Druckerei wurde in Istanbul, der Hauptstadt des Osmanischen Reiches, das auch die griechische Bevölkerung umfasste, von Juden, die aus Spanien vertrieben worden waren und Asyl unter den Osmanen gefunden hatten, gegründet. Die Gebrüder David und Samuel Nahmes druckten 1499 in Istanbul die *Fünf Heiligen Bücher des Propheten Mohammed*. Nach 1500 wurden weitere jüdische Druckereien in Saloniki, Aleppo und Edirne gegründet, sowie 1567 eine armenische und 1627 eine griechische in Istanbul. Es wird angenommen, dass zwischen 1494 und 1729 an die 37 Druckereien von Minderheiten oder ausländischen Missionaren gegründet wurden, aber keine von ihnen brachte ein Werk in türkischer Sprache heraus. Die erste türkische Druckerei gründeten Ibrahim Müteferrika und Sait Efendi im Jahre 1727.

Die erste in der Türkei gedruckte Zeitung war das von der französischen Botschaft in Istanbul herausgegebene *Bulletin des Nouvelles*. Die erste private Zeitung brachte der nach der Französischen Revolution aus seinem Land geflohene Konterrevolutionär Alexander Blacque 1801 unter dem Namen *Spectateur Oriental* heraus. In diesem Blatt wurde den starken ausländischen Mächten, die eine griechische Unabhängigkeitsbewegung auf den ägäischen Inseln unterstützten, der Kampf angesagt. Aufgrund dieser Besonderheit darf gesagt werden, dass die erste private türkische Zeitung anti-griechisch ausgerichtet war, obwohl sie von einem Ausländer herausgegeben wurde.

Es vergingen nach dem Erscheinen des *Spectateur Oriental* genau 30 Jahre, bis die erste Zeitung in türkischer Sprache 1931 in Istanbul erschien. Sie hieß *Takvim-i Vakayi*, hatte den offiziellen Charakter eines Staatsanzeigers und sollte dem Volk Erklärungen zu den Regierungsbeschlüssen vermitteln. Die Zeitung wurde 1922 eingestellt. Die erste private Zeitung in türkischer Sprache brachte wiederum ein Ausländer, William Churcill, heraus. Churcills *Ceride-i Havadis* erschien am 3. Juli 1840 und erreichte um 1850 die beachtliche Auflage von 10 000 Exemplaren. 20 Jahre später, am 21. Oktober 1861, brachte ein Türke namens Agah Efendi die *Tercüman-ı Ahval* heraus. Dass der Weg bis dahin mit Steinen gepflastert war, geht aus einem Gesuch des Agah Efendi um die Zeitungslizenz hervor, in dem er seinem Ärger über die Hegemonie der ausländischen Presse Luft macht und fragt: „Warum gibt man in einem Land, in dem jeder Ausländer eine Zeitung herausbringen kann, einem Einheimischen nicht das Recht, dasselbe zu tun?“

Um 1860 herrschte im Osmanischen Reich eine freie Medienatmosphäre, die den Druck einer Vielzahl von Zeitungen ermöglichte. Viele Jungtürken betätigten sich in jenen Jahren im Zeitungswesen. Parallel zu der sich allmählich zuspitzenden wirtschaftlichen Krise wurde jedoch das Osmanische Reich in immer größerem Ausmaß von den ausländischen Mächten abhängig. Dadurch kamen Gesetzesvorlagen auf die Tagesordung, die der Presse, die solche Bevormundung kritisierte, einen Maulkorb umhängen sollten. Die Pressebeschränkungen begannen 1858 und nahmen 1867 ein striktes Ausmaß an. Die Regierung war berechtigt, Zeitungen zu schließen. Daraufhin begannen die Jungtürken, zuerst in Paris und danach auch in anderen europäischen Hauptstädten, Zeitungen, in denen sie die Regierung attackierten, herauszugeben.

In der zweiten Hälfte des 19. Jahrhunderts kam der türkischen Presse eine bedeutende politische Rolle zu. Die erste Journalistengeneration um 1860 stammte von Intellektuellen der Bürokratie ab. Diese Intellektuellenklasse versuchte, dem autokratischen Regime der Osmanen ein Ende zu bereiten. In dieser oppositionellen Bewegung nahmen die Journalisten ihren Platz ein. Sie übernahmen die Rolle des Übermittlers westlicher Werte an die Osmanen und spielten diese Rolle auch in der republikanischen Zeit weiter (Heper und Demirel, 1996: 109).

Ab 1830 erschienen in Istanbul und Izmir außer in armenischer, griechischer und hebräischer Sprache noch viele andere fremdsprachige Blätter. Sowohl die staatliche *Takvim-i Vakayi* als auch andere türkische Zeitungen erschienen außerdem in Armenisch und Griechisch, und türkische Zeitungen wurden mit griechischen und armenischem Buchstaben gedruckt. Des Weiteren trugen die Artikel griechischer und armenischer Journalisten, die in türkischen Zeitungen erschienen, sowohl zur journalistischen als auch zur allgemeinen kulturellen Entwicklung bei.

Die Proklamierung einer verfassungsmäßigen Monarchie durch Sultan Abdülhamid im Jahre 1876 schuf breiten Raum für relative Freiheiten. Leider war dieser neuen Gesellschaft nicht genügend Zeit beschert, um zur Entwicklung des türkischen Zeitungswesens beitragen zu können. 1878 entließ Abdülhamid das Parlament, und das dunkelste Zensurkapitel in der Geschichte des türkischen Zeitungswesens begann. Die Zensurausschüsse verboten selbst bestimmte Worte, nur weil sie dem Sultan nicht zusagten. Wiederum erhoben türkische Intellektuelle im Ausland protestierend ihre Stimmen.

Um den sich verstärkenden Widerstand gegen das Regime einzudämmen, sah sich Abdülhamid II. gezwungen, 1908 wieder eine konstitutionelle Staatsform auszurufen. Das geschah am 24. Juli 1908, und am selben Tag traf er mit den Verlegern der vier in Istanbul erscheinenden Zeitungen zusammen und hob die Zensur auf. In den folgenden drei Jahren erschienen mehr als 500 Zeitungen, und sie erreichten Tausenderauflagen. Nun aber, mit Beginn des Ersten Weltkrieges, kehrte 1914 die Zensur zurück, die bis zum Abzug der fremden Besatzer aus Istanbul im Jahre 1923 dauern sollte.

III.2.1 Die republikanische Periode

Die Wurzeln der Zeitungen, die in der republikanischen Zeit erschienen, reichen bis in die Zeit der Zweiten konstitutionellen Periode zurück. Die osmanische Telegrammagentur war die erste Nachrichtenagentur der Türkei und ist, wie das Athener Beispiel, in Zusammenarbeit mit den Agenturen Reuter und Havas 1911 gegründet worden. Sie existierte nur drei Jahre und wurde, mit Unterstützung der deutschen Verbündeten, als Osmanische Nationale Telegrammagentur zu Beginn des Ersten Weltkrieges im Jahre 1914 wiedergegründet. Die interessantesten zehn Jahre der türkischen Presse waren die der Besetzung des zu den Verlierern des Ersten Weltkrieges zählenden Landes. In jenen Jahren teilte sich die Presse in zwei Gruppen. Die eine konzentrierte sich auf Istanbul, die andere orientierte sich an Ankara. Die Gruppe Istanbul arbeitete mit den Besatzern zusammen, die den Sultan befürworteten; die Ankaraner unterstützten die kemalistische Unabhängigkeitsbewegung.

Als Atatürk nach Ankara zog und die Große Nationalversammlung eröffnete, gab er am 10. Januar 1920 den Startschuss für das Erscheinen der Zeitung *Hakimiyet-i Milliye*. Den Namen hatte sich Atatürk ausgedacht. Die Zeitung wurde später in *Ulus* umbenannt und zum offiziellen Sprachrohr der Republikanischen Volkspartei CHP. Während des nationalen Unabhängigkeitskrieges forderte Mustafa Kemal, dass „die Welt die Stimme Anatoliens hören soll", und initiierte die Gründung der *Anadolu Ajansı* AA, der Anatolischen Nachrichtenagentur, die auch heute noch besteht.

Auch in den ersten Jahren der Republik war die türkische Presse in einer zwiegespaltenen Lage. Nun ging es um das Kalifat und die Führung der Moslems weltweit. Die Befürworter des Kalifats waren gegen die laizistische Staatskonzeption Mustafa Kemals und wurden vor den Gerichten, die während des Befreiungskrieges aktiv waren, abgeurteilt. Nachdem 1925 im Osten des Landes ein islamistischer Aufstand unter der Führung des Scheichs Sait ausgebrochen war, begann man, auf die Istanbuler

Presse, die, immer noch in Opposition zu der in den Kinderschuhen steckenden Republik, den Aufstand unterstützte, schweren Druck auszuüben. Mit dem am 4. März 1925 verabschiedeten Gesetz Takrir-i Sükun trennte die neue Regierung den liberalen, den islamistischen und den linken Flügel aus dem politischen Fächer des Landes heraus.

Bis zur Zeit des Vielparteiensystems im Jahre 1945 fristete die türkische Presse unter dem starken Druck der Regierungspartei CHP ihr Dasein. Nach dem Übergang zum Vielparteiensystem nahm die neugegründete Demokratische Partei DP die Pressezügel sofort fest in die Hand und gründete Zeitungen gemäß ihrer Parteilinie. Am 4. Dezember 1945 stürmte eine junge Gruppe CHP-Militanter die Druckerei der DP-freundlichen Zeitung *Tan*. Damit wurde ein ideales Umfeld geschaffen, um die liberale und linke Presse zum Schweigen zu bringen.

Am 1. Mai 1948 erschien die erste Ausgabe der Zeitung *Hürriyet*, zwei Tage später die der *Milliyet*. Damit begann ein neuer Abschnitt des türkischen Pressewesens. Zusammen mit diesen beiden Zeitungen, die sich auf keine bestimte parteiliche Linie bringen ließen und als Massenblätter geplant waren, wurden moderne Drucktechniken eingeführt. In der zweiten Hälfte des Jahres 1950 hatten beide Zeitungen eine Gesamtauflage von über 100 000. Mitte 1960 war *Hürriyet* das erste türkische Blatt, das die Auflagenstärke von einer Million überschreiten konnte.

Die am 14. Mai 1950 an die Regierung gekommene DP brachte mit ihrem populistischen Diskurs die Massen, die eine Liberalisierung forderten, hinter sich. Ihre Beziehungen zur Presse waren für eine Weile liberaler. In dem Moment jedoch, als die Presse die Politik der DP zu kritisieren begann, begann diese Druck auf sie auszuüben. Am 6. und 7. September 1955 kam es im Verlauf von Zypern-Demonstrationen und durch Provokationen zu Plünderungen, die in Istanbul besonders auf die Viertel der griechischen Bürger abzielten. Daraufhin erklärte die DP den Ausnahmezustand. Hierdurch eröffnete sich die Möglichkeit, Zeitungen zu verbieten und die Presse zum Schweigen zu bringen. Zudem wurden besonders die Massendemonstrationen der Studenten für die DP immer unangenehmer. Die Presse unterstützte die Studenten. Weitere Unterstützung erhielten sie von der Armee, vor allem von den jungen Offizieren. Am 27 März 1960 wurde die DP-Regierung vom Militär gestürzt. Ministerpräsident Adnan Menderes und zwei seiner Minister wurden hingerichtet.

Auf den Militärputsch von 1960 folgten weitere in den Jahren 1971 und 1980. Aus diesem Grund begann man, die türkische

Armee automatisch mit dem Begriff Militärputsch zu verknüpfen. Im Gegensatz zu den beiden letzten bescherte der von 1960, trotz einer von oben nach unten gerichteten Intervention, dem Land die bis dahin demokratischste Verfassung. Die Presse genoss eine bis dahin nie da gewesene Freiheit. In diesem Umfeld erschienen viele neue Zeitungen. Bis in die Achtzigerjahre hinein beherrschten die Familie *Simavi*, Herausgeber der *Hürriyet*, die Familie *Karacan*, Herausgeber der *Milliyet*, und *Yunus Nadi*, Herausgeber der *Cumhuriyet*, als traditionelle Zeitungsfamilien die türkische Presse und drückten ihr ihren Stempel auf.

Zu Beginn der achziger Jahre begannen diese Familien sich langsam aus dem Zeitungsbereich zurückzuziehen. Der aus Saloniki sowie aus einer traditionellen Zeitungsfamilie stammende *Dinç Bilgin* war zu dieser Zeit ein strahlender Stern am türkischen Pressehimmel. Nach dem Abenteuer des Umzugs der *Yeni Asır* von Izmir nach Istanbul wurde die *Sabah* ins Leben gerufen. Die *Sabah*-Gruppe expandierte durch den Zusammenschluss mit anderen Blättern und wurde zusehends mächtiger. Mittels Teilhaberschaften und Aktien begann sie bald auch in anderen Bereichen aktiv zu werden.

III.2.2 Auflagen und Promotion

Aufgrund der gesellschaftlichen Freiheiten infolge des neuen Grundgesetzes verdoppelte sich die Gesamtauflage der türkischen Zeitungen. 1955 betrug die verkaufte Auflage bei einer Bevölkerungszahl von 24 Millionen Menschen 500 000, 1964 bei 30 Millionen Menschen über eine Million. Bis 1980 stieg sowohl die Zahl der Bevölkerung als auch die der Zeitungsleser kontinuierlich an. Der Militärputsch von 1980 ließ die Zahl der verkauften Exemplare plötzlich sinken. 1979 betrug die Gesamtauflage 2 169 401. Sie sank nach dem Putsch, trotz einer Zunahme der Bevölkerung um 1,2 Millionen Menschen, auf 1 826 822. Unter der Militärregierung begann die Auflage langsam wieder zu steigen.

Gemäß dem Unesco-Jahresbericht von 1979 kamen in dem Berichtsjahr auf 1000 griechische Bürger 107 Zeitungen, in der Türkei belief sich diese Zahl auf 74. Die seit 15 Jahren stetig sinkende Auflagenstärke der Zeitungen ist das größte Problem für die Presse. 1970 betrug die Zahl der täglich verkauften Exemplare an die 2 Millionen, um 1990 waren es 3 Millionen. 1996 betrug die Gesamtauflage an die 5 Millionen Exemplare, und im

September 1996 waren es durchschnittlich 4 882 000. Zwischen 1990 und 1996 kamen 1 602 000 neue Leser hinzu.

Auf den ersten Blick begeistert die Zahl der „neugewonnenen" Leser. Wenn man diese Steigerung allerdings im Hinblick auf die Preisgestaltung und die Werbe- und Promotionskampagnen betrachtet, lässt die Begeisterung merklich nach. Normalerweise betrug der Preis einer Zeitung in jener Zeit 50 000 Türkische Lira, einige Zeitungen senkten ihn jedoch bis auf 35 000 oder 10 000 Türkische Lira. Dabei handelte es sich um Zeitungen aus Verlagsgruppen, die eigentlich teure Zeitungen verkauften, welche jedoch ohne größeren Mehraufwand und ohne höhere Kosten mit sechs bis sieben Journalisten herausgegeben werden konnten.

Berücksichtigt man außerdem noch die Zunahme der Bevölkerungszahl, zeigt sich, dass die Gesamtauflage im Laufe der Zeit nicht im Geringsten gesteigert werden konnte. In der jungen Türkischen Republik, 1929, kamen 3,2 verkaufte Zeitungen auf 1000 Personen. 1970 stieg diese Zahl auf 54,5, und 1980 fiel sie auf 44,2. 1985 hingegen waren es 85,1 Zeitungen pro 1000 Personen. Diese bemerkenswerte Steigerung lässt sich jedoch leicht mit Promotionskampagnen und Neuerscheinungen in Form populärer und leichtgewichtiger Blätter erklären. Zwischen 1985 und 1990 sank die hohe Durchschnittszahl trotz konzentrierter Promotionskampagnen. Im ersten Halbjahr 1990 betrug sie 57,9 (Yağız, 1996: 407). In Griechenland kamen im selben Zeitraum auf 1000 Personen 139 Zeitungen.

In den neunziger Jahren lieferte sich die türkische Presse einen wahnwitzigen Promotionswettbewerb. Laut Kaya (1994: 391) basierten diese Promotionaktionen und andere neue Konkurrenzformen auf der presseeigenen kommerziellen Logik:

> Eine neue populäre Presse kam auf den Markt, die auf der ersten Seite mehr parteilich war, wo Gewalt und Pornographie auf Seite 2 vorherrschten und/oder auf den letzten Seiten Unterhaltung im Vordergrund stand. Sie umfasste 22 bis 24 Seiten, von denen drei bis vier regelmäßig dem Sport vorbehalten waren, und das Schwergewicht lag auf der Preisgestaltung, Lotteriespielen sowie Promotionskampagnen.

Die Untersuchung von Yağız (1996: 408) zeigt, dass selbst die namhaften Zeitungen *Milliyet*, *Hürriyet* und *Sabah* 30 Prozent ihrer Auflage der Promotion verdanken. Als einziger Zeitung gelang es der *Cumhuriyet*, sich, zumindest teilweise, diesem Promotionswahnsinn zu entziehen. Allerdings betreibt die Zeitung mit der Verteilung eines Buches pro Woche eine Art kulturelle, man könnte sogar sagen, ideologische Promotion. Dann begannen die großen Mediengruppen als letzte Form der Promotion, gehaltvolle Zeitungen zu herabgesetzten Preisen zu verkaufen.

Ende 1996 hielt die Türkei mit der Zahl der täglich erscheinenden Zeitungen Platz 3 der Weltrangliste. Während in der Türkei jeden Tag 399 verschiedene Zeitungen erschienen, waren es beim Ranglistenführer Indien 2300, und in den Vereinigten Staaten (Platz 2) erschienen 586 Exemplare (*Cumhuriyet*: 28.11.1996).

III.2.3 Die Zeit nach 1980

1980 war, sozio-ökonomisch und wirtschaftsanalytisch betrachtet, für die Türkei eine Zeitenwende, die dazu führte, dass von nun an türkeibezogene Analysen stets mit „vor 1980“ und „nach 1980“ beginnen. Es dürfte nicht falsch sein, diese Zeitenwende auch auf die pressebezogenen Diskussionen anzuwenden.

Zwei führende Köpfe der türkischen Presse, *Nezih Demirkent* und *Metin Toker*, sahen das genauso. In seinem 1995 erschienenen Buch *Medya Medya* schrieb *Demirkent*, dass sich die heutige Presse von der vor 1980 wesentlich unterscheide. Die heutigen Berichterstatter seien gezwungen, sich sehr genau zu überlegen, was und wie sie schreiben sollten oder nicht... Einige Personen fänden in selbst täglich erscheinenden Zeitungen keinerlei Erwähnung. Die Nähe zu Regierungsmitgliedern galt in alten Zeiten nicht als rühmenswert. Nach 1980 sei dies jedoch eine Frage des Prestiges geworden, und der Grund dafür, dass jedes Wort der Politiker als bedeutend zu gelten hätte. *Toker* (1996: 17) ist der Ansicht, dass, als er selbst mit dem Journalismus begonnen hatte, die Zeitungsleser noch an die Wahrheit des geschriebenen Wortes geglaubt hätten. Später jedoch habe sich das Prinzip: „Die Nachricht muss interessant sein, ob sie stimmt oder nicht, ist unwichtig“, der Presse bemächtigt und dazu geführt, dass der Leser begonnen habe, sich mit dem Gedanken, dass „alle Zeitungen lügen“ abzufinden.

In den Jahren nach dem Militärputsch im Jahre 1980 durchlebte die Türkei einen Strukturwandel. Sowohl die Euopäische Union als auch die Vereinigten Staaten von Amerika begannen, die Türkei dem Mittleren Osten und den unabhängigen Staaten, die nach dem Zerfall der Sowjetunion entstanden waren, als Modell vorzustellen. Die Türkei akzeptierte diese Rolle mit großem Wohlgefallen. Sie deckte sich mit derjenigen, in welcher sie selbst sich immer schon dem Westen präsentieren wollte. Während ihres 150-jährigen Verwestlichungsabenteuers bezeichnete sich die Türkei immer als Brücke zwischen dem christlichen Westen und dem islamischen Mittleren Osten. Der Zugang der Turkstaaten am östlichen Brückenpfeiler bestärkte die türkische These: Die Türkei könnte bei einer Zusammenarbeit mit westlichen Firmen ihren Einfluss in Mittelasien und Kaukasien geltend machen!

Die Mutterlandspartei ANAP des verstorbenen Staatspräsidenten Turgut Özal kam 1983 für acht Jahre an die Regierung. In dieser Zeit schloss sich die stark von der Politik des IWF beeinflusste Türkei in zunehmendem Maße an das Weltwirtschaftssystem an. Um es in von Özal bevorzugte Worte zu kleiden: Der Grund für „die große Transformation des Landes“ ist die exportorientierte Entwicklungsstrategie. Diese Strategie verwirklichte sich auch teilweise mit „Scheinexporten“. Die unter der Militärregierung entpolitisierte Gesellschaft schien sich stabilisiert zu haben. Allerdings geriet die Einkommensverteilung ins Wanken, und ein neuer wirtschaftlicher Liberalismus beherrschte die Gesellschaft. Die neue Ära stand unter dem geweihten Zeichen der Marktwirtschaft. Dies alles wurde im Rahmen neo-rechter Ideologien formuliert und von den bis Ende der neunziger Jahre regierenden rechtsorientierten Parteien verteidigt. Die islamischen Gruppierungen, vor allem die unter ihnen am besten organisierte Wohlfahrtspartei Refah Partisi RP, zogen den größten politischen Gewinn aus dieser „großen Transformation“, denn sie unterdrückte den Mittelstand und die Armen. Es gelang ihnen, sich als die wahren Retter zu profilieren, und die Wähler aus den linksradikalen Hochburgen, den städtischen Armenvierteln, liefen mit fliegenden Fahnen zu den islamischen Gruppierungen über.

Bei der Islamisierung in den achziger Jahren spielten die islamischen Medien eine bedeutende Rolle. Hunderte von islamischen Zeitungen und Zeitschriften, verbunden mit hunderten von Rundfunk- und Fernsehsendern, erschienen oder sendeten sowohl auf regionaler als auch auf überregionaler Ebene bis in die neunziger Jahre hinein.

Bedingt durch die oben skizzierte und von Özal durchgeführte „große Transformation“ vollzog sich auch bei den Medien eine große und eingreifende Wende. „Die Modernisierungsstrategien der marktbezogenen und nach außen gelenkten Wirtschaft gewährleisteten aber auch den Übergang zu einer auf noch mehr Informationen beruhenden Wirtschaft.“ (Kaya, 1993: 87)

Das geht auch aus einem 1992 erschienen Bericht der Weltbank hervor:

> Die Investitionen, die in den achziger Jahren in den Kommunikationsbereich gemacht wurden, hatten, während sie in allen anderen Bereichen gebremst wurden, ein gigantisches Ausmaß ... In der zweiten Hälfte der Dekade ... erreichten die Investitionen in die Kommunikationstechnologie sowohl des privaten als auch des öffentlichen Sektors ihren Gipfel.

III.2.4 Eintritt des Privatsektors in den Rundfunk- und Fernsehbereich und die Werbeeinnahmen

Die große Transformation in den achziger Jahren wurde in Hinblick auf die Medienbesitzer mit einer bedeutenden strukturellen Wandlung abgeschlossen. Die neuen Herren führten hochtechnische Neuerungen ein, die mit Leichtigkeit mit europäischen und amerikanischen konkurrieren konnten. Mit dem Artikel 133 über den Schutz von Rundfunk- und Fernsehsendungen aus der bis Juni 1993 gültigen Verfassung von 1982 wurde das staatliche Sendemonopol 1990 endgültig abgeschafft.

> Obwohl er im rechtlichen Rahmen keine Sendeerlaubnis bekam, stieg der Privatsektor in den Markt ein. Dank starker Satellitensender und vor allem aufgrund der in Westanatolien aufgestellten Verteiler, zusammen mit dem Verkauf billiger Satellitenschüsseln, ging der Sohn des zu jener Zeit regierenden Ministerpräsidenten Turgut Özal mit einem deutschen Fernsehsender eine Kooperation ein, und der Sender begann in der Türkei auszustrahlen. Diese Sendungen erwiesen sich für das Staatsfernsehen TRT als eine ernste Bedrohung (Weltbank, S. 88).

Dem ersten privaten Fernsehkanal *Star I* folgten noch viele andere. Einige von ihnen täuschten auch im Inland hergestelle Produktionen als im Ausland gefertigt vor. *Star I* gehörte der Rumeli Holding, einem Konzernverbund, der im Bausektor und im Bankenwesen sowie in vielen anderen Wirtschaftsbereichen aktiv ist. Da der Erwerb einer Satellitenschüssel für potentielle Zuschauer von Privatsendern obligatorisch war, bestanden Bedenken, ob die Privaten eine Überlebenschance hätten. Die Hersteller von Satellitenschüsseln nahmen jedoch sofort ihre Marktchance wahr und begannen mit einer ausreichenden Produktion, so dass sich die Bedenken als unbegründet erwiesen (Kaya, 1994: 393). Der Siegeszug der Privaten gegen das staatliche Fernsehen war nicht mehr aufzuhalten. Den auf *Star I* folgenden Sendern *Show* TV, *Tele*-ON, HBB und *Kanal 6* schlossen sich die in den vergangenen Jahren erfolgreich gewordenen Sender *ATV* und *Kanal D* an. Laut RTÜK, dem Hohen Radio- und Fernsehrat, gab es im Februar 1997 260 registrierte Fernsehsender. Davon strahlten 16 landesweit und 15 regional aus, 229 hatten sich um lokale Sendelizenzen beworben.

1995 kamen auf 100 türkische Bürger 27 Fernsehgerätebesitzer. Das bedeutet, dass es so gut wie keinen Haushalt mehr ohne Fernsehgerät gibt.

Die Werbung machte in den achtziger Jahren ebenfalls eine Wende. Der Beginn des Farbfernsehens im Jahre 1983 eröffnete der Werbung neue Perspektiven (Topçuoğlu, 1996: 460). Nach 1980 und besonders unter der Özal-Regierung verwandelte sich die Türkei zusehens in eine Verbrauchergesellschaft. Für den Werbesektor war das ein Geschenk der Götter. Das Werbemagazin *Medya* bewertete das Jahr 1990 in seiner Märzausgabe 1991 (S. 14-16) wie folgt: „1990 war für den Werbesektor ein voller Erfolg. Die Werbeausgaben betrugen 1989 620 Milliarden Türkische Lira und 1990 1,3 Trillionen. Das bedeutet ein effektives Wachstum von 32,8 Prozent, die höchste Wachstumsrate der vergangenen Dekade.“ Obwohl 1990 neue Fernsehkanäle auf den Markt kamen, betrug der Anteil der Werbeeinnahmen der Zeitungen an die 56,5 Prozent. Allerdings gaben die Zeitungen in den neunziger Jahren für Eigenwerbung hohe Summen aus. Da die großen Mediengruppen sowohl Zeitungs- als auch Radio- und Fernsehbesitzer waren, warben sie für ihre eigenen Zeitungen in ihren eigenen Sendern und verschoben auf diese Weise ihre Werbeausgaben von einem Sektor in den anderen. So konnte eine Gruppe für ihre eigene Zeitung zur besten Sendezeit im eigenen Fernsehsender umsonst werben.

Bevor der Werbemarkt 1990 außer Kontrolle geriet, profitierte auch das Staatsfernsehen TRT von dem Geldsegen. Aber in dem Augenblick, da *Star I* auf Sendung ging, war dessen Werbeanteil schon höher als der von TRT. Zwei Jahre nach dem endgültigen Abschied vom staatlichen Fernsehmonopol waren die Werbeeinnahmen von TRT größtenteils zusammengeschrumpft. Im Oktober 1992 betrug der staatliche Anteil nur noch 5 Prozent der Gesamtausgaben für Werbung, der Anteil der Privaten dagegen war auf 52 Prozent gestiegen. Im ersten Quartal 1994 betrug der TRT-Anteil magere 0,83 Prozent (Aksoy, 1995). Die Werbeeinnahmen hatten 1990 an den TRT-Gesamteinnahmen einen Anteil von 67,6 Prozent, 1993 waren es 18,4 Prozent (Forum, Dezember 1995: 14). Nach einem Bericht der Deniz-AG für Werbungsforschung betrugen 1995 die Werbeeinnahmen der Fernsehgesellschaften insgesamt 73,3 Milliarden Türkische Lira, die der Zeitungen 44,8 Milliarden und die der Zeitschriften 6,5 Milliarden. Laut Angaben der Gesellschaft für Werbung hatten die Werbeagenturen 1996 an die Fernsehsender 28,5 Trillionen für Werbung gezahlt. Das entspricht 40,4 Prozent der gesamten Werbeausgaben. Daran hatten die gedruckten Medien einen Anteil von 27,3 Prozent und die Hörfunkmedien einen von 2,3 Prozent (*Milliyet*, 7. März 1997).

Die erste Rundfunkausstrahlung in der Türkei begann 1927 unter staatlicher Kontrolle und in Zusammenarbeit mit dem Ausland. Die erste Fernsehsendung kam 1958 aus der Istanbuler Technischen Universität. Ein regelmäßiges TRT-Programm ließ aber noch bis 1972 auf sich warten. Im Gegensatz zu Griechenland betraten die ersten privaten Rundfunksender – überwiegend Lokalsender – erst nach dem Auftritt der privaten Fernsehsender den türkischen Markt. 1992-93 waren sie schon über das ganze Land verteilt.

Im Februar 1997 sendeten 36 Rundfunkstationen landesweit, 108 regional und 1059 lokal. Wie auch in Griechenland hatten zunächst alle (1203 in der Türkei) keine Sendelizenz. Laut einer Untersuchung des Kommunikationsforschungsinstituts der Istanbuler Universität sind die türkischen Radiohörer zur Hälfte weiblich, und die Mehrheit aller Hörer ist zwischen 13 und 18 Jahren alt (Altan, 1996).

In einem Bericht des Innenministeriums, der in der *Cumhuriyet* vom 21.4.1994 abgedruckt wurde, wird hervorgehoben, dass „ideologische Gruppen von der explosionsartigen Verbreitung des Rundfunks profitieren". In dem Bericht sind 454 private Rundfunk- und 71 private Fernsehsender namentlich aufgeführt, wovon 96 Rundfunk- und 17 Fernsehsender mit ideologischen Zielsetzungn betrieben werden. 45 Rundfunkstationen senden im Namen des „Scheriats", 31 im Namen der „Linksextremisten".

Parallel zur Stärkung des politischen Islam im Lande vermehrten sich auch schlagartig die islamischen Medien, deren Einfluss, wie bereits erwähnt, von maßgeblicher Bedeutung ist. Kaum waren die privaten Medien 1992 auf dem Markt, begannen die islamischen Medienorgane, sowohl in der Provinz als auch in den Großstädten, einen bedeutenden Platz unter ihnen einzunehmen. Dass zwischen den Islamisten auf der einen und den Laizisten auf der anderen Seite die Spannung wuchs, dass mehr und mehr islamische Medien laut wurden, stimmte die regierenden Kreise, an der Spitze die türkischen Militärs, besorgt. Inmitten einer chaotischen Medienlandschaft, Mitte der neunziger Jahre, strahlten 200 Rundfunk- und 40 Fernsehsender der Islamisten im Lande ihre Programme aus. 1997 erschienen mehr als fünf nennenswerte islamische Tageszeitungen in der Türkei, vier davon über Jahre hinweg. Die Anzahl der islamischen Wochen- und Monatsschriften war auf über 40 angestiegen.

Die Besitzer der auf nationaler Ebene laizistische Programme ausstrahlenden Rundfunk- und Fersehsender waren die großen Mediengruppen. Die bei den Zeitungen angewendete Spitzentechnologie und der Eintritt der Rundfunk- und Fernsehstationen in den Medienmarkt machten das Druck- und Verlagswesen zu einer mit starker Konkurrenz kämpfenden und also sehr teuren Angelegenheit. Unter diesen Bedingungen wurde es für die traditonellen Zeitungsverleger sehr schwierig, sich auf den Beinen zu halten. In den frühen Neunzigerjahren war der Übergang von der traditionellen Medienherrschaft zu den neuen Herren vollzogen. Mitte 1995 fielen alle großen Medienorganisationen in die Hände der hinter Geld herjagenden neuen Medienherren, welche ihre eigentliche Arbeit auf anderen Gebieten verrichteten. Durch die zwangsläufige Erhöhung der Medienkosten und die Arbeit der Neuen in anderen Sektoren wurde ein permanenter Kreditbedarf geschaffen. Dadurch entstand zwischen den Medien und den Regierenden eine abhängige und schuldnerische Beziehung. „Es ist kein Geheimnis, dass bedeutende Angehörige der türkischen Presse mit Regierungsvertretern eine Art Kundenbeziehung pflegen, um Arbeitsvorteile zu erlangen.“ (Kaya, 1993: 89)

Es dürfte dem aufmerksamen Leser kaum entgangen sein, dass sich in den vergangenen zehn Jahren die Balkenlettern auf den Titelseiten der Zeitungen gewandelt haben: Zunächst wurde die Regierung nicht kritisiert, sondern unterstützt. Dann aber vollzog sich eine Wandlung von der Unterstützung zur Kritik. Der Leser begann sogar, den Grund dafür zu erahnen, nämlich den Zusammenhang zwischen dem Kreditbedürfnis des Medienbesitzers und dessen Ansicht, ob es zu seiner Zufriedenheit erfüllt worden sei. Auch die Regierungen haben diese Beziehung immer als eine Art „Zuckerbrot-und-Peitsche-System“ zur Kontrolle der Medien betrachtet. Neben anti-demokratischen Gesetzen, Festnahmen und Gefängnisstrafen wurde das Auf- und Zudrehen des Kredithahns oder dessen sparsamer Gebrauch zu Ungunsten der Presse eine Wirkungsvolle „Peitsche“. Auch die vermehrten Kontrollen der Finanz- und Steuerinspektoren in den anderen Wirtschaftsbereichen der Medienbesitzer gehören dazu. Als „Zuckerbrot“ galt zum Beispiel, den Medienbesitzern Kredite öffentlicher Banken zur Verfügung zu stellen.

Zum Abschluss dieser Zusammenfassung der Geschichte des türkischen Medienwesens seien noch die Worte eines erfahrenen Journalisten, der lange Jahre der Zeitungs- und Journalistengewerkschaft vorsaß, der Aufmerksamkeit des Lesers empfohlen:

> Es gibt einen Zirkel, der sich aus Medienbesitzern, Journalisten, Politikern und Unternehmern zusammensetzt, die zu ihrem eigenen Vorteil zusammenarbeiten. Aber es gibt auch immer noch Journalisten, die sich um Wahrheitsfindung bemühen und ihren Beruf ehrenhaft ausüben. Wie kommt es, dass es immer noch solche Journalisten gibt? Weil die Leute im Zirkel alles, außer Journalismus, betreiben und deshalb ein Bedarf an richtigen Journalisten besteht. Denn nur mit Couponschneiden und der Verteilung von Tassen und Tellern kann man keine Zeitung herausbringen.

Bei Einstellung der Promotionen sinkt der Zeitungsverkauf sofort unter das Niveau von 1960, als nur 3,2 Millionen Zeitungen verkauft wurden. Heute gibt es ohne Promotion eine Gesamtauflage von 2,7 Millionen Exemplaren. 1960 hatte die Türkei 30 Millionen Einwohner, heute sind es 60 Millionen. 1960 gab es weniger als 50 000 Universitätsabsolventen, heute sind es über eine Million. Die Zahl der potentiellen Leser hat sich vertausendfacht, aber man kann ihnen keine Zeitungen verkaufen. Die Rede ist nicht von Grund- oder Haupschülern, sondern von einer Million Unversitätsabsolventen, die 20 Jahre auf der Schulbank saßen, aber keine Zeitung lesen. Das lässt sich keinesfalls nur mit wirtschaftlichen Gründen erklären. 1960 war die Kraufkraft nicht viel stärker als heute. In den sechziger Jahren war die türkische Gesellschaft noch weniger flexibel. 1990 migrierten 10 Millionen Menschen. Diese Wanderungen hätten in gleichem Maße einen Bedarf an Informationen hervorrufen müssen, aber im Gegenteil, die Migranten kauften keine Zeitungen. Normalerweise haben Neuangekommene in der Adaptionsphase einen gewissen Bedarf an Informationen. Die Zeitungen haben keine Journalisten eingestellt, die dieses Informationsbedürfnis stillen könnten. Die Migranten gründeten in Eigeninitiative ihre eigenen Kommunikationsnetze. Vor allem Vereine befassten sich damit. In den städtischen Randgebieten waren es landsmännische und religiöse Beziehungsnetze, die den Informationsbedarf deckten. Hier war es möglich, Dinge zu erfahren, die in keiner Zeitung standen.

Es gab keine Zeitungsfachleute, die den Ankaraner und Istanbuler Migranten beistanden. Sehr schnell konzentrierte sich das beschäftigte Personal auf die Arbeitsschwerpunkte der Zeitungsbesitzer, die Verfolgung von Ausschreibungen, die Pflege der Beziehungen zu Staat und Bürokratie. Die Macht und die Sonderstellung eines Journalisten beruhen zum Teil auch auf der Leichtigkeit und Schnelligkeit, mit Regierenden in Kontakt zu gelangen:

> Ich kann in diesem Moment von meinem Hausanschluss aus irgendeinen türkischen Minister anrufen und mit ihm reden. Derselbe Minister wird aber wahrscheinlich nicht so schnell auf einen Anruf meines Arbeitgebers antworten. Wenn ich mit dem Minister ein Rendezvous für meinen Arbeitgeber abmachen kann, sieht letzterer mich mit ganz anderen Augen an.

Es muss bemerkt werden, dass sich nach dem Zugang unterschiedlicher Kapitalgruppen zu den Medien die in der Vergangenheit wurzelnden Beziehungen zwischen Medien und Politikern noch mehr vertieft haben. Vielleicht sind, gewissermaßen als ein Ergebnis dieser Beziehungen, viele Journalisten nach 1990 in die Politik abgewandert:

> Am 20. Oktober 1991 haben sich 114 Journalisten als Kandidaten um einen Platz auf den Wahllisten der verschiedenen Parteien beworben. 63 wurden angenommen. Zum ersten Mal in der Geschichte der Türkischen Republik sind so viele Journalisten aktiv in die Politik hinübergewechselt (Sağnak, 1996: 150).

Es ist unsinnig zu sagen, dass sich heutzutage die zeitweiligen Misshelligkeiten zwischen türkischen und griechischen Medien zu einem heftigen politischen Konflikt ausweiten und gar militärische Dimensionen annehmen könnten, weil schon die Entstehungsgeschichte der Medien in diesen Ländern entspechend konfliktbereit verlaufen sei. Aber es ist durchaus interessant, dass die ersten Medien in beiden Ländern „anti“ eingestellt waren. Von Bedeutung ist aber auch, dass Zeitungen im Osmanischen Reich erst einmal auf Armenisch, Griechisch oder Hebräisch erschienen, bevor eine Zeitung in türkischer Sprache herauskam – was, wie aus Agah Efendis Schreiben hervorgeht, zunächst mit großen Schwierigkeiten verbunden war und ein bezeichnendes Licht auf die osmanischen Strukturen wirft. Aber ob nun in Griechenland oder unter den Osmanen, als Ausländer Zeitungen herausbrachten, immer haben Zeitungen die Regierungen beeinflusst, immer bestanden Beziehungen zwischen den Medien und der Politik. Sie haben heute nur ihre Form geändert. Um 1830 haben türkische, armenische und griechische Journalisten Beispiele einer Zusammenarbeit gezeigt, denen sich heute nur wenige Journalisten an beiden Küsten der Ägäis anschließen würden. Die Haltung aber, mit der manche griechischen Journalisten ihren Arbeitgebern in der Militärregierung entgegentraten, könnte für die Kollegen in der Türkei jene Scheibe sein, die sie sich im Namen der Demokratie abschneiden sollten.

Kapitel IV
Wer oder was ist der Journalist?

Der Kommunikationstheoretiker O'Neil (1992: 19) unterstreicht, dass die verinnerlichte und unvermeidliche Intention eines jeden Journalisten[1] die Wiedergabe der Wahrheit ist. Diese von einem radikalen Theoretiker vorgenommene Definition entspricht auch dem liberal-pluralistischen Ansatz. Im Allgemeinen übersehen liberale Pluralisten die Subjektivität des Journalisten und die von der Medienorganisation gesetzten strukturellen Grenzen. Ihrer Ansicht zufolge gibt es in einer demokratischen und pluralistischen Gesellschaft viele unterschiedliche Meinungen, die freiheitlich geäußert werden können, arbeiten Nachrichtenredaktionen völlig demokratisch und sagt der Journalist als autonomer und objektiver Profi stets die Wahrheit.

Es besteht kein Zweifel an der Tatsache, dass für die Individuen in einer industriellen Gesellschaft neben Ereignissen, die in nächster Nähe geschehen, auch solche von Interesse sind, die in weiterer Entfernung geschehen. Gut informierte, kritische und selbstkritische Bürger gelten als Grundvoraussetzung für alle Demokratien. In modernen Gesellschaften liegt eben hier die Bedeutung der Journalistinnen und ihrer Kollegen. Es gehört zu ihren Aufgaben, mit dazu beizutragen, dass die Bürger gut informiert und dementsprechend kritisch und selbstkritisch sind. Bei alten Völkern und in undemokratischen Gesellschaften gab und gibt es, so gesehen, keinen Bedarf an Journalisten. Primitive Völker waren Gesellschaften, die sich selbst genügten und zur Fort-

[1] Zum Thema Journalismus und Journalisten siehe Gaillard, 1991.

setzung ihrer Existenzen keiner anderen Gesellschaften bedurften. Außerdem lagen Geschehnisse, die sich weit entfernt zutrugen, so sehr außerhalb ihrer Kontrolle, dass sie, selbst wenn sie davon erfuhren, kaum oder überhaupt nicht von ihnen beeinflusst wurden. Folglich war es für sie unbedeutend, von solchen Geschehnissen/Ereignissen zu wissen (Broddason, 1994:236).

Es ist interessant, dass sich viele griechische und türkische Journalisten immer noch fragen, ob denn der Journalismus notwendig ist, so als lebe man noch immer in frühen Zeitaltern. Beinahe alle Journalisten beider Länder unterscheiden bei der Beschreibung ihres Berufes zwischen Journalismus, wie er ist und wie er sein sollte. Eine sehr große Mehrheit der Journalisten spricht davon, dass ihre praktische Arbeit nicht ihrem theoretischen Wissen entspricht. Die Journalisten beider Länder sind sich in der Auffassung einig, dass der Journalismus das Ideal verfolgt, „die Wahrheit zu sagen“. Eine große Mehrheit der Journalisten ist mit der journalistischen Praxis nicht zufrieden und lehnt sie ab. Einige von ihnen sagen, sie kämpften gegen diese ihnen missfallende Praxis an; andere wiederum gestehen, dass es ihnen trotz ihrer Bereitschaft, sich dagegen zu wehren, nicht gelingt. Wieder andere gestehen, dass sie einen unschönen und unwürdigen Weg einschlagen mussten, um in der Berufshierarchie aufsteigen zu können. Letztlich gibt es dann noch eine Gruppe von Journalisten, die betont, dass sie schon nicht mehr wisse, was ein Journalist oder der Journalismus ist, da sich zwischem dem Journalismus ihrer Vorstellungen und dem praktizierten Journalismus eine tiefe Kluft auftue.

IV.1 Journalismus: Wie er ist und wie er sein sollte

Der 39-jähriger Wirtschaftsredakteur einer bedeutenden griechischen Zeitung, der auch Programme fürs Fernsehen macht und sich als „links-liberal gesinnt“ beschreibt, definiert den Journalisten, ausgehend von seiner 15-jährigen Erfahrung, wie folgt:

> Richtiger Journalist ist derjenige, der mit einer imaginären Leserschaft kommuniziert und für diese schreibt. Für ihn steht der Leser an erster Stelle, sein Arbeitgeber ist ihm zweitrangig, und sich selbst betrachtet er als drittrangig. Also zuerst kommt der Leser, dann der Arbeitgeber und zuletzt er selbst. So muss die Reihenfolge sein. Wenn man hinsichtlich dieser

> Reihenfolge irgendwelche Zweifel hat, wird man zum Werkzeug von Personen und Meinungen, über die man keine Kontrolle hat. Man muss die eigene Linie schon sehr klar ziehen, wenn man vermeiden will, ausgenutzt zu werden. Tut man es nicht, wird man zu einem Jemand, den der Wind in alle Richtungen treibt. Die Linie ist klar: zuerst der Leser, dann der Chef und zuletzt man selbst. Meiner Ansicht nach ist das der Grundsatz für Journalismus. Dies ist die Linie, die uns zu unserer Absicht führt, die nichts anderes sein sollte, als der Öffentlichkeit Nachrichten, Meinungen und Ereignisse zu übermitteln. Sonst nichts.

Dieser griechische Journalist ist Chefredakteur des Wirtschaftsressorts, unterrichtet an einer Universität Journalismus, ist gebildet und hat bei BCC gearbeitet. Was er sagt, ist eine Synthese aus theoretischem Wissen und Erfahrung.Allein die Formulierung eines solchen Grundsatzes bestätigt, dass persönliche Interessen und die des Arbeitgebers direkten Einfluss auf die journalistische Tätigkeit nehmen. Der geäußerte Begriff „wahrer" Journalist weist außerdem auf die Tatsache hin, dass es auch falsche Journalisten gibt. Entscheidend für die Unterscheidung zwischen wahren und falschen Journalisten ist für ihn die Frage, ob die Interessen des Lesers vertreten werden oder nicht. Er unterstreicht bei der Erläuterung der journalistischen Praxis in Griechenland, dass deren Bild weit gehend von negativen Fakten geprägt und die Zahl richtiger Journalisten sehr gering sei.

Auch G-8, ein erfahrener Reporter, betrachtet sich als „linksliberal". Auf die Frage, was ein Journalist ist, antwortet er zunächst mit einer Gegenfrage: „Fragen Sie, was ein Journalist ist, oder was ein Journalist sein sollte?"

> Das sind zwei getrennte Dinge. Journalismus bedeutet Kommunikation mit Menschen, und für mich ist er ein Weg, mich auszudrücken. Beim Schreiben stelle ich mir stets einen Leser vor, und diesem fiktiven Leser erzähle ich etwas. Wenn ich für eine linke Zeitschrift mit überwiegend intellektuellem Charakter schreibe, stelle ich mir vor, ich unterhielte mich mit einem Studienfreund. Es kommt dann zu einer guten Kommunikation zwischen uns. Wenn ich aber für ein anderes Printmedium schreibe, dann setze ich den Qualitätsmaßstab schon etwas niedriger an.
>
> In der griechischen Gesellschaft wird der Journalist nicht als etwas Positives wahrgenommen. Manchmal hasst man ihn

und betrachtet ihn als offiziellen Lügner. Die früheren Generationen haben den Journalismus vorwiegend als eine Arbeit angesehen, in der vor allem viel recherchiert wird. Militante Arbeitsbereitschaft war Grundsatz für den Nutzen der Öffentlichkeit. Journalisten, die erst vor wenigen Jahren diesen Beruf gewählt haben, betrachten ihn als einen Beruf von Menschen, die in der Gesellschaft gute Positionen haben und in Wohlstand und Luxus leben. Das ist der Grund, weshalb sie sich zu diesem Beruf entschließen. Selbst Neulinge, die diesen Job fürs Reisen und das Abenteuer ergreifen, sind nicht sehr zahlreich. Heute geht es den meisten darum, eine(r) dieser gut aussehenden Damen oder Herren zu werden, die im Fernsehen erscheinen.

Aus den Worten von G-16, einem Redakteur im staatlichen Hörfunk, der sich als Sozialdemokrat bezeichnet, geht noch deutlicher hervor, wie Journalismus ist und wie er sein sollte:

> Ich sehe große Unterschiede zwischen meiner Auffassung über Journalismus und dem, der in Griechenland praktiziert wird. Hierzulande bezeichnen beinahe alle Journalisten ihre Identitäten als identisch mit den Identitäten jener Parteien, denen sie angehören. Entweder man ist ein Journalist der PASOK[2] oder einer der ND[3]. Wenn man ein Anhänger der PASOK ist, kann man niemals Papandreou kritisieren. Zuletzt gibt es dann noch eine dritte Gruppe von Journalisten, die an nichts außer Geld denkt. In Deutschland ist es unvorstellbar, dass ein Journalist am Morgen für den *Spiegel* und am Abend für die *Welt* arbeitet. Doch hierzulande ist das möglich. Hier gibt es Journalisten, die am Morgen eine Kolumne für ein linkes Blatt schreiben, und am Abend einen Beitrag für ein rechtes Blatt abliefern.

Für griechische Journalisten ist die gleichzeitige Arbeit für linke und rechte Blätter eine recht junge Entwicklung, die sich dennoch aber sehr deutlich zeigt. Diese Situation, die infolge einer Kommerzialisierung des Journalismus und einer Dominanz marktwirtschaftlicher Mechanismen im Bereich der Kommunikation eingetreten ist, könnte vielleicht als „extreme Professionalisierung“ bezeichnet werden. Unter türkischen Journalisten ist eine derartige extreme Professionalisierung noch kaum erkenn-

[2] Panhellenistische Sozialistische Partei

[3] Neue Demokratie Partei

bar. Eine ähnliche Entwicklung wäre allerdings nicht verwunderlich.

Auch ein anderer Chefredakteur, linker Überzeugung und seit 18 Jahren im Beruf, unterstreicht die Unterschiede zwischen idealem Journalismus und dem, wie er in Griechenland praktiziert wird:

> Ich stellte Überlegungen zu der Frage an, was ein Journalist ist und wie er sein sollte. Doch diese haben in nichts eine Ähnlichkeit mit dem Journalismus in Griechenland. Ich war der Überzeugung, dass ein Journalist eine Person ist, die nach der Wahrheit sucht, wirklich vorgefallene Dinge berichtet, Ereignisse aus allen Blickwinkeln und eingehend betrachtet … Doch die Realität sieht anders aus. Ist man einmal in den Journalismus eingestiegen, erkennt man sehr bald, dass auch dieser Beruf degenerieren und verdrecken kann. Man erkennt, dass es im Schnitt nur ein bis zwei Prozent der Journalisten sind, die ihre Arbeit mit ihren Grundsätzen in Einklang bringen. Der im wahren Leben praktizierte Journalismus hat ganz andere Grundsätze. Sie beinhalten die Interessen des Herausgebers oder Intendanten, die Prioritäten des Chefredakteurs und die Wahrung der Interessen bestimmter Zirkel. Der Journalist ist abhängig davon, und mit diesen grundsätzlichen Abhängigkeiten sind auch noch andere, kleinere Abhängigkeiten verbunden. Es ist nicht möglich, sie zu übersehen, sie wegzudenken. Mag sein, dass man in diesen Beruf mit Idealen einsteigt. Doch wenige Schritte weiter wird man den von mir aufgeführten Tatsachen begegnen.

Linksgesinnte griechische Journalisten drücken sich in ihrer Kritik am Beruf sehr klar aus. Doch auch die Kritik der sich als Rechte, Konservative oder Rechtsliberale bezeichnenden Journalisten weicht in ihrem Kern nicht von der ihrer linksgesinnten Kollegen ab. Auch sie empfinden eine Kluft zwischen dem praktiziertem Journalismus und ihrem Ideal. G-17, seit einem Jahr Journalistin und tätig für das Staatsfernsehen und eine Zeitung mit rechter Tendenz, sagt: „In Griechenland steigen junge Leute in den Beruf ein, um Stars zu werden." G-17 bezeichnet sich als Rechte und „extrem nationalistische Griechin". Ihrer Ansicht nach gibt es heute im griechischen Fernsehen mehr Stars als im griechischen Film oder Sport. G-17 ist auffallend schön; sie will ebenfalls einen Platz unter den TV-Stars einnehmen. Doch die Frage, was ein Journalist ist, bereitet ihr Kopfweh:

> Es ist sehr schwierig, *den Journalisten* zu definieren. Es gibt sehr unterschiedliche Arten von Journalisten. Journalist ist, wer ihn umgebende Ereignisse wahrnimmt und an Menschen weitervermittelt. Ein(e) Journalist(in) muss zu allem eine kritische Distanz wahren. Politiker sind nicht immer Leute, die das Beste für Land und Leute wollen. Doch wenn ich mich umschaue, sehe ich, dass es viele Kollegen gibt, die allem, was Politiker sagen und tun, zustimmen.

Hörfunkjournalist G-12 unterstreicht wiederholt, welch bedeutende Rolle die Marktmechanismen im Beruf einnehmen. Er ist der Ansicht, dass ein Journalist unbedingt kritisch und oppositionell sein muss. „Anders lässt sich eine Nachricht nicht verkaufen." Er stuft sich als Liberaler ein und zieht aus seiner neunjährigen Berufserfahrung folgende Schlüsse:

> Anfangs glaubt man, man tue eine ganz wichtige Sache. Mit der Zeit stellt man fest, dass Vorgesetzte entscheiden, und man selbst tut, was einem der Vorgesetzte sagt. Sie schicken einen zur Recherche los und bestimmen schon im Voraus, was man von vor Ort mitzubringen hat. Ein Journalist ist Rädchen einer Maschine, die weder Ideologie noch Ethik kennt. Darüber hinaus muss man sich fragen, was journalistische Ethik ist. Etwa die getreue Wiedergabe dessen, was man gesehen hat? Das wäre zu theoretisch und abstrakt. In der Praxis ist es so, dass Nachrichten verfasst werden, ohne dass man vor Ort gewesen ist. Nehmen wir zum Beispiel an, ein Minister hält in Thessaloniki eine Rede über die wirtschaftliche Lage des Landes. Bin ich für ein linkes Blatt tätig, muss ich die Rede aus einem linken Blickwinkel wiedergeben. Momentan regiert die PASOK, und ich muss darüber berichten, wie gut die Rede des Ministers war. Würde ich für ein rechtes Blatt arbeiten, wäre es absolut egal, was der Minister gesagt hat; ich müsste in meinem Beitrag behaupten, dass der Minister Unsinn erzählt hat.

Durch seine 52-jährige Berufserfahrung ist G-2 unter griechischen Journalisten inzwischen zu einer Autorität geworden. Auch er unterstreicht den Unterschied zwischen Journalismus, wie er ist und wie er sein sollte. Die Frage, wer oder was ein Journalist ist, beantwortet G-2 in seinem Arbeitszimmer. Von dort leitet er eine rechtsorientierte Zeitung. In seiner Antwort äußert sich eine Art Wunschdenken. Er betrachtet sich als „einer von der alten Schule“ und distanziert sich von den restlichen Journalisten seines Landes:

> Journalist ist, wer seine Sache ernst nimmt, wer kämpferischer Natur ist. Journalist ist, wer sich seiner Sache wie ein Künstler, also enthusiastisch, annimmt. Journalist ist, wer sich traut, die Hand unter den Stein zu legen und die darunter liegenden Würmer herauszuziehen. Ein Journalist nimmt seine Kraft und Macht aus seiner Unabhängigkeit ... Ich bin stets unabhängig gewesen und werde es auch bleiben. Deswegen gibt es nicht wenige Journalisten, die mich für einen altmodischen Typen halten. Doch wen stört's! Für einen Journalisten ist es besser er stürbe, statt dass er sich verbeuge. Diese Denkweise wird mich vielleicht meinen Kopf kosten. Ehrlich gesagt würde ich einen Kopf, der nicht mehr mir gehört, auch nicht auf meinen Schultern tragen wollen.

Die Worte, die auf einer 50-jährigen Berufserfahrung beruhen, sind bitter. Auch wenn G-2 noch so sehr von sich behauptet, er sei „unter griechischen Journalisten eine Autorität“, so lässt sich doch zwischen seinem „altmodischen Kopf“ und der Realität ein tiefer Abgrund erkennen. Zudem ist er äußerst pessimistisch und glaubt, dass man ihm wegen seiner altmodischen Art eines Tages „den Kopf abreissen“ wird. Der alte Journalist sieht, dass die Grundsätze, die, theoretisch betrachtet, das Wahre des Journalismus sind, keine Anerkennung mehr finden. Wenn dem so ist, stellt sich die Frage, was denn heutzutage Anerkennung findet? Die Antwort ist ebenfalls in der Frage verborgen. Die als journalistische Grundwerte vorausgesetzten Werte sind ganz allgemeine Werte, die im realen Alltag nicht mehr zu finden sind.

In dieser Hinsicht denken türkische Journalisten nicht anders als ihre griechischen Kollegen. Auch sie verweisen auf den Unterschied zwischen dem Journalismus, wie er ist und wie er sein sollte.

Die Tatsache, dass einer der bekanntesten türkischen Journalisten und Schriftsteller, selbst im Alter von über 50 Jahren, im Sommer 1996 noch einmal arbeitslos wurde, ist ein Beweis für die Schwierigkeit, die Frage nach dem wer oder was zu beantworten. Jedenfalls fällt diesem Journalisten eine Antwort schwer: „Auf der einen Seite steht die idealistische Form, auf der anderen hingegen eine Praxis, die dieser Form in keiner Weise entspricht.“ Seiner Ansicht nach ist ein Journalist „eine Person, die stets nach der Wahrheit sucht“ und „jemand, der durch den uneingeschränkten Gebrauch seiner Meinungsfreiheit die Regierenden belästigt". Er beschreibt sich als eine sozialistisch gesinnte Person, die der idealen Form des Journalismus gerecht zu werden sucht, und fügt hinzu: „Niemand in diesem Land kann von mir behaupten, ich sei ein schlechter Journalist. Doch man sehe sich nur einmal die Lage an, in der ich mich befinde. Ich warte von morgens bis abends darauf, dass sich jemand bei mir meldet und mir ein Angebot macht. Diese Lage lässt sich mit der einer Prostituierten vergleichen, die von morgens bis abends am Fenster steht und auf Kundschaft wartet."

T-4 ist seit 19 Jahren journalistisch tätig und bezeichnet sich als „Linker". Was er berichtet, verweist ebenfalls auf einen krassen Widerspruch:

> Zwischen dem Journalismus, wie er ist und dem Journalismus, wie er sein sollte, existiert eine tiefe Kluft. In der Türkei lassen sich Journalisten in zwei Kategorien einteilen. Da gibt es zum Beispiel den Chefredakteur, der sagt, dass seine Zeitung ein kommerzielles Unternehmen sei und behauptet, die Bildung der Leserschaft und der Öffentlichkeit sei nicht die Aufgabe seiner Zeitung. Solche Chefredakteure sprechen vielen anderen Kollegen, die zwar genauso denken, sich aber nicht trauen, es zuzugeben, aus der Seele. „Das Informieren der Menschen ist nicht mein Bier. Mir geht es ums Geldverdienen. Ich schreibe, wann und wie es mir passt. Wer meine Zeitung nicht lesen will, der kauft sie sich halt nicht." So denken und leben die Journalisten der ersten Kategorie.
>
> Der zweiten Kategorie gehören einige wenige Journalisten an, die eine gewisse Verantwortung gegenüber der Gesellschaft empfinden. Wahre Journalisten sollten diese Verantwortung teilen. Doch die wiederum leiden Hunger. Auch die Gesellschaft hat diesbezüglich eine Verpflichtung: Sie muss endlich einen Reflex entwickeln, der Journalisten, die solche Verantwortung verspüren, eben in Schutz nimmt.

T-4 hofft auf Zeiten, in denen die Gesellschaft, die heute jene Journalisten belohnt und würdigt, denen es um Geld und Interessen geht, diejenigen ehrt, die auf das öffentliche Wohl bedacht sind. Seiner Ansicht nach begehen Machthaber durch ihre Bereitschaft, geld- und interessenorientierte Journalisten zu fördern, einen großen Fehler, „denn", so T-4, „diese Leute, die sich heute in den Dienst dieser Machthaber stellen, werden dieselben morgen verkaufen". Einen Ausweg aus dieser Lage sieht T-4 schließlich dennoch in einem Appell an die Regierenden bzw. Machthaber. T-4 verbindet die gesellschaftliche Ignoranz gegenüber verantwortungsbewussten Journalisten mit dem „mangelhaften Entwicklungsstand des türkischen Kapitals und einer Gesinnung, die im Hinblick auf kulturellen Konsum nicht über Nachtlokal-Vergnügungen hinausdenken kann“.

T-14: „Ein Journalist sollte eine aufrichtige, forschende, lesende und empfindsame Person sein, die sich mit nichts anderem als der journalistischen Tätigkeit befasst. Ein Journalist sollte nicht etwa der Anwalt einer politischen Partei sein.“ Dass bei allen Erläuterungen von T-14 stets Worte wie „sollte“, „sollte nicht“ und „meiner Ansicht nach“ in den Vordergrund treten, ist ein konkreter Beweis für den Unterschied zwischen dem praktizierten und dem idealen Journalismus. Viele Journalisten sehen die Özal-Periode, also die Achtzigerjahre, als historischen Wendepunkt für den Wechsel vom Journalismus, wie er sein sollte, zum Journalismus, wie er ist. Ihrer Ansicht nach ist es ein Produkt der Achtzigerjahre, dass heute Journalisten ihre eigenen Interessen in den Vordergrund stellen, journalistische Werte an Bedeutung verloren haben, Medien zu kommerziellen Unternehmen geworden sind und in den Augen der Angestellten die Interessen der Medienbosse über allen anderen Interessen stehen.

T-14 verweist darauf, dass es im Journalismus keine ideologische Verfälschung geben darf: „Wenn radikale Islamisten nach der Predigt in der Moschee auf der Straße Säkularisten drangsalieren und du dieses Ereignis ignorierst, weil du ein Journalist bist, der ebenfalls Islamist ist, dann kann man das nicht Journalismus nennen.“ T-14 sagt, dass der Journalismus weder Grenzen kennen, noch eine Nationalität haben darf und kritisiert, dass in der journalistischen Praxis im Namen nationaler Interessen oftmals Ereignisse und Realitäten ignoriert werden.

Oft werden Journalisten als „Zeitzeugen“ bezeichnet. Dies ist ein Klischee, das besonders häufig aus den Mündern türkischer Journalisten kommt. Andere wiederum identifizieren den Journalismus mit der „Niederschrift erster Entwürfe der Geschichte“. So identifiziert ihn zum Beispiel auch T-11, ein bekannter islamistischer Journalist in der Türkei. Er geht sogar noch einen Schritt weiter und definiert den Journalisten als „eine Person, die die Gesellschaft, in der sie lebt, und deren Akteure beobachtet und für ihre künftigen Zeitzeugenberichte Informationen und Daten sammelt“. T-11: „In einem so dynamischen Land wie der Türkei, in der sich Veränderungen sehr schnell vollziehen, betrachte ich es als meine Aufgabe, die Dynamik der Gesellschaft sehr genau zu verfolgen und positive Beiträge zu leisten. Mit anderen Worten: Ich beschränke meine Aufgabe nicht auf eine einfache Zuschauerrolle, sondern bin der Ansicht, dass ich selbst auf den gesellschaftlichen Wandel Einfluss nehmen muss.“ Auch dieser bekannte islamistische Journalist beklagt sich darüber, dass viele seiner Kollegen ihrer Aufgabe nicht gerecht werden: „Die prominentesten Kolumnisten des Landes haben tagtäglich eine andere Meinung. Was sie heute noch als weiß bezeichnen, ist bei ihnen morgen schon schwarz oder umgekehrt. 365 sich widersprechende Kommentare in 365 Tagen.“ So wie in Griechenland sind es auch in der Türkei nicht nur die Journalisten der Linken, die sich über die Praxis der Medien empören. T-16, junger Journalist einer konservativen Zeitung, kritisiert die Medienpraxis mindestens genauso scharf wie seine linksgesinnten Kollegen:

> Wenn ich mir die älteren Journalistinnen und Journalisten ansehe, fällt mir vor allem auf, dass sie tausend Dinge berücksichtigen und feinfühlige Verhältnisse wahren müssen. Da gibt es zum Beispiel einen krankhaften Drang zur Komplizenschaft zwischen Journalisten und Politikern, die aus derselben Stadt oder Region stammen. Nicht selten hörte ich mit, wie ein Journalist den anderen aufforderte, über diesen oder jenen Minister nichts zu schreiben, da er aus der gleichen Stadt wie jener stamme. Das wirkt sich dann auf die Berichterstattung und die Berichte aus. Ein(e) Journalist(in) sollte stets zu allem ein kritisches Verhältnis haben und eine gesunde Portion Skepsis. Der Skeptizismus spielt im Journalismus eine ganz wesentliche Rolle. Wenn man das, was man vernimmt, nicht in Frage stellt, nicht skeptisch angeht und kritisch behandelt, existiert kein Unterschied mehr zwischen dem Pressesprecher eines Ministeriums und einem Journalisten. Das Pressebüro des Ministers vermittelt eine Nachricht. Wenn du die nicht kritisch recherchierst, sondern genau so weitergibst, was unterscheidet dich dann von dem Pressesprecher?

Es wurde bereits erwähnt, dass der Abgrund zwischen idealem und praktiziertem Journalismus von vielen erfahrenen Journalisten in der Türkei mit dem gesellschaftlichen Wandel der Achtzigerjahre in Verbindung gebracht wird. Niemand behauptet zwar, dass der vor 1980 im Lande praktizierte Journalismus vollkommen dem Ideal entsprochen habe, doch sind beinahe alle der Auffassung, dass sich der Journalismus nie so sehr von seinen

Grundsätzen entfernt hat wie nach 1980. Vor allem einer vor 1980 noch weit verbreiteten, besonderen Fähigkeit wird heute nachgetrautert: Journalisten stellen keine Fragen mehr.

Hier lässt sich eine Pressekonferenz, die am ersten Tag der Präsidentschaft Süleyman Demirels in allen Sendern des Landes ausgestrahlt wurde, als Beispiel anführen. Demirel, nach dem Tod von Turgut Özal 1993 vom Parlament zum neuen Staatspräsidenten gewählt, gab im Pressezimmer des Staatspräsidialamts diese erste Pressekonferenz als neuer Präsident. Nach Abschluss seines Statements erklärte er, er sei jetzt bereit, Fragen zu beantworten. Im Pressezimmer herrschte rund 30 Sekunden lang völlige Stille. Diese Stille war so seltsam und lästig, dass sich der Staatspräsident verpflichtet fühlte, die Journalisten zu Fragen zu ermuntern: „Keine Angst, meine Damen und Herren. Bitte fragen sie!“ Nach Ansicht eines prominenten Kolumnisten waren diese in Stillschweigen verbrachten 30 Sekunden der Beweis für die berufliche Deformation der letzten 15 Jahre.

Derselbe Kolumnist beschreibt die Entwicklung des Journalismus in der Türkei nach 1980 wie folgt:

> Nach 1980 sind die türkischen Journalisten zu Kupferdrähten geworden. Man hat ihnen Aufnahmegeräte in die Hände gedrückt. Man brauchte nur noch zwei Knöpfe zu betätigen, die Presseerklärung aufzuzeichnen, das Band abzuhören und niederzuschreiben. Vor 1980 haben sich die Journalisten mit den Fragen der Welt noch wirklich auseinander gesetzt. Nun gleichen sie Kupferdrähten, die bekanntlich ja die besten Datenleiter sind. In den Achtzigerjahren haben die Journalisten in ihrem Recherchenmaterial eine Ware für kommerzielle Interessen entdeckt. „Wem nützt dieses Material am meisten“, so lautete fortan die Frage. „Mit wem kann ich verhandeln? Wenn ich das, was der Generalsekretär der Partei X über die Partei Y gesagt hat, an die Partei Y verkaufe...“ In der Branche regiert jetzt nur noch diese marktwirtschaftliche Logik. Journalisten sind vom wahren Leben losgerissen worden. Fragen Sie einmal, wie oft die Redakteure des Lokalteils einer Zeitung schon mit dem städtischen Verkehrsbus gefahren sind, oder ob sie schon einmal im Stadtteil Ulus waren. Heute gibt es nur noch Journalisten, die an ihren Schreibtischen per Telefon recherchieren.

Die Achtzigerjahre des türkischen Journalismus stehen auch als Wende für die Beziehung zwischen Reportern und Kolumnisten.

Ilhan Selçuk, Kolumnist der Tageszeitung *Cumhuriyet*, hat einmal in einer Diskussionsrunde erklärt, dass einige Kolumnisten den Inhalt ihrer Kolumnen in Absprache mit Politikern oder Geschäftsleuten bestimmen. Die direkte Beziehung der Kolumnisten zu den Nachrichtenquellen haben die Position, sprich Bedeutung, der Reporter erheblich erschüttert. Die Machthaber haben ihr Interesse an Reportern verloren. Der Kolumnist ist ihnen verlockender. Als berufliche Kategorie ist der Reporter vom Aussterben bedroht.

Eine Studie des Verbands Junger Geschäftsleute, TÛGIAD, hat ergeben, dass die Mehrheit der im türkischen Journalismus tätigen Menschen unqualifiziert ist. Im Durchschnitt hat ein türkischer Journalist eine Bildung von 12,5 Jahren hinter sich. 53,3 Prozent aller Medienangestellten haben studiert. 31,8 Prozent haben das Abitur. Der Prozensatz jener, die nur die Grundschule oder die 8. Klasse abgeschlossen haben, liegt bei 7 Prozent. Nur 22 Prozent beherrschen eine Fremdsprache (*Siyah Beyaz*, 03.10.1995). In Griechenland liegt keine ähnliche Studie vor, doch lässt sich auf Anhieb sagen, dass griechische Journalisten im Allgemeinen eine längere Ausbildung genießen. Die Mehrheit der griechischen Journalisten stammt aus mittelständischen Familien und ist erst nach einem Studium von Betriebswirtschaft, Jura oder Politologie zum Journalismus übergewechselt. Auf den ersten Blick lässt sich auch festellen, dass ein höherer Prozentsatz eine Fremdsprache beherrscht. Dieser Anteil ist vor allem unter jungen griechischen Journalisten weit höher als unter den türkischen.

IV.2 Die Frustration der Journalisten

Die Kluft zwischen dem Journalismus, wie er ist, und dem, wie er sein sollte, führt bei vielen Journalisten schon gleich zu Beginn ihrer Karriere zu tiefen Enttäuschungen. Die journalistische Tätigkeit beginnt zwar (in den Köpfen) mit einer von der pluralistischen Auffassung bestimmten Idealvorstellung über Journalismus. Dieses Ideal wird in der Praxis jedoch mit einer von grundauf widersprüchlichen Tätigkeit ausgetauscht. Erfahrene Journalisten unterstreichen, dass diese Kluft in den letzten Jahren immer tiefer geworden ist. Die heutzutage erlebte Enttäuschung besteht deshalb sowohl für langjährige Journalisten als auch junge Journalisten, die dieser Tätigkeit erst seit ein oder zwei Jahren nachgehen. Enttäuschung und Unzufriedenheit können durchaus auch als Zeichen für eine gesunde Entwicklung angesehen werden. Doch sowohl in Griechenland als auch in der Türkei verweisen zahlreiche Journalisten darauf, dass Berufsanfänger heute oft bereit sind, die gegenwärtigen Bedingungen anzuerkennen, ohne sie zu hinterfragen. Das sei ein Zeichen dafür, dass diese gesunde Entwicklung von keiner allzu langen Dauer sein wird. Die Erklärungen der links gesinnten Journalistin G-5, die bei einem liberalen Sender arbeitet, sind ein Zeichen für ihre große Enttäuschung:

> Schon bevor ich Journalistin wurde, lass ich intensiv Zeitung und hatte einige schlechte Ansichten über den Journalismus, die sich im Laufe der Zeit dann vermehrt haben. Ich frage mich stets, wie viel Wahrheit in dem steckt, was ich schreibe. Dennoch liebe ich meinen Beruf. Ich liebe es, im Zentrum der Geschehnisse zu stehen, Informationen aus erster Hand zu bekommen.

Noch größer ist die Enttäuschung von G-10, der den Journalismus vor seinem Einstieg in den Beruf als „revolutionäre Praxis“und als ein „Mittel zur Verbesserung der Welt“ betrachtete:

> Als der Journalismus zu meinem Beruf wurde, störten mich zunächst die Beziehungen zur Institution. Die Unterschiede zwischen dem Inhalt meiner Beiträge und der Linie der mich beschäftigenden Institution, waren stets ein Problem. Früher sah ich das Schreiben als eine heilige Tätigkeit an, die der gesellschaftlichen Veränderung diene. Heute sehe ich, dass meine Beiträge kaum auf die Gesellschaft wirken. Der Journalismus steckt in einer Phase der Entfremdung. Ich schaue mir die meistgelesenen Kolumnisten an und erkenne, dass sie nichts anderes tun, als die in der Gesellschaft ohnehin dominierenden Meinungen zu verkaufen. Sie produzieren die dominierenden Ideen nur aufs Neue.

Nicht geringer als die Enttäuschung ihres sozialistischen Kollegen ist die der liberalen Hörfunkjournalistin G-13. Nie hat sie daran gedacht, dass der Journalismus eine Art Beziehung zur Öffentlichkeit, eine Art „Werbung“ ist. Heute erkennt sie, dass eine Mehrheit der Journalisten einer „Public-Relations“- Arbeit nachgeht. Diejenigen, die das ohne Hemmungen tun, steigen im Beruf auf, während alle anderen Journalisten, wie talentiert sie auch sein mögen, nur geringe Chancen auf Karriere haben. Als junge Redakteurin hat G-13 wenig Wert auf gute Beziehungen zu ihren Vorgesetzten und auf Eigenwerbung gelegt. Heute sieht sie das anders:

> Ich tue jetzt auch Dinge, die ich früher strikt ablehnte. In Griechenland gibt es immer noch Menschen, die im wahrsten Sinne des Wortes Journalismus betreiben. Aber es ist sehr schwierig, sich da durchzusetzen. Wer heute diesem Beruf nachgeht, darf sich nicht allein auf seine Arbeit konzentrieren. Beachten muss man u.a. auch die politische Einstellung der Regierung, das Verhalten des Direktors, welcher Beziehungen zur Regierung pflegt, sowie die Interessen des Medienbesitzers, für den man arbeitet.

Wenn sich auch viele Journalisten im Laufe der Zeit zu einem Kompromiss mit der gegebenen Lage bereiterklären, so gibt es dennoch zahlreiche Journalisten, die ihr Unbehagen darüber zum Ausdruck bringen. Ihnen ist bewusst, dass nur geringe Chancen bestehen, die Situation zu verbessern. Beklagen tun sie sich deshalb aber nicht weniger. G-11 hat trotz elfjähriger Erfahrung im Beruf noch immer Schwierigkeiten, einige wesentliche Fragen über seine Tätigkeit zu beantworten. Worin unterscheidet sich der Journalismus von anderen Berufen? Ist Journalismus ein Beruf oder nicht? Oft stellt sich G-11 diese Fragen, auch wenn er nur schwer Antworten darauf findet. Während er seiner journalistischen Tätigkeit nachgeht, die er in einem direkten Verhältnis zu Macht, Regierung und Demokratie sieht, ist er nicht selten gemischten, oft widersprüchlichen Gefühlen ausgesetzt. Ursache des Dilemmas ist wiederum die entscheidende Frage, was Journalismus ist und wie er sein sollte:

> Machmal habe ich das Gefühl, ich diene der Demokratie. Dann wiederum frage ich mich, was den Journalismus von anderen Beschäftigungen unterscheidet. Mal bin ich überzeugt, dass die Nachricht, die ich den Menschen übermittle, von äußerster Bedeutung ist. Mal denke ich an die schmutzigen Beziehungen, die wir zur Regierung pflegen, und hege Zweifel an meiner Arbeit. Längst bin ich nicht mehr sicher, ob unsere Arbeit für die Öffentlichkeit wichtig ist oder nicht.

Ältere Journalisten klagen, der Journalismus stoße in der griechischen Gesellschaft auf immer geringere Anerkennung. Ihrer

Ansicht nach trägt das parteipolitische Verhalten der griechischen Presse die Schuld daran. In den Jahren nach der Militärjunta in Griechenland haben Journalisten linker Zeitungen eine Art Blütezeit erlebt. Heute müssen sie mit ansehen, wie die linke Presse an den Rand des Aussterbens geraten ist. Linke Zeitschriften, die einst Auflagen in Höhe von 30 000 Exemplaren erreichten, existieren heute nicht mehr. Die *Stohostis*, oder die *Anti*, deren Auflage bis an die 40 000er Grenze ging, verkaufen heute nur noch jeweils 1000 Exemplare. Die satirische Zeitschrift *Pontiki* ist derzeit wohl mit die einzige Zeitschrift mit Linkstendenz, die ihre Existenz erfolgreich fortsetzt. Der Grund des Erfolgs der *Pontiki* beruht womöglich auf dem Eifer und der Enttäuschung zahlreicher guter Journalisten. *Kostas Papayannou*, Inhaber der *Pontiki*, wusste, aus der beruflichen Unzufriedenheit und der mangelnden Befriedigung zahlreicher Athener Journalisten Kapital zu schlagen. *Papayannou* hat den Journalisten, die wegen des Geldes für rechte Blätter arbeiten, aber eigentlich andere Artikel schreiben möchten, die Spalten der *Pontiki* zur Verfügung gestellt. Für solche Journalisten bot sich somit die Gelegenheit, in der *Pontiki* Artikel namenlos oder unter Pseudonym zu schreiben, was ihnen in anderen Zeitungen kaum möglich gewesen wäre. Im Endeffekt ergab sich aus dem Projekt eine sehr erfolgreiche Zeitschrift, bei der u.a. auch Journalisten aus der extrem rechten *Eleftheros Typos* arbeiten.

G-21, Direktor einer nach rechts tendierenden Zeitung, hat mir einmal voller Stolz erzählt, dass er im Arbeitszimmer dieser Zeitung auch seine Artikel für *Pontiki* verfasst. Nach Ansicht von G-21 gibt es keinen Prototyp des griechischen Journalisten, sondern lediglich Journalisten, die „leider ausschließlich für Geld arbeiten“. Was ihm noch viel mehr Leid tue, sei die Tatsache, dass es Journalisten gebe, die für Geld das Eine oder das Andere hinzufügten oder wegließen. Außerdem gebe es genug Leute, die diesen Beruf ausübten, weil sie für andere Arbeiten nicht qualifiziert genug seien. Die kleinste Gruppe seien leider jene Journalisten, die um einen ehrenhaften und aufrichtigen Journalismus bemüht seien.

Auf die Frage nach dem Grund für diese mit einem „Leider“ bedauerte Lage wird auf Medienbosse verwiesen, die keine qualifizierten Journalisten anstellen. Ein weiterer Grund sind Regierungen, die, insbesondere im staatlichen Rundfunk, die Schreibtische immer nur mit parteinahen bzw. Personen aus eigenen Kreisen besetzen. Solche Beschäftigte arbeiten dann als so genannte Propaganda-Maschinen. Der griechische Journalistenverband ESEIA nennt eine journalistische Krankeit als dritten Grund: mangelnde Bereitschaft zur Wahrung journalistischer Ethik.

Der prominente Journalist G-18, der u.a. auch an einer privaten Journalistenschule unterrichtet, macht sich ernsthafte Sorgen. Ihn plagt die Vorstellung einer fortlaufenden Verschlechterung. Seiner Meinung nach sind Neueinsteiger bereit, die gegenwärtige Lage des Journalismus als Tatsache hinzunehmen. Sie stellten sich keine Fragen nach dem Sinn ihrer Tätigkeit.

Neueinsteiger sind bereit, alles hinzunehmen. In der Journalistenschule reden sie bereits nach den ersten drei Monaten etwa so:

> „Herr Lehrer, Sie werden doch wohl einen Job für mich finden, oder nicht. Einen Job, mit dem ich prominent werde und gut verdiene, he?“ Das muss man sich einmal vorstellen, schon nach drei Monaten Schule fangen sie an, so zu reden. Sie besuchen eine der 5 oder 6 Journalistenschulen, kommen ohne irgendeine ideologische Formation und Weltauffassung. Über Politik und Wirtschaft wissen die meisten so gut wie nichts. Aber schon nach drei Monaten fühlen sie sich bereit, prominent zu werden und viel Geld zu verdienen. Sie wollen ein prominentes Gesicht im Fernsehen werden. Das ist es, was in Griechenland heute zählt.

Was Enttäuschungen und Unzufriedenheiten betrifft, geht es den türkischen Journalisten nicht anders als ihren griechischen Kolleginnen und Kollegen. Auffallend ist, dass viele Journalisten beider Länder während ihrer intensiven Empörung über Missstände der journalistischen Praxis sich selbst außerhalb dieser kritikwürdigen Praxis sehen, immer auf die anderen schimpfen. Beinahe alle befragten Journalisten beklagen sich über die schlechte Journalismuspraxis insgesamt, sind aber überzeugt, dass sie selbst das verkörpern, was man sich unter einem Journalisten, wie er sein sollte, vorstellt. Die Frage, wer für den praktizierten schlechten Journalismus verantwortlich ist, bleibt unbeantwortet.

T-13 ist eine Reporterin, die seit zweieinhalb Jahren bei einer rechts orientierten Zeitung arbeitet. Sie selber definiert sich als einen „ideologiefreien Menschen“. Die zweieinhalb Jahre, die sie bei einer äusserst handelsorientierten, regierungsparteiischen Zeitung verbrachte, liessen sie zu einer Person werden, die keine Unterscheidung mehr zwischen beruflich Richtigem und Falschem kennt:

> Seit ich in diesen Beruf eingestiegen bin, kann ich nicht mehr zwischen richtig und falsch unterscheiden. Alles ist so sehr verstrickt, dass man das Wahre, das Richtige nicht mehr erkennt. Ich glaube daran, dass Journalisten der Gesellschaft ein Vorbild sein sollten und ihr die Wahrheit offenbaren müssen. Doch auch ich selbst kenne die Wahrheit nicht. Und sollte die Gesellschaft sich manch einen berühmten Journalisten – den ich näher kenne – zum Vorbild nehmen, so kann ich nur sagen, sie ist auf dem falschen Weg. Ich bin mir im Klaren darüber, dass ideologisches Parteiergreifen einem Mord am Journalismus gleichkommt, genauso gut weiß ich aber auch, dass es für uns unmöglich ist, unabhängig von unserem Glauben und unseren Ansichten zu handeln.

T-17 ist ein Journalist mit zehn Jahren Berufserfahrung. Es wundert ihn, wie leicht die Mehrheit seiner Kollegen berufliche Erfüllung findet: „Seltsam, es erfreut sie, wenn sie in der Zeitung ihren Namen und zwei Sätze eines Politikers sehen, die sie wiederholten.“ Seiner Meinung nach hindert diese einfache Befriedigung sie daran, Nachforschungen anzustellen und zu studieren. Nach einem einjährigen London-Aufenthalt kehrte er in die Türkei zurück und besuchte einen Freund, der einen guten Posten bei einer Zeitung hatte. Er erinnert sich noch immer an die Wohnung seines Freundes:

> Nach meinen Maßstäben war es ein tolles Haus, sehr gut eingerichtet. Es fehlte an nichts. Musikanlage, Video... Nur eins hat mich gestört. Es gab keine Bibliothek im Haus. Und die paar Bücher, die ich sah, waren von der Zeitung als Werbekampagne herausgegebene Sachen. Es war bekannt, dass er dem Generalkoordinator der Zeitung sehr nahe stand. Er sprach ständig davon, dass sie bei der Zeitung ein Team wären.

Aus dem Munde vieler Journalisten hörte ich den Satz: „In der Türkei steigen Journalisten zunächst mit großen Idealen in den Beruf ein.“ Dem folgt dann dieser Satz: „Aber mit der Zeit werden diese von der Realität verdrängt.“ Auch T-17 beginnt mit diesen Sätzen. Er berichtet uns von der die Ideale verdrängenden Realität: „Die Arbeitsplatzsicherung innerhalb der Redaktion wird zum Hauptthema. Die Parole für den leichtesten Weg dazu heißt: Suche dir einen Schutzpatron aus den oberen Reihen. Weibliche Kollegen setzen ihre Reize und Attraktivität ein. Verfügt man nicht über derlei Eigenschaften, lernt man, den Chefs bei allem zuzustimmen. ... Hat man keinen Schutzengel, so wird man immer die Angst haben, seinen Job zu verlieren. ... Man wird bemerken, dass Wissen und Talent nicht genügen und dass man andere Eigenschaften, andere Methoden braucht, um irgendwo hinzukommen. Man wird letztendlich ein ganz und gar egoistischer Mensch." T-17 setzt seine Erzählung fort:

> Natürlich gibt es auch ehrenhafte, aufrichtige Journalisten. Aber sie werden „altmodisch" genannt und abgewertet. Ugur Mumcu z.B. war aufrichtig und ehrenhaft. Das Resultat dessen war der Tod. Arschkriecher jedoch erlangen Geld und Ruhm. Ist doch so, oder? Nun rate mir, was ich wählen soll, Geld und Ruhm oder den Tod?

Ein Glück, ich bin nur in der Rolle des Forschers und muss seine Frage nicht beantworten! T-3 arbeitet bei einer der wichtigsten Zeitungen des Landes als Reporter für diplomatische Angelegenheiten. Er vermutet, dass die 15 Jahre Berufserfahrung bei ihm einen „psychischen Schaden" verursacht haben. Auch er gehört zu denjenigen, die aus dem Wunsch heraus, etwas zu verändern, in den Beruf einstiegen. Nach kurzer Zeit sah er ein, dass er nichts werde ändern können. Er denkt schon längst nicht mehr daran, das System zu verändern, sondern ist bemüht, nicht selbst vom System geschluckt zu werden:

> Ich dachte, ich könnte den Menschen die nötigen Informationen liefern, sodass sie in der Lage seien, das System zu kontrollieren. Aber nun weiß ich, dass ich das nicht kann. Das deprimiert mich. Journalismus ist nun für mich eine Art Zeitvertreib. Ich mag sie, die Außenpolitik, die internationalen Beziehungen. Ich schreibe was und und warte ab. Wenn das von mir Prophezeite geschieht, freut es mich. Irre ich mich, so bin ich enttäuscht: Verdammt, verloren!, sag ich mir. Letztendlich ist Journalismus für mich zu einem Spiel geworden, das mir Spaß macht und durch das ich etwas lerne.

T-3 beschwert sich über die neuen Berufsanfänger. Seine Beobachtungen decken sich mit denen der griechischen Kollegen: Die Neuen scheinen mehr von den TV-Stars berauscht zu sein und wissen zumeist nicht, weshalb sie überhaupt Journalist werden wollen. Journalismus scheint für sie eine Abkürzung auf dem Weg zu Geld und Ruhm zu sein.

IV.3 Braucht man Journalismus?

Viele Soziologen sind der Ansicht, dass eine Tätigkeit nur dann als Beruf bezeichnet werden kann, wenn dadurch ein existenzielles Bedürfnis der Menschen gestillt wird (Shudson, 1988: 145; Windahl, 1975:154). Zwangsläufig akzeptieren diejenigen, die den Journalismus als Beruf bezeichnen, dass er ein grundlegendes Bedürfnis stillt und für die Gesellschaft außerordentlich wichtig ist. Die liberal-pluralistische Theorie kann sich eine moderne Gesellschaft, in der es keine Journalisten gibt, nicht vorstellen. Dieser Ansicht nach ist der Journalismus eine Voraussetzung, ohne die eine moderne, demokratische Gesellschaft nicht existieren kann. Es wird behauptet, dass die Bürger ohne Medien und Journalisten keine Entschlüsse fassen können.

Ist der Journalismus für die moderne Gesellschaft wirklich von existenzieller Bedeutung? Es ist unvorstellbar, dass ein Journalist auf diese Frage mit „Nein“ antwortet. Doch sehen wir, dass sowohl in Griechenland als auch in der Türkei die Journalisten sich in zwei Gruppen teilen und manche mit „Ja“, andere wiederum mit „Wieso nicht?“ antworten. Diejenigen, die mit „Ja“ antworten, sagen:

> Die Entwicklung der Technik, die Beschleunigung des Informationsflusses, das Verschwinden der Grenzen zwischen den Ländern und die Tatsache, dass die Menschen immer mehr zu allein entscheidenden Individuen werden, die hierfür richtige Informationen benötigen, steigern die Notwendigkeit des Journalismus. Je mehr Entscheidungen das Individuum treffen muss, desto notwendiger wird der Journalismus. Individuen moderner Gesellschaften treffen im Lichte der von Medien gelieferten Informationen ihre Entscheidungen und ihre demokratische Wahl (G-10).

Die Anderen wiederum antworten:

> Seit zehn Jahren arbeite ich als professioneller Journalist. Meine Ansichten über den Beruf haben sich in der Zeit sichtlich verändert. Anfangs hielt ich meinen Beruf für heilig. Der Journalismus schien mir von Gott befohlen; eine Gesellschaft ohne Journalisten konnte ich mir nicht vorstellen. Ich glaubte, das

> Informationsrecht der Gesellschaft wäre von großer Bedeutung und die Menschen brauchten es wie Luft und Wasser zum Leben. Es war für mich unvorstellbar, dass ein Mensch, dessen Korruptionen von der Presse aufgedeckt wurden, sich frei und ungestört in der Öffentlichkeit bewegen könne. Aber ich wurde Zeuge, wie nach der Özal-Ära Politiker, deren Korruptheit in zig Artikeln veröffentlicht wurden, immer noch ihre Positionen behielten. Also, ich glaube nicht mehr an die Notwendigkeit des Journalismus. Ich habe gesehen, dass Menschen auch ohne Fernsehen und Zeitung leben können und häufig sogar viel glücklicher sind und auch nicht verdummen. Nun, wie kommt das? Ganz einfach, das von den Medien als Information herausgegebene (Material) war nicht wahr, zum Beispiel das Problem im Südosten. Viele Bürger erfuhren nichts über die dortigen Ereignisse. Was mich betrifft, weiß denn ich als guter Zeitungsleser etwas über die Ereignisse dort? Entsprechen meine Informationen, die ich den Zeitungen entnehme, der Wahrheit? Wenn ja, dann frage ich mich, wieso Ahmet Efendi, der nie Zeitung liest, und ich in der Südosten-Frage der gleichen Meinung sind. Kurzum, das Resultat, das ich daraus schließe, lautet: Auch ohne Presse und Medien wäre das Leben schön (T-6).

In beiden Gruppen sind Menschen verschiedenen Alters, von unterschiedlichen beruflichen Karriereebenen und jeglicher Ideologie vertreten. Auch die Verfechter der Notwendigkeit des Journalismus betonen, in der Türkei wie auch in Griechenland, dass der Journalismus in der Praxis anders ist, als er sein sollte. Die Klage lautet zumeist: Journalisten nutzen ihre Position, um andere Personen grundlos zu attackieren. Sie tun nichts weiter, als die schon vorhandenen Werte innerhalb der Gesellschaft zu reproduzieren. Sie sind einer politischen Partei oder anderen Mächten verbunden. Sie schwingen ihre Feder zur Verteidigung der Interessen ihres Chefs... Auch berufliche Inkompetenz und Oberflächlichkeit zählen zu den wichtigsten Problemen des Journalismus. In dieser Hinsicht ist die Aussage von T-3 bedeutend:

> Journalisten sammeln täglich Dokumente oder drehen einen Dokumentarfilm. Der Informationsschatz, die Mentalität, die Rezipierfähigkeit und die politische Meinung des Journalisten werden den Dokumentarfilm ganz sicher beeinflussen. Man muss darauf bedacht sein, der Zukunft ein Dokument zu hinterlassen. Deshalb muss man aufpassen, um die Realität nicht

zu verzerren. Das, was man heute sieht, ist kein Journalismus. Zur Realität und Wahrheit zu gelangen, ist eine Frage der Erfahrung und beruflichen Kompetenz. Wie will man zum Beispiel die Kardak-Frage richtig wiedergeben, wenn man nicht genügend Wissen über die allgemeine türkisch-griechische Beziehung besitzt? Leider ist es heutzutage so, dass Kollegen Themen, von denen sie selber keine Ahnung haben, der Öffentlichkeit mitzuteilen versuchen.

Auf die Frage, ob der Journalist kritisch sein sollte, gibt es wiederum zweierlei Meinungen. Auch wenn links orientierte Journalisten die Meinung vom kritischen Journalisten stärker verteidigen, gibt es ebenfalls unter den zur Rechten tendierenden Journalisten viele, die der gleichen Auffassung sind. Man wird sich daran erinnern, dass der liberale G-12 der Meinung war, dass nur die Nachrichten verkauft werden können, die einer kritischen Analyse standgehalten haben. Die Worte des linken türkischen Journalisten T-11 stützen die Aussage des griechischen Kollegen:

> Ich bin der Meinung, dass Journalismus bedeutet zu kritisieren. Eine gute Nachricht ist keine Nachricht. Da muss etwas zu kritisieren sein. Diese Auffassung fasst die Lage in der Türkei zusammen: In einem Land kritisierte die Presse immerzu den Präsidenten. Die Berater des Präsidenten überlegten, wie sie das verhindern und garantieren könnten, etwas Positives über ihn zu lesen. Sie kamen zu dem Schluss, der Präsident müsse etwas ganz Tolles machen, etwas, was sonst keiner kann. Dann würde die Presse ihn bestimmt nicht kritisieren. Der Präsident sollte ein Wunder vollbringen, und das Problem würde damit gelöst werden. Man lud alle Journalisten ein. Der Präsident schritt vor aller Augen über das Wasser des Meeres. Am nächsten Tag sah man in der Zeitung folgende Schlagzeile: „Der Präsident kann nicht schwimmen!“ Und dies ist auch die Art Journalismus, die in der Türkei betrieben wird.

Einige dieser Journalisten betonen, dass die Kritik immer die Mächtigen und Herrschenden treffen müsse; für einen gewöhnlichen Mörder könnte man noch Verständnis aufbringen, aber die herrschende Macht müsse man immer kritisch betrachten.

Dagegen ist für den TV-Leiter T-9, der sich „liberal“ einschätzt, Kritik geradezu eine Sünde. Seiner Meinung nach ist der Journalist nur ein Berichterstatter und muss nur das, was er gesehen hat, als Bericht wiedergeben: „Personen, die einer Mission folgen, sehe ich als Hindernis auf dem Weg zur Information der Gesellschaft an."

Auf die Frage, ob der Journalismus nicht ein Beruf sei, der allein des Geldes wegen praktiziert werde, antworteten viele türkische und griechische Journalisten, die Tendenz dazu habe in den letzten Jahren zugenommen. Manche unterstreichen die Bedeutung des Geldes: „Von einem schlecht verdienenden Lehrer kann man nicht erwarten, dass er die Schüler gut unterrichtet. Und so ist es mit dem Journalisten. Wenn er nicht weiß, wie er seinen Hunger stillen soll, kann er auch die Gesellschaft nicht richtig informieren." Trotz der Möglichkeit, in einem anderen Beruf mehr zu verdienen, zieht es eine erhebliche Zahl vor, Journalist zu sein. T-3 erklärt ihre Wahl so: „Ich habe Spaß bei diesem Job und verdiene obendrein noch Geld."

Zweifellos ist die Enttäuschung derer, die an die Notwendigkeit des Journalismus glauben, größer, ihre Unzufriedenheit gravierender. Der Grund der Unzufriedenheit kann sich von Person zu Person ändern. Für manch einen Journalisten genügt noch nicht einmal das pure Reflektieren der Realität. Auch G-5 gehört zu ihnen und meint, der Journalist müsse mehr als nur ein Spiegel der Ereignisse sein: „Vielleicht spiegelt es die Realität wider, wenn sie schreiben: Ein Albaner tötete einen Griechen. Aber sie müssen sich dazu genauer äußern, sonst wird sich die Meinung verbreiten, alle Albaner seien schlecht, alle seien Mörder, und sie als Journalist hätten dazu beigetragen."

T-12 glaubt daran, dass Journalismus als Spiegel für die Gesellschaft zu dienen hat. Doch enttäuscht ihn die in der Gesellschaft vorherrschende Meinung über Journalisten. Die Leute, denen man die Ereignisse wiederzugeben versuche, würden den Journalisten als eine Person sehen, die, um ihre Probleme zu lösen, selbst über Leichen gehen würde.

In verschiedenen Schichten der Gesellschaft ist die Ansicht darüber weit verbreitet, dass der Journalist und die Medien nicht die vierte, sondern erste Gewalt seien und beide in der Lage wären, nach Belieben jede Regierung zu stürzen. Man sieht, dass diese Ansicht auch unter manchen griechischen und türkischen Vertretern dieses Berufes verbreitet ist. Auffallend ist aber, dass diese Personen sich selbst mit ihren Aussagen widersprechen. Denn sie vertreten gleichzeitig die Auffassung, dass sich, egal, was sie schreiben, nichts ändere. Hier die Klage von G-16:

> Man wird bei den griechischen Journalisten eine gewisse Enttäuschung feststellen können. Sie berichten über eine Korrup-

> tion, und niemanden kümmert es. Ein deutscher, spanischer oder britischer Minister würde sofort abdanken, wenn dergleichen über ihn in der Presse stehen würde. Aber hier geschieht nichts. Der Regierungssturz, im Zusammenhang mit dem Koskotasskandal, war auch nicht allein der Erfolg der Presse. Innerhalb des Parlaments wurde großer Druck ausgeübt. Dann gibt es da noch den von Mitsotakis verübten Telefonskandal. Er ließ die Gespräche Papandreous und des Außenministers, der der PASOK angehörte, abhören. Dies wurde zwar aufgedeckt, aber es änderte sich nichts. Als dann der Vorsitzende des Geheimdienstes drohte: „Ich habe eine Menge Kassetten in der Hand. Wenn mir was zustoßen sollte, dann werde ich alle Kassetten auf dem Omonia-Platz[4] verkaufen lassen.“, waren auf einmal alle still.

G-11 ist Chefredakteur einer linken Zeitschrift. Seine berufliche Enttäuschung und seine Kritik an Kolleginnen und Kollegen stellt alles andere in den Schatten:

> Die meisten Journalisten sind Hurensöhne, 95 Prozent unter ihnen sind Hurensöhne. Ich gehöre zu den restlichen 5 Prozent. Ich lasse mich von niemandem in die Knie zwingen und verkaufe mich an keinen Kapitalisten. Ich bin unabhängig. Aber 95 Prozent von uns arbeiten für Geld. Nur 5 Prozent verspüren eine gesellschaftliche Verantwortung und arbeiten wie ein Missionar. Die Intellektuellen auf dem Lande bringen Zeitungen und Zeitschriften heraus, die von sehr guter Qualität sind. Aber keiner kennt sie. Unsere Aufgabe ist die Kritik an der Regierung. Aber das tun nur 5 Prozent von uns, und wir erreichen wiederum nur 1 oder 2 Prozent der ganzen Leser.

T-2, Chefredakteur einer linksradikalen Zeitschrift in der Türkei, beschreibt den Journalisten als jemanden, der im Klassenkampf der Gesellschaft eine besondere Stellung einnimmt. „Manchmal ist er ein Vorreiter, manchmal ein gewöhnlicher Rekrut“, sagt er. Auch vergleicht er die Journalisten verschiedener Medienorgane mit Soldaten gegnerischer Fronten, die im Krieg stehen. Seiner Meinung nach sind Begriffe wie Parteilosigkeit und Objektivität ein Schwindel, von der bürgerlichen Presse erfundene, angeblich heilige Vorsätze. Die Journalisten der Arbeiterklasse würden keinem etwas vormachen und mit Begriffen wie Objektivität und

[4] Einer der größten Plätze Athens

Parteilosigkeit spielen. Die Wahrheit würde niemals von ihnen verzerrt, denn sie glauben, dass die Wahrheit auf ihrer Seite steht! „Nehmen wir zum Beispiel die Demonstrationen auf dem Kızılay-Platz[5]", sagt er und fügt hinzu:

> Zehn Tage lang bebte die Türkei unter den größten Massendemonstrationen ihrer Geschichte. ... Hunderttausende von Arbeitern trafen sich auf dem Kızılay-Platz. Aber die Zeitungen *Sabah* und *Yeni Yüzyıl* berichteten nur ein einziges Mal darüber. Sogar internationale Nachrichtenagenturen fanden einen Nachrichtenwert am Geschehen, nur sie nicht. Das muss doch bei den dort angestellten Journalisten zu einem großen seelischen Problem geführt haben. Es ereignet sich die größte Massendemonstration der Landesgeschichte, und man kann nicht darüber schreiben. Wo bleibt da die Parteilosigkeit?

Der von T-2 so genannte „revolutionäre Journalismus" ist in der Türkei weiter verbreitet als in Griechenland. In Griechenland versuchen sogar die Angestellten des Presseorgans der Kommunistischen Partei, zwischen sich und der Partei eine gewisse Distanz zu lassen. Sie messen sich als Journalisten eine unabhängigere Rolle zu.

Die Probleme, mit denen der Journalismus konfrontiert ist, und die der Berufsethik widersprechenden Praktiken, haben manch einen Journalisten zu der Überzeugung gebracht, dass „Gesellschaften auch ohne Medien und Journalismus leben können". Auch G-5 gehört zu ihnen. G-5 bezeichnet sich als einen Linken, arbeitet aber bei einem liberalen Rundfunksender in Athen. Er ist der Ansicht, dass eine Gesellschaft, die keine Journalisten habe, vielleicht besser sei:

> Immer wird irgendwer hinter den Medien stehen. Der Besitzer dieses Rundfunksenders ist ein Reeder. Er benutzt den Radiosender und damit auch uns für seine eigenen politischen Interessen. Nach elf Jahren Berufserfahrung kann ich nur sagen, dass ich zwischen mir und einem Apfelverkäufer auf der Straße keinen großen Unterschied erkennen kann. Keiner führt mehr seine Arbeit als Mission aus. Vielleicht kann es einem gelingen, durch selbst aufgesetzte Regeln und Prinzipien eine rechtschaffene Arbeit zu leisten. Zuvor habe ich bei einer Zei-

[5] Kızılay ist der bedeutendste Platz in der Stadt Ankara. Im Sommer 1995 protestierten bei Demonstrationen hunderttausende von Arbeitern und Beamten gegen die Regierung.

> tung gearbeitet. Dort bemühte ich mich, keine blutigen Bilder in die Zeitung zu setzen. Dies wurde zu meinem Prinzip. Dann begann mein Chef, diese Bilder doch zu benutzen. Ich bin dann zur ANA übergewechselt. Dort war ich etwas freier, denn es kümmerte niemanden, was wir taten. Später arbeitete ich dann bei der *Avgi*, dem Presseorgan der Komunistischen Partei. Die eigentliche Macht, die hinter den Medien steckt, egal ob sie ein Reeder, eine Holding oder eine politische Partei ist, wird immer die vom Journalisten verfasste Nachricht beeinflussen.

Die verschiedenen Praktiken im Journalismus haben die noch am Anfang ihres Berufslebens stehende T-7 sehr verwirrt. Zwar glaubt sie noch immer an die Wichtigkeit der Nachrichten, doch die Tatsache, dass Journalisten in Medienunternehmen arbeiten, deren politische Ansichten ihren eigenen widersprechen, führen sie zu dem Schluss: „Die Gesellschaft kann auch ohne Journalisten auskommen."

Je höher die beruflichen Erwartungen, desto größer wird die Enttäuschung der Journalisten. In der zunehmend kommerzieller werdenden Medienbranche, mit dem Verschwinden des Idealismus, verlieren Definitionen wie „Skizzierung der Geschichte", „ein Dokument für die Zukunft schaffen", „Zeuge der Zeitgeschichte sein" ihre Bedeutung. Auch wenn man von Zeit zu Zeit hört, der Journalist müsse mit seiner Lebensweise ein Vorbild für die Gesellschaft sein, bleibt das doch die Ansicht einer so kleinen Minderheit, dass ihr keine Beachtung geschenkt werden kann. T-6 ist Chefredakteur einer Nachrichtenagentur. Ihm zufolge soll sich die berufliche Morschheit selbst unter den Journalisten der Lokalmedien breit gemacht haben:

> Ich mache mich öfters auf den Weg, um auf dem Lande Reporter zu finden. Es gibt dort zwei Typen von Menschen. In der ersten Gruppe sind Menschen, die so schlau wie der Fuchs sind. Sie arbeiten meistens für den TV-Markt. … Alle zwei bis drei Monate drehen sie einen Film und beginnen dann, die Fernsehkanäle abzuklappern. „Hier habe ich einen Film, der ist so und so… *Show TV* bietet mir 5000 Dollar dafür, was bieten sie?" Danach wird *Show TV* angerufen und erzählt, *Kanal D* würde für den Film 10 000 Dollar bieten, was denn sie dazu sagen würden. Tja, so sieht die Sache aus. Es gibt zwar sehr gute, doch unzuverlässige Kollegen.
>
> In der zweiten Gruppe befinden sich tatsächlich nur Kauf-

> leute, die nebenbei mit lokalen Medien zusammenarbeiten. Sie machen zum Beispiel ein Interview mit dem Gouverneur. Nach dem Interview fügen sie hinzu: „Ich verkaufe gleichzeitig diesen Reinigungsapparat. Könnten sie es vielleicht veranlassen, für die Ämter welche zu kaufen, so ungefähr 50 Stück?“
>
> Dann gibt es da noch die dritte Gruppe, die aufrichtig und im wahrsten Sinne des Wortes Journalismus betreiben möchte. Aber sie sehen, dass man so nicht Geld verdienen kann, und geben auf.

Anfang der achtziger Jahre erlebte man in der Türkei wie auch in Griechenland einen Übergang vom traditionellen zum modernen Journalismus. Mit dem Absterben der traditionellen Besitzstruktur verlor man auch die traditionelle Zeitungspraxis und ging zu der heute kritisierten und als „kommerziellen und sozialen Problemen fern“ definierten Praxis über. Das bis Anfang der Achtziger nur von gewissen Leuten besuchte und fast als heilig angesehene Pressezimmer der griechischen Regierung „füllt sich in letzter Zeit mit Backfischen. Früher konnten da nur alte und erfahrene Journalisten sitzen und den Presseversammlungen beiwohnen oder von dort mit beliebigen Politikern telefonieren.“ G-18, bei dem Versuch, die Entwicklung des Journalismus in Griechenland zu beschreiben, erinnert sich, wie 1979 eine junge Journalistin ins Zimmer kam: „Auf einmal gab es eine sehr schlimme Reaktion. Wer ist dieses Mädchen? Wer ist dieser Grünschnabel? Und sie schickten es raus.“ Auch wenn der Rausschmiss einer jungen Journalistin nicht akzeptabel ist, so ist dieses Ereignis doch ein gutes Beispiel dafür, dass in Athen vor dem Jahre 1980 Journalisten eine gewisse Erfahrungen haben mussten, um Zugang zu bestimmten Orten zu haben. Die Ansichten, die G-20 über die Bedeutung und Notwendigkeit des Journalismus hat, ändern sich ständig. Er erklärt das ewige Hin und Her auf diese Art:

> Die griechische Bevölkerung hat eine sehr klare Meinung über die Jugoslawien-Frage. Wie kommt man zu diesen Meinungen? Durch Zeitungen und Medien. Und woher haben die Medien diese Meinungen? Würden zehn Reporter nach Jugoslawien gesandt werden, so gäbe es zehn verschiedene Ansichten? Aber nein, alle Griechen haben eine einzige, klare Ansicht bezüglich der Jugoslawien-Frage. Wie kann so etwas geschehen? Ganz einfach, die Quelle dieser Ansicht ist die gleiche: die Pressebüros der Regierung und der politischen Partei-

> en, also die offizielle Meinung Griechenlands. Es würde sich auch nicht viel ändern, wenn man Reporter nach Jugoslawien schicken würde, denn die griechischen Interessen in der Jugoslawien-Frage wurden von Anfang an ganz klar definiert. Somit würde die Perspektive des Reporters von vornherein festgelegt.

Es ist weit verbreitet, dass griechische Journalisten bei mehreren Medien gleichzeitig arbeiten. Man kann auch Personen treffen, die sich als Linke bezeichnen, aber Chefredakteur einer rechts orientierten Zeitung sind.

In Fällen, in denen sich der Chefredakteur wie der Generaldirektor eines Unternehmens fühlt, ist das verständlich. In Griechenland hingegen sieht man Anzeichen einer „extremen Professionalität". Dies ist für den Journalismus genauso unverständlich, wie ein professioneller Fußballspieler, der bei zwei Mannschaften spielen würde. Bei solch einer extremen Professionalität scheint der Journalist von jeglichen „Werten frei" zu sein. Seine eigene Ideologie, Weltanschauung und seine Kriterien haben keinerlei Bezug zu der ausgeübten Tätigkeit. Oder sie existieren erst gar nicht.

Die Journalisten, die dies schaffen, legitimieren es im Namen der Professionalität: Ein wahrhaft professioneller Journalist weiß, was der Leser einer linken Zeitung lesen möchte, oder woran der Leser einer rechten Zeitung Gefallen findet. Er wird für beide hervorragende Artikel schreiben können. Dies ist so natürlich wie ein Fußballspieler Tanju, der bei der Mannschaft *Fenerbahçe* genauso spielt wie bei *Galatasaray*. Das ist die Logik. Doch ist für den Journalismus eine derartige Professionalität etwas übertrieben und nur schwer mit den ethischen Prinzipien des Berufes zu vereinbaren. Ausserdem spielt Tanju auch nicht bei zwei Mannschaften gleichzeitig. Sobald er bei einer zu spielen beginnt, hat er keinerlei Kontakt mehr zu anderen Mannschaften. Aber es sieht so aus, dass sich, solange Marktmechanismen und Kommerzialisierung den Journalismus beherrschen, solche Beispiele extremer Professionalität häufen werden.

Um die Neigung zur extremen Professionalität unter den griechischen Journalisten zu konkretisieren, werden hier die Aussagen zweier Journalisten aufgeführt:

> Neben dem Beruf besitzt man auch einen gewissen Glauben und gewisse Ansichten. Diese kann man nicht wie eine Jacke ablegen. Zweifellos darf man beim Verfassen eines Berichtes

> nicht zulassen, dass die eigene Meinung die Fakten verformt. Aber man muss auch in der Lage sein, etwas nicht zu schreiben, wenn es gegen den eigenen Glauben und die eigene Ansicht verstößt. Nehmen wir mal an, jemand arbeitet bei einer Zeitung, die die Neue Demokratie unterstützt, und der Journalist teilt diese politische Ausrichtung. Es ist also alles in Ordnung. Aber nach ein paar Tagen kommt es zu einer Änderung in der Verwaltung, und die Zeitung unterstützt von da an die PASOK. Wird man da weiterhin arbeiten können? Wird man nun im Gegensatz zur Vorwoche das genaue Gegenteil schreiben? Nein! Man wird „Tut mir leid Leute, aber ich muss jetzt gehen" sagen. Was tun hingegen unsere Kollegen heute? Sie sagen: „Ist die Zeitung von nun an ein Unterstützer der PASOK, so sind wir es auch", und arbeiten weiter (G-21).

Es ist nur natürlich, dass sich die politischen Meinungen der Menschen, somit auch der Journalisten, mit der Zeit verändern. Fraglich ist nur, ob dies von einem Tag auf den anderen erfolgen kann und ob es zeitlich parallel zur Änderung der Richtlinie der betreffenden Zeitung laufen muss? Das nächste Beispiel für extreme Professionalität ist sogar mehr als bedenklich:

> Vor einiger Zeit verfolgte ich das Parlament. Damals saßen alle Journalisten im Pressebüro an einem ovalen Tisch. Es gab da einen Kollegen, der gleichzeitig für eine Morgen- und Abendzeitung arbeitete. Er saß am Tisch und schrieb einen Parlaments-Artikel für die Morgenzeitung. Nach Beenden seines Textes sprang er auf und setzte sich ans andere Ende des Tisches und sagte: „Eben habe ich als Patriot geschrieben. Jetzt werde ich als Vaterlandsverräter schreiben." Er scherzte zwar, doch war es Tatsache, dass er mit der Änderung seiner Sitzposition gleichzeitig auch seine ideologische Einstellung wechselte. Es überrascht hier keinen mehr, wenn Journalisten bei linken und rechten Zeitungen gleichzeitig arbeiten (G-18).

IV.4 Die Ausbildung der Journalisten

Die Redewendung „man wird nicht, man ist von Natur aus Journalist" ist weit verbreitet. Die Praxis in Griechenland und der Türkei scheint dies zu bestätigen. Bis zum Jahre 1991 gab es in

Griechenland keine Institutionen, die Journalisten ausbildeten. Carmocolias klagte über das Nichtvorhandensein von Fakultäten für Publizistik/Journalismus (1972:160): „Man hat keinen Groschen für die Gründung einer die notwendige Grundausbildung liefernde Journalistenschule ausgegeben." Somit hatte bis vor kurzem keiner der griechischen Journalisten eine journalistische Ausbildung auf dem Medienmarkt. Es sei denn, sie studierten Journalismus im Ausland.

Doch mit Beginn der Ära der privaten Fernseh- und Rundfunksender, Anfang der neunziger Jahre, wurden in Athen mehrere private Journalistenschulen eröffnet. Diese Schulen, deren Besitzer meist bekannte Journalisten waren, besaßen kein klar definiertes und einheitliches Lehrkonzept. Die Ausbildung an den Schulen stützte sich auf das persönliche Journalismusverständnis der Schulbesitzer. Ein griechischer Journalist, der an einer dieser neumodischen Institute als Lehrer arbeitete, machte folgende Bewertung:

> Jetzt gibt es eine Vielzahl von privaten Journalistenschulen. Aber hier werden Schülern keine allgemein gültigen Regeln, keine beruflichen Leitlinien gelehrt. Die Besitzer der Schulen sind berühmte Journalisten aus Ferseh- und Radiosendern oder der Presse und haben ihre eigenen Berufsauffassungen. Die Berufsauffassung des einen widerspricht der des anderen. Das heißt, man muss im Voraus entscheiden, was für ein Journalist man werden will, und dann die Schule wählen.

Ein Grund dafür, weshalb die privaten Journalistenschulen wie Pilze aus dem Boden schossen, war der Star-Journalismus der Fernseh- und Rundfunkstationen. Anfang der neunziger Jahre war der Journalismus unter der griechischen Jugend ein sehr populärer Beruf. Man glaubte, der Journalismus wäre eine Abkürzung auf dem Weg zu Reichtum und Ruhm. Griechische Mädchen, die auf ihre Schönheit vertrauten, träumten nicht mehr davon, Filmstars zu werden, sondern Wettervorhersagen im TV zu sprechen. Nach diesem ersten Schritt in die Medienwelt würden sie es dann schaffen, Produzentin oder Ansagerin zu werden. Die Träume der jungen griechischen Männer waren nicht anders. Aber für sie gab es noch einen weiteren Grund, die Journalistenschulen zu besuchen: ein wenig den Wehrdienst verzögern! Griechische Jugendliche, die es nicht schafften, von einer Universität aufgenommen zu werden, besuchten diese Schulen und konnten somit noch ein paar Jahre nicht rekrutiert werden.

G-21 gehört zu denjenigen, die der Meinung sind, dass nur gut ausgebildete, kultivierte Personen Journalismus ausüben dürften. Auch er unterrichtet an einer privaten Schule. Aber er bemerkt auch, dass nur Personen, die an keiner anderen Universität einen Platz erhalten haben, sich für diese Schulen interessieren. „Wenn es tatsächlich ihr Wille wäre, Journalist zu werden, würden sie direkt zu uns kommen. Es sind aber immer nur solche, die von anderen abgewiesen wurden. Deshalb muss ich feststellen, dass die meisten meiner Schüler nicht den Wunsch hegen, Journalist zu sein." Seine Ansichten über die Schulen, an denen er unterrichtet, sind auch nicht positiv:

> Eigentlich sind diese privaten Journalismusschulen ein weiteres Problem. Sie gehörten alle geschlossen. Die Schüler zahlen und bekommen dafür nichts geboten. Die Jugendlichen besuchen diese Schulen, weil es Mode ist und sie es als eine Station auf dem Weg zu Ruhm und Reichtum sehen. Leider ist es so, dass die berühmten Journalisten, deren Namen diese Schulen tragen, kein einziges Mal vorbeikommen. Da die Jungs eine Weile den Wehrdienst verzögern können, ist es zu ihrem Nutzen. Und für die hier unterrichtenden Journalisten bieten diese Schulen natürlich eine neue Verdienstquelle. Journalismus ist doch keine Wissenschaft. Es ist ein Beruf. Die Journalistenschulen haben dies nicht begriffen. Anstatt praktisches Wissen zu vermitteln, verhalten sie sich so, als würden sie Wissenschaftler ausbilden. Ich glaube nicht, dass Journalismus in Schulen erlernt werden kann.

Anders als in der Türkei gibt es in Griechenland eine Gruppe von Journalisten, die durch die Kommunistischen Partei eine journalistische Ausbildung in der Sowjetunion erhielten. Ihre Ausbildung ist vollkommen anders. Heute fassen sie ihre Ausbildung dort mit Worten wie „mehr Propaganda, wenig Nachricht, wenig Aktion, viel Analyse" zusammen. Letztendlich nützt auch die sowjetische Ausbildung in der heutigen Journalismuspraxis Griechenlands wenig, und die Praxis zwingt sie dazu, das zu vergessen, was ihnen in ihren Schulen beigebracht wurde.

Die Wahrheit ist, dass die Ausbildung der Journalisten in Griechenland heute nicht in Schulen, sondern in einigen Zeitungen erfolgt. Bei diesen alteingesessenen, für ihre seriöse Berichterstattung bekannten Zeitungen zu arbeiten, ist für Berufsanfänger höchst lehrreich. Die aufgrund der niedrigen Auflage um ihre Existenz kämpfende *Avgi* zum Beispiel (sie ist gleichzeitig das

Presseorgan der Kommunistischen Partei) ist in diesem Sinne eine Schule für Personen, die ernsthaft Journalisten werden möchten.

Manche griechischen Journalisten führen trotzdem ihre beruflichen Probleme auf die Tatsache zurück, dass es keine ordentliche Journalistenschule in Griechenland gibt. Diese Journalisten sind der Ansicht, dass an den Schulen wenigstens die Berufsethik und professionelle Verhaltensregeln gelehrt werden könnten:

> Um Journalist zu werden, muss man im Besitz eines gewissen Berufsverständnisses sein. Man muss sich darüber im Klaren sein, dass es manche Regeln gibt, die man zu achten hat. Man muss wissen, dass man den Leichnam einer toten Frau nicht auf den Kopf stellt, nur um ein Nacktphoto zu machen. Man muss wissen, dass man zur Steigerung der Auflage oder Verbesserung des Verdienstes nicht lügen darf.

G-19 denkt, die Schulen könnten eventuell beim Erlernen dieser Qualitäten behilflich sein. Aber die Zahl derer, die vom Gegenteil überzeugt sind, ist größer. G-12 sagt: „Das Zeug zum Journalisten trägt man in sich, entweder man hat es, oder man hat es nicht. Wenn man nicht das Zeug dazu hat, nützen 15 Schulen nichts. Man wird zum Ort des Geschehens fahren und nur Mist mitbringen." G-8 zufolge wäre der Stand der Dinge noch schlimmer, wenn Journalismus nur von Absolventen der Journalistenschulen betrieben würde:

> Es gab mal eine Zeit, wo ich dachte, dass ein Unistudium für den Journalismus von Nutzen oder gar notwendig wäre. Die schlechte Berufsqualität störte mich, und ich ging davon aus, dass es an der ungenügenden Ausbildung liege. Doch heute bin ich mir nicht mehr so sicher. Wäre Journalismus eine Tätigkeit, die nur die Absolventen dieser Schulen ausüben würden, gäbe es heute noch mehr Yuppis unter den Journalisten.

In der Türkei gibt es seit Jahren Schulen, die Journalisten ausbilden. Sie haben den Status einer Universität. In den letzten Jahren eröffnete fast jede Universität eine Abteilung für Journalismus. In der Türkei findet man keine privaten Journalistenschulen wie in Griechenland. Das kann auf die große Zahl der staatlichen Schulen zurückgeführt werden. Folglich gibt es in der Türkei im Vergleich zu Griechenland mehr studierte Journalisten. Trotzdem ist es schwierig zu behaupten, ihre Anzahl und ihr Einfluss auf dem Medienmarkt sei größer als der von Personen, die aus anderen Bereichen stammen. Andererseits ist zu vermerken, dass die türkischen Journalisten, trotz schulischer Ausbildung, über dieselben Probleme klagen wie ihre griechischen Kollegen. Dies beweist, dass Berufsethik kein Thema ist, das leicht an Schulen gelehrt werden kann. Ein wichtiges Diskussionsthema der türkischen Medienbranche war nach den Achtzigerjahren das Defizit einer Berufsethik und professioneller Verhaltensregeln im Journalismus.

Ein weiterer bemerkenswerter Punkt ist, dass fast alle studierten Journalisten mit ihrer Ausbildung nicht zufrieden sind, und nur ein einziger meinte: „Ja, Journalismus ist ein Beruf, der eine schulische Ausbildung benötigt." Die Meinung der Absolventen der Journalistenschulen über die Ausbildung in der Türkei lautet, kurz zusammengefasst, so:

> Wenn man das Programm an den Schulen ändern würde, könnte ein Journalismusstudium von Vorteil sein. Es müsste Fächer wie Steno, Computerbedienung, Archivierung, Lippenlesen und Fotografie geben. Es sollte mehr Gewicht auf Branchen wie Wirtschaft und Sport, ja sogar Kriegsressorts gelegt werden. Die schulische Ausbildung müsste unbedingt mit einem Praktikum einhergehen. Eigentlich wäre es besser, Journalismus wäre eine Art ergänzendes Magisterprogramm für Akademiker, die ein Studium in Geschichte, Wirtschaft, Jura, Politische Wissenschaften oder sogar Medizin absolviert haben. Mit dem heutigen System ist es, als würde jemand, der nicht schwimmen kann, ins Wasser springen. Zwar wird uns an der Schule gelehrt, was Journalismus zu sein hat, aber Journalismus in der Praxis sieht anders aus. Trotz des vierjährigen Studiums sind wir denen, die keine Schule besucht haben, in keiner Weise überlegen.

Die türkischen Journalisten beklagen die Tatsache, dass die Universitäten die Zahl der arbeitslosen Journalisten Jahr für Jahr durch hunderte von Absolventen erhöhen. Man sieht, dass sich die Vorstellung der türkischen und griechischen Journalisten bezüglich der schulischen Ausbildung gleichen. Die heutigen Profis betonen, dass ein Journalist die starke Fähigkeit zur Analyse, einen offenen, extrovertierten Charakter und grenzenlose Neugier besitzen sollte. Von vielen Journalisten ist ein Urteil in Form von „eine Person ohne Geduld und Neugier, kann kein Journalist werden“ zu hören. Dabei können weder Geduld noch Neugier an einer Schule gelehrt werden. Sollte man eine bessere Ausbildung für Journalisten bezwecken wollen, so müssten die Vorschläge der türkischen und griechischen Journalisten auf die Frage: „Was für eine Ausbildung?“, von den Verwaltern und Erziehungsplanern berücksichtigt werden. Die Vorschläge, die von den Journalisten gemacht wurden, kurz zusammengefasst:

1. Die betreffende Person muss unbedingt einen starken Willen haben, Journalist zu werden. Das ist die wichtigste Voraussetzung, um ein guter Journalist zu werden. Weiterhin muss sie zur leichten Kontaktaufnahme mit anderen Menschen fähig sein. Die Kontaktaufnahme zu anderen Personen ist nicht etwas, was leicht zu lehren wäre. Schüler, die diese Eigenschaften aufweisen, könnten auf dem Gymnasium von den Lehrern in diese Richtung gewiesen werden.
2. Die journalitische Ausbildung muss ergänzend zu einem anderen Fachstudium gegeben werden. Um ein guter Journalist zu werden, studiert man besser zuvor Fächer wie Soziologie, Geschichte, Jura, Politische Wissenschaften, Internationale Beziehungen, Medizin oder Sport.
3. Nach einem Grundstudium in den oben genannten Fächern wäre ein zusätzliches Studienjahr journalistischer Praktiken, der Technik und von Grundwissen viel sinnvoller.
4. Journalismus wird am besten durch die Praxis gelehrt. Deshalb sollte ein Studium in den ersten Jahren mit einem intensiven Praktikum einhergehen.
5. Journalisten sollten in ihren Branchen sehr kompetent sein und über eine reiche Allgemeinbildung verfügen. Deshalb sollten sie auch im Berufsleben immer zum Reisen und Lesen motiviert, ja sogar gezwungen werden. Auch das Erlernen einer Fremdsprache sollte unterstüzt werden.
6. Mit der Zeit stehen immer mehr neue Techniken zur Verfügung, und das Ausüben des Berufes wird immer komplizierter. Deshalb ist es sinnvoll, wenn Journalisten während ihrer Berufslaufbahn an kurzen Kursen teilnehmen, die ihr technisches Wissen ergänzen.

IV.5 Die wirtschaftliche Situation der Journalisten

Christian bemerkt beim Vergleichen „der allgemeinen Klassenlage“ zwischen dem früheren Journalismus und dem neuzeitlichen Journalismus: „Früher waren im Journalismus der Kauf und Verkauf von Arbeitskraft gleichermaßen vertreten.“ (1980: 260-5) Damals gab es nur eine geringe Zahl von Zeitungen, die Kleinbetriebe waren. Es war möglich, mit einem nur geringen Kapital eine Zeitung herauszubringen. Somit war es für einen Journalisten leicht möglich, den Klassensprung vom Angestellten zum Zeitungsinhaber zu schaffen.

Christians Hinweis ist sehr angebracht: Im Journalismus der Neuzeit ist der Klassensprung vom Angestellten zum Boss für den Journalisten unvorstellbar. Heute kann kein Journalist mehr davon träumen, eines Tages der Besitzer seines Arbeitsplatzes zu werden. Überall auf der Welt sind Zeitungen und Medienunternehmen zu riesigen Firmen geworden. Diese Firmen werden von professionellen Managern, die mit Journalismus direkt nichts mehr zu tun haben, geführt, und die wirtschaftlichen Kriterien der Firmenleiter können die Oberhand über redaktionelle Kriterien gewinnen.

Christian zufolge nähert sich der Beschäftigungsstand der heutigen Journalisten dem Beschäftigungsstand einer beliebigen Gruppe von Industriearbeitern. Journalisten, die auf der Karriereleiter hochklettern oder an Verwaltungsposten gelangen, legen meistens die Praxis beiseite. Sogar die Gründung einer kleinen Zeitung ist heute eine Sache, die nur große Unternehmen bewerkstelligen können.

Auch die Ergebnisse dieser Studie unterstützen Christian. In keinem der beiden Forschungsländer träumen Journalisten davon, einmal die Inhaber ihrer Unternehmen zu werden. Im Journalismus der Neuzeit ist es völlig unmöglich, vom Angestellten zum Boss zu werden. Auch Christians Ergebnisse aus dem Vergleich der Finanzlage früherer Journalisten mit den Neuzeit-Journalisten treffen auf die türkischen und griechischen Journalisten zu. Wo es früher keinen erheblichen Unterschied zwischen dem Einkommen des Angestellten und dem des Zeitungsinhabers gab, besteht heute geradezu ein Abgrund. Außerdem sieht man, dass nicht nur zwischen Angestellten und Inhaber, sondern auch unter Kollegen die finanziellen Differenzen erschreckend groß sind. Die Finanzlage der türkischen und griechischen Journalisten weist eine ähnliche Struktur auf. Diese Struktur kann kurz so zusammengefasst werden: An der Spitze befindet sich eine kleine Journalistengruppe mit einem geradezu „wahnsinnigen“ Einkommen. Die Gruppe in der Mitte verfügt über ein relativ gutes Gehalt. Aber die große Mehrheit besteht aus Journalisten, die für sehr wenig Geld arbeiten. G-1 erzählt folgendes über die Finanzlage der Journalisten:

> Die oben verdienen große Summen an Geld. Die Lage der Mittelschicht ist nicht schlecht, aber die große Gruppe von ganz unten könnte als relativ arm gelten. Weniger als 5 Prozent aller Journalisten gehören der oberen Schicht an. Eigentlich bin ich mir nicht sicher, ob es richtig ist, sie zu den Journalisten zu zählen, denn 90 Prozent ihrer Aufgabe besteht aus Public Relations und nur 10 Prozent aus Journalismus. So werden sie zu Stars. Die meisten Medienstars in Griechenland sind nicht in der Lage, eine Fremdsprache richtig zu sprechen, auch haben sie keine akademische Bildung. Sie verdienen im Journalismus Gelder, die sie mit ihren Fähigkeiten woanders unmöglich verdient hätten. Außerdem erleben sie das Gefühl, sehr mächtig zu sein. Sie stehen den wirtschaftlichen und politischen Machtkreisen nahe. Sie können Gespräche mit ihnen führen. Das lässt sie fälschlicherweise annehmen, sie seien ein Teil der Macht. Aber sie sind kein Teil der Macht, sondern ein Mittel der Macht. Sie sind das Messer, der Revolver der Macht.

Es mag sein, dass in diesen Worten Neid verborgen liegt. Aber die Tatsache, dass ohne Ausnahme alle befragten Journalisten in der Türkei und in Griechenland erzählten, man müsse außer beruflichen Fähigkeiten auch Beziehungen besitzen, zeigt, dass die Feststellung von G-1 nicht einfach nur auf Neid zurückzuführen ist.

G-2 hat in den 52 Jahren seines Berufslebens mit angesehen, wie sich der finanzielle Einkommensunterschied zwischen den Journalisten vergrößerte. Aber er ist auch der Ansicht, dass die Einkommen der griechischen Journalisten im Vergleich zu anderen Berufsgruppen gar nicht schlecht sind: „Es gibt Journalisten, die das Zehnfache eines Ministerpräsidenten verdienen. Ein Mädchen mit einem hübschen Gesicht kann nach ein paar Wetteransagen im TV zu einem Medienstar werden. Ich kann es immer noch nicht verstehen, weshalb diesen Leuten so viel Geld gezahlt wird.“

G-3 ist seit vier Jahren Journalistin, die bei einer wenig zahlenden, kleinen linken Zeitung arbeitet. Sie verdient im Monat 390 US-Dollar. Viele ihrer Kollegen, arbeiten an zwei bis drei Stellen gleichzeitig. So verdienen sie mehr als ähnlich situierte türkische Kollegen oder griechische Staatsbeamte. G-5 ist seit elf Jahren im Beruf und arbeitet bei Griechenlands populärstem Radiosender. Sie ist Nachrichtenredakteurin und bereitet die Texte für die Nachrichtensprecherinnen und -sprecher vor. Sie teilt uns ihre und die allgemeine finanzielle Lage der griechischen Journalisten mit:

> Ich verdiene netto 695 US-Dollar. Ich arbeite zwischen 11 und 16 Uhr. Es gibt viele Journalisten, die ein Gehalt von 205 US-Dollar haben. Vielleicht liegt das Durchschnittseinkommen bei 820 Dollar. Aber es gibt auch welche, die 2040 bis 4080 Dollar verdienen (damaliger Umrechnungskurs zur Drachme). Das Einkommen von 6 oder 7 Angestellten dieser Rundfunkstation ist in dieser Höhe.

In der griechischen Medienbranche werden Personen mit einem Einkommen von 4000 bis 5000 US-Dollar monatlich nicht zu den Stars gezählt. Starjournalisten würden viel höhere Summen verdienen, vielleicht um ein Vier- oder Fünffaches mehr. Aber keiner kann hier eine genaue Summe nennen, denn diese kennen nur der Boss und die Bezieher. Journalisten drücken diese Zahl in Form von „Millionen und Abermillionen“ aus.

Es scheint, als gäbe es einen Zusammenhang zwischen dem eigenen Einkommen und der Annahme, wie hoch die Gehälter insgesamt sind. G-8 gehört selbst zur unteren Schicht der Pyramide und vertritt die Meinung, dass die meisten Journalisten, mit Ausnahme einiger weniger, sehr wenig verdienen. Sollte man das Einkommen der griechischen Journalisten mit denen der Staatsbeamten im Land vergleichen, so würde man zu dem Schluss kommen, dass Journalisten zur mittleren bis gehobenen Mittelschicht gehörten. Der plötzliche Einbruch privater Fernseh- und Rundfunkstationen in die Medienwelt hat den Bedarf an Journalisten im Land gesteigert. Die Gehälter der griechischen Journalisten, die es schaffen, die ersten vier bis fünf harten Anfangsjahre zu überwinden, bessern sich mit der Zeit. Es mag zwar sein, dass die an der Spitze mehr als der Ministerpräsident verdienen. Die untere Stufe der Pyramide kann jedoch genau so viel wie ein Grieche aus dem Mittelstand verdienen, vorausgesetzt, sie hat gleichzeitig mehrere Jobs. Wenn es für junge Journalistinnen und Journalisten auch noch so schwer sein mag, in eine Berufsgenossenschaft aufgenommen zu werden, so werden sie, wenn dies doch gelingt, viele Sicherheiten genießen.[6]

G-19 beklagt sich darüber, dass Journalisten ihren Verdienst nie als ausreichend ansehen:

> Alle halten das Geld, das sie verdienen, für zu wenig. Es herrscht eine Neigung zum Klagen. Aber das ist Unsinn. Wir verdienen genauso viel wie Menschen aus anderen Branchen auch. Wer weiß weshalb? Aber alle meinen, sie müssten mehr als das Verdiente beziehen. Da die Stars unglaubliche Summen verdienen, mehr, als es ihr Recht ist, wollen alle es ihnen gleich tun.

Strukturell unterscheidet sich die finanzielle Situation der türkischen Journalisten nicht von der ihrer griechischen Kollegen. Auch in der Türkei sind die Gehälter nicht homogen, und die Kluft zwischen den Spitzenverdienern und den Untersten ist enorm. Unten befinden sich viele junge Menschen, die ohne Vertrag und Lohn arbeiten. Berufsanfänger, die das Glück haben, bezahlt zu werden, verdienen gleich viel wie Staatsbeamte gleichen Dienstgrades. Wir sehen, dass auch in der Türkei auf der unteren Ebene der Pyramide durch die Spitzengehälter der Starjournalisten eine hohe Gehaltserwartung existiert. Deshalb hört man sie auch ständig über die schlechte Bezahlung klagen. Der größte Unterschied zwischen den Journalisten beider Länder liegt hier bei den Einkommen der untersten Gruppe. Die türkischen Journalisten der unteren Einkommensgruppe verdienen viel weniger als ihre gleichrangigen griechischen Kollegen. Und da die Arbeitszeit in einem Medienunternehmen zehn bis zwölf Stunden beträgt, bleibt ihnen auch nicht die Möglichkeit, einen Nebenverdienst zu finden. An mehreren Stellen gleichzeitig zu arbeiten, gehört in der Türkei hauptsächlich zum Luxus gut verdienender Journalisten in höheren Positionen. Wenn man den Berichten Glauben schenkt, so verdienen türkische Medienstars viel mehr als ihre griechischen Kollegen.

T-7 hat an einer etablierten Universität Public Relations studiert. Sie arbeitet seit fünf Monaten bei einer Zeitung:

> Mit Ausnahme von einigen wenigen arbeiten die meisten Journalisten unter sehr schlechten wirtschaftlichen Bedingungen.

[6] In den folgenden Kapiteln wird die Organisation der griechischen Journalisten ausführlich untersucht.

> Ich hätte die Möglichkeit, woanders viel mehr Geld zu verdienen. Aber ich kann aus einem, mir unerklärlichen Grund den Journalismus nicht aufgeben. Ich verdiene hier monatlich 100 US-Dollar (damaliger Umrechnungskurs zur Lira). Durch mein Studium wäre ich in der Lage, woanders mit einem Grundgehalt von 300 bis 400 US-Dollar zu beginnen. Außerdem sind die Arbeitsbedingungen hier auch sehr schwer. Dies ist keine Tätigkeit, die auf 9 bis 17 Uhr begrenzt ist, sondern den ganzen Tag und die Nacht beansprucht.

Ein Wort, welches die Situation der jungen Berufsanfäger in der Türkei passend beschreibt, ist „Versklavung“. Sie werden anfangs ohne jegliche soziale Sicherheit angestellt, und das Geld, das viele Medienunternehmen ihnen zahlen, sind lächerliche 50 US-Dollar im Monat. Wenn ihnen überhaupt etwas gezahlt wird. Sogar bei den größten Zeitungen des Landes können junge Leute, in der Hoffnung auf einen Vertrag, lange Zeit, ohne einen Pfennig zu verdienen, arbeiten. Manchmal kommt es vor, dass sie nach einer Probezeit von ein bis zwei Jahren mit der Begründung, erfolglos zu sein, nicht übernommen werden. Diese unbezahlten Probezeiten, die über zwei Jahre dauern können, bewirken, dass die Handlangerarbeiten sehr billig, ja sogar kostenlos verrichtet werden.

T-5, Nachrichtenchef einer der größten Zeitungen des Landes, erklärt die Situation in seiner Zeitung:

> Die neuen Angestellten arbeiten unter schrecklichen Bedingungen. Bis zum Zeitpunkt eines Vertrages verdienen sie – wenn überhaupt – ein paar Millionen Lira. Aber falls sie es schaffen, am Ball zu bleiben und einen Vertrag zu kriegen, können sie nach ein paar Jahren mehr verdienen als in irgendeinem staatlichen Sektor. Ein Vertragsjournalist, der schon ein paar Jahre hier arbeitet, verdient hier 150 bis 200 US-Dollar; die Gehälter der Chefs gehen auf 1300 Dollar zu. Und natürlich gibt es da die Stars, die tausende von Dollar kassieren.

Bei kleinen, nach links tendierenden Presseorganen kommt es auch vor, dass alle gleich viel verdienen. Aber dies ist eine Situation, die nicht als allgemeines Beispiel angesehen werden kann. Auch die Lohnpolitik bei der kemalistisch-linken *Cumhuriyet*, wo das Höchstgehalt das Doppelte des Mindestlohns beträgt, ist kein Beispiel für die generelle Bezahlung türkischer Journalisten.

Im Vergleich zur Presse sind die Gehälter bei den privaten Fernsehkanälen viel höher. Der Grund dafür ist vielleicht die Tatsache, dass Fernsehsender mit viel weniger Personal auskommen als Zeitungen. Aus demselben Grund sind auch die Gehälter der Fernsehleiter höher. T-1 ist Nachrichtenchef des Ankara-Büros eines privaten Fernsehsenders. Er teilt mit, dass sein Gehalt 2500 Dollar beträgt, das des Chefredakteurs in Istanbul gar 20 000 Dollar. Auch wisse er, dass sein Fernsehkanal den Medienstar eines anderen TV-Senders für jährlich 1 000 000 Dollar einstellen wollte, der Antrag aber nicht angenommen wurde. „Entweder verdient die Person jetzt bei ihrem alten Kanal viel mehr, oder sie ist dort aus einem anderem Grund zufrieden. Auch wenn das Zweite zutreffen sollte, muss sie annähernd das Gleiche verdienen, was ihr hier angeboten wurde."

T-9, der Ankara-Korrespondent eines anderen privaten TV-Senders ist der Meinung, dass Journalisten im Vergleich zu anderen Berufsgruppen generell besser verdienen:

> Allgemein ist die Lage gut. Ein Staatsbeamter verdient höchstens 400 bis 500 Dollar monatlich. Der Chef einer Zeitung hingegen 1500 bis 2000 Dollar. Es stimmt, dass eine Kluft zwischen den Gehältern der oberen und unteren Journalistenschicht herrscht. Zu Beginn erfolgt eine schreckliche Ausbeutung. Viele junge Leute arbeiten zwei bis drei Jahre lang, ohne einen Pfennig zu verdienen. Interessant ist, dass Menschen bereit sind, in diesem Sektor ohne Bezahlung zu arbeiten. Es gibt manche TV-Sender, die in finanziellen Krisen stecken, und die Jungs da arbeiten seit sechs Monaten ohne Bezahlung. Bewerber stelle ich für ein paar Monate zur Probe ein. Ohne Bezahlung. Wenn sie später fest angestellt werden, verdienen sie 20 bis 25 Millionen Lira (230 US-Dollar). Das Mittagessen spendiert das Haus. Das Geld, das ein Mensch in meiner Position beim Fernsehen verdient, liegt bei 4000 bis 5000 US-Dollar.

Auch in der Türkei kennt keiner das wirkliche Gehalt der Stars. Es wird von astronomischen Summen gemunkelt.

Stelyo Berberakis, der in Athen für eine türkische Zeitung arbeitet, vergleicht die Situation in den ihm wohl bekannten zwei Ländern:

> Ein mit Strassenreportagen beginnender Journalist verdient hier dreimal so viel wie ein gleichgestellter in der Türkei. Da die Journalisten an zwei, drei Stellen zugleich arbeiten, ist

auch das Gesamteinkommen recht gut. Der Grund, weshalb sie an mehreren Stellen arbeiten, ist natürlich der geringe Verdienst. Dies liegt auch im Interesse der Bosse. Außerdem ist da dann noch die Familienstruktur, die der türkischen gleicht. Im Gegensatz zu vielen europäischen Ländern verlassen die meisten Jugendlichen hier nicht mit 18 Jahren das Elternhaus. Sie wohnen bis zur Heirat bei ihren Eltern. Dies hilft ihnen in der Anfangsphase ihrer Berufslaufbahn über finanzielle Probleme hinweg.

IV.6 Die Frau im Journalismus

Türkische und griechische Journalistinnen unterscheiden sich im Hinblick auf ihre Auffassung von Kommunikationsprozess und Berufspraxis nicht von ihren männlichen Kollegen. Die Praxis der Nachrichtenproduktion ist so determiniert, dass eine geschlechtsspezifische Bewertung kaum möglich ist. Andererseits sind die allgemeinen Frauenprobleme in einer patriarchalischen Gesellschaft auch in der Welt des Journalismus und der Medien präsent.

Einige Kollegen, insbesondere türkische, sagten, dass Frauen hier bevorteilt wären. Seltsamerweise stimmten manche Journalistinnen diesem Urteil zu. Doch Tatsache ist, dass es nur wenigen Frauen vergönnt ist, als Chefredakteurin oder Chefin an der Spitze der Hierarchie zu fungiern. Demnach lässt sich folgende Vermutung anstellen: Die patriarchalische Struktur[7] des Nachrichtenkonsums macht sich auch bei der Produktion der Nachricht bemerkbar.

Von dem Vorurteil ausgehend, dass Frauen sich für „ernste“ Weltereignisse, nationale und internationale Politik und Wirtschaft nicht interessieren, haben sich in der Türkei und in Griechenland, wie überall auf der Welt, spezielle Frauenmedien ent-

[7] Jensen behauptet, dass das Schauen der Nachrichten in einem engen Zusammenhang mit unseren Rollen innerhalb der Familie steht. Ihm zu Folge hängt das Nachrichtenschauen mit Kochen und Essen zusammen, und natürlich können die, die kochen, sich nicht auf die Nachrichten konzentrieren. Nachrichtenschauen bedeutet zumeist, dass der Feierabend für den Brotverdiener (meistens der Mann) begonnen hat. Aber für die im Haus arbeitende Person (also die Frau) ist es nur ein gewisser Teil ihrer Arbeitsstunden. Folglich sind „Familienmitglieder an der Nachrichtenschau nicht gleichermaßen beteiligt, denn Rollenverteilung und Machtverhältnisse innerhalb der Familie spiegeln sich bei der Nutzung der Medien wider.“ (1992: 235)

wickelt. Frauenmedien bieten ihren Lesern oberflächlichere, inhaltlich verwässerte, buntere Produkte an. Die wichtigsten Themen in Frauenmedien sind Mode, Liebe und Sex, Kinderpflege, Handarbeiten und Nähen, Kosmetik und Körperpflege sowie Hausarbeiten. Zu den Hausarbeiten gehören Tipps für die Küche, Dekorationsvorschläge und die Reinigung des Hauses.

Stützt man sich auf die Aussagen von Journalisten, die beide Länder gleichermaßen gut kennen, kann man sagen, dass die Zahl der weiblichen Journalisten in Griechenland höher ist als in der Türkei; aber ihre Anzahl hat ihnen nicht zu großen Vorteilen beim Erklimmen der Karriereleiter verholfen. Zwar gibt es in beiden Ländern keine Frauen, die den Posten des Chefredakteurs der führenden Presseorgane innehaben. Aber untersucht man die Personalstruktur der türkischen Zeitungen, so wird man feststellen, dass in der Türkei mehr Frauen in führenden Positionen beschäftigt sind. Seit *Helen Vlachu* und *Fotini Pipili* im Jahre 1990 den Mediensektor verlassen haben, gab es bei Griechenlands führenden Zeitungen keine Frau mehr in leitender Position, aber in der Türkei sind nach 1997 bei der *Hürriyet* (2), der *Yeni Yüzyıl* (5), der *Radikal* (2) und *Cumhuriyet* (1) Frauen als Redakteurinnen oder Chefinnen angestellt. Die griechische Journalistin G-5 berichtet: „In unserem Beruf werden wir auch mit sexistischen Einstellungen konfrontiert. Unsere männlichen Kollegen halten sich für wichtiger. Vielleicht sind sie es auch. Ich habe mir den Bereich Ausländer-Interviews nur gewählt, um nicht mit ihnen konkurrieren zu müssen.“[8]

Auch T-13 beklagt die unterschiedliche Behandlung von Frauen:

> Ich kann mit meinen Informanten nicht den gleichen Kontakt halten wie meine männlichen Kollegen. Sofort würde ich in Verruf kommen. Einmal sah man mich im Auto meines Informanten. Sofort wurde getuschelt und geflüstert, ich hätte eine Liebesbeziehung zu meinem Informanten. Bei einem Kollegen würde so etwas nie ein Problem darstellen. Aber sehen sie nur, was für Kleinigkeiten für uns gleich zum Problem werden. Wir werden gleich zur Hure abgestempelt. Zum Beispiel könnte ich nie nach 24.00 Uhr, ja sogar nicht mal nach 22.00 Uhr meinen Informanten sehen. Kollegen jedoch finden nichts dabei, ihre Informanten auch nach 24 Uhr noch aufzusuchen.

[8] Auch in der Türkei scheinen Journalistinnen mehr im Bereich der Außenpolitik und Diplomatie beschäftigt zu sein. Es wäre untersuchungswürdig, ob auch hier, wie G-9 zugab, eine Flucht aus dem Ressort der Innenpolitik (wegen männlicher Konkurrenz) vorliegt.

Andererseits behaupten manche männliche Journalisten, Redakteure würden es vorziehen, Frauen, insbesondere schöne Frauen, anzustellen. Es wurde auch behauptet, Informanten würden sich Frauen gegenüber großzügiger zeigen. Laut T-17 macht manche Journalistin von ihrem Sexappeal großzügig Gebrauch, um an Nachrichten zu kommen oder in der beruflichen Hierarchie aufzusteigen. Die Journalistin T-18 stimmt der Aussage ihres Kollegen T-17 zu:

> Ja, es stimmt, einige Journalistinnen setzen ihre Weiblichkeit ein. Sie nutzen die Schwächen, die türkische Männer für Frauen haben, zu ihrem Vorteil aus. Die zumeist männlichen Informanten sind gegenüber Frauen offener und höflicher. Deshalb setzen unsere Kolleginnen ihre weiblichen Reize ein, um mehr zu erfahren. Sie gehen abends mit ihnen essen, um manche Dinge zu erfahren. Wir hören, dass diese Beziehungen manchmal auch ausschreiten. Folglich fangen Informanten an zu denken, dass alle Journalistinnen gleich sind.

Man erkennt, dass in der Türkei wie auch in Griechenland Frauen diesen Beruf wählen, um Macht zu erlangen. Die Frau kann als Journalistin in einer patriarchalischen Gesellschaft freier sein und sich viel stärker fühlen. G-17-bestätigt das größtenteils:

> Am Journalismus liebe ich die Macht. Ich liebe sie gerade, weil ich eine Frau bin. In Griechenland stehen die Frauen noch immer unter Druck. Als kleines Mädchen bewunderte ich Journalistinnen mit starkem Charakter. Ich wollte so sein wie sie. Mein Traum als Frau war es, sogar mit mächtigen Männern gleichgestellt zu sein und sie befragen zu können.

IV.7 Das Hinterfragen der Berufspraxis

Die meisten der griechischen und türkischen Journalisten sind unzufrieden mit der Berufspraxis. Die landesübliche Praxis wird sehr stark von ihnen kritisiert. Diese große Unzufriedenheit wird wohl auch der Grund dafür sein, weshalb sie ihre Kollegen und sich selbst von Zeit zu Zeit aufs Übelste beschimpfen, z.B. als „schizophrene Wesen“, „Flittchen“ oder „Charakterschweine“. Deshalb erwartet man, dass sie ihren Beruf hinterfragen: Wer sind wir? Weshalb machen wir es so? Können wir es nicht ändern? Damit könnten sie die Tore zur Selbstkritik öffnen.

Man kann feststellen, dass in der Türkei im Vergleich zu Griechenland weitaus mehr hinterfragt wird. In den letzten Jahren kommen türkische Journalisten immer häufiger zusammen, wenn auch in kleinen Gruppen, um die Probleme des Berufes zu diskutieren. Man sieht, dass diese Diskussionen sich auch in den Zeitungskolumnen und im Fernsehen niederschlagen. Es werden viele Diskussionen und Diskussionsrunden über die Ethik des Journalismus oder das Verhältnis zwischen Regierung und Medien gemacht. Es gibt ein oder zwei Fernsehprogramme, die sich mit den Medien beschäftigen und die seit einer geraumen Zeit gesendet werden. Außerdem gibt es noch zwei Journale, die seit Ende 1995 eigens für Probleme im Medienbereich und die Beobachtung der Journalisten erscheinen. Sie heißen *Kuvva-i Medya* und *Anti-Medya*. Von Zeit zu Zeit erscheinen Bulletins, die manch einen Journalisten kritisieren. Sie werden unter der Hand vervielfältigt und verteilt. 1995 kam eine Gruppe von Journalisten zusammen und unterzeichnete eine Deklaration mit dem Titel „Aufruf zur Verantwortung in der Presse". Es wurden an die 500 Unterschriften gesammelt. Aber diese Bemühungen sind nicht ausreichend.

In Griechenland hingegen werden solche Diskussionen in engeren Kreisen und mehr unter Freunden geführt. In Griechenland gibt es keine öffentliche Diskussion darüber. Es wäre natürlich möglich zu behaupten, dass die Lage in der Türkei schlimmer als in Griechenland ist und deshalb in der Türkei mehr darüber diskutiert wird. Diese Behauptung könnte auf journalistische Organisationen, Arbeitsplatzsicherheit und auferlegte Zwänge zutreffen. Wenn es aber um moralischen Verfall geht, ist anzumerken, dass zwischen Griechenland und der Türkei kein so großer Unterschied besteht.

Es sollte noch ein weiterer Aspekt unterstrichen werden: Es sind meist Journalisten auf der untersten Ebene der Berufspyramide, die ihren Beruf hinterfragen. Journalisten von hohem Rang und Gehalt beteiligen sich an derlei Diskussionen nur in „seriösen Fernsehprogrammen" und in Diskussionsrunden. Und dann auch nur halbherzig.

Die Aussagen von G-1 können verallgemeinert werden:

> Leider gibt es derartige Diskussionen nicht. Man hatte bei der Aufdeckung des Koskotas-Skandals über die Rolle der Presse diskutiert. Aber das ist etwas anderes gewesen und fand auch

> vor einem Jahr sein Ende. Wir hinterfragen nie, was wir tun und wieso wir es tun. Die Menschen sind dermaßen mit dem Aufbau einer Karierre, dem Gewinn von Geld und wie sie ihre Rücken decken können, beschäftigt, dass sie nicht auf die Idee kommen, solche Fragen zu stellen. Das ist zwar schade, aber so ist es nun einmal. Eines Tages wird das Publikum uns verurteilen, denn wir sind zu Marionetten der Regierungen geworden. Dann werden wir beginnen, uns zu hinterfragen.

Griechische Journalisten beklagen sich darüber, dass sie vom Volk als „Lügner“ angesehen werden. Die Leute glauben, dass Journalisten ihren Beruf für persönliche Interessen verscherbeln, und fast jeder griechische Journalist erzählt, dass der Journalismus sein Ansehen in der Gesellschaft verloren habe. Deshalb trifft man sogar auf solche, die sich nach den Junta-Zeiten sehnen. Man beklagt die sinkenden Verkaufsquoten. Die von der Spitze der Hierarchie gestellte Frage, „wie verkaufe ich mehr Zeitungen?“, lässt keine anderen Fragen zu. Andererseits regen weder die Journalistenorganisationen ihre Mitglieder dazu an, solche Fragen zu stellen, noch wird von den Kollegen selber der Wunsch an die Organisationen gerichtet, eine Diskussionsplattform zur Lösung beruflicher Fragen zu schaffen.

Der linke Chefredakteur G-11 betont, dass es keine Diskussionen über das journalistische Selbstverständnis gebe. „Ich hatte ihnen zuvor schon gesagt, dass Journalisten niederträchtige Schufte sind“, sagt er und fügt noch hinzu:

> Heutzutage beschäftigen sich die Journalisten sehr mit Umweltproblemen. Viele Journalisten greifen dieses Thema auf. Aber plötzlich erfährt man, dass der Journalistenverband ein Stück Waldregion erworben hat, um dort Siedlungen zu bauen. Ob nun Linker oder Rechter, Journalisten jeglicher politischen Linie gehören zu den Teilhabern. In unserer Zeitschrift haben wir darüber berichtet, und sie mussten das Waldstück aufgeben. Wenn sie wüssten, wie die linken Kollegen uns wegen unseres Berichtes attackiert haben! … Einerseits will man dicke Schlagzeilen über die Umweltverschmutzung machen, andererseits den Wald roden, um Häuser zu bauen. … Was will man mit solchen Menschen diskutieren? Was will man hinterfragen?

Die Diskussionen über das Infragestellen des Berufes sind in der Türkei, relativ gesehen, lebhafter. Das spiegelt sich auch in den

Artikeln mancher Kolumnisten wider. In der *Sabah* vom 22.11.1995 schreibt *Hasan Cemal* über die Notwendigkeit einer Veränderung im Mediensystem. Hier zählt er drei Problemzonen auf: 1) Die Beziehungen zwischen Staat und Medien, 2) Die Beziehungen zwischen dem Privatsektor und den Medien und 3) Die Beziehungen innerhalb der Presse. *Cemal* zufolge besteht das Problem mit dem Staat in der Begrenzung der Freiheiten und der Existenz einer Vielzahl einengender Gesetze. Auch gehörten günstige Staatskredite an Medien, Subventionen und andere Beziehungen, wie zum Beispiel die Beschaffung von günstiger Druckertinte und Papier, zu diesen Problemen. *Cemals* Vorschlag für eine total unabhängige Presse war, alle Beziehungen dieser Art einzustellen. Andererseits erwartete er Staatsintervention bei drohender Gefahr einer Kartellbildung, wie es im Westen üblich ist.

Ein weiterer Punkt, den der Autor betonte, war, dass der Privatsektor nur, um die Macht der Medien aus Eigeninteresse zu nutzen, ins Mediengeschäft einsteige:

> In dieser Sache gibt es für Journalisten und Medienbosse noch viel zu tun. Die Bosse müssen sich noch mehr bemühen, die Grundregeln des Journalismus zu erlernen und zu verinnerlichen. Und wir Journalisten sollten gemeinsam für die Wahrung unserer Berufsprinzipien kämpfen. Deshalb müssen wir aufhören, gegeneinander zu kämpfen und beginnen zusammenzuarbeiten, denn dieser Beruf gehört vor allem uns Journalisten, nicht den Bossen.
>
> Wir als Presse wenden nicht genügend Zeit und Sorgfalt dafür auf, die Qualität zu verbessern. Wir vergessen die klassischen Prinzipien der Nachrichtengebung. Sensation steht im Vordergrund. Falsche (erfundene) Nachrichten sind weit verbreitet. Die Promotionskampagnen sind der reinste Irrsinn. Nachrichten nehmen nur noch den zweiten Rang ein. Gewalt, Blut und Missachtung des Privatlebens gehören zur Tagesordnung unserer Publikationen. Grundrechte werden missachtet. ... Man kümmert sich nicht um Themen wie die Regelung der Verwaltungs- und Verantwortungsaufteilung zwischen Pressebesitzern und Managern. Die Tatsache, dass Journalisten, anstatt Nachrichten zu finden, alles Mögliche andere tun, findet kaum Beachtung.

Der Kolummnist und Ex-Außenminister Prof. *Mümtaz Soysal* fordert in der *Hürriyet* vom 9.11.1994 alle Reporter auf, ihren

Chefs und anderen Mächten zu trotzen, falls diese sie zu Handlungen zwingen, die den Berufsprinzipien widersprechen. Er schreibt: „Wenn verlangt wird, gegen die Berufsprinzipien zu verstoßen, ist ein solidarischer Widerstand vonnöten, damit man sagen kann, nein, das mach ich nicht.“ *Soysals* Artikel löste eine Diskussion aus, die kurze Zeit später durch die Antwort des bekannten Fernsehjournalisten *Can Dündar* in der Zeitschrift *Aktüel* spürbar aufflammte. *Dündar* bekundete seine Bereitschaft zum Widerstand, indem er berichtete, dass er zu Beginn seiner Berufslaufbahn von seinem Chef aufgefordert worden sei, Nachrichten über verseuchtes Rind- und Lammfleisch zu schreiben. Der Chef war gleichzeitig mit dem Vertrieb von Geflügelfleisch beschäftigt:

> Hier muss man auf jeden Fall Widerstand leisten. Reporter, Kameramann, Film- und Tonmonteur müssen einer Sache widersprechen können. Denn nur der, der Widerstand leistet, wird auch gewinnen. Die Gewerkschaft wird zu ihm stehen. Die Berufsgenossenschaft wird den, der es nicht tut, zur Rechenschaft ziehen. Die Einstellung „wenn ich es nicht tue, so macht es sowieso ein anderer“ wird verkümmern. Leute mit solchen Ansichten wird man an den Pranger stellen.
>
> Sie werden sich schämen. Mit der Zeit wird es auch „solche“ nicht mehr geben. Sie werden niemanden mehr finden, der ihre Hühnchen durch „verseuchte Rind- und Lammfleischberichte“ verkauft. Dann wird auch das „Auflagen-Problem“ gelöst. Ich gehöre mit zur Partie, mein Freund. Wer dazu bereit ist, trete einen Schritt vor. Packen wir es an...

Die von einigen Journalisten in der Türkei im Jahre 1995 abgegebene Erklärung („Aufruf zur Verantwortung“) hatte das Ziel, grundlegende Berufsprinzipien zu formulieren und Unterschriften zu sammeln. Nachdem man die berufliche Degeneration in dem Aufruf dargelegt hatte, wurden die Journalisten dazu aufgefordert, nicht das Werkzeug kommerzieller und politischer Interessen zu werden, keine Lügen zu verbreiten, sich nicht über Gesetze hinwegzusetzen, keine Gewalt zu tolerieren und keine Unterscheidung zwischen Menschen verschiedener politischer, ethnischer und religiöser Herkunft sowie zwischen den Geschlechtern zu machen.

Trotz der hier beschriebenen selbstkritischen Atmosphäre sind viele türkische Journalisten der Ansicht, dass der Beruf dennoch nicht genügend hinterfragt wird. Die am meisten beklagten Themen sind Publikationen, die ins Privatleben eingreifen; *Reality Shows*, die verantwortungslos Menschen bis zum Selbstmord treiben; der Mangel an Informationen und Informationsquellen, insbesondere zum Thema des Kurdenproblems; das Fehlen einer Berufsorganisation; das Fehlen der Kontrolle des Journalisten über den Kommunikationsprozess und zunehmende Monopolisierung und Kommerzialisierung.

Die vorherrschende Besitzstruktur der Medien ist das größte Hindernis, die journalistische Praxis zu hinterfragen. Die Aussage eines Journalisten, der zu den Verfassern des „Aufrufs zur Verantwortung" gehört, ist deshalb äußerst wichtig:

> Bei den Vorbereitungen der Deklaration waren wir zunächst eine große Gruppe von Journalisten. Aber später reduzierte sich unsere Zahl auf drei bis vier Personen. Eigentlich gibt es keinen einzigen Journalisten, der mit der Arbeit hier zufrieden ist. Aber wenn es dann darauf ankommt, etwas dagegen zu tun, ist niemand mehr da. Das heißt nicht, dass ich deshalb auf jemanden sauer bin. Über einige Bosse darf man gar nicht sprechen. Es existiert eine absolute Monopolherrschaft. Man weiß, dass man, sollte man diese Zeitung verlassen, bei keiner anderen einen Job findet. Ist man einmal bei *Star*-TV, kann man zu keinem anderen Sender überwechseln. Die Bosse haben untereinander abgemacht, keinen Journalisten der anderen Gruppe anzustellen. Dagegen anzugehen heißt, entweder Mut oder ein ideologisches Bewusstsein zu haben. Wir haben versucht, etwas zu tun, waren aber nicht erfolgreich. Jetzt möchte ich hier folgendes beichten: Wäre in der Erklärung ein einziger Satz gewesen, mit dem mein Boss nicht einverstanden gewesen wäre, so hätte auch ich sie nicht unterzeichnet.

Fast alle Journalisten stimmen darin überein, dass es ihr Beruf ist, die Wahrheit zu sagen. Alle beschweren sich über die Praxis im Land. Sie lassen keinen Zweifel daran, dass die Interessen der Medienbosse ein Hindernis für eine korrekte Ausübung der Praxis darstellen. Es stört sie, als „Lügner" abgestempelt zu werden, und dass die Jugendlichen den Beruf nur als Tor zu Ruhm und Reichtum sehen. In der zunehmend kommerzialisierten Medienbranche gibt es die ersten Anzeichen einer außergewöhnlichen Erscheinung, die sich „extreme Professionalität" nennt. Die Einzigen, die sich von den Ereignissen nicht sehr gestört fühlen, sind die elitären Manager, die mit der Besitzer-Hierarchie liiert sind. Zweifellos profitieren sie von dem abgrundtiefen Unterschied zwischen dem existierenden Journalismus und dem gewünschten. Und es scheint, als hätten die Journalisten unten keine andere Wahl, als mit ihnen gut auszukommen, um selbst aufzusteigen oder nur ihre eigene Stelle zu sichern. Man sieht, dass Menschen, die mit manchen Idealen in den Beruf eingestiegen sind, sich im Lichte nackter Tatsachen entweder den Umständen anpassen oder die Sache aufgeben. Letztendlich erleben viele Journalisten eine Enttäuschung, und die berufliche Erfüllung bleibt aus. Auch ist die Zahl derer, die an der Notwendigkeit des Journalismus zweifeln, beachtlich.

Garnham fasst die Grundthesen der liberal-pluralistischen Theorie (1990: 104) wie folgt zusammen: Damit die gleichwertigen Stimmen der Bürger einen Sinn haben, müssen sie gleichen Zugang zu Informationsquellen und den entscheidenden Diskussionsprozessen haben. Aber die von griechischen und türkischen Journalisten dargelegte Praxis wird dies kaum zulassen. Auch der Stress dieser Menschen wird deutlich: Einerseits hat man die Verantwortung für einen auf Prinzipien beruhenden Beruf, andererseits ist man der bezahlte Angestellte eines Arbeitgebers. Die Berufspraxis in beiden Ländern bestätigt James Hallorans These, dass der Kommunikator und sein Publikum Teil derselben Gesellschaftsstruktur sind. Der Kommunikator als ein Teil des Ganzen gestaltet seine Nachrichten den Erwartungen der anderen an das System gebundenen Personen und Gruppen entsprechend.

Bei der Auswertung der Aussagen der Journalisten stellt man zwei berufliche Neigungen fest:

1. Die propagandistische Tendenz zur Verteidigung der Interessen des Bosses oder einer politischen Partei. Das gilt als die präsente Situation, als das, was ist.
2. Die Tendenz zur beruflichen Unabhängigkeit, zur Verantwortung gegenüber der Gesellschaft, zur Verteidigung der Rechte der Öffentlichkeit und zur freien Publikation jeglicher Meinung. Dies wird von den Journalisten als das eigene Journalismusverständnis oder als das, was Journalismus sein sollte, bezeichnet.

Die von O'Neil gegebene Beschreibung des Journalistentyps (1992: 28) ist größtenteils immer noch gültig:

> ...hartherzige, sarkastische Menschen, die an nichts weiter als Erfolg versprechenden Nachrichten interessiert sind, noch nicht einmal an der Wahrheit selber. Der Lucien-Charakter in

> Balzacs Roman *Verlorene Träume* ist beispielhaft. Ich möchte nicht behaupten, dass diese Definition oder die von Lukacs gemachte Skizzierung vom verhurten Journalismus der Wahrheit entspricht. Lukacs hatte Schwierigkeiten, die internen Ziele des Journalismus zu erfassen und tendierte, genauso wie Balzac, dazu, in Journalisten unehrenhafte Männer zu sehen. Aber diese Definitionen zeigen eindeutig, dass Journalisten mit einem ernsthaften Problem konfrontiert sind. Der Journalist steht zwischen zwei Welten. Einerseits ist er ein Angehöriger eines Berufes, bei dem es darum geht, die Wahrheit zu sagen. Andererseits ist er ein bezahlter Arbeiter, von dem die Redaktion einen ihren Wünschen entsprechenden Bericht erwartet. Der Inhalt dieser Nachricht kann von einem dem Journalisten unsympathischen Markt bestimmt werden.

Die Persönlichkeit des Journalisten wird häufig durch die Forderungen des Arbeitgebers unter Druck gesetzt. Die Geschichte des Journalismus ist auch ein bisschen die Geschichte der Redakteure, die derlei Druck nicht aushielten und entweder kündigten oder sich widersetzten. Insbesondere in der Zeit nach 1980 hat der Druck in beiden Ländern im Vergleich zu früher enorm zugenommen, die „Kündigungen aus Prinzip“ aber haben abgenommen.

„Wer sind Journalisten?“ Da diese Frage im Wesentlichen geklärt ist, kann man sich O'Neils folgendem Urteil anschließen:

> So kann man davon ausgehen, dass die Spannung zwischen der Journalismuspraxis und den Marktverhältnissen (in denen diese Praxis ausgeübt wird) ein charakteristisches Gut und Böse schafft. Aber das heißt nicht, dass man Journalisten in zwei Kategorien, wie Helden und Verräter, unterteilen kann. Ich glaube, dass viele von ihnen, auch wenn sie gezwungen werden, Zugeständnisse zu machen, gleichzeitig darum bemüht sind, die Grundprinzipien des Berufes und gewisse Standards einzuhalten. … Genau wie andere Arbeiter besitzen auch Journalisten die Kapazität, dem Marktdruck standzuhalten. Die Bezugspunkte, auf die sich die Journalisten bei solch einem Widerstand stützen können, sind die obligatorischen Werte des Berufes.

Kapitel V
Die Journalistenkolonie

Journalisten haben, abgesehen von ihrem Berufsleben, einen Alltag wie jeder andere auch. Wir sehen, dass in der Gesellschaft die Meinung herrscht, Journalisten würden in einer geschlossenen „Kolonie“ leben und den größten Teil ihrer Zeit mit Menschen aus ihrer eigenen Berufsgruppe verbringen. Auch soll ihr Leben ein wenig von Boheme haben. Journalisten definieren dies auch häufig als „Ghetto“. Die Worte Kolonie oder Ghetto, benutzt zur Definition ihres Alltagslebens, bedeuten einen Lebensraum, der größtenteils mit Journalisten geteilt wird.

Fast alle Journalisten, die wir befragt haben, sprechen von der Existenz eines solchen Lebensraums, und einige meinen, die Lebensweise habe „etwas von der Boheme“. Journalisten verbringen ihre Freizeit an denselben Orten. Man trifft sich als Gruppe in derselben Bar, im selben Restaurant, in derselben Taverne. Es gibt auch Journalisten, die sich deshalb beschweren, ihre Fähigkeit, mit anderen Berufsgruppen zu kommunizieren, verloren zu haben. Außer dem näheren Verwandtenkreis gibt es niemanden in anderen Berufskreisen, mit denen man sich unterhält. Man beklagt, keinen gemeinsamen Gesprächsstoff zu finden. Des Öfteren heißt es: „Weder verstehen sie uns, noch wir sie.“ Es ist äußerst ironisch, dass gerade Journalisten, deren Aufgabe es ist, mit Menschen jeglicher Gesellschaftsgruppe zu kommunizieren, dies in ihrem Privatleben nicht bewerkstelligen können. Es ist geradezu eine beruflich bedingte „Deformation“, also eine Verhaltensstörung, die auf den Beruf zurückzuführen ist.

Möchte man dies anders ausdrücken, könnte man „Entfremdung“ dazu sagen. Der Journalist scheint sich sowohl von den Menschen, denen er täglich Nachrichten zukommen lässt, als auch von seinen eigenen Aussagen zu entfremden. Angenommen, Journalisten würden über ihre Nachrichten und Artikel die Kommunikation mit den Massen aufrecht erhalten, so könnte man behaupten, dass hier eine professionelle Sprache und somit eine „künstliche“ Sprache angewandt wird. Wenn wir davon ausgehen, dass Medienprofis zwar in Presse, Funk und Fernsehen mit den sogenannten „gemeinen Menschen“ kommunizieren, dies im privaten Alltag aber nicht schaffen, dann könnte man auch von einer Persönlichkeitsspaltung sprechen. Journalismus ist aus verschiedenen Gründen keine zeitlich differenzierte Arbeit. Wie die Befragten schon selber aussagten, nimmt die Arbeit jede Stunde des Tages, sprich 24 Stunden, in Anspruch. Auch wird die Arbeit des Öfteren mit nach Hause genommen.

Eine große Mehrheit der türkischen und griechischen Journalisten akzeptierte die Existenz eines „Ghetto-Lebens“, sah sich selbst aber außerhalb dieses Ghettos. Dies kann man auf zweierlei Art interpretieren: Entweder es gibt kein so markantes, ausgeprägtes Ghettoleben, und die Situation wird übertrieben, oder aber die Personen möchten sich nicht als ein Teil dessen sehen, was sie für ein Problem halten.

In der Türkei wie auch in Griechenland gehen die Journalisten nach Feierabend noch gemeinsam etwas trinken. G-1 meint, es sei ein beruflicher Instinkt, ein Gefühl des Misstrauens und der Unsicherheit, weshalb man danach trachtet, immer beisammen zu sein. Mit der stetigen Gemeinsamkeit bezweckt man die Überwachung des anderen, man versucht zu verhindern, dass der Kollege vielleicht eine Information erwischt und einem zuvorkommt. Die Riesenkonkurrenz bei der Arbeit macht dies unausweichlich. G-1 sagt dazu:

> Journalisten sind eine höchst misstrauische Gruppe. Nicht nur im Inland, auch auf einer Auslandsreise verhalten sie sich wie eine Herde und machen alles gemeinsam. Sie steigen in denselben Bus ein, essen im selben Restaurant, amüsieren sich im selben Nachtclub und wohnen im selben Hotel.

Schnell fügt G-1 hinzu, dass diese Beschreibung auf ihn nicht zutreffe. Er ziehe es vor, sich von der Herde zu trennen, damit man ihn etwas aus den Augen verliere. Seiner Meinung nach dürfe ein guter Journalist sich von der Herde nicht so mitreißen lassen.

Eine ähnliche Beobachtung im Bezug auf das stetige Zusammensein wird auch vom berühmten türkischen Journalisten T-21 gemacht:

> In ähnlichen Ressorts tätige Reporter verhalten sich wie eine Herde. Jeder ist mit Kollegen gleicher Aufgabenbereiche zusammen. Auch Journalisten lokaler Presseorgane verhalten sich so. Denn sollte einer von ihnen eine Information bekommen, die den anderen entgeht, so haben sie viele Scherereien um die Ohren. Deshalb fühlen sie sich nur sicher, wenn sie zusammen sind. Es geht sogar so weit, dass sie ihre fertigen Artikel gegenseitig kontrollieren.

Auch erfährt man aus den Aussagen der Journalisten, dass viele gegen das als Kolonie oder Ghetto bezeichnete Leben sind und dem zu entkommen versuchen. Eigentlich kann man, wie beim Verdienst, auch beim Lebensstil nicht von einer homogenen Struktur sprechen. Während Reporter gleicher Aufgabenbereiche stets bemüht sind, zusammen zu sein, ist der Lebenswandel höher gestellter Journalisten, die wir hier als „führende Elite" definieren können, mit dem von Medienbossen und führenden wirtschaftlichen und politischen Eliten zu vergleichen. Das beeinflusst unweigerlich die Weltanschauung der hochrangigen Redakteure, ja, es legt sie sogar fest. Deshalb bieten sie in den von ihnen geführten Presseorganen ihrem Publikum eine nicht nachzuahmende Lebensweise als „die beste", „neueste", „modernste„ an.[1]

Nach den Aussagen von T-5 und T-11 über die „Journalistenkolonie" verdient der Alltag der Journalisten besonderes Augenmerk:

> Journalisten haben dieselben Stammlokale und leben in einer Kolonie. Auch ich gehe immer mit Freunden aus Journalistenkreisen aus. Meistens erzählen wir uns gegenseitig, was wir am Tag erlebt haben. Wir finden Gefallen daran. Wenn sie einen Journalisten fragen würden: „Wie geht es dir?", so würde er nicht mit „Es geht mir gut" antworten, sondern mit: „Mein Gott, die Verfassungsgesetz-Krise hat wieder angefangen. Der Minister sagte…". Das Leben des Journalisten wird durch die Ereignisse und Krisen des Landes ausgefüllt. Man redet nicht über sich. Der Journalismus ist kein Beruf, den es gilt auszu-

[1] Wir werden später, wenn es um die Rolle der Redakteure innerhalb der Medienunternehmen und deren Besitzstruktur geht, auch detailliert über die Klassensituation der als „führende Elite" oder „Elitemanager"definierten Journalistengruppe sprechen.

> führen, sondern vielmehr ein Lebensstil. Beispiel: Jemand hat Selbstmord verübt. Der Reporter kommt zu mir und sagt: „Alter, der Mann ist ex.“Also man fängt an, die „Fachsprache“ untereinander zu gebrauchen. Mensch, seit wann sprechen die Leute denn vom Toten als „ex“? Oder steht vielleicht in den Nachrichten: „Er ist ex?“ Nein. Aber so redet man untereinander. Deshalb findet eine Entfremdung gegenüber dem Durchschnittsbürger statt. Wenn du nach Hause kommst, verlässt du also so einen Kreis. Was willst du nun deiner Frau erzählen?
>
> Letztendlich haben wir zuhause, damit unsere Ehe funktioniert, obligatorische Regeln aufgestellt. Zum Beispiel machten wir aus, einmal im Monat ins Theater zu gehen. Mit solch erzwungenen Maßnahmen führe ich meine Ehe fort.

Wie kommt es, dass Menschen, die den ganzen Tag zusammen waren, es genießen können, auch noch den Abend gemeinsam zu verbringen? T-1 erzählt, dass er abends nach Hause kommt, mit seiner Tochter spielt, aber nicht davon ablassen kann, immerzu nur an seine Kollegen zu denken. Er ist der Ansicht, dass dies nicht einfach mit Misstrauen und Unsicherheit zu erklären ist.

„Wir sind zwar den ganzen Tag zusammen, doch haben wir wegen des intensiven Nachrichtenverkehrs keinerlei privaten Austausch.“ T-11 sagt dazu folgendes:

> Journalisten leben tatsächlich in einer abgeschlossenen Kolonie. Vor kurzem war ich auf eine Geburtstagsparty eingeladen. Mein Freund sagte, er würde nur seine engsten Freunde einladen. Wir versammelten uns in einer Bar. Ich bemerkte, dass wir, außer seinem Bruder und einem Freund aus der Studienzeit, alle Journalisten waren. In unserer Zeitung heiraten sogar die Kollegen untereinander. Das koloniale Leben weitet sich sogar auf die Familie aus.

Man könnte sagen, dass dieses Kolonieleben unter den griechischen Journalisten in Athen ausgeprägter ist. Die griechischen Journalisten behaupten, dass ihre Arbeitszeiten nicht mit denen von Leuten aus anderen Berufsgruppen vergleichbar wären. Sie hätten erst nachts um ein, zwei Uhr Feierabend, zu einer Zeit, wo die meisten schon zu Hause sind. Somit seien auch keine anderen Leute als Journalisten unterwegs, mit denen man dann eine Kleinigkeit in der Bar trinken könne. Manche berichten, sie hätten untereinander vereinbart, bei diesen Zusammenkünften nicht über die Arbeit zu sprechen, und einige gelobten sogar, nur *small talk* zu führen, doch könne man dies nur die ersten fünf Minuten einhalten. „Wir sind noch nicht mal in der Lage, eine Unterhaltung zu führen“, beschwerten sie sich.

V.1 Freizeitaktivitäten und die besten Freunde

Journalisten halten die Frage nach ihrer Freizeit nicht für sehr sinnvoll. Denn sie sind der Ansicht, überhaupt keine Freizeit zu haben. Ihre Arbeit geht nicht von morgens 9.00 Uhr bis abends 17.00 Uhr, nein, sie füllt den ganzen Tag aus, 24 Stunden! Wegen des nicht vorhersehbaren Nachrichtenverkehrs ist auch nicht mehr zu unterscheiden, ob es Zeit ist, schlafen zu gehen oder noch aufzubleiben. Die Zahl derer, die sich beklagen, keine Zeit zum Schlafen zu finden, ist nicht gering.

Der Fernsehredakteur T-9 gehört zu denjenigen, die der Meinung sind, keine Freizeit zu haben:

> Ich arbeite 7 Tage die Woche, täglich 12 Stunden. Beim Fernsehen müssen wir mit so wenig Mann wie möglich so viel wie möglich schaffen. Ich habe alles darangesetzt, um ein wenig Zeit für mich zu haben, und versuche, ein bisschen Sport zu treiben und auf meinen Körper zu achten. Wissen sie, ich habe kein einziges Hobby. Ich verdiene zwar viel Geld, habe aber kein Hobby. Man sagt zwar zu uns: „Wieso? Euer Job ist doch schon amüsant genug. Was willst du mehr?“ Aber das stimmt nicht.

Während die Hälfte der von mir befragten Journalisten (sei es in Griechenland oder der Türkei) sich beklagte, keine Freizeit zu finden, war die andere Hälfte der Ansicht, über Freizeit zu verfügen und sie wie jeder andere Mensch zu verbringen. Man stellt fest, dass in beiden Ländern Journalistinnen und Journalisten der jüngeren Generation in erster Linie Musik hören und Sport treiben. Danach kommt der Besuch von Kino und Theatervorstellungen, und an dritter Stelle käme dann das Lesen. In beiden Ländern ist zu beobachten, dass unter den jüngeren Journalisten der Wunsch herrscht, in ihrer Freizeit ausgiebig zu schlafen. Dies ist mit den langen, aufreibenden Arbeitstagen in Verbindung zu bringen.

Man kann behaupten, dass diejenigen, die sich als links eingestuft haben, mehr darauf bedacht sind, Bücher zu lesen. Das Lesen steht bei ihnen an erster Stelle Auch sind es wieder sie, die viel mehr darüber klagen, dass die Kollegen nicht genügend lesen und wenig an „intellektuellen Aktivitäten" teilnehmen. Die Beobachtungen von G-9 sind eindeutig auch für die türkischen Journalisten gültig:

> Es gibt griechische Journalisten, die seit 10 Jahren kein einziges Buch gelesen haben, über 20 Jahre in keiner Theatervorstellung waren. Es gibt einen Spruch: Entweder du bildest dich, bevor du Journalist wirst, oder du bleibst dein ganzes Leben ungebildet. Das trifft den Nagel auf den Kopf. Es stimmt 100 Prozent.

Bei den älteren Journalisten läuft unter Freizeitaktivität die Beschäftigung mit den Kindern, etwas trinken gehen, spazieren und des Öfteren faul vor dem Fernseher hocken. Die meisten Journalisten entwickeln eine Art Abhängigkeit von Nachrichten und zappen im TV. Dies führt dazu, dass es zwischen ihnen und den Familienmitgliedern, also Kind und Partner, zu Auseinandersetzungen kommt. Journalisten belegen den Fernseher mit Beschlag und versuchen, dies mit dem Argument, Nachrichten zu schauen sei schließlich ein Teil ihrer Arbeit, zu legitimieren. Nachrichtensüchtige Partner können unerträglicher sein als fußballsüchtige Ehemänner, denn während Fußballspiele ein- bis zweimal die Woche gesendet werden, gibt es Nachrichten jeden Abend zu verschiedenen Stunden auf mehreren Kanälen zugleich. Ein Journalist kann seine Frau, die sich beschwert, „seit du da bist, guckst du nur fern", mit den Worten, „was glaubst du wohl, wie ich das Geld nach Hause bringe - indem ich Nachrichten schaue", anfahren.

G-12 berichtet, wie sich die 24-stündige Beschäftigung mit den Nachrichten auf die Beziehung zu seiner Frau auswirkt:

> Ich möchte in meiner Freizeit an Orten sein, wo ich nicht die kleinste Nachricht zu hören kriege. In den letzten Jahren hat meine Frau bestimmt schon 10-, 15-mal im Monat diese Worte zu hören bekommen: „Lass mich jetzt in Ruhe. Ich höre gerade Nachrichten. Ich bin am Nachdenken."
>
> Sie kriegt natürlich zu viel. Das führt zu einem Bruch in der Familie, es ist praktisch eine Trennung. Manchmal meinen meine engsten Freunde, dass ich sie nicht um mich möchte. Nein, das stimmt nicht. Aber egal, zu welcher Stunde, wo immer und bei wem ich auch bin, immer sind die Nachrichten mit dabei.

Das wird wohl der Grund sein, warum die meisten Journalisten, auch wenn sie es nicht recht verwirklichen können, Sehnsucht auf einen Urlaub ohne Nachrichten haben. Die Worte, die mein Freund *Stelyo Berberakis* bei einer Unterhaltung in Athen fand, drücken diese Sehnsucht am besten aus:

> Wenn Radio, TV und Telex stillstehen würden, es ein paar Tage keinerlei Nachrichten gäbe, dann würde ich in meinem nur ein paar Quadratmeter großen Büro einen so schönen Urlaub verbringen, mich so erholen…

Die Journalisten sind der Ansicht, dass nur von Kollegen diese besondere Situation und Gemütsverfassung verstanden werden kann. Somit fangen sie an, mehr Zeit mit ihresgleichen zu verbringen. Auch dies spielt eine wichtige Rolle bei der Entstehung einer Kolonie.

Ich weiß nicht, was das Resultat bei einer Umfrage unter anderen Berufsgruppen ergeben hätte, aber über 70 Prozent der Journalisten meinen, ihre besten Freunde wieder unter Journalisten gefunden zu haben. Hier gibt es zwischen der Türkei und Griechenland kaum einen Unterschied. Nach Ansicht von T-9 ist dies kein normaler Zustand. „Außer dem engsten Verwandtenkreis habe ich keinerlei Kontakte zu Menschen, die keine Journalisten sind. Mensch, das ist geradezu krankhaft." T-8 betont, dass Journalisten untereinander die meiste Zeit über ihre Kolleginnen und Kollegen herziehen würden. „Deshalb habe ich immer darauf geachtet, dass meine engsten Freunde keine Journalisten sind."

G-18 ist der Ansicht, dass die griechischen Journalisten der Freizeitgestaltung und dem Lebensstil nach in zwei Gruppen geteit werden können. Er glaubt, dass die Trennung während der Übergangszeit vom „traditionellen Journalismus" zum heutigen, „modernen Journalismus" aufgetreten ist:

> Die Journalisten der ersten Kategorie sind zumeist einsame Menschen. Sie geben das typische Bild eines Staatsbeamten ab. Dies sind Journalisten des alten Typs. Die zweite Kategorie beinhaltet die größere, eigentliche Gruppe. Diese Leute verbringen jeden Tag gemeinsam. Sie streunen als Gruppe von einer Bar zur anderen. Sie essen im selben Restaurant. Es gibt sogar welche, die am Ende des Abends im selben Bett landen. Dies ist der neue Typ Journalist.

Man kann behaupten, das Nachtleben der Journalisten in Athen ist im Vergleich zu dem ihrer Kollegen in Ankara vielfältiger und eher mit dem in Istanbul zu vergleichen. Die Journalisten Ankaras führen ein geordneteres Leben. Ankara bietet im Vergleich zu Athen und Istanbul weniger Möglichkeiten fürs Nachtleben. *Stelyo Berberakis*, der sich in beiden Ländern gut auskennt, sagt, das Nachtleben der Athener Journalisten sei noch nicht mal mit dem der Istanbuler zu vergleichen:

> In der Türkei ist jeder um 20 Uhr zu Hause und sitzt am Abendtisch. Aber in Griechenland ist es so, dass nicht nur die Journalisten, sondern das ganze Volk abends auflebt. Ein gewöhnlicher griechischer Bürger isst erst um 23 Uhr zu Abend. Sollten sie um 21 oder 22 Uhr in ein Restaurant in Athen gehen, kann es sein, dass sie nichts zu essen vorfinden werden. Deshalb ist natürlich auch das Nachtleben in Athen sehr viel reger und vielfältiger. Die Journalisten profitieren natürlich davon. Wenn es in der 10-Millionen-Stadt Istanbul 10 Plätze gibt, wo Journalisten anzutreffen sind, dann sind es in der 3,5-Millionen-Stadt Athen vielleicht 20 Orte, wo man zu jeder Stunde der Nacht Journalisten treffen kann.

V.2 Der Journalist und die Familie

Ein weiteres Klischee besagt, dass ein klassisches Familienleben bei diesem Beruf unmöglich ist. Man glaubt, dass unter den Profis der Medien die Scheidungsquote sehr hoch ist. Auch wenn es darüber keine Statistiken gibt, so haben doch die befragten Journalisten aus der Türkei und Griechenland dem Klischee nahe kommende Aussagen zum Thema Partnerschaft und Ehe gemacht.

Man erkennt, dass in Griechenland der Tagesablauf der journalistischen Praxis der bedeutendste Faktor für die Zerstörung des Familienlebens ist. Da die meisten Athener Zeitungen Abendzeitungen sind, kommen sie um 12 Uhr mittags aus der Druckerei. In einem so kleinen Land ist auch die Auslieferung kein Problem. Die Mitte des Tages erschienenen Zeitungen können innerhalb von einer Stunde in alle Winkel des Landes geliefert werden. Aber so ein Tagesrhythmus verlangt, dass die Journalisten zur Abendzeit, wo alle anderen Menschen bei ihren Familien sind, in der Redaktion sitzen müssen. Athener Journalisten suchen meist um 18 Uhr ihre Redaktion auf und arbeiten bis Mitternacht an ihren Artikeln. G-4 erläutert das Familienleben:

> Der griechische Journalist liebt das Amusement. Wenn die Scheidungsquote bei Journalisten gewöhnlich bei 80 Prozent liegt, so wird sie bei den griechischen Kollegen wohl bei 98 Prozent liegen. Die Arbeitsbedingungen der griechischen Journalisten sind nicht mit denen in anderen Ländern zu vergleichen. Bis sie ihre Artikel verfasst haben und fertig sind, wird es mitten in der Nacht, 1.30 Uhr, sein. Zu der Zeit werden fast alle Journalisten mit der Arbeit fertig sein und die Redaktion verlassen. Und keiner wird daran denken, gleich nach Hause zu fahren. Es wird ihnen nur dann einfallen, wenn sie davor schon eine Nacht durchgemacht haben. Bis sie daheim ankommen, wird es schon längst Tag sein, und dies ist dann auch schon Grund genug für die Frau, die sich mit der Situation nicht abfinden will, Streit anzufangen.
>
> Hier wird sich keine offizielle Stelle trauen, vor Mittag eine Pressekonferenz abzuhalten. Denn alle werden schlafen, und keiner würde auf einer morgendlichen Pressekonferenz erscheinen. Dieser Arbeitsrhythmus führt zu einer besonderen Lebensweise. Ein Journalist, egal ob verheiratet oder geschieden, einsam wird er nicht sein. Es gibt sehr wenige unter ihnen, die keine Erfahrung mit der Ehe gemacht haben. In Griechenland ist auch die Zahl der weiblichen Journalisten hoch, besonders unter den Bildreportern gibt es viele Frauen. Wenn ein Journalist mit jemandem aus einer anderen Branche verheiratet ist, wird er große Schwierigkeiten haben, ihm diesen Lebensstil näherzubringen. Eine weitere Tatsache in unserem Leben bilden offizielle Empfänge. Meistens finden diese nachts statt, und dort trifft man viele andere Männer und Frauen. Eine andere Gelegenheit, Bekanntschaft mit dem anderen Geschlecht zu machen, sind die Reisen. Letztendlich ist dies alles eine Gefahr für die Ehe.

Wenn auch die tägliche Journalistenpraxis in der Türkei nicht der griechischen gleicht, so führt sie doch zu ähnlichen Problemen im Familienleben. T-1, der in seinem Umkreis viele geschiedene Journalisten kennt, hat zu glauben angefangen, dass Ehe und Journalismus sich nicht vertragen. T-2 ist seit Jahren mit derselben Frau glücklich verheiratet, aber auch er ist der Ansicht, dass Journalisten durch ihren interessanten Beruf stets begehrt beim anderen Geschlecht sind. „Diese Begehrtheit bringt ein Problem in die Ehe. Ein Beamter, der jeden Tag pünktlich von der Arbeit heimkommt, wird nicht die Gelegenheit haben, mit dem anderen Geschlecht in einer geeigneten Umgebung zusammenzutreffen."

Der Chefredakteur T-6 bezeichnet sich als guten Familienvater und behauptet, dass Journalisten ihren Beruf zum Vorwand für ihre Instinkte nehmen würden. Obwohl es ihnen sehr wohl möglich wäre, nach Arbeitsschluss heimzugehen, zögen viele Journalisten es vor, noch einen trinken zu gehen und ihren Partnern etwas von Überstunden vorzulügen. Letztendlich könnten sie auch mit einem Drink in der Hand ihre Arbeit tun! Die frischverheiratete T-7 erzählt, dass ihre Arbeit sie völlig in Anspruch nimmt und sie keine Zeit für ihren Mann findet. Wenn es so weiter gehe, stünde sie bald vor der Entscheidung: Mann oder Job. „Ich möchte nicht in eine solche Lage geraten. Ich liebe meine Arbeit wie auch meinen Mann. Doch müsste ich mich unbedingt entscheiden, so würde ich meine Arbeit wählen." T-18, eine weitere frischverheiratete Journalistin, ist der Meinung, für das Einvernehmen der Ehepartner sei es nötig, dass beide Journalisten sind. Da ihr Ehemann kein Journalist ist, sorgt sie sich um die Zukunft ihrer Ehe.

T-9, der vom Fernsehen ist, behauptet das Gegenteil. Er ist der Ansicht, dass wenigstens einer der Partner Zeit haben sollte, sich um den Haushalt zu kümmern:

> Meine Arbeit nimmt meine ganze Zeit in Anspruch. Meine Partnerin muss verständnisvoll sein. Wenn wir beide Journalisten wären, wäre es praktisch nicht möglich, ein gemeinsames Leben zu führen. Um die Ehe aufrecht zu erhalten, muss die Partnerin mehr Zeit und Kraft investieren. In Bezug auf Familie bin ich etwas konservativ. Ich wäre zwar nicht treu, würde aber nie daran denken, mich scheiden zu lassen.

T-11, der sich nach drei Jahren Ehe scheiden ließ und seitdem allein stehend ist, bezeichnet den Journalismus als eine Art Luftverschmutzung in der Ehe. Man kann zwar trotz der Luftverschmutzung weiterleben, aber nur, wenn man manche Vorkehrungen trifft:

> Ich habe 1985 geheiratet und mich 1988 scheiden lassen. In diesem Büro gibt es viele Kollegen, die mal verheiratet waren und nun geschieden sind. Dies kommt unter Journalisten häufig vor. Kurz nach meiner Heirat hatte meine Frau begonnen, über die Zeitung wie über eine Person zu sprechen. Ich für

meinen Teil kann nicht behaupten, dass mein Beruf der alleinige Grund meiner Scheidung war. Doch hat er auf alle Fälle eine „Verpestung des Klimas“ bewirkt. Der Journalismus fängt an, das Eheklima zu verpesten, und wenn man keine Massnahmen ergreift, findet man keine Möglichkeit mehr, die Ehe weiterzuführen.

V.3 Das Gefühl von Macht

Überall auf der Welt stehen Journalisten berufsbedingt Regierungskreisen und Machtzentren nahe. Man kann davon ausgehen, dass diese Nähe – insbesondere die Möglichkeit, diesen Kreisen Fragen stellen zu können – beim Journalisten ein Gefühl von Macht auslöst. Und manch einer von ihnen ist auch geneigt, diese Macht in sein Alltagsleben zu übertragen. Sowohl die türkischen als auch die griechischen Journalisten sind der Ansicht, dass in ihren Ländern die Medien äußerst mächtig sind, und sie fühlen sich als Teil dieser mächtigen Institutionen.

Man kann behaupten, dass besonders in der zweiten Hälfte der Achtzigerjahre in der Türkei alle Voraussetzungen dafür gegeben waren, dass sich die Journalisten wichtig und mächtig fühlen konnten. Turgut Özal hatte als Ministerpräsident sowie später auch als Staatspräsident durch die privaten Beziehungen, die er mit Journalisten pflegte und die manchmal sogar so weit führten, dass er sie bei nationalen oder internationalen Fragen als Vermittler einsetzte, den Journalisten das Gefühl gegeben, ein Teil des Machtapparates zu sein. Das wird wohl auch der Grund dafür sein, warum es in der Özal-Ära Journalisten gab, die es als ihre Berufung sahen, Kabinette aufzustellen oder aufzulösen. Anfang der Neunzigerjahre gab es Journalisten, die Treffen zwischen Botschaftern und dem Ehemann der Ministerpräsidentin Çiller arrangierten, oder als Vermittler zwischen den irakisch-kurdischen Führern und türkischen Spitzenbürokraten auftraten. T-20 meint, dies hätte dazu geführt, dass die Journalisten ihre Macht überschätzten.

Trotz der ernsthaften Krise der Presse betonen auch die griechischen Journalisten, dass sie einen bedeutenden Einfluss auf die Politik haben. Um es mit den Worten von G-2 wiederzugeben: „Es ist unmöglich, über den Einfluss der Presse auf das politische Leben Griechenlands zu diskutieren. Denn die vier großen

Revolutionsbewegungen des Landes haben ihren Anfang in den Redaktionen genommen.“ Auch der Koskotas-Fall[2], der Griechenland mit all seinen Institutionen erschütterte, war ein von der Presse aufgedeckter Skandal.

Nach dem Koskotas-Fall hat die griechische Presse an Prestige gewonnen. Anfang und Mitte der Neunzigerjahre sind das griechische Fernsehen und der Rundfunk so effektiv, dass sie mit einem Aufruf tausende von Menschen zu Protestdemonstrationen bewegen können.

Bei jedem Journalisten wird man ein berufsbedingtes Machtgefühl vorfinden. Aber die Ausgeprägtheit dieses Gefühls wird von Journalist zu Journalist variieren. Da Journalisten, die für die oppositionelle oder radikale Presse arbeiten, keine Nähe zur Regierung haben, wird sich bei ihnen das Machtgefühl nicht so stark ausgeprägt haben wie bei Angestellten eines großen Medienkonzerns. Das eigentliche Machtgefühl tritt bei den Beschäftigten der systemkonformen großen Medienkonzerne auf.

Ein griechischer Journalist, der sowohl bei der Zeitung der kommunistischen Partei als auch bei der griechischen Ausgabe der in Europa berühmten Zeitschrift MAX arbeitet, bemerkt, er verspüre durch die Verschiedenartigkeit der beiden Presseorgane gleichzeitig Machtlosigkeit und Macht. Aufgrund seiner Arbeit bei der kommunistischen *Avgi* erfüllt ihn überhaupt kein Machtgefühl. „Wenn auf der Straße etwas passieren sollte und ich gehe gerade dort entlang, dann kann es sein, dass die Polizei Reporter der *Avgi* verprügelt. Da wir eine kleine, oppositionelle Zeitung sind, haben wir keinerlei Macht. In meiner Tasche trage ich immer zwei Presseausweise, den von *Avgi* und den von MAX. Mit meinem MAX-Ausweis kann ich sogar, wenn ich Urlaub mache, im Hotel wohnen, ohne dafür zu bezahlen. Das ist Macht, und man kann sie auch so einsetzen.“

---

2 Koskotas ist ein griechischer Staatsbürger, der bis Mitte der Achtzigerjahre in den USA lebte. Seine Familie besitzt in Amerika einen großen Verlag. 1986 taucht Koskotas urplötzlich mit gefälschten Diplomzeugnissen in Athen auf und findet in der Kreta-Bank eine Stelle im gehobenen Management. Später kauft er die Bank, bei der er arbeitet, auf. Noch heute ist nicht ganz geklärt, woher er so viel Geld hatte. Innerhalb von zwei bis drei Jahren weitet er seine Aktivitäten auf mehrere andere Branchen aus. Er kauft die Fußballmannschaft *Olympiakos Piräus* und die alteingesessene Zeitung *Kathimerini*. Er gründet Griechenlands modernsten Verlagskomplex. Doch als die Presse seine geheime Beziehung zur regierenden PASOK-Partei aufdeckt, stürzt 1989 das von ihm aufgebaute Imperium in kürzester Zeit zusammen. Es wird bekannt, dass er als Gegenleistung für die Wahrung seiner Interessen und seiner geschäftlichen Beziehungen der PASOK finanzielle Mittel zur Verfügung gestellt hat. Es werden noch viele andere Korruptionen der Koskotas-Unternehmen aufgedeckt. Koskotas wird 1990 zu 25 Jahren Haft verurteilt.

Fragt man Journalisten, ob sie durch ihren Beruf ein Gefühl der Macht verspüren, so fallen ihnen zwar „finanzielle Vorteile" ein, aber Macht hätten sie dadurch nicht, sagen sie.

Während G-5 meint, „auch Kinder von 19 Jahren, die einen Presseausweis in der Tasche tragen, kommen sich wer weiß wie wichtig vor", erzählt G-3, dass sie dank ihrer Pressekarte ohne Furcht an jedem gesellschaftliche Ereignis teilnehmen könne. G-16 sagt, er würde durch die Veröffentlichung und Verbreitung seiner Meinung viele Menschen beeinflussen können. G-13 erzählt, ihre Mutter würde im Krankenhaus besser gepflegt werden, da sie selbst Journalistin ist. G-8 erklärt, wie er sich stark fühlt:

> Ich bin kein Journalist, der den Regierungskreisen nahe steht. Aber ich kann meine Meinung schreiben. Und dies ist eine Form von Macht. Studenten, die Flugblätter gegen den Krieg auf dem Balkan und den Nationalismus verteilten, wurden auf dem Omonia-Platz aufgegriffen und verhaftet. Ich könnte genau das Gleiche, was auf den Flugblättern stand, in meiner Kolumne veröffentlichen, und mir würde nichts passieren. Dies ist Macht und Immunität. Natürlich müssen auch wir auf die Machtverhältnisse achten. Aber es liegt klar auf der Hand, dass wir mächtiger und sicherer sind als die anderen Bürger. Genau diese Macht, die mir eine gewisse Immunität in der Beziehung zu anderen Menschen gibt, liebe ich.

G-18 meint, dass der Schein trüge. Nur solange der Journalist mit der Regierung Hand in Hand gehe und seine Feder in den Dienst seines Bosses und der Regierung stelle, sei er mächtig.

In Hinblick auf Macht teilen die türkischen Journalisten die Ansichten ihrer griechischen Kollegen in allen Aspekten. Aber es fällt auch sofort ein Unterschied auf, der durch die „Medienatmosphäre" in beiden Ländern hervorgerufen wird. Während in Griechenland sogar die Mitarbeiter der am stärksten opponierenden Presseorgane, Angestellte kommunistischer Zeitungen, eine gewisse Immunität spüren, ist dies in der Türkei anders. Angestellte kleiner, oppositioneller Blätter fühlen sich geradezu antastbar und machtlos. Sie haben die Sorge, dass ihnen jeden Augenblick etwas zustossen könnte, sei es wegen eines Artikels oder auch nur, weil sie Mitarbeiter eines unliebsamen Presseorgans sind.

Auf die Frage, ob er ein Gefühl der Macht verspüre, antwortete T-4 wie folgt:

> In dieser Hinsicht bin ich eine Ausnahme. Da ich als oppositioneller, sozialistischer, kommunistischer Journalist abgestempelt wurde, habe ich mich nie mächtig fühlen können. Ganz im Gegenteil, ich hatte immer das Gefühl, dass ich mich nicht frei bewegen konnte.

T-5, der als Nachrichtenchef bei einer der größten Zeitungen des Landes arbeitet, sagte folgendes über die berufsbedingte Macht und die Machtgefühle im Journalismus aus:

> Ich habe mir immer Grenzen gesetzt. Wenn ich privat im Krankenhaus oder bei Behörden zu tun habe, so zeige ich nicht gleich meinen Presseausweis. Ich glaube, ich würde sonst die von meinem Beruf ausgehende Macht für meine privaten Interessen genutzt haben. Wir können jederzeit mit wichtigen Politikern oder Geschäftsleuten zusammen kommen. Natürlich gibt dies eine Art Macht. Und es gibt Kollegen, die dies, wenn auch auf ganz unschuldige Weise, für persönliche Zwecke nutzen. Kollegen von uns, die als Parlamentskorrespondenten tätig sind, reicht noch nicht einmal die Pressekarte. Sie hängen sich auch noch ihren Parlamentsausweis ins Auto. Davon versprechen sie sich, im Verkehr weniger Scherereien zu haben. Sie können für die Versetzung ihres Ehegatten Abgeordnete kontaktieren. Wenn sie in einer Kleinstadt einen Presseausweis haben, können sie im Nu eine der wichtigsten Personen dort sein. Ich habe einmal im Krankenhaus von meinem Journalistenausweis Gebrauch gemacht. Das war, als meine Frau auf der Entbindungsstation lag. Sie wurde wirklich sehr gut gepflegt. Nach Ende ihres Aufenthalts habe ich die Rechnung bezahlt und bin zum Chefarzt, um mich zu bedanken. Es erstaunte ihn sehr, als er erfuhr, dass ich die Rechnung bezahlt hatte. Er erzählte, dass Journalisten immer zu ihm kämen, um über den Betrag zu feilschen.

T-9, der Leiter eines Fernsehsenders ist, fühlt sich sehr mächtig und gibt es auch offen zu:

> Ich bin mit Menschen zusammen, die das Land regieren. Ich kann das Volk beeinflussen. Mit einem Bericht kann ich den Stuhl von Ministern oder gar des Ministerpräsidenten zum Wackeln bringen. Wenn ich in der Lage bin, dies zu bewirken, so bin ich mächtig. Dies verschafft mir einen sehr speziellen Status. Um ehrlich zu sein, dies gefällt mir sehr.

Es ist durchaus natürlich und nötig, dass der Journalist über Macht verfügt und diese berufsbedingte Macht dazu nutzt, seinen Beruf besser auszuüben, die Öffentlichkeit besser aufzuklären und die Regierung im Namen der Öffentlichkeit zu kontrollieren. Es gibt erst dann ein ethisches Problem, wenn man diese Macht für seine persönlichen Interessen zu nutzen versucht. T-16 machte diesbezüglich folgende Feststellung:

> Ein Journalist muss alle Türen öffnen können. Aber er darf sich nicht von allem, was hinter den Türen steht, die er öffnet, etwas nehmen. Ein Wirtschaftsjournalist profitiert von Wirtschaftskreisen, ein Gesundheitsredakteur lässt seine Verwandten kostenlos behandeln ... Wenn man anfängt, seine berufliche Macht so einzusetzen, wird sie sehr gefährlich. In diesem Job haben 25-, 26-jährige Umgang mit Ministern. Es kann sein, dass ihnen ein Abgeordneter zum Geburtstag gratuliert oder ein Generaldirektor sie zum Fahrstuhl begleitet. Leider verdirbt dies bei manchen Kollegen den Charakter.

Seine 52-jährige Erfahrung als Journalist hat G-2 ein anderes Machtgefühl gelehrt: „Ich bin mächtig, weil ich unabhängig bin“, sagt er, „die Macht des Journalisten besteht in seiner Unabhängigkeit.“ G-2 ist rechtsradikal. T-19 ist eine Journalistin mit 7 Monaten Berufserfahrung und bezeichnet sich als Sozialistin: „Eine Macht, die sich auf die Nähe zu Regierungskreisen stützt, ist keine Macht für den Journalisten. Macht, die man gegenüber machtlosen Menschen einsetzt, macht einen nicht mächtig.“Zwei verschiedene Journalisten, eine am Anfang ihrer Karriere, der andere auf deren Höhepunkt, beide mit unterschiedlichen ideologischen Neigungen, aus unterschiedlichen Ländern, teilen in Bezug auf berufliche Macht und ihre Anwendung die gleiche Auffassung.

V.4 Das gesellschaftliche Ansehen des Journalismus

Ein Punkt, in dem sich alle Journalisten einig sind, ist der zunehmende Prestigeverlust ihres Berufes. Während in Griechenland das Volk die Journalisten immer häufiger als „offizielle Lügner“ bezeicht, hört man auf Arbeiterdemonstrationen in der Türkei immer wieder den Slogan „käufliche Presse“. Das Vertrauen zu den Journalisten und der Presse ist dermaßen erschüttert, dass in der Öffentlichkeit häufig Witze darüber kursieren.

> Ein Zeitungsverkäufer macht sich die ständig steigenden Zeitungspreise zunutze und beschließt, eigenhändig die Zeitungen um einiges teurer zu verkaufen. Anstelle von 100 000 Lira verkauft er sie für 110 000 Lira. Als es niemandem auffällt, fährt er damit fort. Eines Morgens kommt ein Stammkunde und möchte wie immer seine Zeitung:
>
> „Eine Zeitung bitte."
>
> „150 000 Lira."
>
> Der Mann bezahlt, nimmt die Zeitung und möchte sie gerade wegstecken, als er auf einmal bemerkt:
>
> „Ja, schämst du dich denn nicht. Hier steht der Preis: 120 000 Lira. Und du verkaufst sie für 150 000 Lira."
>
> Der Verkäufer erwidert ganz cool:
>
> „Ach, ich bitte dich, Bruder. Seit wann steht denn da etwas Wahres?"

Sowohl die griechischen als auch die türkischen Journalisten weisen darauf hin, dass der Verlust des gesellschaftlichen Ansehens in den Achtzigerjahren begann. Dies sind die Jahre, in denen sich die Medien immer mehr in finanzielle Unternehmen verwandeln und eine neue Besitzstruktur annehmen.

Trotz allem ist der Journalismus in Griechenland und der Türkei immer noch ein Beruf, „mit dem man sich gut zeigen kann". Dank des Fernsehens heute mehr als früher. Nur hat darin die Komponente „gesellschaftliche Ehrbarkeit" abgenommen. In Griechenland kann es sein, dass ein berühmter Journalist mehr Fans hat als ein bekannter Basketballspieler. In der Türkei ist es nicht anders. Auch vertreten in beiden Ländern die Angehörigen dieser Berufsgruppe die Meinung, der Journalismus wäre ein gutes Sprungbrett, um den Klassensprung nach oben zu schaffen. Um es mit den Worten von G-9 auszudrücken: Egal wo, wenn sie sagen, sie sind Journalist, dann haben Stammbaum und Familie keine Bedeutung mehr. Sie werden überall sofort akzeptiert. G-11 berichtet, wie er nach 23 Jahren Journalismus über Nacht zu einer „heute sehr bedeutungsvollen Ehre" kam:

> Letztens hat mich ein Kollege zu einer neuen Diskussionssendung im Fernsehen eingeladen. Nach der Sendung wurde ich eine Woche lang von wildfremden Leuten auf der Straße angequatscht, die mir erzählten, dass sie mich im Fernsehen gesehen hätten. Meine Güte, welch Ruhm, welch Ehre, die über

> Nacht kam! Heute bist du ehrbar, wenn man dich im Fernsehen sieht. Ich hatte einmal in der Redaktion einen jungen Mitarbeiter, der jetzt im Fernsehen und sehr berühmt ist. Letztens traf ich ihn. Es war Wochenende. Er trug eine Pistole bei sich. Er soll am Wochenende immer in der Schießhalle üben. In unserer Jugend trugen wir Waffen, weil wir Linke waren. Und heute tragen sie als berühmte Rechte eine Waffe. Es ist unglaublich, aber der Junge glaubt, man wolle ihn ermorden. Auch hat er einen Bodyguard in seiner Begleitung. Er glaubt, er sei einer von denen, die die Zukunft des Landes bestimmen. Das ist eine ausgesprochen dumme Einbildung, doch wie willst du ihm das klarmachen?

1989 hatte in der Türkei die Zeitschrift *Nokta* eine kleine Studie über Berufe veröffentlicht. Im Hinblick auf „Vertrauenswürdigkeit" hatte der Journalismus nur Platz 14 erreicht. Bis Mitte der Neunzigerjahre erlitten die Journalisten einen noch größeren Vertrauensverlust. Nach Ansicht von T-6 war 1996 das Vertrauen auf dem Nullpunkt angelangt. Aber am 3. November des Jahres 1996 veränderte ein Unfall in der Nähe von Susurluk (ein Mercedes und ein Laster stießen zusammen) unter anderem auch das Image der Journalisten wieder. Und zwar im guten Sinne. Je mehr die Journalisten unaufhörlich die Frage stellten, was denn einen Abgeordneten und einen Polizeichef mit einem rechtsradikalen Verbrecher, nach dem gefahndet wurde, im selben Mercedes zusammenbrächte, wuchsen ihr Ansehen und ihre Ehrbarkeit in der Gesellschaft. Die ständige Hinterfragung der Mafia-Polizei-Politik(er)-Beziehung trug dazu bei, dass der Presse wieder mehr Vertrauen entgegengebracht wurde. Eine weitere Tatsache, die auch durch den Susurluk-Skandal ans Tageslicht gelangte, war, dass die Medien ihre Ehrbarkeit und Achtung nur durch die Distanzierung von Regierungskreisen wiedergewinnen konnten.

Bei dem Vergleich zwischen dem neuzeitlichen und dem traditionellen Journalismus sagt auch Christian (1980), dass der traditionelle Journalist in der Gesellschaft ein höheres Ansehen hat. Diese Feststellung zeigt, dass der in Griechenland und der Türkei beobachtete Ansehensverlust des Journalismus eigentlich ein weltweites Problem ist.

V.5 Die berufliche Erfüllung der Journalisten

Es ist bekannt, dass eine kreative Arbeit im Vergleich zu einer Routinearbeit den Menschen mehr berufliche Erfüllung gibt. Journalismus sieht auf den ersten Blick so aus, als ob er das Gegenteil einer routinierten Arbeit sei und hohe berufliche Befriedigung biete. Aber die Aussagen der türkischen und griechischen Journalisten stimmen nicht mit der allgemeinen Auffassung überein.

Dreißig Prozent der in der Türkei befragten Journalisten haben von einer vollen Befriedigung im Beruf gesprochen. Als den wichtigsten Grund hierfür nannte man das Erblicken des eigenen Namens unter einem in der Zeitung erschienenen Artikel. Steht der Name auf der Titelseite oder ist groß gedruckt, ist die berufliche Erfüllung umso größer. Zwischen Anfängern und alten Hasen des Journalismus ist eine Befriedigung unterschiedlichen Grades zu sehen. Unter den Neuen ist die Zahl derer, die berufliche Erfüllung finden, größer. Vielleicht liegt es daran, dass für sie das Erscheinen ihres Namens in der Presse viel wichtiger ist. Ein interessanter Punkt ist wiederum, dass drei Journalisten, die erzählten, große berufliche Erfüllung gefunden zu haben, bei Zeitungen beschäftigt sind, deren politische Richtlinie ihrer persönlichen total widerspricht. Dies zeigt wiederum, dass zumindest für manche Journalisten berufliche Erfüllung nichts mit der Qualität der an die Masse weitergeleiteten Nachrichten zu tun hat.

Auch in Griechenland haben etwa dreißig Prozent der Journalisten von einer sehr hohen beruflichen Erfüllung gesprochen. Als Gründe zählte man in erster Reihe die Reisemöglichkeiten, das ungezwungene Arbeitsklima und die Kreativität auf.

Die Zahl derer, die behaupteten, überhaupt keine Erfüllung im Beruf zu finden, lag in beiden Ländern bei unter zwanzig Prozent. Der einzige Grund, weshalb manche von ihnen die Arbeit nicht wechselten, war, „sich nicht mehr in der Lage zu sehen, etwas anderes zu tun".

In beiden Ländern bildeten diejenigen, die teilweise befriedigt waren, die größte Gruppe. Sie waren der Ansicht, dass die Kreativität im Journalismus zwischen der routinierten Tätigkeit eines Fabrikarbeiters und der grenzenlosen Kreativität eines Künstlers liege.

T-2 vergleicht den Journalismus mit einer Droge. „Hast du einmal damit angefangen, egal wie es dich auch quält, du kommst nicht mehr davon los." Ein wichtiger Faktor dafür, dass Journalismus unbefriedigt lässt, ist die Oberflächlichkeit: „Das von uns Produzierte wird an einem Tag konsumiert und ist am nächsten Tag schon wieder vergessen. Da fragt man sich natürlich, warum mache ich das überhaupt?" T-14 ist der Ansicht, dass am Journalismus „etwas Komisches dran" ist:

> Ich kann nicht schreiben, was ich will, ich verdiene nicht, soviel ich will. Auch habe ich keine soziale Sicherheit. ...Und doch befriedigt mich meine Arbeit. Ich bin geradezu verrückt nach ihr, ich liebe sie. Wenn ich krank bin und seit drei Tagen nicht auf die Tasten meines Computers getippt habe, weiß ich weder ein noch aus.

T-6 erzählt uns, wie kreativ ein Journalist bei der täglichen Nachrichtenpraxis sein kann und wie es hierbei um die Erfüllung bestellt ist:

> Angenommen, wir haben einen Kreativitätsmassstab, wo der Fabrikarbeiter am Fließband mit 0 ganz unten steht und der Künstler mit 100 an der Spitze, so liegt der Journalist mit 50 in der Mitte. Eigentlich ist unsere Arbeit größtenteils Routine, aber es ist möglich, in der Routine etwas Kreatives zu verwirklichen. Wir haben nicht den Luxus des Malers und können uns für die Vollendung eines Werkes keine drei bis fünf Monate Zeit lassen. Manchmal erwartet man von uns, dass wir an einem Tag drei bis fünf Artikel schreiben. Wenn ich es bei diesem Prozess schaffe, eine Kreativität von fünfzig Prozent zu erlangen, dann fühle ich mich befriedigt. Wenn die Kreativität auf vierzig Prozent und tiefer sinkt, dann nimmt auch die Befriedigung ab, und man gleicht dem Arbeiter. Mit siebzigprozentiger Kreativität würde man zwar zur absoluten Erfüllung gelangen, aber wer hat schon die dafür nötige lockere Arbeitsatmosphäre. Immer wenn ich spüre, dass ich bei der Kreativität auf die siebzig Prozent zugehe, bremse ich ab und versuche mehr Nachrichten fertig zu stellen.

Der Grund, der zu einer fünfzigprozentigen Erfüllung führt, ist bei den griechischen wie auch bei den türkischen Journalisten derselbe. G-20 soll den Journalismus gewählt haben, weil er dachte, dieser Job sei keine Routinearbeit. Aber heute weiß er, dass es nicht das ist, was er erträumte. Obwohl er bei einer grossen Zeitung angestellt ist und unter guten finanziellen Bedingungen arbeitet, ist die Erfüllung, die ihm die Arbeit verleiht, nicht groß:

> Vielleicht sollte ich glücklich sein, wenn ich auf all das blicke, was ich besitze. Aber ich bin es nicht. Egal, was ich schreibe, es kommt mir so vor, als ob ich es in die Luft schreibe und es nichts bewirkt. Ich habe diese Oberflächlichkeit allmählich satt. Ist dies nicht auch der Grund, weshalb die Journalisten, um sich wenigstens ein bisschen Erfüllung zu schaffen, Bücher verfassen?

Die Beziehungen innerhalb des Medienunternehmens sind ein weiterer Grund für mangelnde berufliche Erfüllung. Manchmal können die von der Hierarchie dem Journalisten vorgegebenen Grenzen dermassen unüberwindbar sein, dass mancher Journalist sich hilflos und machtlos vorkommt. Inal berichtet (1992: 151), ausgehend von den Aussagen der Journalisten, in welch hilfloser Situation ein Reporter bei dem Versuch, seinen Artikel zu veröffentlichen, sein kann:

> Ein Zitat oder ein Abschnitt, der ein Detail erläutert, für den ein Reporter Stunden recherchierte, kann im Nu im Papierkorb enden. In solch einer Situation hat der Reporter keine Chance, das Produkt seiner Mühen zu verteidigen. Nachdem Sie den Bericht einmal verfasst haben, verlieren Sie die Kontrolle darüber und entfremden sich ihm. Der einzige Weg zu einem guten Gehalt und Beständigkeit führt über die Integration der Werte des Unternehmens, passender Nachrichtenauswahl und des Schreibstils.

Somit werden die Grenzen der Medienorganisationen und die persönlichen Werte und Auffassungen der Redakteure verinnerlicht. Die Kontrolle über die verfasste Nachricht wird auf außenstehende Personen übertragen. Kein Zweifel, dass die fortwährende Präsenz eines Vorgesetzten, der das letzte Wort hat, die berufliche Erfüllung um ein Weiteres schmälert.

Kapitel VI
Die Nachricht: Das eigentliche Produkt des Journalisten

Die von Medienorganisationen genutzten Nachrichten stammen gewöhnlich aus drei Informationsquellen. Curran listet diese wie folgt auf: 1) die *Presseagenturen*, welche ununterbrochen neues Material liefern, 2) die *Pressezentren*, wo ein Redakteur die Reporter beauftragt, Informationen aus Presseveröffentlichungen und Notizen über besondere Ereignissen zu einer Story zu machen, 3) die professionellen, auf Extra-Nachrichten spezialisierten *Reporter* der Organisationen. Diese spezialisierten Reporter erhalten aufgrund der Tatsache, dass sie zu den Nachrichtenquellen persönliche Kontakte pflegen, die Möglichkeit, jede Entwicklung direkt mitzuerleben und stets neue Informationen zu sammeln. Egal, welche der obigen Quellen wir näher in Betracht ziehen, in allen steht der Journalist im Mittelpunkt.

Der zum Klischee gewordene Satz, „wenn ein Hund einen Mann beißt, ist dies keine Nachricht, wenn jedoch ein Mann einen Hund beißt, so ist dies eine Nachricht“, erklärt einen Aspekt der vorherrschenden Definition einer Nachricht: Nachrichten sollen unerwartet und ungewöhnlich sein.

Jedoch reicht dieses Klischee nicht aus, eine Nachricht zu beschreiben und zu definieren. Unterschiedliche Ansätze liefern verschiedene Definitionen. So sehen Vertreter der liberal-pluralistischen Ausrichtung die Medien als Spiegel sozialer Realitäten und Fakten. Für sie sind unvoreingenommene Nachrichten auch gleichzeitig wahre Nachrichten. In diesem Ansatz zählen *Objektivität*, *Neutralität* und *Ausgewogenheit*.

Wenn Nachrichten wirklich von Journalisten gemacht werden,

so ist das, was die Journalisten unter Nachrichten verstehen, für die theoretische Analyse von Bedeutung.

Es wurde bereits bemerkt, dass es verschiedene Definitionen von dem, was eine Nachricht ist, in der Kommunikationsforschung existieren. Lippman (1922: 213-16) schrieb in seinem in den zwanziger Jahren verfassten und zum Klassiker gewordenen *Die Öffentliche Meinung*, dass Nachrichten nicht Spiegel sozialer Verhältnisse sind, sondern Berichte über sich aufdrängende Teilaspekte. Tägliche Nachrichten repräsentieren nicht die Ereignisse des Tages. Die Mehrzahl der alltäglichen Ereignisse in der Gesellschaft, in der Nation oder in der Welt werden von Journalisten ignoriert. Lippman machte ebenfalls deutlich, dass die Nachrichten, bevor sie den Leser erreichen, mehreren Interventionen unterliegen: „Jede Zeitung, die den Leser erreicht, resultiert aus einer Serie von Auswahlprozessen... Es gibt keine objektiven Kriterien. Es existieren lediglich Konventionen." Lippman unterstrich schon vor Jahren, dass Nachrichten und Wahrheit nicht dasselbe sind. Er bemerkte, dass „es die Aufgabe von Nachrichten ist, ein Ereignis zu signalisieren, die Aufgabe der Wahrheit ist jedoch, verborgene Fakten ans Tageslicht zu bringen, sie miteinander in Verbindung zu bringen und ein Bild der Realität zu schaffen, welches dem Menschen eine Basis zum Handeln schafft." (S. 226)

Gemäß Herbert Gans (1990: 80) sind Nachrichten die Informationen, welche vom Journalisten an das Publikum weitervermittelt werden. Der Journalist fasst diese Informationen zusammen, verfeinert und verändert sie und bringt sie somit in ein vom Publikum annehmbares Format. Die Tatsache jedoch, dass die Journalisten einerseits Angestellte kommerzieller und bürokratischer Institutionen und andererseits Vertreter einer Berufsgruppe sind, bringt sie häufig in Konflikt, da sie einerseits Prinzipien ihrer Berufsethik und andererseits ihren Arbeitgebern verpflichtet sind. Zweifelsohne hat ein solcher Konflikt auch Einfluss auf die Qualität der Nachricht.

Negrine (1994: 118) bemerkte gleichfalls, dass die Produktion von Nachrichten in großen, hierarchisch strukturierten, technisch komplexen und profitorientierten Organisationen stattfindet. Da die Journalisten Teile dieser Struktur sind, müssen sie mit ihrer Arbeit sowohl den Ansprüchen entsprechen, die der Beruf an sie stellt, als auch den Prinzipien ihrer Arbeitgeber folgen. Negrine fasst diese Prinzipien wie folgt zusammen: „Es besteht die Notwendigkeit zu überleben, den Profit zu maximieren, den Verkauf zu vermehren, die Reklameeinnahmen zu vergrößern, einer bestimmten politischen Linie zu folgen, Politiker zu beschwichtigen.“

Wo sind die Journalisten Griechenlands und der Türkei mit ihrem Verständnis von Nachrichten anzusiedeln? Mit welchen Interventionen sehen sie sich konfrontiert? Welcher Form von Zwängen unterliegen sie? Können sie frei darüber entscheiden, was sie schreiben oder nicht schreiben? Wie stehen sie zu den Grundprinzipien des Nachrichtenwerts wie Objektivität und Neutralität? Existiert eine Kommunikation zwischen den Konsumenten der Nachrichten und dem Produzenten? Erhalten sie ein Feedback von den Lesern, Hörern oder Zuschauern und wird dies in den Prozess der Nachrichtenerstellung miteinbezogen? Wie ist es möglich, unter Zeitdruck ein gewisses Qualitätsniveau zu halten? Das Verständnis von Nachrichten und dem Nachrichtenwert von Ereignissen ist bei den griechischen und türkischen Journalisten sehr unklar. Die Definitionen variieren zwischen „alles ist eine Nachricht“ und „was der Nachrichtenredakteur will, ist eine Nachricht“. Die Entscheidung beruht nicht auf festgeschriebenen Kriterien, sondern auf Instinkten. Sie fühlen die Nachricht. Die Journalisten betonten häufig die Notwendigkeit von *Objektivität* und *Neutralität*, bemerkten jedoch gleichzeitig, dass dies abstrakte Konzepte seien, die in der Realität kaum zu finden sind. Bemerkungen wie „meinem Verständnis nach“ und „dem herrschenden Verständnis zufolge“ wurden häufig zur Definition, was eine Nachricht ist und sein sollte, herangezogen.

VI.1 Objektivität, Neutralität und die Probleme des Berichtens der Wahrheit

Nachrichten sind ein sehr weites Feld. Manchmal ist es eine explodierte Bombe, manchmal sind es die Äußerungen eines Politikers. Diese Untersuchung zeigt, dass die Journalisten in der Regel Nachricht, obwohl dies ein grundlegendes Konzept für sie ist, nicht definieren können. Sie sehen dies auch nicht unbedingt als Notwendigkeit an. Sie fühlen die Nachricht und folgen einem vorgefassten Code, der auf ihren persönlichen Werten, Ideologien, den Interessen der Arbeitgeber und der allgemeinen Ausrichtung der Medieninstitution basiert.

G-1 verwies darauf, dass eine Besonderheit von Nachrichten eine sehr eingeschränkte Informationsquelle sei, die das Ereignis von ihrem historischen und sozialen Kontext trennt: „Die Nachrichten teilen etwas mit. Aber die Zusammenhänge werden nicht beschrieben. Was ist der historische Hintergrund? Die Informationen, die wir weitergeben, sind von ihrem natürlichen Umfeld getrennt." Was G-1 hier bemerkt, findet in die medientheoretische Forschung Eingang, wurde allerdings nur von ihm erwähnt. Auch T-15 unterstrich einen Aspekt von Nachrichten, den sonst niemand hervorhob. Er betonte, dass Individuen ihre Dialoge und täglichen Interaktionen auf der Basis von Nachrichten, die sie den Medien entnehmen, führen:

> Ich habe beobachtet, wie meine Nachbarn sich intensiv über Dinge unterhalten, die sie durch das Fernsehen oder Zeitungen erfahren haben. Es ist seltsam, obwohl beide die Nachricht von derselben Quelle, im selben Ausmaß sammeln, kommt es zu einer Kommunikation, in der sie unterschiedliche Meinungen austauschen, indem sie die Nachrichten durch ihre persönlichen Filter passieren lassen.

Die Rolle der Nachricht als ein Instrument der täglichen Interaktion ist eine interessante Tatsache, wird jedoch selten näher berücksichtigt. Allgemein bekanntes Wissen schafft die Basis für einen Dialog. Auch wenn jeder auf den Sportseiten einer Tageszeitung liest, dass der Fußballspieler Hakan Sükür vom Sportklub *Galatasaray* im darauf folgenden Jahr in Italien spielen wird:

> Hast du schon gehört? Hakan geht...
> Denkt ihr darüber nach. Wenn Hakan geht, ist Galatasaray am Ende.
> Andererseits schickt Galatasaray einen Spieler nach Europa. Wir sollten alle darauf stolz sein.

Eine Unterhaltung wie diese kann Stunden dauern. Man fragt sich: Was würde aus unserem täglichen Leben werden, wenn es keine Nachrichten gäbe? Die Definitionen der Journalisten von „alles ist eine Nachricht" bis zu „alles, was mein Boss sagt, ist eine Nachricht" deuten daraufhin, dass sie Interpretationen, welche auf persönlichen Erfahrungen beruhen, sind. Das Zusammentragen der unterschiedlichen Aspekte, die von den Journalisten vorgeschlagenen wurden, könnte zu einer umfassenderen und allgemeinen Definition von Nachricht führen.

Die türkischen Journalisten betonten im Gegensatz zu den griechischen das Interesse der Öffentlichkeit an den Nachrichten.

Bei einigen Journalisten entstand der Eindruck, dass für sie eine Nachricht von Nutzen für die Öffentlichkeit sein sollte. Jedoch wird heutzutage in beiden Ländern eine Nachricht durch das Prinzip *interessant, farbig und unterhaltsam* definiert. T-1 sah Nachrichten und öffentliches Interesse so: „Wir berichten immer die wichtigsten Nachrichten, jedoch gleichzeitig berichten wir auch darüber, welchen Tee Ministerpräsidentin Çiller bevorzugt. So geben wir der Nachricht etwas Farbe.“

Die Unterscheidung zwischen dem, was ist, und dem, was sein sollte, spielte auf jeder Ebene im Kommunikationsprozess eine Rolle, und auch bei der Nachrichtendefinition durch die Journalisten taucht sie erneut auf. T-4 beschreibt, was in der Türkei als Nachricht zählt:

> Zwischen meiner und der dominanten Auffassung darüber, was eine Nachricht ist, besteht ein großer Unterschied. Nach den achtziger Jahren wurde in der Türkei eine Image-Gesellschaft geschaffen. In einer Image-Gesellschaft spielt die Wahrheit keine Rolle. Mit Schminke kann man aus einer sehr hässlichen Frau eine schöne Frau machen. In Image-Gesellschaften sehen die Menschen nicht die Wahrheit, die unter der Schminke verborgen ist. Die Situation der Nachrichten ist dieselbe. Die Nachricht braucht nicht der Wahrheit zu entsprechen. Wenn im Südosten 48 Soldaten gestorben sind, so nimmt dies nicht mehr Raum in den Zeitungen als eine Nachricht über Mirkelam.[1] Mirkelam nimmt die ganze Seite ein. Die Nachrichten über den Tod von 40 jungen Menschen und andererseits über den neuen Clip dieses Popstars sollte gleichwertiger sein. Aber nein. Jeden Tag sterben 20 bis 30 Personen bei Verkehrsunfällen. Das ist keine Nachricht, jedoch die Silikonbrüste einer unbekannten Schauspielerin nehmen Seiten ein. Die Herrschenden wollen nicht aufgrund von Problemen, für die sie keine Lösung haben, mit Druck von der Gesellschaft konfrontiert werden. Unsere Aufgabe ist, die Gesellschaft zu verdummen.

Bei den griechischen Journalisten fällt auf, dass sie ein größeres Gewicht auf die Zeitdimension legen. G-2 definiert eine Nachricht als „alle Veränderungen der jetzigen Situation, welche die Leute interessieren“. G-7, wiederum eine Betonung auf Zeit und Veränderung legend, äußerte: „Eine Nachricht ist, was gestern

[1] Ein in den neunziger Jahren aufleuchtender und schnell wieder erloschener türkischer Popstar

noch nicht existierte.“ Mehrere türkische und griechische Journalisten beschrieben Nachrichten als „alles Geschriebene“ oder, „wenn etwas schriftlich niedergelegt wird, ist es eine Nachricht“, und T-7 bemerkte, „was der Nachrichtenredakteur in der Zeitung sehen will, ist eine Nachricht. Vieles, was ich als Nachricht ansehe, akzeptiert er nicht und setzt es nicht in die Zeitung“.

Einige Autoren (Agee, 1983: 30-33; Brook und andere, 1986: 4-18; Mencher, 1994: 50-53; Schiff, 1996: 180) haben herausgefunden, dass Rekrutierung von Personal darauf beruht, dass vom Personal die Einstellungen im Hinblick auf den Prozess der Nachrichtenproduktion, auf die Medienorganisationen und auf Berichterstattung und Nachrichtenwert geteilt werden. Dies trifft allerdings nicht auf die Situation in der Türkei und Griechenland zu. Auffallend ist, dass in diesen Ländern innerhalb einer Medienorganisation Journalisten unterschiedlicher und einander entgegengesetzter Ansichten anzutreffen sind und dies nicht nur auf der unteren Ebene, sondern gleichfalls unter den Verlegern. Nationalismus und nationale Tabus behindern in beiden Ländern journalistische Tätigkeiten. Im Vergleich zu den türkischen Journalisten betonten aber vor allem die griechischen Journalisten, dass nationalistische Erwägungen die Nachrichtengebung stark beeinflussen:

> Für einen griechischen Journalisten ist es keine Nachricht, wenn die Türkei in Freundschaft ihre Hände den Griechen entgegenstreckt. Wenn die Türkei jedoch davon spricht, dass „keine Waffen auf den Ägäischen Inseln verbleiben sollen“, so ist dies eine große Nachricht. Sofort beginnt die griechische Presse mit ihren Kommentaren: „Da die Türkei für eine Entwaffnung der Inseln eintritt, ist davon auszugehen, dass ein großes Interesse an den Inseln besteht. Dies ist ein Beweis für die türkische Expansionspolitik. Die Türkei ist eine große Gefahr für Griechenland.“ Um aufrichtig zu sein, die Situation der griechischen Minderheit in Albanien ist nicht anders als die Situation der türkischen Minderheit in West-Thrakien. Dort ist die Unterdrückung der griechischen Minderheit eine Nachricht, hier aber wird eine ähnliche Unterdrückung der türkischen Minderheit nicht zur Nachricht. Wenn ich darüber berichten würde, würde meine Zeitung es nicht drucken.

Einige Journalisten beklagten sich sehr darüber, dass die Nachrichten in Griechenland oft hellenistisch ausgerichtet sind und es fast unmöglich ist, unterschiedliche Ansichten über bestimmte

Themen zu vertreten. G-9 bemerkte, dass eines dieser nur schwer diskutierbaren Themen die Situation der türkischen Minderheit in West-Thrakien sei: „Die Leute dort sagen: Wir sind Türken, aber ich werde dazu gezwungen, „Moslem“ zu schreiben. Ich habe es abgelehnt, über West-Thrakien zu berichten, denn ich weiß, dass ich auch in der *Elefhterotypia* nicht das schreiben kann, was ich will.“ Obwohl *Eleftherotypia* eine linksgerichtete Zeitung ist und ihren Angestellten bezüglich der Berichterstattung über nationale Tabus große Freizügigkeit einräumt, fühlt sich ein dort arbeitender Journalist nicht frei, da er Drohungen von seinen Kollegen und von Politikern befürchtet. Den Berichten der griechischen Journalisten ist zu entnehmen, dass die griechische Gesellschaft wie auch die Medien nationale Themen „wie im Kriegszustand oder in einem Zustand der Bedrohung des Landes“ behandeln.

Für Journalisten ist es fast unmöglich, sich von nationalistischen Themen und allgemein akzeptierten gesellschaftlichen Werten frei zu machen. Dies gilt nicht nur für die Türken und Griechen. Edward Said (1984: 40-41) schreibt, dass im Westen produzierte Nachrichten meist auf vorbestimmten Werten, Konzepten und Klischees beruhen. Deshalb ähnele sich üblicherweise das Image des Moslems in den westlichen Medien: Ölscheich, Terrorist oder blutdürstige Massen! Schlesinger (1994: 53) befasst sich ebenfalls damit, wie definierte Werte und Konzepte den Prozess der Nachrichtenherstellung beeinflussen. Er bemerkt, dass jeder, der sich gegen den öffentlichen Diskurs stellt, im Westen als Terrorist angesehen wird. Innerhalb dieses Diskurses wird jedoch nicht auf Staatsterrorismus verwiesen, wenn es sich nicht um ein kommunistisches Land oder neuerdings einige Länder im Mittleren Osten handelt. Chomsky und Herman (1979) schreiben, dass selbst diejenigen, die Proteste gegen den Vietnamkrieg unterstützten, trotz der Tatsache, dass sie Kriegsgegner waren, in den USA als Terroristen bezeichnet wurden.

Golding und Middleton (1982: 113-153) entwickelten zur Erklärung der Nachrichtenherstellung in der englischen Gesellschaft das Konzept des „ideologischen Ansatzes“. In diesem Rahmen richteten sie das Augenmerk auf den allgemeinen sozialen Rahmen und die in der Gesellschaft vorherrschenden sozialen Werte.

Spuren dieser Ansätze sind auch in den Aussagen der türkischen und griechischen Journalisten zu finden. Jedoch tritt in deren Beschreibungen noch eine andere Tatsache in den Vordergrund: die zunehmende Vermischung von Unterhaltung und

Nachricht. Diese Tendenz tritt vor allem in den Fernsehnachrichten in den Vordergrund, nimmt aber auch Einfluss auf die Nachrichtenerstattung in Zeitungen. Die Kombination von Nachrichten und Unterhaltung, die Präsentation selbst der wichtigsten Nachrichten in einem Unterhaltungspaket wird in der Literatur als *Infotainment* beschrieben. Der Fernsehredakteur T-9, der sich selbst als liberal bezeichnet, liefert ein perfektes Beispiel für den Infotainment-Ansatz in seiner Kritik der Nachrichtenauffassung:

> Für mich sollte eine Nachricht vor allem überraschend sein. Überraschend und ausgefallen. Versammlungen im Parlament oder Parteisitzungen sind für mich keine Nachricht. Leider sind wir dazu verpflichtet, das, was die Politiker sagen, zu Nachrichten zu verarbeiten. Ich denke jetzt ganz anders. Die Kamera wird auf Çillers Schuhe gerichtet und, wenn sie diese während einer Rede auszieht, wird dies zu einer Nachricht verarbeitet. Wir zoomen mit der Kamera die Gesichter eingeschlafener Parlamentarier heran. Eine Nachricht soll die Leute unterhalten. Es ist nicht mehr die Aufgabe der Nachricht, Leute zu informieren. Das, was die Paparazzis machen, sind auch Nachrichten. Die Mode, die Köpfe der Leute mit politischen Nachrichten voll zu stopfen, ist vorbei. Das war das Nachrichtenverständnis des Einparteiensystems.

G-17 bezeichnet die Situation als „moderen Journalismus“. Ihm zufolge werden im Journalismus der modernen Zeiten solche Dinge zu Nachrichten, über die sich Leute amüsieren und freuen:

> Vielleicht passieren wichtige Dinge in ihrem Umfeld, aber weil die Leute über solche Dinge nichts lesen wollen, berichtet man nicht darüber. Dann wird eine winzige Angelegenheit riesig aufgemacht, weil dies angeblich ankommt. Das ist, was meine Zeitung von mir erwartet. Früher musste mich meine Zeitung zwingen, über unwichtige Dinge zu berichten, aber mittlerweile habe ich die Auffasung meiner Zeitung verinnerlicht, und niemand braucht mir mehr zu sagen, was ich tun soll.

Papandreous Ferien oder Lianis Nacktaufnahmen sind Beispiele für diese Nachrichtenauffassung. Sie lieferten eine Zeit lang wichtiges Material für die griechische Presse.G-9 zufolge forderten dies die Leser: „Wir verkaufen Nachrichten. Eine der wichtigsten Verkaufstaktiken ist es, eine Sache übertrieben und viel bedeutsamer darzustellen. Was tun, wenn nicht übertreiben, die Dinge über die wir berichten sind so unwichtig. In Wahrheit machen wir auch Nachrichten aus dem Nichts."

Ausgefallenheit und das Interesse daran beherrschen die Nachrichtenerstattung moderner Zeiten. Aus diesem Grund wird die Suche nach Nachrichten für die modernen Journalisten oft zu einer Art „Jagd auf Ausgefallenheit". Die Nachricht über ein Mädchen irgendwo im Mittleren Osten, aus deren Augen Kristallstücke fallen, wird in allen Fernsehstationen berichtet. Dies geschieht ohne eine Erklärung und ohne das Heranziehen von medizinischen Spezialisten. Manchmal kann eine zufällige Nachricht Interesse erwecken und wird zur Mode. Dann sind die Journalisten geradezu wie in einem Rausch darum bemüht, ähnliche Nachrichten aufzutreiben. Sind Müllhäuser oder Menschen, die im Müll leben, aktuell, geht die Kamera mit der Polizei auf die Jagd nach „Müllmenschen". Es können dann die Häuser der unterwegs zufällig entdeckten, mutmaßlichen Müllmenschen erstürmt werden.

Tester (1994: 2) schreibt, dass heutzutage die Kulturproduktion sehr stark von den Medien beeinflusst wird:

> Die Medien präsentieren alles als in sich und für sich interessant; sie sind entschieden darum bemüht, die Möglichkeit zu zerstören, dass einige Dinge qualitativ besser sein könnten. Dank der Medien werden Dinge entweder als interessant oder als langweilig bezeichnet - dies ist alles, was sie sind... Die Vorherrschaft der Medien und die Reduzierung aller kritischen Fähigkeiten auf die Kategorien interessant und langweilig sind nicht nur eine Zerstörung der kulturellen Werte, sondern auch die moralischen Werte unterliegen ernstlich einer Zerstörung.

Auffallend ist, dass es sowohl in Griechenland als auch in der Türkei keine allgemein geteilte Meinung darüber gibt, was ein Nachrichtenwert ist. Es gibt auch keine Kriterien, welche die Bedeutsamkeit einer Nachricht bestimmen. Was eine Zeitung als besonders wichtige Nachricht mit großen Buchstaben auf der ersten Seite bringt, mag in einer anderen Zeitung überhaupt keine Erwähnung finden.

Die Suche nach Ausgefallenheit ist vor allem für das Fernsehen wichtig, und einige Fernsehkanäle verwandeln ihre Nachrichten in Infotainment. Einige Journalisten werden als Infotainment-Meister berühmt. T-6 gibt hierfür ein Beispiel aus der Türkei:

> Eine Nachricht ist etwas anderes. Was die Fernsehkanäle machen, ist Infotainment. Ich möchte als Nachrichtenberichterstatter nicht mit den Infotainern auf eine Ebene gestellt werden. In den Fernsehnachrichten werden alle Möglichkeiten genutzt, die Leute zu unterhalten. Sehen sie sich Reha Muhtar an. ... Er hat die höchsten Einschaltquoten. Das, was er macht, ist eigentlich kein Nachrichtenprogramm. Er findet seltsame Wesen und präsentiert diese in den Hauptnachrichten. ... Jemanden ohne Arme und Beine, der mit der Nase Trompete spielt, zur ersten Nachricht machen und diesen eine halbe Stunde lang sprechen lassen. ...Die Leute finden dies interessant und schauen es sich an. Niemand beklagt sich darüber, dass an zwei Abenden ein zwanzigjähriger junger Mann aus Urfa gezeigt wird, der eine siebzigjährige Engländerin geheiratet hat. Sie amüsieren sich. Das ist gut, aber das ist kein Nachrichtenprogramm. Das ist eine Art „Glaube es oder nicht"-Showprogramm. Wenn ich die Einschaltquoten derartiger Programme sehe, mache ich mir Sorgen um meinen Beruf.

Eine andere typische Eigenschaft des Fernsehens ist es, jedes Ereignis möglichst zu personifizieren. G-12 stellt fest, dass die Personifizierung in der Nachrichtenerstellung eine große Rolle spielt und es einfacher ist, Mitteilungen personifiziert zu präsentieren. Er befürwortet diesen Ansatz nicht nur für das Fernsehen, sondern auch für die Nachrichtenerstattung in allen anderen Medien:

> Journalismus bedeutet nicht, ein Ereignis vollständig darzustellen. Wenn sie einen Teil gefunden haben, den jeder versteht und fühlt, ist es auch nicht von Schaden, über einige wichtige Aspekte hinwegzuspringen. Nehmen wir ein Flugzeugunglück. Wenn sie „Flugzeug abgestürzt, 200 Tote" sagen, ist die Nachricht beendet. Wenn sie jedoch ein abgerissenes Kinderbein, zwischen den Flugzeugsesseln eingeklemmt, mit in die Nachricht einbauen, ist der Effekt phantastisch. Vielleicht ist dies etwas grausam, aber auf diese Weise werden die Gefühle eines jeden angesprochen. Wenn sie von den 200 Toten eine einzelne Person auswählen und ihre Geschichte erzählen, so sind sie noch erfolgreicher, und wenn diese Person den Zug verpasst hatte und, obwohl sie ein Flugticket für den vorherigen Flug hatte, nicht geflogen ist, mit dem Taxi zum Flughafen geeilt ist, in letzter Sekunde für das abgestürzte Flugzeug ein Ticket bekommen hat – bitteschön, dann haben sie eine überaus interessante Nachricht.

Hier ist es angebracht, die sechs Kriterien für Fernsehnachrichten nach Liebes (1992: 359 - 61) aufzuführen, denn diese erfahren auch eine Bestätigung durch die Aussagen der türkischen und griechischen Journalisten. Die Kriterien der israelischen Wissenschaftlerin bezüglich der Fernsehnachrichten scheinen international Gültigkeit zu haben:

1. Exponiere das Ausgefallene, nicht das Normale, Abweichungen und nicht die Norm, Unordnung und nicht Ordnung, Uneinigkeit und nicht Harmonie.
2. Betone Konflikte, vereinfache Sachverhalte des normalen Lebens so weit wie möglich und benutze Stereotypen zur Beschreibung der Beteiligten.
3. Konzentriere dich auf die Ereignisse, nicht auf den Prozess oder den Zusammenhang dieser Ereignisse.
4. Eine Betonung der Ereignisse bedeutet auch immer eine Betonung der Aktionen.
5. Konstruiere die soziale Wirklichkeit als eine Serie von einfachen, dramatischen Episoden, so wird die Personifizierung der sozialen und politischen Institutionen und Entwicklungen, die den Rahmen dieser Episoden bilden, ermöglicht.
6. Nutze eine Rhetorik in den Nachrichtenprogrammen, die Unterhaltung liefert und Fakten als Geschichten wiedererzählt.

Der linksgerichtete Chefredakteur T-2 definierte Nachrichten vollkommen anders als seine Kolleginnen und Kollegen. Für ihn ist eine Nachricht ein Mittel des Klassenkampfes. Jede Zeitung, egal ob bourgeois oder proletarisch, beruft sich im Prozess der Nachrichtenproduktion auf eine Analyse. Es wird von einer Analyse ausgegangen, und dann werden Nachrichten, die diese Analyse unterstützen, gefunden. Demzufolge beschließen die bourgeoisen Medien, dass es zu ihrem Vorteil ist, wenn die Türkei Washingtons Handelssperre mit dem Irak unterstützt. Es folgt, dass die Journalisten, die für diese Mediengruppe arbeiten, Nachrichten suchen, welche den Irak für verschiedene Probleme, mit denen die Türkei konfrontiert ist, verantwortlich machen. Eventuell können sie auch falsche Nachrichten heranziehen. Solche Nachrichten werden möglichst auf den ersten Seiten gebracht. Der Rest der Seiten wird mit irgendwelchen hereinkommenden Nachrichten gefüllt. T-2 sagt: „Das ist der Journalismus der Bourgeoisie. Aber unser Journalismus ist nicht anders. Wir sind gegen Privatisierung. Wir versuchen, Nachrichten zu finden, die Nachteile einer solchen Privatisierung beschreiben."

Die Funktion der Nachrichten bei der Bildung einer öffentlichen Meinung ist nicht zu leugnen. Folglich ist die Nachricht ein bestimmendes Element im demokratischen Entscheidungsprozess. Im Gegensatz hierzu stehen jedoch die Aussagen einiger griechischer und türkischer Journalisten, welche bemerkten, dass die Darstellung gewisser Themen unverändert bleibt, obwohl Veränderungen und Entwicklungen stattgefunden haben. Das Ergebnis ist, dass die Journalisten den Einfluss der Nachricht äusserst pessimistisch beschrieben. Der Pessimus von T-6, dem Direktor einer Nachrichtenagentur, ist geradezu auffallend:

> In meiner Jugend war es für mich nur wichtig, dass ich von der Wahrheit einer Nachricht überzeugt war. Die Jahre sind vergangen, und ich habe begriffen, dass ich nichts durch Schreiben verändern kann. Ein Fußballstar schmuggelt einen Mercedes ins Land. Wir haben nicht darüber berichtet, er wird verurteilt und landet im Gefängnis. Der Justizminister machte ihn zum Trainer des Fußballteams des Justizministeriums. Zurzeit steht die Liebesbeziehung eines Mannes, der wegen Betruges der Istanbuler Wasserwerke im Gefängnis sitzt, im Mittelpunkt der Medien. Beide haben wir geehrt. Wenn ich jetzt eine Nachricht schreibe, denke ich auch darüber nach, wie diese Nachricht diese Person beeinflussen könnte. Der Mann hat gestohlen. Richtig. Dann schreibe ich darüber, sage ich nicht mehr. Ich will nicht dafür verantwortlich sein, dass dessen Kinder sich über Jahre hinaus schämen müssen oder der Mann in den Selbstmord getrieben wird.

Die „heiligen" Konzepte des dominanten Nachrichtenverständnisses und des liberal-pluralistischen Ansatzes, Objektivität und Neutralität, bleiben abstrakte Konzepte, die weder in die türkische noch in die griechische Medienpraxis Eingang finden. Einige Journalisten bezeichneten diese Konzepte als dummes Gerede, andere als Konzepte ohne Realitätsbezug. Wiederum andere bemerkten, dass Objektivität und Neutralität der Vorgang sind, mit dem sich der Journalist von dem behandelten Fall distanziert und garantiert, dass es zu keinen Interessenkonflikten kommt.

Dies ist von großer Bedeutung im Zusammenhang mit der Diskussion um Werte im Journalismus. Zur Veranschaulichung werden die Gedanken der türkischen und griechischen Journalisten wörtlich wiedergegeben:

T-1: Es ist Unsinn zu behaupten, dass Journalisten neutral sind. Der Journalist hat auch eine Einstellung. Bei der Auswahl einer Nachricht aus tausenden wird diese Einstellung deutlich. Wichtig ist, dass dann objektiv, gewissen Regeln folgend, über das Ereignis berichtet wird.

T-9: Objektivität ist eine große Lüge. Ich glaube nicht, dass ein Journalist objektiv oder neutral sein kann. Nur Institutionen können darum bemüht sein und gewisse Nachrichtenkriterien entwickeln. Sie können kontrollieren, ob ihr Personal sich an die ethischen Prinzipien hält oder nicht. Bezüglich Neutralität möchte ich ihnen ein komisches Beispiel von der Zeitung *Cumhuriyet* geben. *Cumhuriyet* ist eine sozialdemokratische Zeitung, jedoch unterstüzte sie auf einem Parteikongress eine bestimmte Fraktion. Noch vor dem Kongress hatte die Veröffentlichung eines Bildes von Baykal, das in gleicher Größe wie ein Bild von Inönü erschienen war, zu großen Diskussionen geführt. Warum? Die Zeitung unterstützte Inönü und wollte, dass Baykals Foto kleiner abgedruckt würde.

G-8: Es gibt keine Objektivität. Nur, indem man sich zu seiner eigenen Position bekennt, kann man einen gewissen Grad an Objektivität erreichen. Die Hauptsache ist, Fakten nicht verfälscht darzustellen. Gefährlich ist es, wenn man Dinge zur Unterstützung seiner eigenen Ansichten aneinander reiht, ohne seine eigenen Ansichten offen auszusprechen. Aber ist es nicht genau das, was im Namen einer Nachricht gemacht wird?

G-12: Objektiv und neutral zu bleiben, ist schwierig. Das Verhältnis der Informationsquelle zum Ereignis ist schon ein Problem an sich. Wie interpretiert die Informationsquelle das Ereignis? Wie beschreiben es die Augenzeugen? Konnten sie mit allen Augenzeugen sprechen? Jeder mag eine andere Geschichte erzählen. Welche Version des gleichen Ereignisses wird von ihnen übernommen? Wie interpretieren sie das Erzählte? Informationsquelle und Augenzeuge wie auch der Journalist interpretieren ein Ereignis unterschiedlich. In den ersten Jahren im Beruf, als noch unerfahrener Journalist, mögen sie eventuell noch an Neutralität und Objektivität glauben. Aber mit der Zeit wird man immer gerissener und beginnt wie folgt zu denken: Wie mögen die anderen Journalisten darüber berichten? Wie kann ich meine Story noch interessanter machen? Ich mache diese Arbeit nicht aus moralischen Gründen. Ich will Geld verdienen. Um ein guter Journalist zu sein und um meine Nachrichten zu verkaufen, muss ich einige Dinge ergänzen, um die Sache interessanter zu machen.

In ihrem Zweifel an der Tugenden der Objektivität stehen die Türken und Griechen nicht alleine da. Einer der bekanntesten Journalisten im Westen, *James Cameron*, vertritt eine ähnliche Ansicht bezüglich Objektivität:

> Ich verstehe nicht, wie ein Journalist im Namen einer abstrakt definierten Objektivität über eine Situation, in der es um einen moralischen Konflikt geht, neutral berichten soll. Ich habe dies nie machen können. In solchen Situationen bleibt einem nichts anderes übrig, als subjektiv zu handeln und dies möglichst offen auszusprechen. Vielleicht habe ich nicht immer ein ausreichendes Maß an Ausgewogenheit gezeigt; jedoch war ich immer der Überzeugung, dass Objektivität nicht so wichtig ist. Der Journalist, der eine auf keiner Meinung aufbauende Technik nutzt, vernachlässigt eine sehr wichtige Dimension.

Cameron (S. 74-75) lehnt Objektivität in dem Punkt, wo sie mit der Wahrheit kollidiert, ab. Er vertritt die Meinung, dass ein Ereignis untersucht und kritisiert wird. Manchmal kann ein Ereignis, auch wenn es alle Objektivitätsprüfungen besteht, nicht der Wahrheit entsprechen. Der beste Weg ist es, kritische und oppositionelle Gedanken zu entwickeln und das Ereignis von allen Propagandaelementen und selbst von den eigenen Vorurteilen zu befreien.

Der traditionelle Vertreter der Objektivität in den Sozialwissenschaften, Max Weber, stellt fest, dass es, sobald Werte in die empirische Analyse eingehen, besser ist, dies offen auszusprechen, als es zu verheimlichen. O'Neil (1992: 20) überträgt diesen Ansatz auf die Nachrichtenproduktion und bemerkt, dass die Wahl und das Berichten einer Nachricht niemals frei von moralischen Werten sei. Deshalb sei das Beste, was ein Journalist für seine Leser machen kann, die offene Darlegung seiner eigenen Einstellungen. Aus diesem Grunde berufen sich radikale Theoretiker auf Konzepte wie *Aufrichtigkeit, Wahrnehmungsvermögen und Wahrheitsliebe* im Journalismus und nicht auf die Konzepte des liberalen Ansatzes *Neutralität und Objektivität.* Die Praxis der türkischen und griechischen Journalisten bestätigt die Gültigkeit eines solchen Ansatzes.

Der einfachste Weg, wie sich ein Journalist als neutral und objektiv präsentieren kann, ist die Nachricht aus der Sicht aller Parteien darzustellen. Wie kann dies in die Praxis umgesetzt werden? Die Journalisten stimmen darin überein, dass, je mehr sie diesem Prinzip folgen, die Nachricht qualitativ besser, aussagekräftiger wird. Sie geben allerdings zu, dass dies aus verschiedenen Gründen nicht immer machbar ist.

Einige türkische Journalisten vertreten die Meinung, dass es nicht immer gut sei, alle Parteien zu Wort kommen zu lassen. T-1 bemerkt, dass es nicht notwendig sei, über einen Folterbericht mit der Polizei zu sprechen. Er weiß, dass die Polizei das sowieso ablehnen würde. Er bezöge sich in seinen Nachrichten auf die *Vereinigung für Menschenrechte* bzw. auf die *Gesellschaft für Menschenrechte*. Auf diese Weise mache er diese Organisationen für die Nachricht verantwortlich. T-6, der Chef der Nachrichtenagentur, bemerkt, dass, wenn die Dokumente ausreichend sind, nicht unbedingt mit der beschuldigten Seite gesprochen werden müsse. Er erklärt dies wie folgt:

> Manchmal bin ich ausdrücklich darum bemüht, nicht mit allen Parteien über eine Nachricht zu sprechen. Sie erwischen Herrn Ahmet bei einem Betrug. Alle Dokumente sind ihrer Hand. Die Sachlage ist eindeutig. Dann rufen sie ihn an und stellen ihm diesbezüglich Fragen. Er erzählt ihnen irgendetwas und ruft dann sofort ihren Chef an. Was ist das? Der Chef ruft sie an. Der Mann kennt ihren Boss und die Nachricht erscheint nicht in der Zeitung.

VI.2 Die Beziehung zwischen Nachrichtenquelle und Journalist

In diesem Zusammenhang stellen sich folgende Fragen: Welche Personen sind die Nachrichtenquellen? Welche Beziehungen entwickeln sich zwischen den Journalisten und den Nachrichtenquellen? Wie beeinflussen diese Beziehungen die Nachrichtenproduktion? Eine der schwierigsten Fragen ist, ob die Nachrichtenquelle den Journalisten oder der Journalist die Nachrichtenquelle benutzt.

In allen Studien über die Beziehungen der Journalisten zu den Nachrichtenquellen werden Regierungsvertreter, Minister, Vertreter der Polizei und des Militärs als wichtigste Quellen angeführt. Diese Quellen werden auch als *Primärquellen* (Hall u.a., 1978, 1984) oder als *Nachrichtenmacher* (Roscho, 1975) bezeichnet. D.h., sobald Erklärungen und Kundgebungen von Seiten des Ministerpräsidenten und des Generalstabs sowie die Presseerklärungen einer großen Holdinggesellschaft oder die Äußerungen eines Parteivorsitzenden schriftlich veröffentlicht werden, wird daraus eine Nachricht gemacht. Wenn das so ist, erfüllt der Journalismus nicht seine Hauptaufgabe, nämlich, als Forum für unterschiedliche Ideen zu dienen und die Bevölkerung zu informierten und zu kritischen Bürgern zu erziehen. Wie können die Medien als Forum dienen, wenn fast ausschließlich die Aussagen der Mächtigen Nachrichtenwert haben und die Ansichten der unteren Schichten nur bedingt in den Medien zu Worte kommen? Wie können wir sicher sein, dass die Bürger richtig informiert werden, wenn Nachrichten in Wirklichkeit Aussagen der politischen und wirtschaftlichen Eliten sind?

Gehören die Nachrichtenmacher den höheren Schichten an beziehungsweise stehen diesen nahe, so vereinfacht dies die Nachrichtenproduktion. T-4 bemerkt, dass die Kinder solcher Nachrichtenmacher für den Journalismus prädestiniert sind. Er stellt weiterhin fest, dass der Journalismus in Zukunft deshalb auch vermehrt zu einem Beruf der Oberschichten werden wird:

> Kinder der unteren Schichten können Journalismus als Beruf kaum noch ergreifen. In Zukunft werden sie vielleicht überhaupt keine Journalisten mehr. Es bedarf einer immer besseren Ausbildung. Die Kinder der oberen Schichten stehen den Nachrichtenmachern näher. Zum Wohle der Öffentlichkeit muss man den Eliten nahe stehen, denn die Entscheidungen werden von diesen getroffen.Wenn jedoch die Kinder der Oberschichten zu Journalisten werden, werden diese auch wirklich für das Wohl der Öffentlichkeit handeln?

Sobald die Beziehung zu den Nachrichtenquellen angesprochen wurde, kam in Griechenland wie in der Türkei die Rede zunächst auf die Bedeutsamkeit von *Vertrauen*. Wenn das Verhältnis des Journalisten zur Nachrichtenquelle keine Vertrauensbasis hat, kann sich im Grunde keine Beziehung entwickeln. Dies bestätigen die Studien von Tunstall (1970) und Blumler und Gurevitch (1981) über die Beziehungen von Journalisten zu Politikern. Vertrauen ist nicht unbedingt gleichbedeutend mit einer gleichen politischen Meinung. Es beruht vielmehr auf einem gegenseitigen Verständnis und im Vorhinein festgelegten Regeln. Das Vertrauen der Nachrichtenquelle ist von höchster Wichtigkeit. Der Verlust wird im Jargon als „Töten der Quelle“ bezeichnet, was einem Selbstmord als Nachrichtenerstatter gleichkommt. Ein türkischer Journalist, der im Auftrag von Vertretern des Außenministeriums eine Frage an den Sprecher des Ministeriums richtete, verteidigte sich wie folgt:

> Ich musste diese Frage stellen. Der Sprecher hatte die Antwort vorbereitet. Ihre Taktik ist es, die Fragen im Voraus den Journalisten vorzuschreiben und dann so zu tun, als ob sie auf die Fragen der Presse antworten (Dies ist eine Methode, die in vielen Ländern angewendet wird. L.D.T.). Dieses Mal wurde mir die Frage übergeben. Ich kann täglich mehrmals den Sprecher anrufen und Dinge erfragen. Wenn ich die Frage nicht akzeptiere, so gibt er mir vielleicht in Zukunft keine Antwort mehr auf meine Telefonate. Dann kann ich keine Nachrichten machen.

Mancini (1993) fand in seiner Studie über italienische politische Journalisten heraus, dass das Verhältnis zwischen Journalisten und Politikern auf einem extrem komplexen „Vertrag“ beruht. Unter anderem spielen Größe und Wichtigkeit der Zeitung, für die der Journalist arbeitet, eine Rolle. Je wichtiger die Zeitung, umso einfacher ist es für den Journalisten gewisse Informationen zu erhalten. Sie werden den Journalisten kleinerer Zeitungen verheimlicht. In Griechenland und in der Türkei erschwert auch eine politische Oppositionshaltung den Zugang zu politischen Nachrichten.

Tuchman (1978) bestätigt, dass das Verhältnis zu den Nachrichtenquellen die grundlegenden Praktiken der Nachrichtenerstellung bestimmt, bemerkt aber außerdem, dass der Zeitdruck, unter dem der Journalist steht, ihn noch stärker an die Nachrichtenquellen bindet. Das Ergebnis ist, dass die Journalisten in ihrer täglichen Praxis oft als Lautsprecher der politischen und wirtschaftlichen Eliten fungieren.

Mancini (1993: 36-7) beschreibt, dass die Beziehungen zwischen Journalisten und Politikern sehr unterschiedlich seien, dass viele der Journalisten jedoch im Laufe der Zeit mit ihren Nachrichtenquellen eine politische Koalition eingehen: Die meisten Journalisten haben mehr als eine Quelle in derselben politischen Partei. Auf diese Weise bekommen sie exklusive Informationen. Die Politiker, die solche Informationen weitergeben, sind sich jedoch sicher, dass darüber angemessen berichtet wird und dies schließlich und endlich zu ihren Gunsten ist.

Mancinis Beschreibung der italienischen Journalisten trifft seiner Meinung nach nicht auf die englischen Journalisten zu, ist jedoch typisch für das Verhältnis der griechischen und türkischen Journalisten zu ihren Nachrichtenquellen. In beiden Ländern gibt es Journalisten, die sehr eng mit ihren Nachrichtenquellen verbunden sind, so sehr verbunden, dass sie die Nachrichten vor der Veröffentlichung in der Zeitung ihren Quellen vorlesen.

Nach 1980 ist es für viele Journalisten eine Ehre, Politiker zum Freund zu haben. Führende Politiker als Trauzeugen wurden regelrecht Mode. Wochen voraus werden die Trauungseinladungen von Politiker zu Politiker gereicht, um schließlich die Trauzeugen zu garantieren. Das Ergebnis sind Journalisten, die Politiker mit „älterer Bruder" ansprechen und nicht mehr in der Lage sind, offen über die Fehler der Politiker zu berichten. Diese Annäherungen bieten den Journalisten jedoch auch einige Vorteile:

> Ein Journalist, der in engem Kontakt mit der DYP (Partei des Rechten Weges) steht, findet einen guten Posten in der staatlichen Presseagentur, wenn DYP an die Regierung kommt. Dann wird er eventuell nach Amerika zu einem englischen Sprachkurs geschickt. Die Präsidenten der linksgerichteten Vereinigung der Journalisten werden zu Beratern sozialdemokratischer Minister. Journalisten, welche mit der SHP (Sozialdemokratische Partei) liiert sind, finden gute Posten in sozialdemokratischen Ministerien. Einige nähern sich ihren Quellen derartig, dass sie selbst eine Fraktion dieser Partei unterstützen (T-16).

Das Ergebnis eines solch engen Verhältnisses ist, dass der Journalist den Jargon seiner Nachrichtenquelle übernimmt. Einige behaupten, dass die Polizeireporter nicht nur den Jargon, sondern auch gewisse Verhaltensweisen der Polizei übernehmen. Sie nehmen wie Polizisten an Operationen teil und sehen die Dinge aus deren Perspektive. Die Nachrichtenquellen ihrerseits betrachten die Journalisten vermehrt als ihre Kollaborateure. Die Bemerkungen eines ehemaligen Gouverneurs von Ankara in einer Pressekonferenz sprechen für sich: „Wir müssen zusammenarbeiten. Wir müssen uns gegenseitig unterstützen. Mir ist zu Ohren gekommen, dass einige Freunde, die uns unterstützen, als Spitzel bezeichnet werden. Was ist schlecht daran, ein Spitzel zu sein?" Dies kann so weit gehen, dass Journalisten, die offizielle Vertreter nicht „unterstützen", als Vaterlandsverräter bezeichnet werden.

Auch wenn einige Journalisten sehr darum bemüht sind, enge Beziehungen mit ihren Nachrichtquellen einzugehen, so ist dies in Journalistenkreisen dennoch nicht besonders gern gesehen. In der Türkei werden Journalisten mit solch engen Beziehungen als „Journalisten der Familie“ bezeichnet.

Informationen können in zwei Kategorien eingeteilt werden. In den entwickelten, westlichen Demokratien werden die Journalisten regelrecht mit Informationen von offizieller Seite bombardiert. Der Journalist versinkt in der Fülle von Nachrichten und ist kaum mehr in der Lage, nach unabhängigen Informationen zu forschen. Aus Furcht, er könnte eine Nachricht verpassen, wagt er es nicht, die offiziellen Nachrichtenzentren zu verlassen. Das war eine erfolgreiche Methode der US-amerikanischen Regierung im Golfkrieg. Sie war derart erfolgreich, dass General Schwarzkopf es nicht unterlassen konnte, sich bei den Journalisten dafür zu bedanken, dass sie seine Informationen benutzten.

Die zweite Kategorie sind die wortkargen Quellen. Griechische und türkische Amtsträger gehören in diese zweite Kategorie. Die türkischen und griechischen Journalisten beklagen sich darüber, dass sie große Schwierigkeiten haben, Auskünfte von den offiziellen Sprechern und Bürokratien zu bekommen. Mit Ausnahme einiger hoch gestellter Amtsträger ist es Bürokraten nur im Einvernehmen mit ihren Vorgesetzten erlaubt, Informationen an die Presse weiterzugeben. Aufgrund eines neuen Gesetzes, welches als europäische Norm akzeptiert wurde, sind die Bürokraten in Griechenland seit 1995 dazu verpflichtet, die Medien zu informieren. Dennoch werden alte Angewohnheiten fortgesetzt.

Carmocolias (1972: 173) schreibt, dass ein typischer griechischer Bürokrat nur zur Frustration und Verwirrung eines Journalisten beiträgt:

> Die Überlieferung einer Information wird als persönliche Gefälligkeit betrachtet, oder die Information wird nicht gegeben. Dies beruht darauf, dass die Bürokraten sich nicht als Vertreter der Öffentlichkeit, sondern ihrer Vorgesetzten sehen. Deshalb fühlen sie sich nicht dazu verpflichtet, Informationen zum Wohle der Öffentlichkeit an die Journalisten weiterzugeben. Informationen werden als eine Art Eigentum betrachtet, welches nur unter bestimmten Bedingungen weitergegeben wird.

Mit der Betonung, dass er den meisten seiner Nachrichtenquellen nicht vertraut, stellte T-9 fest:

> Es gibt viel Manipulation. In der Türkei ist der Staat sehr wort-

> karg. Informationen werden nicht weitergegeben. So holst du dir deine Informationen von anomymen Quellen. Auf diese Weise werden auch viele Lügen mit eingebaut. Wenn jemand einen Rivalen anschwärzen will, so gibt er dir gewisse Informationen.

Die türkischen wie auch die griechischen Journalisten bemerkten, dass die Beziehung Nachrichtenquelle-Journalist auf einer gegenseitigen Vorteilserwartung beruht. G-17, welcher über Kunst berichtet und Künstler als Quelle benutzt, äusserte sich wie folgt: „Die benutzen mich, um berühmter zu werden, und ich benutze sie, um meine eigenen Geschichten schreiben zu können.“ G-18 sieht die eigentlichen Profiteure in dieser gegenseitigen Beziehung in den Nachrichtenquellen, „denn wir übernehmen die Informationen und tragen damit zur Reproduktion vorherrschender Ideen und des Status quo bei“.

Cameron betont, wie wichtig es ist, analytisch und kritisch bei der Nachrichtenerstellung zu sein. Um dazu fähig zu sein, bedarf es einer intensiven Lektüre. Ein analytischer Ansatz ist für die Nachrichtenquelle-Journalist-Beziehung von großer Wichtigkeit. T-3 drückt dies folgendermaßen aus:

> Vertreter des Außenministeriums und Diplomaten sind meine wichtigsten Quellen. Mit der Zeit findet man heraus, dass es verschiedene Gruppen im Außenministerium gibt: Pro-Europa-, Pro-Amerika- und Pro-Dritte-Welt-Bürokraten. So unterscheiden sich die Informationen, die sie von einem Pro-Dritte-Weltler erhalten, sehr von denen eines proamerikanischen Bürokraten. Dies bedeutet, dass man wissen sollte, von welcher Gruppe von Bürokraten die Informationen stammen, um sie dann mit den Informationen anderer Gruppen zu vergleichen.

Bei der Nachrichtenherstellung benutzen sich Journalisten auch gegenseitig als Informationsquelle. Manchmal überprüfen sie ihre Informationen gegenseitig, manchmal übernehmen sie einfach Informationen. G-12, der in Athen lebt, kann nicht sofort nach Rhodos fliegen, wenn dort etwas geschieht. In solchen Situationen holt er sich die Informationen von seinen dortigen Kollegen. G-12 hebt die Wichtigkeit inoffizieller Quellen hervor:

> Das Wichtigste ist, dass man ein weites Netz von Quellen besitzt: Freunde, Verwandte, Spezialisten, irgendjemanden... dies sind alles Quellen für mich. Nehmen wir an, in Patras hat

es ein Erdbeben gegeben. Die Regierung deklariert: „Es hat keinen großen Schaden gegeben." Sie rufen dort einen Freund an und erfahren, dass die Stadt unter einer Staubwolke liegt. Dies wiederum bedeutet, dass höchstwahrscheinlich eine große Zahl an Gebäuden eingestürzt ist, und somit ist diese Information wichtiger als die des Regierungssprechers. Nicht die Wichtigkeit der Person, sondern der Informationen ist von Bedeutung.

VI.3 Der nicht endende Stress des Journalisten: Zeit oder Qualität?

Jeder Journalist steht im Nachrichtenherstellungsprozess unter Zeit- und Qualitätsdruck. Junge Journalisten bemerkten vor allem den Zeitdruck, welcher es ihnen nie ermögliche, die Nachrichten ihren Qualitätsansprüchen entsprechend zu gestalten. Die türkischen und griechischen Journalisten lassen sich nach zwei Kategorien unterscheiden. Während die eine Gruppe vor allem den Zeitdruck betont, bemerkt die andere, dass Zeit- und Qualitätsdruck gleichermaßen von Bedeutung sind. Erfahrene Journalisten beklagten sich weniger über Zeitdruck, was wohl darauf beruht, dass sie schneller schreiben, schneller Informationsquellen erreichen und somit leichter Informationen sammeln. Einige der jungen Journalisten sind jedoch der Ansicht, dass bei den älteren Journalisten oft Schnelligkeit und nicht Qualität zählt. Eine junge türkische Journalistin berichtete: „Während ich eine Nachricht schreibe, machen diese drei oder fünf. Wenn ich mir aber ansehe, was die geschrieben haben, merkt man, dass Qualität keine Rolle für die gespielt hat."

G-1, der betont, dass Qualität immer von größerer Wichtigkeit ist, stellte fest, dass Zeit für einen Journalisten niemals messbar ist:

> Wenn ein Journalist sagt, dass er keine Zeit hat, ist das genau so, als ob ein Basketballspieler sagt: Ich kann nicht springen. Es ist Unsinn. Für einen Journalisten kann eine Minute einem Jahrhundert gleichkommen, und zwei Jahre können zu kurz sein. Wenn die Nachricht um 2.30 Uhr hereinkommt und um 3.00 Uhr Redaktionsschluss ist, so hast du eine halbe Stunde. Wo ist das Problem? Du konzentrierst dich auf die Sache,

> schaust dir deine detaillierten Notizen an und machst dein Bestes in der gegebenen Zeit.

Die meisten der Journalisten, die bemerkten, dass Zeit vor Qualität geht, hoben die minderwertige Qualität von Radio- und Fernsehnachrichten hervor. Denn das Verfassen von Nachrichten fürs Fernsehen wie auch fürs Radio erfolgt unter größerem Zeitdruck. Alle Journalisten nehmen sich für Artikel, unter die sie ihren Namen setzen, mehr Zeit und formulieren mit größerer Sorgfalt. Nicht signierte Artikel werden schneller geschrieben. Diejenigen, welche Verantwortung als *Redakteur* tragen und dafür mit ihrem Namen gerade stehen, beklagten sich sowohl über den Zeit- als auch den Qualitätsdruck. G-7: „Meine Hauptnachrichten sind um 12.00. Um zehn vor 12.00 interessiert mich die Qualität nicht mehr. Ich will nur die Arbeit fertig machen."

Wenn ein Journalist eine exklusive Nachricht erwischt, dann gerät er unter Zeitterror. In einer solchen Situation wird die Möglichkeit, dass ein anderer Journalist dieselbe Nachricht bekommen hat und schreibt, zu einem Alptraum. „Damit die Nachricht nicht in seinen Händen platzt", muss die Nachricht so schnell wie möglich in Druck.

Neue Technologie unterstützt die Journalisten in ihrem Kampf gegen die Zeit. T-10 erzählt, wie die Dinge mit der Zeit leichter geworden sind:

> Früher hatten wir mehr Probleme mit der Zeit. Jetzt liefert uns die Technologie neue Möglichkeiten. Wenn ich heute meine Nachricht um 19.00 Uhr einreiche, so erreicht sie jeden Leser im ganzen Land. Wir bereiten unsere Seiten vor und schicken sie per Modem in die Druckereien der verschiedenen Regionen. Wenn ich nach 19.00 Uhr etwas verändern will, so habe ich bis 24.00 Uhr Zeit. In einem solchen Fall erfahren die Leser in den Kleinstädten nicht sofort die Änderung, die Leser in allen großen Städten lesen jedoch den korrigierten Text. Eigentlich sollte ich mich nicht über den Zeitdruck beschweren, schließlich und endlich ist dies ein Teil meiner Arbeit.

T-13 bemerkte, dass sie bei Beginn ihrer Karriere mehr Gewicht auf Qualität legte. Mit der Zeit stellte sie fest, dass in der Zeitung mehr Wert auf Quantität statt auf Qualität gelegt wird: „Je mehr Nachrichten du pro Tag erstellst, umso mehr findest du Platz in der Zeitung. Die Qualität spielt dabei nicht unbedingt eine wichtige Rolle. Für deine Vorgesetzten ist es wichtiger, wie viele

Nachrichten du gemacht und in Druck gebracht hast."

Das Verhältnis von Zeit und Qualität ist in hohem Maße von der Struktur der Medieninstitution und der Nachrichtenzentrale abhängig. Diese wird von den Journalisten „Küche" genannt, und dort erhalten die Nachrichten ihren letzten Schliff. T-16 hob hervor, dass der Hauptgrund, weshalb Zeit vor Qualität kommt, darin liegt, dass die Zeitungsbesitzer nicht genügend Personal einstellen. Wenn die Besitzer mehr in ihr Personal investieren würden, so wäre Zeit nicht wichtiger als Qualität.

T-21 führt aus, dass heutzutage das Leben selbst zu einen einzigen Wettlauf geworden ist, und dass vor allem nach 1980 diese Wettstreitmentalität dazu geführt hat, dass die Qualität abgenommen hat:

> Vor 1980 machte sich kein *Cumhuriyet*-Reporter Sorgen um Zeit. Wenn zum Beispiel bei einer Wahlkampagne die Rede des Parteiführers zu Ende war, stürzten sich nicht alle Journalisten aufs Telefon. Es gibt *Agenturen*, die solche Routinesachen berichten. Die Journalisten, die dort arbeiten, sind auch gute Journalisten. Der Nachrichtenredakteur sagte zu einem Reporter, der einen Parteiführer begleitete: „Ruf um 16.00 Uhr an." Für die Regionalausgaben schrieb die Küche einen Artikel und setzte deinen Namen darunter. Du konntest bis 16.00 Uhr bequem arbeiten und eine gute Nachricht schreiben. Nehmen wir an, wir hätten eine Rede Demirels in Van verfolgt. Am nächsten Tag berichteten alle Zeitungen darüber, was Demirel auf dem Platz in Van gesagt hatte, die *Cumhuriyet*-Leser erfuhren aber auch welche Stämme wem die Stimme geben werden und wie die Chancen Demirels stehen. Denn während die anderen Journalisten um ein Telefon kämpften, sammelte der *Cumhuriyet*-Reporter exklusive Nachrichten in den regionalen Parteigebäuden. Ist dies heute noch möglich? Nein. Jetzt schnauzen die Nachrichtenchefs ihre Reporter an, wenn sie ihre Nachricht nicht vor AA (*Anadolu Ajansı*- offizielle Presseagentur) durchgeben. Dies ist ein verrücktes Rennen.

VI.4 Das Benutzen von Off-the-Record-Informationen

Bei der Beschreibung des Verhältnisses Journalist und Nachrichtenquelle wurde von den meisten Journalisten das Schlüsselwort „Vertrauen“ bemüht. Vertrauensverlust ist gleichbedeutend mit dem „Töten“ einer Quelle. Deshalb ist die Verwendung von Off-the-Record-Informationen nicht nur aus berufsethischen Gründen, sondern auch wegen des Verhältnisses Journalist-Nachrichtenquelle von Bedeutung. Das journalistische Konzept *Off-the-Record* steht für Informationen, die weitergegeben, aber nicht niedergeschrieben oder aufgenommen werden. Der Journalist benutzt derartige Informationen entweder gar nicht oder verwendet sie auf eine solche Weise, dass die Informationsquelle nicht erkennbar ist.

Harris (1992) stellt fest, dass in der Regel alle Informationsquellen erfreut sind, wenn ihre Namen zitiert werden. Es gibt jedoch einige Quellen, die verdeckt bleiben wollen. Wenn sie befürchten, dass die Informationen einen negativen Einfluss auf ihr Alltagsleben bzw. ihre Arbeit nehmen, ziehen sie es vor, ihre Namen nicht bekannt zu geben. Manchmal möchten sie nicht nur, dass ihre Namen verheimlicht bleiben, sondern die Informationen selbst nicht veröffentlicht werden.

Ein Journalist kann seine Arbeit nur gut machen, wenn die Informationen von Quellen stammen, die genannt werden dürfen. Deshalb ist es für einen Journalisten nicht einfach, mit Off-the-Record-Informationen umzugehen. Sowohl die griechischen wie auch die türkischen Journalisten sind häufig mit diesem Problem konfrontiert, da die Bürokratien in beiden Ländern nur beschränkt Informationen weitergeben. Oft verstecken sich die Bürokraten hinter dem Konzept *Off-the-Record*. Mehrere Journalisten wiesen darauf hin, dass die Bürokraten dieses Konzept auch oft missbrauchten, um falsche Informationen weiterzugeben bzw. sie mit gewissen Informationen fehlzuleiten. Da sie nicht öffentlich zitiert werden, übernehmen sie keinerlei Verantwortung für die falschen Informationen. Wenn sich derartige Vorfälle häufen, verliert das Quelle-Journalist-Verhältnis seine Vertrauensbasis, und der Journalist „trennt sich“ von seiner Quelle.

Journalisten stufen Off-the-record-Informationen unterschiedlich ein. Diese Einstufungen werden von Land zu Land unterschiedlich bezeichnet. In Deutschland gibt es drei Einstufungen: 1 für Informationen, die mit Angabe von Namen und Ort veröffentlicht werden können; 2 steht für solche, die ohne Angabe von Namen verwendet werden können, und 3 steht für solche, „die nicht direkt verwendet werden dürfen, aber als Hintergrund-Information für die Analyse benutzt werden können". Die Einstufung und ihre Bedeutung sind in der Türkei und Griechenland sehr unterschiedlich. Off-the-Record-Informationen ersten Grades sind die, welche „du jetzt auf keinen Fall benutzt, nur zum besseren Verständnis heranziehst, vielleicht viel später offen darlegst". Informationen zweiten Grades sind solche, die der Journalist in seiner Nachricht so nutzt, als ob sie von ihm selbst stammten oder das Ergebnis einer Untersuchung seien. Informationen dritten Grades sind solche, die den Namen nicht offen nennen, aber indirekt auf die Quellen hinweisen. In solchen Fällen ist die Quelle meist „ein hochrangiger Vertreter des Militärs", „ein ehemaliger Minister„ oder „eine sichere Informationsquelle".

Die meisten Journalisten bemerkten, dass Informationen, auch wenn die Quelle nicht genannt werden will, durchaus ihren Weg in die Öffentlichkeit finden. Der Radioreporter G-12 gibt offen zu: „Was sie im Radio machen, zeigt sofort sein Ergebnis. Sie sagen etwas, und schon ist es verflogen. Was sie gesagt oder nicht gesagt haben, ist schwer nachzuprüfen." Wenn eine Quelle eine Information unter der Bedingung, dass sie auf keinen Fall veröffentlicht wird, gegeben hat, sucht T-3 eine andere Quelle, die eine ähnliche Information geben könnte und baut diese Off-the-Record-Information mit ein. Die Quelle, die ihre Information geheim halten wollte, hat keinen Grund zum Einspruch, denn die Quelle, die im Text angegeben wird, ist eine andere.

Die Nutzung von Off-the-Record-Material kann auch durch die Medienorganisationen unter Druck geraten. T-12 berichtet über seine Erfahrungen im Golfkrieg: Er hatte aus einer militärischen Nachrichtenquelle eine Information nur unter der Bedingung, sie nicht zu veröffentlichen, erhalten. Als er sie trotzdem publik machte, geriet er in große Schwierigkeiten: „Ich hatte die geheimen Informationen an meinen Boss weitergegeben. Sie fingen an, mich unter Druck zu setzen: Wir zahlen deinen Lohn, und nicht die Soldaten. Aber ich habe durchgehalten und nichts geschrieben, um mir meine Quelle nicht zu töten."

T-6 ist sich nicht eindeutig klar darüber, was denn Off-the-Record-Informationen sind und erwähnt in diesem Zusammenhang ein anderes Problem:

Sie erzählen mir, „Herr Ahmet stiehlt“. Er hat dem Staat 400 Milliarden gestohlen. Ich habe es mit eigenen Augen gesehen. Aber das ist *off the record*, schreib bloß nicht darüber. Soll ich nun darüber schreiben oder nicht? Da er *off the record* darüber berichtet hat, sollte ich es nicht tun. Aber Tatsache ist, dass gestohlen wurde! Wenn ich mit einem Politiker spreche und der sagt, dass er sich als Kandidat für den Parteivorsitz aufstellen lassen wird, verstehe ich das und schreibe nichts darüber. Gibt es denn kein Kriterium für das Berichten von Off-the-Record-Informationen? Ich glaube nicht, dass es eine allgemeine Regel gibt. Aber das öffentliche Wohl ist ein Kriterium. Wenn die Darlegung eine Information zum Wohle der Öffentlichkeit ist, so schreibe ich darüber, auch wenn die Quelle dies nicht will. Bisher habe ich Off-the-Record-Informationen geschrieben oder auch nicht geschrieben. Aber ich habe diesbezüglich kein schlechtes Gewissen.

VI.5 Feedback und die Beziehung des Journalisten zum Publikum

Wenn Nachrichten das Produkt der Journalisten sind, so sind die *Konsumenten* die *Leser*, *Zuschauer* und *Zuhörer*, das heißt, das *Publikum*. Es kann davon ausgegangen werden, dass Kommunikationsmöglichkeiten zwischen Produzenten und Konsumenten eines Produktes zu einer besseren Qualität des Produktes beitragen. Wenn sich die Verbraucher nicht über eine schlecht funktionierende Waschmaschine beklagen würden und es keine Möglichkeiten gäbe, diese Beschwerden an die Hersteller weiterzuleiten, wären heutzutage kaum hochwertige Waschmaschinen auf dem Markt.

Dasselbe gilt für die Produzenten und Konsumenten von Nachrichten. In dem gut funktionierenden Kommunikationssystem einer demokratischen Gesellschaft sollten die Nachrichten-Konsumenten eine aktivere Beziehung zu den Produzenten aufbauen, indem sie motivieren, aber auch verwarnen, wenn sie mit dem Service nicht zufrieden sind. Eine solche Beziehung würde als Feedback für die Journalisten dienen, die mit dieser Hilfe ihren Stil und ihre Fähigkeiten weiterentwickeln könnten, und letztendlich kann es so zu einer Qualitätsverbesserung des Produktes kommen. G-12, der mehr als ein halbes Jahrhundert im

Journalismus arbeitet, ist fest davon überzeugt, dass sein stetiges und intensives Verhältnis zum Publikum der Hauptgrund für seinen beruflichen Erfolg ist:

> Die Reaktionen der Leser sind sehr wichtig. Sie zeigen der Zeitung den richtigen Weg. Ich persönlich sammle alle Reaktionen, die in der Zeitung eingehen, egal, ob sie per Telefon oder Brief eingehen. Wir haben eine Seite für Briefe mit dem Titel „Staat, kannst du mich hören?". Ich schreibe pro Tag 15 bis 20 Lesern eine Antwort. Das hilft mir, die Zeitung zu dirigieren. Auch beim Schreiben meiner Artikel profitiere ich von den Leserbriefen und -reaktionen. Deshalb ist auch eine der meist an mich gerichteten Fragen: „Wie kommt es, dass sie genau das geschrieben haben, was wir denken?"

Heutzutage ist es fast unmöglich, einen zweiten Chefredakteur wie G-12 zu finden, der pro Tag 15-20 Leserbriefe beantwortet. Die meisten Journalisten behaupten, dass sie sich eine solche Beziehung wünschen, schieben jedoch die Schuld dafür, dass eine solche nicht besteht, auf die Leserschaft: „Die schreiben nicht, die rufen nicht an." Reaktionen der Leserschaft bzw. des Publikums geben wirklich eine enorme moralische Unterstützung und Energiequelle. Wenn es nicht gelingt, eine solche Beziehung mit der Leserschaft zu schaffen, so holt sich der Journalist sein Feedback von Kollegen, engen Freunden und Familienangehörigen. Es scheint, dass im Vergleich zu früher auch auf institutioneller Ebene die Kommunikationsmöglichkeiten des Publikums beschränkt bleiben. Die Zeiten, in denen eine ganze Seite Leserbriefen gewidmet wurde, sind schon lange vorbei. Heute findet man fast keine Leserbriefe mehr. Seitdem die Zeitungen ihren Hauptprofit mit Werbeanzeigen erzielen, sind die Auftraggeber für Werbung wichtiger als die Leser. G-10 ist davon überzeugt, dass heutzutage Journalist und Leser einer Entfremdung unterliegen: „Nur einige verrückte Leser schreiben heute noch an die Zeitung. Viele Zeitungen sehen in den Lesern eine Schafherde, der ein Weg gezeigt werden muss." T-12 findet das Desinteresse der Leser durchaus normal:

> Das Erste, was ich morgens mache, wenn ich in die Zeitung komme, ist, die Zeitung durchzublättern, um meinen Artikel zu finden. Wenn nichts von mir in der Zeitung ist, gefällt mir die Zeitung an diesem Tag nicht. Ich schaue in die Zeitung, um mich selbst zu finden. Leser sind nicht anders. Sie möchten

> sich selbst, ihre Probleme sehen. Wenn sie dies nicht finden, interessiert es sie nicht.

So gesehen haben es Journalisten in kleinen und strikt ideologisch ausgerichteten Zeitungen besser. In derartigen Presseorganen ist das Leser-Journalist-Verhältnis so ausgeprägt, dass die Leser versuchen, direkt an der Herstellung der Zeitung teilzunehmen.

Solche Presseorgane verlieren jedoch mit der Zeit ihren Einfluss und verschwinden vom Markt. Das ist nicht nur für die Türkei und Griechenland typisch. Dies kann in erster Linie nicht durch eine abnehmende Leserschaft erklärt werden. Der eigentliche Grund ist, dass sie nicht genügend Werbeanzeigen bekommen. Smythe (1977) schreibt, dass die politische Ökonomie der Massenmedien auf einer Analyse ihrer Waren beruhen sollte. Er stellt fest, dass die typische Warenform der Massenmedien das Publikum ist: „Die eigentliche Funktion der Massenmedien ist nicht, Ideenpakete an die Verbraucher, sondern ihr Publikum an die Werbefirmen zu verkaufen.“

Heutzutage können stark ideologisch ausgerichtete Zeitungen sich nur auf den Beinen halten, wenn sie eine militante Unterstützung von ihrer Leserschaft bekommen. Die sozialdemokratisch ausgerichtete Tageszeitung *Cumhuriyet*, welche 1997 zur teuersten Zeitung erklärt wurde, kann in diese Kategorie eingeordnet werden. Trotz ihres hohen Preises und der Tatsache, dass sie keine Promotionsgeschenke machte, organisierte sich die Leserschaft und bildete landesweit Komitees zur Unterstützung von *Cumhuriyet*. Für einige der *Cumhuriyet*-Leser ist die Beziehung zu dieser Zeitung so eng, dass sie als eine Art freiwillige Reporter bzw. Journalisten angesehen werden können. Sie rufen die Zeitung an und geben Informationen weiter, beeinflussen die Angestellten mit ihren Kommentaren und schicken Artikel. Intellektuelle Zirkel unterstützen die Zeitung mit Materialen aus ihren Wissensgebieten. Das Resultat ist ein Produkt, welches nicht nur der Kontrolle des Chefredakteurs unterliegt, sondern aus den Wünschen der Redaktion und der Leserschaft hervorgeht.

Eine Journalistin von *Pontiki* sieht Ähnlichkeiten zwischen den *Cumhuriyet*-Lesern und den Lesern des griechischen, satirischen, linksgerichteten Journals *Pontiki*:

> Wann immer auch sie *Pontiki* anrufen, jemand wird das Telefon abheben. Wir erhalten eine Vielzahl von Telefonanrufen. Einmal hatte ich einen relativ positiven Artikel über Ecevit ge-

> schrieben. Ich bekam unzählige Telefonate: „Wie können sie jemanden, der Zypern besetzt hat, loben?“ Aber ich habe alle Telefonate entgegengenommen und dies, ohne zu fluchen. Ich habe mit den Lesern minutenlang am Telefon diskutiert.

Im Vergleich zu anderen Medien bietet das Radio mehr Möglichkeiten für einen Austausch zwischen Zuhörern und Journalisten. In Livesendungen können die Zuhörer die Radiostationen anrufen und sich direkt mit den „Machern“ unterhalten. Sie sorgen damit für ein sofortiges Feedback. In diesem Sinne ist das Radio das demokratischste Massenmedium. G-5 stellt jedoch fest, dass die beim Radiosender eingehenden Telefonate nur minimal die Nachrichtenproduktion beeinflussen:

> Warum rufen sie an, was ihre Absicht? Sie wollen sich nur amüsieren und die Zeit vertreiben. Sicherlich beeinflussen die Telefonate den Sender und die Programme. Wenn sie die Telefonnummer angeben, bewirkt dies natürlich eine Teilnahme. Zu neunzig Prozent sagen sie Unsinn, und wir produzieren Unsinn für sie.

Die Situation im englischen Fernsehen scheint auch nicht sehr anders, wie Jacobs (1996: 386) bemerkt:

> Während die Ansichten von Spezialisten und Einschaltquoten große Aufmerksamkeit bei der Beurteilung finden, werden die eigentlichen Zuschauer von den Journalisten als keine wichtigen Partner bei der Erstellung von Medientexten angesehen. Vor allem Liveanrufer werden nicht besonders wichtig genommen. Wie mir ein Produktionsassistent erzählte: „Nur die Verrückten rufen uns an. Niemand anders nimmt diese Sache ernst oder hat dazu genügend Zeit. Wie bemühen uns, sie freundlich zu behandeln, wir wollen niemanden kränken. Gewöhnlich warte ich einfach, bis sie zu Ende gesprochen haben, dann sage ich Dankeschön und hänge ein.“

Die Journalisten stellten fest, dass sie ein wirkliches Feedback von ihren eigenen Nachrichtenquellen erhalten. Es ist jedoch fraglich, ob es sich hierbei um ein nützliches Feedback handelt, da die Beziehung zwischen den Nachrichtenquellen und dem Produkt immer auf Profit beruht. Es ist nicht davon auszugehen, dass die Nachrichtenquelle, welche ein Bestandteil des Produktionsprozesses von Nachrichten ist, dieselben Feedbacks wie ein

Konsument gibt. Es stimmt zwar, dass die Nachrichtenquellen die Themen am besten kennen, aber sie können ihre Kenntnisse auch missbrauchen und die Konsumenten mit Hilfe der Journalisten zu „Opfern" des Kommunikationsprozesses machen.

Nur, wenn Leser, Zuschauer und Zuhörer über etwas sehr erbost sind, versuchen sie, mit den Journalisten in Kontakt zu treten. Der Außenpolitikkorrespondent, T-3, Außenpolitikkorrespondent einer der führenden türkischen Tageszeitungen, berichtet, dass er die stärksten Reaktionen auf einen Artikel erhielt, in dem ausgeführt wurde, dass die Türkei Armenien Elektrizität verkaufen wird. Diese Reaktionen scheinen von einem ähnlichen Motiv gesteuert wie die Reaktionen auf den Artikel über Ecevit, die G-5 von ihren Lesern erhielt. In beiden Fällen reagierten die Leser zornig, da sie die Artikel als einen Angriff auf ihre nationalistischen Gefühle betrachteten.

Für T-2 sind die Zuschauer, Leser und Zuhörer nur eine passive Masse, und die Nachricht wird vom Sender bestimmt. Er sagt, dass in der Marktwirtschaft die Produktion einer Zeitung auch immer die Leserschaft einkalkulieren und „schaffen" muss. Dann kann den geschaffenen Lesern ihre „gewünschte" Zeitung verkauft werden. Das heißt, zunächst wird ein Bedarf geschaffen, und dann wird dieser gedeckt. Er sagt, dass auch die nackten Mädchen auf den Seiten der führenden Tageszeitungen dieser Logik folgen.

G-1 bemerkt, dass die Reaktionen oft von Interessengruppen kommen:

> Nehmen wir an, sie machen eine Nachricht über die Privatisierung der Telekommunikation. Da gibt es Gruppen, die sehr daran interessiert sind. Sie zeigen sofort Reaktionen. Jedoch zeigen sie ihre Reaktionen nicht dir, sondern deinen Bossen. Ich bemühe mich deshalb, immer solche eventuellen Reaktionen einzukalkulieren und formuliere meinen Artikel in einer angemessen Sprache.

T-20 bemerkt, dass auch in der Türkei ähnliche Mechanismen ablaufen und fügt hinzu, dass Reaktionen auf seine Wirtschaftsnachrichten vor allem von der Regierung und der Bürokratie ausgesprochen werden:

> Sie gehen zum Boss, um sich zu beschweren. Wenn du deine Arbeit richtig machst, trittst du immer jemandem auf die Füsse. Die setzen sich mit dem Boss in Verbindung und wollen ih-

re Profite schützen. Wenn sie in einer weit verbreiteten Zeitung arbeiten, häufen sich derartige Reaktionen.

Nach Tester (1994: 107-130) haben die Medien moralisch wie auch kulturell gesehen ein extrem passives Publikum geschaffen, welches nicht mehr in der Lage ist, Reaktionen zu zeigen. Die Situation in der Türkei und in Griechenland entspricht dem von Tester dargestellten Bild. Es steht jedoch fest, dass Reaktionen des Publikums auch sehr ernst genommen werden. So fand die Karriere eines türkischen Showman's ihr Ende, als dessen Witze bei den alevitischen Bürgern auf große Proteste stießen. Da das Publikum aber aus atomisierten Individuen besteht, sind solche Reaktionen nicht immer möglich. Die Aleviten sind aber auf gesellschaftlicher Ebene eine wohlorganisierte Gemeinschaft von liberalen islamischen Gläubigen. Sie waren in der Lage, so zu reagieren, weil sie ihre Identität bedroht sahen. Das heißt eigentlich, dass es nicht die Reaktion der Zuschauerschaft war, sondern die Reaktion einer Gemeinschaft. Eine echtere Publikumsreaktion erfolgte auf die Berichterstattung der Kardak-(Imia)-Krise. Die Bevölkerung in einigen ägäischen Städten protestierte gegen die kriegstreiberische Berichterstattung der Medien und appellierte an das Verantwortungsgefühl der Journalisten. Leider waren ihre Proteste nur von kurzer Lebensdauer und verliefen bald im Sande.

VI.6 Selbstzensur zur Vermeidung eventueller Reaktionen

Egal, ob ein Journalist türkischer, griechischer oder sonstiger Nationalität ist, jeder bedenkt die eventuellen Reaktionen auf eine Nachricht und ist darum bemüht, negative zu vermeiden. Zu vermeidende Reaktionen variieren zwischen einer negativen Beurteilung durch die Leser, Ablehnung vonseiten der Kollegen, Gefahr der Inhaftierung bis zur Tötung. Viele der Journalisten schreiben für eine imaginäre Leserschaft. Bei nationalen Tabus bemühen sich die Journalisten, selbst Themen, über die sie faktisch richtig informiert sind, zu vermeiden.

Wie den Äußerungen der Journalisten entnommen werden kann, erfolgt in einem gewissen Maße immer eine Selbstzensur. Die Deutschen beschreiben diesen Sachverhalt mit dem Konzept „eine Schere im Kopf", d.h. jeder Journalist trägt die eigene

Schere zur Selbstzensur im Kopfe. Je weniger demokratisch das Medienumfeld und je totalitärer das politische System, umso stärker ist die Selbstzensur. Wohl aus diesem Grunde zensieren sich die türkischen Journalisten heftiger als ihre griechischen Kolleginnen und Kollegen. Viele der griechischen Journalisten bemerkten, dass sie vorsichtig bei der Wortwahl seien, um eventuellen Ärger zu vermeiden, niemand aber erwähnte eventuelle Todesgefahr oder Inhaftierung. Dagegen verwiesen viele der Türken auf die beiden letztgenannten Möglichkeiten.

Die Journalisten sind ebenfalls stets darum bemüht, die Linie ihrer Medienorganisation in ihren Artikeln zu berücksichtigen. Aus diesem Grunde, sind sie vor allem darum bemüht, mögliche negative Reaktionen ihrer Redakteurskollegen zu vermeiden.

Eigentlich müssen Reaktionen nicht unbedingt negativ sein. Auch in Erwartung von Lob und Auszeichnung kann der Journalist eine Nachricht gestalten. All dies bestätigt, dass der Journalist nie alleine in einem leeren Zimmer sitzt. Jeder, der durch eine Nachricht, die in einer Zeitung, dem Fernsehen oder dem Radio erscheint, betroffen ist, beeinflusst die Berichterstattung eines Journalisten. Dies erschwert das Berichten der Wahrheit. Für einige wird es sogar zu einer heiligen Aufgabe. Selbst, wenn der Journalist alleine ist, muss er sich auf die Existenz einer Berufsethik berufen.

Zur Verdeutlichung einige wörtliche Aussagen:

> T-4: Wenn ich etwas schreibe, denke ich immer an mögliche Reaktionen. In einem Land wie der Türkei ist das Erste, woran sie denken, ihr Leben nicht in Gefahr zu bringen. In der Türkei gibt es einige Personenkreise, über die sie nicht schreiben können. Über einige Kreise dürfen sie nur Positives schreiben. Die Stärke und Form der Reaktionen können sie nicht abwägen. Außerdem müssen sie die Arbeitsbeziehungen ihres Chefs gut verfolgen. Auch sollten sie es vermeiden, als oppositioneller, kommunistischer oder kurdenfreundlicher Journalist abgestempelt zu werden.[2]
>
> T-13: Wenn ich verheiratet wäre und Kinder hätte, wäre ich auf jeden Fall vorsichtiger. Einmal habe ich über die Verbindungen von Islamisten und dem Erziehungsministerium berichtet, woraufhin ich viele Anrufe bekam, in denen mir angedroht wurde, dass sie mich ans Kreuz nageln wollten.
>
> T-20: Regierungen haben immer irgendetwas, was sie verheimlichen wollen. Aus diesem Grunde beobachten sie die Presse sehr aufmerksam. Wenn sie gegen die Regierung

schreiben, werden sie mit Beschlag belegt. Es werden Kommissionen gebildet, um die Quelle ihrer Nachricht herauszufinden. Sie üben Druck auf ihren Chef aus. Sie drohen damit, Werbungen zurückzunehmen. All dies weht einen Wind des Terrors über die Journalisten. Ein Wirtschaftjournalist wurde zum Katastrophenschreiber erklärt und beendete seine Karriere. Natürlich führen solche Dinge dazu, dass man sich selbstzensiert.

G-9: Wenn ich all die Dinge so geschrieben hätte, wie ich wollte, wäre ich aus allen Zeitungen, für die ich bisher geschrieben habe, rausgeschmissen worden. Jeder hat sein eigenes, selbstentwickeltes Zensursystem.

G-10: Ich bemühe mich, niemandem Schaden zuzufügen. Ich will nicht, dass meinen Informanten aufgrund einer meiner Artikel Schaden entsteht. Ich will auch nicht, dass meine Zeitung aufgrund einer meiner Artikel Schaden hat. Deshalb kommt es vor, dass ich mich selbst kontrolliere. Aber, mit dieser Ausnahme, bin ich vollkommen frei. Niemals denke ich daran, ins Gefängnis zu kommen oder mit rechtlichen Schwierigkeiten konfrontiert zu werden.

VI.7 Die „beste Nachricht"

In diesem Buch wurde mehrmals betont, dass Journalismus dazu da ist, die Wahrheit weiterzugeben, und dass der Journalist seine Aufgabe nur dann erfüllt, wenn er zur Schaffung einer informierten und kritischen Bürgerschaft und somit zu einer wohlfunktionierenden Demokratie beiträgt. Diese Aufgabe erfüllen die Journalisten in erster Linie durch ihre Nachrichten. Demzufolge soll-

---

[2] T-4 verweist hier auf *Yaşar Kemals* Erzählung vom „Wolf mit der Glocke": Im Süden ziehen Bauern los, um die Wölfe, die ihre Schafherden fressen, einzufangen. Sie wissen, dass nicht jeder Wolf gleich verantwortlich ist für die Blutbäder, und sie kennen den Wolf, der die meisten Schafe getötet hat. Gerade diesen Wolf wollen sie lebendig fangen. Nachdem sie ihn gefangen haben, hängen sie ihm eine Glocke um und lassen ihn frei. Der Wolf mit der Glocke fängt keine Beute mehr und findet nichts mehr zu fressen. Welcher Beute er sich auch nähert, sie hört die Glocke und flieht. Der Wolf verhungert elendig einige Wochen später.

Yaşar Kemal erzählt diese Geschichte, um darzulegen, wie er in den letzten dreißig Jahren gelebt hat. Er wurde als Kommunist bezeichnet. Niemand gab ihm Arbeit. Er schrieb unter unterschiedlichen Namen, er arbeitete als Korrekturleser. Aber immer hörte jemand die Glocke, und er verlor seine Arbeit. T-4 ist der Meinung, dass ein „gestempelter" Journalist immer Probleme mit offiziellen Kreisen haben wird und selbst dessen Kinder darunter leiden würden.

te für einen Journalisten die „beste“ Nachricht diejenige sein, welche die Bürger am besten informiert. Es wird erwartet, dass die besten Nachrichten diejenigen sind, die am meisten zum öffentlichen Wohl beitragen. Stattdessen können die Antworten der befragten türkischen und griechischen Journalisten auf die Frage, welche ihrer Nachrichten sie im Laufe ihrer Berufskarriere am meisten mochten, beziehungsweise welche ihre besten waren, in drei Kategorien aufgeteilt werden.

Zur ersten Kategorie, unter denen sich auch einige mit 10- bis 15-jähriger Berufserfahrung befanden, gehören diejenigen, die behaupteten, keine wichtige Nachricht gemacht zu haben, beziehungsweise sich an keine erinnern können. In der zweiten Kategorie befinden sich diejenigen Journalisten, welche ihre beste Story mit ihrer eigenen Rolle in dieser Nachricht in Verbindung brachten. Die persönliche Befriedigung stand hierbei im Vordergrund für die Beurteilung der besten, wichtigsten und am meisten beachteten Nachricht. In der dritten Kategorie befinden sich diejenigen, die ihr Urteil aufgrund der Folgen ihrer Nachricht aussprachen. Hierbei stand das Wohl der Öffentlichkeit im Vordergrund.

VI.7.1 Es gibt keine „beste“ Nachricht

In Griechenland wie auch in der Türkei, aber vor allem in Griechenland, fand eine Vielzahl der Journalisten, selbst solche mit langer Berufserfahrung, keine Antwort auf die Frage: „Welche ihrer bisherigen Nachrichten halten sie für am wichtigsten, welche mögen sie am meisten, können sie diese kurz beschreiben?“ Neben solchen, die mit wohlfeilen Worten wie „die Nachrichten, die ich mache, vergesse ich“, „es gab Nachrichten, die ich mochte und solche, die ich nicht mochte“, „ein Journalist sollte niemals mit seiner Nachricht zufrieden sein“, die Frage beantworteten, gab es auch solche, die direkt mit „ich habe keine wichtige Nachricht gemacht“, antworteten. Unter denen, die eine solche Antwort gaben, waren einige, die ohne Zweifel ihren Namen unter wichtige Nachrichten gesetzt hatten. Entweder, um den Einfluss der Presse nicht überzubetonen oder aber, um den verlegenen Anworten ihrer Kollegen wahre Inhalte zu geben, erklärten einige, dass sie keine wichtige Nachricht gemacht hätten. G-20 ist einer von diesen:

> In der Regel halte ich nicht viel von dem, was ich schreibe. Ich

> schreibe und vergesse es. Aber ich mochte meine Berichterstattung aus Nicaragua. Ich war dort, um die Wahlen zu verfolgen. Ich glaubte so sehr an die Sandinisten, dass ich keine Zweifel daran hatte, dass sie gewinnen würden. Ich schrieb nur Nachrichten über den kommenden Sieg. Zum Schluss verloren sie, und all die Nachrichten, die ich nach Griechenland geschickt hatte, stellten sich als vollkommen falsch heraus. Nach der Rückkehr fragte ich den Chefredakteur: „Bin ich entlassen?“ Er muss wohl gemocht haben, was ich geschrieben hatte, denn ich wurde nicht entlassen. Meine gefühlsmäßige Bindung an die Sandinisten hatte mich verleitet, falsche Dinge zu schreiben, und doch sind die Artikel, die ich aus Nicaragua geschickt habe, noch immer meine liebsten Nachrichten.

Journalisten lieben es, ihre Arbeit und sich selbst als besonders wichtig herauszustellen. Oft werden sie auch von Außenstehenden so beurteilt. Das Beste ist wohl, keinen Journalisten nach seiner besten Nachricht zu fragen.

VI.7.2 Selbstzentrierte beste Nachricht

Keine Kommunikationstheorie definiert den Journalismus als einen Beruf, der zur Befriedigung der Journalisten dient. Zweifellos können persönliche Erfüllung im Beruf und soziales Wohl Hand in Hand gehen. Gewöhnlich bringt eine Arbeit, die dem Wohle der Allgemeinheit dient, auch eine persönliche Befriedigung mit sich. Häufig aber stellt sich heraus, dass die Journalisten sich selbst bei der Beschreibung ihrer besten Nachricht in den Mittelpunkt stellen. Die Bedeutsamkeit der Nachricht für die Leserschaft findet keine Erwähnung.

Egal, welcher Inhalt, Nachrichten, die auf der ersten Seite und selbstsigniert erscheinen, gehören zu den am häufigsten genannten besten Nachrichten. Die Geschichte der besten Nachricht von T-16 ist interessant, da sie nicht auf der ersten Seite erschien. Die Tatsache, dass er sich an diese Nachricht erinnert, beruht allerdings darauf, dass er drei Tage lang in den Schlagzeilen auf den ersten Seiten war:

> Mir waren Gerichtsakten über einen Parlamentarier in die Hände gekommen, der beschuldigt wurde, ein Mädchen vergewaltigt zu haben. Am Ende wurde er für unschuldig erklärt. Ich habe erst später bemerkt, dass es nicht die Wahrheit war.

> Aber wir setzen die Frage: „Wer von den Parlamentariern ist der Vergewaltiger?“ am ersten Tag auf die erste Seite. Darunter stand mein Name. Ich vergesse dies nie, mindestens 15 Parlamentarier haben mich an diesem Tage angerufen, um mich zu fragen, wer derjenige sei. Am nächsten Tag machten wir die Nachricht. Am dritten Tag druckten wir die Reaktionen. Drei Tage lang war mein Name auf der ersten Seite!

Auch ist es weit verbreitet, solche Nachrichten als die besten zu bezeichnen, in denen der Journalist selbst ins Geschehen verwickelt ist. Einige Reportagen mit wichtigen Persönlichkeiten fallen ebenfalls in diese Kategorie. Die Beste für G-9 war die Reportage mit Gaddhafi. Für den wenig reisenden Journalisten T-17 bleibt seine Bosnienreise ein unvergessliches Erlebnis, auch wenn er nichts besonderes darüber berichtete. G-12 war hingegen Augenzeuge, wie Flugzeugentführer Passagiere im Flughafen Larnaka töteten:

> Ich war auf Rhodos in Urlaub. Ich hörte im Radio, dass ein Flugzeug, von Thailand kommend, entführt worden war. Eine Maschine der Kuwait Airlines. Sie landete zunächst im Iran und dann in Larnaka. Ich sagte, ich muss meinen Urlaub unterbrechen. Ich flog nach Zypern. Ich blieb dort vier oder fünf Tage. Sie töteten Passagiere und schmissen sie aus dem Flugzeug. Alles geschah vor meinen Augen. Ich konnte im Radio und im Fernsehen wie folgt berichten: „Jetzt öffnet sich die Tür. Sie werfen etwas heraus. Was ist das? Ein Sack? Nein. sie nahmen einen Kopf aus dem Sack. Da ist ein toter Körper drin.“ Ich sah alles mit eigenen Augen. Ich war mit im Geschehen. Sie sagten, dass sie jede Stunde eine Person töten würden, und sie taten es.

Der Erste gewesen zu sein, war auch ein Grund dafür, warum die Journalisten eine Nachricht besonders mochten. Einer bemerkte, dass er der erste Journalist gewesen sei, der „nach dem Golfkrieg die Welt darüber informierte, wie die Kurden aus dem Nordirak in die Türkei flüchteten“. Ein anderer wiederum erzählt, dass „die Griechen zum ersten Mal in meinen Artikeln über die Möglichkeit eines Golfkrieges gelesen haben“, ein anderer: „Ich sollte der Erste sein, der nach Bekaa für eine Reportage mit Apo gehen sollte, aber es klappte nicht. Ich bin der zweite Journalist, der dort hinging. Aber ich bin der erste Journalist, der eine Woche in einem PKK-Lager blieb.“

Für einige sind die Nachrichten unvergesslich, mit denen sie ihre Kollegen ausstachen. T-11 wartete 1986 stundenlang vor dem Sommerhaus des damaligen Außenministers Vahit Halefoğlu, um einige Sätze aufzufangen. Neben ihm warteten Journalisten von anderen Zeitungen. Als der Minister nicht herauskam, begannen die anderen Journalisten, in Zweiergruppen wegzugehen. Er aber verharrte. Eine Weile später, als er sah, dass der Minister ins Meer ging, ging auch er vollbekleidet ins Wasser:

> Er sagte: „Junge du wirst dich erkälten. Schau, heute ist mein freier Tag, ich werde nicht sprechen. Habe ich kein Recht auf Urlaub?“ Ich antwortete: „Ich habe auch ein Recht auf Urlaub, aber mich haben sie hierher geschickt.“ Wir gingen beide aus dem Wasser. Er lud mich zum Abtrocknen in sein Haus ein. Er bot mir Tee an. Wir sprachen eine ganze Stunde lang. Ich hatte mir keine Notizen gemacht, aber bis ins Büro hatte ich alles auswendig gelernt. Während am nächsten Tag *Hürriyet* die Schlagzeile „Er spricht nicht“ machte, druckte unsere Zeitung meine Reportage mit dem Minister.

Die beste Story für T-18 ist ein weiteres Beispiel dafür, wie man seinen Kolleginnen und Kollegen eins auswischt:

> Wir waren viele Journalisten. Der Minister berichtete, dass sie Maßnahmen gegen den Ebolavirus, der im Sudan und in Zaire aufgetreten sei, an den türkischen Grenzübergängen getroffen hätten: „Wir haben alle Importe aus dem Sudan und Zaire gesperrt.“ Wir hatten alle dieselbe Information erhalten. Ich überlegte, wie ich die anderen ausstechen könnte. Ich dachte, dass ich die aus diesen Ländern importierten Lebensmittel mit in die Nachricht einbauen könnte. Ich rief das Handelsministerium an und fragte, was importiert wird. Wir importierten nichts. Der Minister hatte also gelogen. Genau dies schrieb ich. Sie sollten die Gesichter meiner Freunde am nächsten Tag gesehen haben.

VI.7.3 Gesellschaftsorientierte beste Nachricht

Einige Journalisten betonen bei der Beschreibung ihrer besten Nachricht die Folgen einer Nachricht und inwiefern die Story zum Wohle der Allgemeinheit beigetragen hat. Die Journalisten in dieser Kategorie dachten zum größten Teil politisch links. Es sollte allerdings bedacht werden, dass es sich bei unserer Untersuchung nur um eine kleine Stichprobe handelt. In dieser Kategorie geht es den Journalisten vor allem darum, die Öffentlichkeit zu informieren und die Folgen dieser Informationen zu sehen.

G-1 hatte sich in den Jahren 1986 bis 1989 intensiv mit dem Koskotas-Skandal beschäftigt. Der schlug hohe Wellen in der griechischen Gesellschaft. Der Glaube daran, dass seine Arbeit dem öffentlichen Wohle dient, bereitete ihm eine große Genugtuung. G-1 ist ein treffendes Beispiel dafür, wie jemand auf dem Höhepunkt seiner beruflichen Befriedigung von anderen ausgenutzt wird:

> Ich war der Meinung, dass ich durch die Aufdeckung eines Skandals zum Wohle der Öffentlichkeit beigetragen hatte. Aber ich hatte mich geirrt. Eigentlich half ich nur, einen Bankier und einen politischen Medienimperator zu stürzen. Ich wurde von seinen Gegnern, meinen Chefs, benutzt. Nachdem Koskotas aus dem Weg geräumt war, hatten meine Chefs kein Interesse mehr an der Angelegenheit. Für die war es nur von Wichtigkeit, das Eindringen fremden Kapitals in ihren Markt zu verhindern. Als dies geschafft war, sagten sie mir, ich solle meine Untersuchungen einstellen. Ich hatte ein Jahr lang auf ein Ziel hingearbeitet, aber mein Ziel, dem öffentlichen Wohl zu dienen, wurde durch die Bestrebungen anderer, die nur an ihre finanziellen Vorteile dachten, ersetzt. Dies waren meine Arbeitgeber.

G-10 mochte am meisten seine Berichte über verschwundene Griechen auf Zypern. Er sagte:

> Es gibt Mütter, die über 20 Jahre lang nicht wussten, ob ihre Söhne lebendig oder bereits tot sind. Ich verfolgte die Spuren der Verschwundenen in der türkischen Presse. Ich fand einige Fotografien in Zeitungen, auf denen ich einige der Verschwundenen identifizieren konnte. Sie waren in ein Lager in Yozgat gebracht worden. Einige waren freigelassen worden, aber andere galten als vermisst. Mein einziges Motiv war, den auf ihre Kinder wartenden Müttern zu helfen.

T-12 sagte: „Ich mag die Artikel, mit denen ich etwas erzielt habe", und fuhr fort:

> Eines Tages bekam ich einen Anruf in der Zeitung. Eine Frau, die sagte, sie sei die Vorsitzende der Vereinigung des Gesundheitspersonals. Sie sagte, dass ihre dreieinhalbjährige Tochter festgenommen worden sei. Ich glaubte meinen Ohren nicht. Das musste ein Fehler sein, ein dreieinhalbjähriges Kind kann nicht festgenommen werden. Ich ging zur Demirfirka-Polizeistation, wo sich das Kind befand. Ich interviewte die Kleine. Ihre Mutter hatte Pamphlete im Hacettepe Krankenhaus verteilt. Als die Polizei kam, flüchtete sie. Die Polizei nahm das Kind mit in dem Glauben, dass die Mutter sicher auftauchen würde. Als meine Reportage erschien, erhielt die Mutter ein Versprechen von der Ausnahmezustandskommandantur, dass ihr nichts geschehen werde. ... Ich freute mich sehr.

Die griechischen und türkischen Beispiele des Nachrichtenproduktionsprozesses bestätigen Murdock (1980: 61) mit seiner Behauptung, dass vor allem die politischen Eliten zum Thema in Nachrichten werden. Murdock behaupt gleichfalls, dass der pluralistische Ansatz eine solche Nachrichtenpräsentation bevorzuge, da auf diese Weise verborgen bleibe, dass die kapitalistischen Eliten die Macht im Staate hätten.

Der intensivierte Wettbewerb übt Druck auf Medieninhalte und Schnelligkeit aus. Er setzt Nachrichten strikt mit aktuellen Ereignissen gleich. Dies hat mehrere einschlägige Folgen. Die Konzentration auf die Gegenwart schließt Prozesse und Geschichte aus und verhindert so eine notwendige kritische Analyse. Trotz der Präsenz eines schnellen und steten Wechsels, Nachrichten stehen letztendlich immer für das Image eines Zustandes, für die zyklische Wiederkehr bekannter Ereignisse wie Morde, Naturkatastrophen, Militärputsche, Streiks. Nachrichten trennen Ereignisse von ihren historischen Voraussetzungen und vereinen sie mit einem festen Bestand von Vorstellungen. Sie erscheinen gleich, weil sie gleich aussehen. Nachrichten naturalisieren die Geschichte. Zusätzlich personifizieren Nachrichten Ereignisse. Hierfür gibt es wiederum rationelle finanzielle Gründe. Die Konzentration auf individuelle Aktionen passt gut in die tägliche Produktionsplanung und bietet dem Leser Ansatzpunkte für Verständlichkeit, Interesse und Identifikation. Zusätzlich präsentieren Nachrichten mit ihrer „Ereignisorientierung“ ein bestimmtes Bild der sozialen Strukturen und Prozesse. Sie tendieren dahin, strukturelle Ungleichheiten in individuelle Unterschiede zu verwandeln. Murdock betont ebenfalls, dass Nachrichten sich vor allem auf negative Ereignisse konzentrieren, auf Brüche im sozialen Gefüge und somit den Status quo normalisieren. Ergebnis ist, dass „das tägliche Leben im Kapitalismus zu einer unantastbaren Basis wird, welche dazu dient, Unterbrechungen und Herausforderungen zu beschreiben und zu beurteilen“. Jeder akzeptiert dieses tägliche Leben, und niemand versucht, es zu verändern.

Kapitel VII
Organisation, Konkurrenz und Arbeitsplatzsicherheit

Im Journalismus ist der Konkurrenzdruck äußerst hoch. Viele Journalisten sehen darin und in der individualistische Struktur die Gründe für Probleme in ihrem Beruf. Deshalb halten sie es für sehr schwierig, eine starke Berufsvertretung und Gewerkschaft zu gründen. Als Individuen ohne Organisation ähneln Journalisten atomisierten Zuschauermassen, die nur noch wenige Möglichkeiten haben, den Kommunikationsprozess zu beeinflussen. Zweifellos kann die individualistische und konkurrenzorientierte Struktur des Berufes nicht allein der Grund für die schlechte Organisation der Journalisten sein. Noch wichtiger sind die politische Struktur, die Situation der Demokratie und die Besitzstruktur der Medien innerhalb des Landes. Das Fehlen einer starken Organisation, mit deren Hilfe man die Fehler der Journalistenpraxis hinterfragen und den Kommunikationsprozess beeinflussen könnte, führt nicht nur dazu, dass Journalisten keine Macht über den Kommunikationsvorgang haben, sondern auch dazu, dass diejenigen, die ihn zu beeinflussen versuchen, Gefahr laufen, ihre Stelle zu verlieren.

VII.1 Organisation

Wir sehen, dass in der Türkei wie auch in Griechenland eine klassische Berufsorganisation der Journalisten, wie zum Beispiel eine Gewerkschaft, nur sehr schwach entwickelt ist. Obwohl die

Gewerkschaft in der Türkei vor 1980 recht stark war, ist sie heute, außer bei der Zeitung *Cumhuriyet*, der Presseagentur *Anadolu Ajansı* und manchen kleinen linken Nachrichtenagenturen, so gut wie machtlos. Es ist nicht falsch zu behaupten, dass der wesentliche Grund für das fast völlige Verschwinden der Gewerkschaft in den Neunzigerjahren vor allem die neue Besitzstruktur der Medien war. In Griechenland haben sich Mitarbeiter von Zeitungen und Mitarbeiter von Zeitschriften getrennt organisiert. Derzeit ist die ESEIA, deren Mitglieder bei Zeitungen, Funk und Fernsehen beschäftigt sind, die wichtigste Organisation im Land. Fragt man einen griechischen Journalisten, ob es eine Gewerkschaft der Journalisten gebe, erhält man fast ausschließlich die Antwort: ESEIA.

Stangos schreibt (1988: 11), dass nicht allein die Medienbosse, sondern auch die Journalisten selbst für ihre Macht oder Machtlosigkeit verantwortlich sind. Als Grund nennt er die Verschlossenheit der ESEIA gegenüber neuen und jungen Journalisten. ESEIA bestehe nur aus älteren, pensionierten Journalisten. Sollten junge Journalisten sich um die Mitgliedschaft bewerben, so wird ihnen, „da sie die offiziellen Voraussetzungen nicht erfüllen", abgesagt.

Die Mitglieder der ESEIA sind bei Athener Zeitungen, elektronischen Medien, der Athener Nachrichtenagentur ANA und der Presseabteilung der Regierung beschäftigte Personen. Es gibt also unter den Gewerkschaftsmitgliedern sowohl staatliche Angestellte als auch Mitarbeiter bei privaten Medien. Obwohl die Zahl der weiblichen Journalisten sehr hoch ist, sind nur wenige Frauen in der ESEIA vertreten (S. 12).

Die ESEIA arbeitete bis zum Sturz der Militärdiktatur im Jahre 1974 wie ein privater Club. Ihre Mitglieder waren sorgfältig ausgesuchte Journalisten, die eine „entsprechend richtige" politische Ideologie hatten. Als in Griechenland wieder Demokratie herrschte, änderte sich die Sache. Die Türen der ESEIA öffneten sich, und bis dahin wegen ihrer politischen Ansichten ausgeschlossene, bekannte Journalisten wurden aufgenommen. Es wurde sogar, zum ersten Mal in der Geschichte der ESEIA, eine Gewerkschaftsführung gewählt, die nicht rechtsgerichtet war. Aber schon bei der nächsten Wahl im Jahre 1976 war sie wieder in den Händen der Konservativen und blieb es bis heute (Stangos).

Viele griechische Journalistinnen und Journalisten, darunter auch ESEIA-Mitglieder, beklagen sich heute darüber, dass die ESEIA nicht wie eine Gewerkschaft, sondern vielmehr wie eine mittelalterliche Zunft arbeite. Junge, studierte Journalisten können sich nach einer dreijährigen, ununterbrochenen Arbeit bei Presse, Funk und Fernsehen oder ANA um die Mitgliedschaft bewerben. Wenn der Bewerber kein abgeschlossenes Hochschulstudium vorweisen kann, muss er einen fünfjährigen (ununterbrochenen) Arbeitsnachweis vorlegen können. Um eine stimmberechtigte volle Mitgliedschaft zu erwerben, muss die ununterbrochene Arbeitsdauer, je nach Ausbildung, 4 bis 6 Jahre betragen. Sollte der Antragsteller alle diese Bedingungen erfüllen, muss er auch noch an einer schriftlichen und mündlichen Aufnahmeprüfung teilnehmen (Stangos, S. 12-13). Es gibt Journalisten, die trotz ihrer guten Position im Medienbereich und obwohl sie allen Voraussetzungen entsprechen, nicht Mitglied bei der ESEIA sind, da sie „die Prüfung dumm finden". G-19 ist, obwohl er 10 Jahre Berufserfahrung als Journalist hat und die Konditionen erfüllt, kein Mitglied der ESEIA:

> Die einzige Gewerkschaft, die hier ein hohes Ansehen genießt, ist ESEIA, und ich bin in der Lage, dort aufgenommen zu werden. Aber man muss zuvor eine Prüfung bestehen. Niemand mag diese Prüfung. Ohne darauf zu achten, was wir in jahrelanger Journalistenpraxis geleistet haben, setzt man uns einer dummen Prüfung aus. Und dann sind da noch politische Probleme. Der Leitungsrat besteht aus 10 Personen, von denen sechs rechts- und zwei linksgerichtet sind, zwei stehen in der politischen Mitte. Dies hat sich seit 50 Jahren nicht geändert. Nun, mein Problem ist, dass ich mir die Gewissensfrage stellen muss, soll ich Mitglied werden oder nicht? Wenn man Kritik übt, wird man sowieso nicht aufgenommen. Es gibt viele Leute, die nicht aufgenommen wurden, weil sie vor dem Prüfungskomitee die ESEIA kritisierten.

Während manche Journalisten behaupteten, dass die von der ESEIA geforderten Voraussetzungen nichts mit der Beurteilung des beruflichen Talentes zu tun hätte, gehen andere schon so weit zu sagen, dass dies sogar verfassungswidrig sei. In den Artikeln 12 und 23 der griechischen Verfassung steht folgendes: „Jede/r griechische/r Bürger/in hat das Recht, sich zu organisieren und Vereine/Verbände zu gründen, die keine finanziellen Ziele verfolgen." – „Der Staat garantiert die Gewerkschaftsfreiheit und hat dafür zu sorgen, solange es nicht dazu benutzt wird, sich an den Rechten eines anderen zu vergreifen, dass alle Maßnahmen ergriffen werden, damit die Gewerkschaft unverzüglich im Rahmen der Gesetze in Kraft tritt."

Heute sind viele Beschäftigte der Presse keine ESEIA-Mitglieder, obwohl zwischen den Zeitungen und dem Verband ein Abkommen besteht, nach dem nicht mehr als 20 Prozent der Angestellten freie Mitarbeiter sein dürfen. Dieses Abkommen wurde sogar staatlich beglaubigt und im Gesetzblatt veröffentlicht. Es ist daher rechtskräftig.

G-6 erzählt, dass sie als Mitglieder hohe Beiträge zahlten und dass der Verband, dank seiner konservativen Führung, die ihre Beziehungen zu Regierungskreisen stets pflegte, verschiedene Vorteile biete. G-18:

> Nur des Geldes wegen möchten die Alten den Jungen die Türe (der Organisation) nicht öffnen. Nehmen wir mal an, wir haben 300 bis 500 Mitglieder und erhalten eine Rente von 300 000 bis 400 000 Drachmen. Kommen tausend neue Mitglieder hinzu, so wird unsere Rente um einiges schrumpfen.

Die Erklärungen von Stangos (1988: 13) sind ähnlich:

> Ihr Ziel ist es, die Mitgliederzahl so niedrig wie möglich zu halten. Denn sie haben in den vergangenen Jahren für die Interessen ihrer Mitglieder viel gewonnen. Einer dieser Vorteile ist, dass der Journalist einen Teil seines Verdienstes nicht versteuern muss. Aber der größte Gewinn ist, dass die ESEIA von allen geschalteten Werbungen einen großen Anteil erhält, mit dem sie die eigene Krankenversicherung und Altersvorsorge finanziert.

Besonders der letzte Punkt ist für die türkischen Journalisten unvorstellbar: Ein Journalistenverband oder ein Journalistengewerkschaft erhält Anteile von den Reklameeinnahmen der Medien – einfach toll! Dies verleiht der ESEIA eine große wirtschaftliche Macht. Die Mitglieder der ESEIA verspüren, sobald sie unter dem Dach des Verbandes sind, eine von dieser Macht ausgehende Sicherheit. Deshalb rennen in Griechenland die Journalisten der ESEIA die Bude ein, während es in der Türkei die Journalistenverbände und -gewerkschaften schwer haben, überhaupt Mitglieder zu finden.

Anders als in Griechenland sind in der Türkei viele Journalisten Mitglieder von Vereinen/Verbänden. Eine bedeutende Zahl von Journalisten ist in mehr als einer Organisation vertreten. Aber diese Mitgliedschaften bestehen mehr auf dem Papier und haben in der Praxis keine Funktion.

In der Türkei gibt es dermaßen viele Journalistenorganisationen, -verbände, -vereine und -gewerkschaften, dass diese Zersplitterung einer Desorganisation gleichkommt. Daher fällt es schwer, auf eine einzelne Institution zu verweisen, die, wie die griechische ESEIA, die Journalisten vertreten kann. Die Hauptursachen dieser Zersplitterung sind verschiedene Ressorts, unterschiedliche ideologische Auffassungen und persönliche Interessen. In den ersten Berufsjahren gehört die Mehrheit der linksgerichteten Journalisten dem Verein der Modernen Journalisten (*Çagdas Gazeteciler Derneği*, ÇGD) an. Doch mit zunehmendem Dienstalter nehmen sie Abstand von der aktiven wie auch passiven Mitgliedschaft. Die Gewerkschaft TGS und die zur Gewerkschaft gehörenden Journalisten wurden, wie bereits erwähnt, durch den Druck der Medienbosse aus den größten Zeitungen der Türkei verdrängt.

Auf der anderen Seite sehen wir, dass Journalisten gleicher Ressorts sich zu kleinen Gruppen zusammengeschlossen haben, wie der Verein der Parlamentsreporter, der Wirtschaftsreporter-Verband, der Verein der Magazinreporter, der Verband der Präsidentschaftsreporter und so weiter. Ende 1997 haben Journalistengesellschaften verschiedener Regionen sich zu einer Föderation zusammengeschlossen. Aber die aktivste und effektivste Organisation unter ihnen, die TGC (*Türkiye Gazeteciler Cemiyeti* - Gesellschaft türkischer Journalisten), schloss sich nicht an. Ein anderes wichtiges Glied der zersplitterten Journalistenorganisationen in der Türkei ist der Presserat (*Basın Konseyi*).

Heute scheint es eine existentielle Frage für die türkischen Journalisten zu sein, ob die Presse es schafft, sich unter einem einzigen, mächtigen Dach zu organisieren. Es erscheint bei der derzeitigen Struktur nahezu unmöglich, sich gegen den Druck zu behaupten, eine ethische Regelung geltend zu machen und den Kommunikationsprozess zu überwachen.

Das Verfassungsgesetz des Jahres 1960 hatte eigentlich den Journalisten und der türkischen Presse größere Freiheiten und Rechte eingeräumt. Diese, von einem Militärregime von oben herab dekretierten Rechte, haben sich im Laufe der Jahre verloren. Die Militärjuntas von 1971 und 1980 hielten das Verfassungsgesetz von 1960 für zu großen Luxus und beschnitten nebst den Pressefreiheiten auch viele demokratische Rechte der Bürger. T-21 betont, dass die Organisationsstruktur vor 1980 ganz anders war als heute. Die Gewerkschaft hatte damals bei den Tarifverhandlungen durchgesetzt, dass „jede Zeitung eine gewisse Zahl von arbeitslosen Journalisten einstellt“. Dank dieser Regelung bekam T-21 eine Stelle: „Schauen Sie sich mal die von der Gewerkschaft damals abgeschlossenen Tarifverträge an. Jeder Vertrag ist gewissermaßen ein Mahnmal." Ein weiteres „Geschenk" des Militärregimes von 1960 ist das Gesetz Nr. 212. Dank diesem Gesetz wurde es Journalisten ermöglicht, früher als andere Berufsangehörige in den Ruhestand zu treten und eine höhere Rente zu bekommen. Keiner hat vergessen, wie damals die Medienbosse durch Schließung der Redaktionen versucht haben, die Verabschiedung des Gesetzes 212 zu verhindern. Aber das eigentlich Unvergessliche, dass man sich merken sollte, ist, wie die Journalisten daraufhin drei Tage lang ihre eigene Zeitung herausgaben. Die große Auflage und die Macht des Erfolgs dieser dreitägigen Zeitung ermöglichte es den Journalisten, die Gunst von Nr. 212 weiter zu genießen.

In den Jahren nach 1980 wurden die Medien immer kommerzieller, und die Tendenz zur Bildung von Kartellen nahm zu. Dies wirkte sich nachteilig auf die Organisierung der Journalisten aus. Die türkischen Journalisten verloren in den Neunzigerjahren fast alle Rechte, die sie in den Sechziger- bis Achtzigerjahren erkämpft hatten. T-7 meint, die Zeitungen wären nunmehr die einzigen Unternehmen, in denen Gewerkschaften keine Zulassung haben. Journalisten bleiben jeder Gewerkschaft fern, denn sie befürchten, ihre Stellen zu verlieren. Aber egal, ob sie rechter oder linker Neigung sind, eines haben sie gemeinsam: Die Mehrheit stört diese Desorganisation. Z.B. T-16:

> Tagtäglich jagen Reporter ohne Rast und Ruh' Ereignissen hinterher. Deshalb können sie auch gar nicht zusammenkommen. Außerdem sind der Boss und die Medienorganisation gegen die Gewerkschaft. Sollte ich versuchen, Mitglied der Gewerkschaft zu werden, würde man mich morgen vor die Türe setzen. Wir alle haben Angst davor. Davor, dass wir unsere Arbeit verlieren ... Und die existierenden Vereine sind zu nichts zu gebrauchen. Meine Zeitung wurde geschlossen, und keinen von ihnen kümmerte es, obwohl es immerhin 100 Journalisten waren, die sich da ihr Brot verdient hatten.

T-11 behauptet, die Journalisten seien selbst Schuld am Aussterben der gewerkschaftlichen Organisationen. Andere, die sich über die reine Lohnorientierung der Gewerkschaften in der Vergangenheit beklagen, stimmen dem Urteil von T-11 zu. Die Einstellung „gleicher Lohn für gleiche Arbeit" hätte viele Journalisten zur Gewerkschaft auf Distanz gehen lassen:

> Die Gewerkschaftsführer haben den Schwerpunkt auf Lohnorientierung gelegt. Eigentlich hatte es nichts mit „gleichem Lohn für gleiche Arbeit“ zu tun. Zum Beispiel: Ich arbeite mehr als du, aber, da wir den gleichen Dienstgrad haben, verdienst du genauso viel wie ich. Letztendlich wurde der Journalismus dann mit dem Prinzip „für jeden der gleiche Lohn“ betrieben. Ich schreibe in der Woche fünf Artikel und du nur einen, aber wir verdienen das Gleiche… Wenn das Gewerkschaftswesen heute vor dem Aussterben steht, so sind die Medienbosse und die Journalisten daran schuld. Bei den einen liegt der Schuldanteil bei 51 Prozent, bei den anderen bei 49 Prozent. Wenn du mich fragen solltest, wer von beiden denn zu 51 Prozent schuldig ist, so kann ich dir darauf nicht antworten.

T-17 erzählt das tragische Ende der Gewerkschaften bei den großen Zeitungen:

> Nachdem die Zeitung aufgekauft wurde, rief der neue Boss jeden von uns zu einer Besprechung unter vier Augen und verlangte von uns, aus der Gewerkschaft auszutreten. Wir wurden gezwungen, entweder die Kündigung des Gewerkschaftsvertrages zu unterschreiben oder selber zu gehen. Am ersten Tag kündigte keiner der Gewerkschafter. Am nächsten Tag standen sie alle auf der Straße. Daraufhin unterzeichneten alle das Kündigungsschreiben an die Gewerkschaft. Ein Notar wurde zur Redaktion bestellt. Wir alle standen vor ihm Schlange, unser Kündigungsschreiben in der Hand.

Dies konnte man in den Neunzigerjahren bei der *Milliyet* erleben. Nach kurzer Zeit kaufte der neue Eigentümer auch die *Hürriyet* auf. Der gleiche Vorgang passierte nun bei dieser Zeitung. Am 9. August 1994 protestierte die TGS in einer Erklärung gegen die Prozedur, bei der mittels eines zur Redaktion beorderten Notars die Journalisten gezwungen wurden, Abstand von der Gewerkschaft zu nehmen (ihre Mitgliedschaft zu kündigen). Das dem Notar vorgelegte Kündigungsschreiben bedeutete gleichzeitig auch den Verlust aller durch Tarifverträge gewonnenen Rechte. Der Chefredakteur der Zeitung verteidigte den Vorgang mit den Worten, die Gewerkschaftsmitgliedschaft der Journalisten hätte sich zum Nachteil der Zeitung ausgewirkt, bei der Konkurrenz gebe es nun mal keine Gewerkschaftsmitglieder, und dies hätte zu einem unlauteren Wettbewerb geführt.

Trotz der Organisationsgegner von oben entwickelten Anfang 1998 Reporter, die eine solche Desorganisation leid waren, interessante und wichtige Basisinitiativen unter dem Namen *Gazeteci Meclisleri* (Journalistenparlamente). Die TGC erhöhte ihre Aktivität, indem sie die Nähe zur Basis und zu den Journalistenparlamenten pflegte. Unter den verschiedenen Journalistenorganisationen gewann die Diskusion über berufliche Gesamtregelungen und über ethische Prinzipien die Oberhand. Sollten die türkischen Journalisten auch noch weit entfernt von einem hohen Organisationsgrad sein, so sind doch diese Diskussionen und die Journalistenparlamente ein konkreter Ausdruck des Gedankens, dass die Lösung des Problems wieder bei den Journalisten und deren Organisationen liegen könnte.

Im Gegensatz zu der schwachen Organisationsstruktur in der Türkei zweifelt in Griechenland keiner, trotz mancher Makel, an der Macht der ESEIA. In erster Linie ist sie wirtschaftlich stark und bietet ihren Mitgliedern effektiven Schutz. G-4 erzählt:

> Sagen wir mal, ein Mitglied hat Schwierigkeiten bei der Zeitung, für die er arbeitet, und er verliert seine Stelle, dann nimmt die ESEIA ihn in Schutz. Es kann sogar vorkommen, dass man sich zu einem Streik entschließt, und der würde dann bei allen Zeitungen durchgeführt werden.

G-11, der Chefredakteur einer linksgerichteten Zeitschrift ist, sagt halb klagend folgendes über die wirtschaftliche Macht der ESEIA:

> Schauen Sie mal, ich nehme für eine Seite Werbung in der Zeitschrift 300 Drachmen ein, davon muss ich 60 Drachmen an die Gewerkschaft/Organisation abgeben. Also 20 Prozent jeder Werbeeinnahme gebe ich ab. Dazu kommt noch, dass keiner der hier Beschäftigten Gewerkschaftsmitglied ist. Noch nicht einmal ich. Sollte ich krank werden, würden sie mir keinen Pfennig zahlen, da ich nicht Mitglied bin.

VII.2 Die Konkurrenz unter Journalisten

Ich habe schon erwähnt, dass der Journalismus ein höchst konkurrenzorientierter Beruf ist. Doch wenn man an Journalisten die

Frage nach Konkurrenz stellt, erhält man drei verschiedene Aussagen. Einige Journalisten beschweren sich über mangelhaftes Konkurrenzgefühl. Andere wiederum klagen über eine widerliche, skrupellose Rivalität/Konkurrenz. Die dritte Gruppe ist der Ansicht, dass Konkurrenz für eine qualitative Arbeit sorgt und somit positiv ist. Hier ist hinzuzufügen, dass die dritte Gruppe nicht von konkreten Tatsachen ausgeht, sondern lediglich darüber spricht, wie „es sein sollte". Diejenigen, die der festen Überzeugung sind, zwischen den Journalisten herrsche eine positive, fördernde Konkurrenz, waren eine so kleine Minderheit, dass man sie außer Acht lassen kann.

Während G-1 betont, wie stark eine qualitativ funktionierende Konkurrenz aufbaut, erzählt er, dass 90 Prozent der herrschenden Konkurrenz unter den griechischen Journalisten auf Spionage und Denunziation beruhe. Hier ein konkretes Beispiel:

> Nehmen wir mal an, du arbeitest an einem Artikel über den Bürgerkrieg in Georgien, und ich bin darüber informiert. Du beziehst Informationen aus beiden Lagern des Krieges, aber ich sehe dich irgendwo beim Essen mit Schewardnadze. Der Spionage- und Denunziations-Apparat beginnt zu arbeiten. Ich sammle noch weitere Informationen über dich. Zufällig treffen wir uns mal und plaudern etwas. Du erzählst mir, dass du Schwierigkeiten bei der Rückzahlung deines Kredits für das neue Auto hast. Ich frage dich nach deiner Meinung über Georgien und du sagst, Schewardnadze sei im Recht. Natürlich ahnst du nichts von meinen Plänen. Ich lege mir aus den in Erfahrung gebrachten Punkten ein Szenario zurecht und gehe damit zu deinem Boss. Ich mache Andeutungen darüber, dass du von einer der Parteien aus Georgien Geld oder andere Zuwendungen erhalten haben könntest und deshalb deine Stellungnahme gefärbt sein könnte. Ich erzähle ihm weiter, dass ich dich beim Essen mit Schewardnadze gesehen hätte. Mein schmutziges Szenario nimmt im Kopf des Bosses Gestalt an; der Film läuft. Dein Artikel zu Gunsten Schewardnadzes erscheint. Der Boss glaubt nun meiner Aussage, du wirst gefeuert, und ich kriege deine Stelle.

G-5 behauptet, dass die in Griechenland erlebte Konkurrenz äußerst „schmutzig" ist:

> Auf der einen Seite ist der Zeitdruck, auf der anderen der Druck des Chefredakteurs, und du jagst unter diesen Bedin-

> gungen Nachrichten hinterher. Gleichzeitig musst du aufpassen, dass man dir nicht den Stuhl unterm Hintern wegzieht. Man konkurriert nicht nur um gute Nachrichten, sondern muss auch noch um die Gunst des Vorgesetzten buhlen.

Andererseits sind auch viele griechische Journalisten der Meinung, es gebe zwischen den Reportern keine Konkurrenz, sondern eher Zusammenarbeit. Nicht wenige Türken teilen diese Ansicht. Inal schreibt (1992: 142), ausgehend von den Äußerungen eines *Milliyet*-Reporters aus Ankara, dass beim routinierten Verfassen von Nachrichten nicht die Konkurrenz, sondern die Zusammenarbeit im Vordergrund steht:

> Es ist gang und gäbe, einen Last-Minute-Bericht, nach Vereinbarung mit den Diplomatie-Reportern der Konkurrenz, erst am nächsten Tag zu veröffentlichen. ... Es ist so etwas wie eine Ehrensache, und wer der Vereinbarung trotzt, wird ernsthaft kritisiert oder gar ausgeschlossen.

G-2 ist der Meinung, die griechischen Journalisten würden aus Faulheit die Zusammenarbeit der Konkurrenz vorziehen. „Wenn sie gemeinsam irgendwo waren, schreiben sie die Artikel gemeinsam, um auch ja nichts auszulassen." G-4 kennt auch die Türkei sehr gut und ist der Auffassung, dass in Griechenland die Konkurrenz geringer sei:

> Nehmen wir einmal an, wir machen eine Auslandsreise in Begleitung des Ministerpräsidenten. Wir alle notieren uns die Aussage des Pressesprechers, verfassen unseren Bericht und schicken ihn ab. Damit ist die Sache erledigt. Ich war auch in Begleitung türkischer Journalisten. Sie versuchen immer, mehr herauszubekommen und die anderen Kollegen abzuhängen.

Viele griechische Journalisten äußern den Vorwurf, dass manche Reporter untereinander ein Kartell gebildet haben. G-9 dazu:

> Die Bildung solcher Journalistenkartelle ist das Schlimmste, was dem Journalismus widerfahren kann. Ein Journalist kann nichts Abweichendes schreiben, in seinem Artikel keine zusätzliche Information geben. Reporter gleicher Ressorts bilden solche Kartelle. Sollte einer mal mehr als die anderen schreiben, wird er aus der Gemeinschaft rausgeschmissen und kriegt keine Unterstützung mehr.

Eigentlich ist das Kartell der Griechen das gleiche wie der *Ehrenvertrag* der türkischen Diplomatie-Reporter. Der Vereinbarung nach teilt ein Reporter die vom Minister erhaltene Information, solange sie nicht speziell ist, den Kollegen mit. G-18 und G-19 behaupten, der Hauptgrund für die Bildung von Kartellen sei die Arbeitsplatzsicherung:

> Die größte Wettbewerb findet um Arbeitsplatzsicherung statt. Man darf keine Fehler machen, wenn man den Job nicht verlieren will. Keine Fehler zu begehen, ist wichtiger, als besser zu sein als andere. Deshalb arbeiten sie gemeinsam. Der Konkurrenzkampf zwischen Beschäftigten der gleichen Zeitungen ist viel härter. Der Grund ist derselbe. Wenn es morgen bei der *Avgi* kriselt und sie mit weniger Personal arbeiten muss, wer wird dann als Erster gehen? Um nicht der Erste zu sein, der entlassen wird, muss man sowohl gute Reportagen verfassen als auch gute Beziehungen zum Chef pflegen.

Die Lage in der Türkei ist genau die gleiche. T-9 sagt: „Da sie ihre Berichte miteinander abstimmen, sieht man am nächsten Tag überall den gleichen Fehler." Je mehr die Arbeitslosigkeit unter den Journalisten zunimmt, desto mehr gewinnt ein hässlicher Wettbewerb die Oberhand, und die qualitätsmindernde Kartellbildung nimmt zu. Die jährlich zu Hunderten von den Fakultäten für Presse und Publizistik der türkischen Universitäten entlassenen Studenten erhöhen Jahr für Jahr die Zahl der arbeitslosen Journalisten. Sie sind eine Reservearmee von Arbeitskräften, die nicht bezahlt werden, beziehungsweise gar nicht bezahlt werden müssen. Vielleicht gehören auch die hohe Arbeitslosigkeit und der schnelle Verlust des Arbeitsplatzes mit zu den Ursachen des ethischen Verfalls. Das wird wohl auch der Grund sein, weshalb T-3 mit Leuten gearbeitet hat, die durch Mithören ihrer Telefonate Artikel schrieben. Die Türken teilen die Ansicht ihrer griechischen Kolleginnen und Kollegen, dass die Konkurrenz zwischen den Angestellten einer Zeitung erbarmungsloser ist als zwischen Reportern desselben Ressorts.

Natürlich gibt es auch Institutionen, bei denen es ganz anders aussieht. Meist sind dies kleinere und mehr linksgerichtete Medien. T-9 berichtet, dass bei der *Cumhuriyet*, bei der er kurze Zeit beschäftigt war, die Situation anders aussah. Die Menschen dort hätten Informationen, von denen sie annahmen, dass sie diesem oder jenem Kollegen nützlicher wären, an diese Personen weitergeleitet.

Ein weiterer Faktor, der einen fördernden Wettbewerb verhindert, sind die unorganische Hierarchie der Medien und ihre bürokratische Struktur. T-11 erläutert die Lage mit folgendem Beispiel:

> Ein vom Chefredakteur verfasster Bericht erscheint in der Türkei sofort auf der Titelseite. Ist der gleiche Bericht vom Ankara-Korrespondenten, so wird er wieder auf der ersten Seite gedruckt sein, nur etwas kleiner. Sollte der Bericht von einem bekannten, erfahrenen Reporter stammen, wird er wieder auf der Titelseite, nur noch viel kleiner, erscheinen. Wenn aber ein unbekannter Reporter den Bericht verfasst, so wird er nicht mehr auf der ersten Seite zu lesen sein, sondern sich irgendwo im Innenteil befinden. Also, Vorrang hat die Hierarchie in der Redaktion, nicht die Qualität der Nachricht. Manchmal wird der Name des Chefredakteurs sehr viel größer gedruckt, oder er erscheint in einem farbigen Kasten oder mit Sternen eingerahmt. In so einer Situation macht es keinen Sinn, um Qualität zu ringen.

VII.3 Arbeitsplatzsicherheit und Arbeitslosigkeit

„Mein erster Rat an Leute, die mit dem Gedanken spielen, Journalist zu werden, lautet: Wenn für euch die Arbeitsplatzsicherheit im Vordergrund stehen sollte, so sucht euch etwas anderes. Liebt ihr aber das Risiko, so seid willkommen." Das sind die Worte von G-1 auf die Frage, wie es denn um die Arbeitsplatzsicherheit stehe. Seiner Ansicht nach ist eine qualitativ gute Arbeit nicht immer ausreichend, um sich den Arbeitsplatz zu sichern. Denn es gibt viele inkompetente Konkurrenten, die es vorziehen, ihren Wettstreit mit „schmutzigen" Mitteln auszutragen:

> Ist man versucht, nur die Arbeit zu machen, die von einem verlangt wird, wird man keine Arbeitsplatzsicherheit haben. Doch wenn man ein wahrlich guter Journalist ist, dann wird man immer wieder Leute finden, die Gefallen an qualitativer Arbeit finden und bereit sind, dafür zu zahlen. Trotzdem wird man als Journalist mit qualitativ guter Arbeit genügend Anlass zu Befürchtungen haben. Denn Qualität ist nicht beliebt, und keiner möchte gegen Qualität konkurrieren. Ich fühle mich immer

> unsicher, wenn es um die Beziehung zu meinem Boss geht. Aber geht es um das Verhältnis zu mir selbst und zu meinen Lesern, so weiß ich mich in Sicherheit. Und solange ich mir selbst vertraue, bereitet der Rest mir kein Kopfzerbrechen.

Im Hinblich auf die Arbeitsplatzsicherheit kann man die griechischen Journalistinnen und Journalisten in zwei Gruppen unterteilen: diejenigen, die Organisationsmitglieder sind, und diejenigen, die es nicht sind. Die Mitglieder der ESEIA haben bezüglich der Arbeitsplatzsicherheit keinerlei Probleme. Sie werden durch ein sehr gutes Versicherungssystem (Kranken- und Rentenversicherung) abgeschirmt. Aber Gewerkschaftsmitglieder sind in der Minderheit, der große Rest verspürt Unsicherheit.

Die Angst vor der Arbeitslosigkeit ist in Griechenland geringer als in der Türkei. Dadurch, dass es in den letzten sechs bis sieben Jahren zu einer explosionsartigen Vermehrung der Medienorganisationen kam, ist es kaum noch möglich, einen arbeitslosen Journalisten zu finden. Auch junge Leute, die noch keine ausgebildeten Journalisten waren, wurden von neu gegründeten Radiostationen aus Mangel an erfahrenem Personal angestellt. Obwohl es in der Türkei zu einem ähnlichen explosionsartigen Medienboom kam, ist die Arbeitslosigkeit unter den türkischen Journalisten doch sehr groß. Ein Grund dafür ist die den Bedarf überschreitende, große Zahl der Fakultätsabgänger für Presse und Publizistik; ein weiterer Grund ist, dass die neu gegründeten Radiostationen in der Türkei keinen Bedarf an Journalisten, sondern an Diskjockeys hatten. Während nahezu alle befragten Journalisten des Landes über Arbeitslosigkeit klagten, war nur T-2 anderer Ansicht: „Ich glaube nicht, dass es eine ernst zu nehmende Arbeitslosigkeit gibt. Jeder, der seinen Job verliert, findet nach kurzer Zeit einen neuen.“

Das Fehlen einer Gewerkschaft lässt die Journalisten zu bedauernswerten, machtlosen Opfern schrumpfen, die der Willkür ihrer Arbeitgeber und den Arbeitsbedingungen hilflos ausgesetzt sind. Ein Journalist, der für ein sehr gutes Gehalt eine Redaktionsaufgabe bei einem privaten Fernsehsender wahrnimmt, meinte: „Bei der Anstellung habe ich neben meinem Arbeitsvertrag auch gleich mein Kündigungsschreiben unterzeichnet. Ich bin mir sicher, dass hier auch Leute, die in einer weit höheren Position beschäftigt sind und für sehr hohe Summen arbeiten, das Gleiche getan haben.“

T-16 beklagt, dass seine Zeitung nach einem Unfall „keinen Pfennig der Krankenhauskosten übernommen hat. Wäre ich

Schreinerlehrling geworden, so hätte ich mehr soziale Sicherheit. Da ich nicht versichert bin, hat niemand die Krankenhauskosten übernommen.“ T-17 soll 3 Jahre lang bei einer Wochenzeitschrift gearbeitet haben. In der Zeit soll er sogar wichtige Titelberichte verfasst haben. Doch eines Tages fand er sich von heute auf morgen auf der Straße. „An meiner Stelle wurde ein Mädel aus Istanbul angestellt. Ich mit meiner 10-jährigen Berufserfahrung habe bei dem Job nie mehr als 15 Mio. Lira verdient, das Mädel bekam gleich zu Anfang 20 Mio. Lira. Später wurde sie dann Redakteurin, und es wurde bekannt, dass sie Beziehungen hatte.“ Diese Worte bezeugen, dass „gute Arbeit liefern“ nicht ausreicht, seinen Arbeitsplatz zu behalten.

In der Türkei ist die Arbeitplatzsicherheit nicht allein ein Problem kleiner, unbekannter Reporter, auch Journalisten in wichtigen Positionen haben gegenüber ihrem Boss keinerlei Macht. Ein typisches Beispiel hierfür ist das Erlebnis von *Emin Çölaşan*. Beim Verlassen des Hauses von Murat Karayalçin, dem Ex-Bürgermeister von Ankara und engen Freund, wird *Çölaşan*vom Kameramann einer islamistischen Nachrichtenagentur geradezu attackiert. *Çölaşan* beschwert sich beim Inhaber der Nachrichtenagentur. Was danach passiert, liefert ein anschauliches Beispiel dafür, wie leicht es ist, auch als Journalist mit guten Kontakten vor die Tür gesetzt zu werden:

> Herr Enver hat sich entschuldigt. Danach befahl er einem hohen Angestellten, seine Kündigung einzureichen. (Später erfuhren wir, dass diese Person nichts mit dem Vorfall zu tun hatte und nicht informiert war. Ich teilte dies Herrn Enver mit, und so durfte dieser Kollege seine Stelle behalten. *Hürriyet*, 24. Sep.1996.)

Wie leicht es doch ist! Zwei Worte, die aus dem Munde des Bosses kommen, und ein hoher Angestellter in führender Position der IHA (Islamische Nachrichtenagentur) verliert seine Stelle, wird aber auf Geheiß desselben dann wieder angestellt. Ein weiteres Beispiel dafür, wie unsicher sich auch bedeutende Journalisten ihrer Stellen sind, bietet der im April des Jahres 1998 passierte Vorfall von *Cengiz Çandar* und *Mehmet Ali Birand*. Aufgrund der Tatsache, dass einer der PKK-Führer, Şemdin Sakık, beim Verhör die Namen der beiden Journalisten nannte, wurden die Kolumnen der beiden von heute auf morgen gestoppt. Das war die höfliche Form eines Rausschmisses. Aber zu der Zeit hatte niemand – die beiden inbegriffen – die Möglichkeit, dagegen zu protestieren. Das Einzige, was man tat, war warten, bis die Obrigkeit ihre nachträgliche Absolution erteilte.

Als dann die Bosse der konkurrierenden Mediengruppen untereinander ausmachten, die Mitarbeiter des Gegners unter keinen Umständen bei sich anzustellen, wurden die türkischen Journalisten weiter geschwächt. Nun konnte sich ein Journalist, der Probleme an einem Arbeitsplatz hatte, nicht einmal mit dem Gedanken „werde ich hier gefeuert, so arbeite ich halt drüben" trösten und kein bisschen Sicherheit haben. Wie zuvor schon erwähnt, gilt es als selbstverständlich, dass junge Journalisten in der Hoffnung, später auf Dauer angestellt zu werden, ohne Sicherheit und unbezahlt zwei bis drei Jahre arbeiten. Sogar bei den größten Medienkonzernen wird dies so gehandhabt. Die lange Probezeit kann damit enden, dass der Erprobte als „ungeeignet" angesehen wird und neue Mitarbeiter zur Probe einstellt werden.

Die vom Staat verliehene „gelbe Pressekarte" bietet den Journalisten einige Möglichkeiten. Der Erwerb dieser Pressekarte ist ähnlich schwer, wie Mitglied der griechischen ESEIA zu werden. Obwohl man ähnliche Voraussetzungen nachweisen und Bedingungen erfüllen muss, kann der Vorteil einer gelben Pressekarte sich nicht mit der Sicherheit einer ESEIA-Mitgliedschaft messen. Jeder Akademiker, der mehr als zwei Jahre vertraglich bei einer Medienorganisation arbeitet, kann beim staatlichen Presseamt eine Pressekarte beantragen. Der Bewerber muss gleichzeitig eine Mappe einreichen, in der die Arbeiten der letzten zwei Jahre aufbewahrt sind. Die vorgelegte Mappe wird von einer *Pressekartenkommission* begutachtet. Diese Pressekartenkommission besteht aus Vertretern verschiedener Medien und zwei Mitgliedern des Presseamtes. Bewerber mit Abitur müssen eine durchgehende Arbeitszeit von drei Jahren nachweisen, um eine Pressekarte beantragen zu können. Journalisten, die im Besitz einer solchen Karte sind, fühlen sich relativ sicher. Mit dieser Karte ist es für sie einfacher, Zugang zu offiziellen Institutionen wie Parlament, Ministerpräsidialamt usw. zu finden und an Informationen zu gelangen. Auch ist es für die Besitzer von Pressekarten leichter, eine neue Arbeitsstelle zu bekommen.

Die Beispiele in der Türkei und Griechenland zeigen uns, dass ein starker gewerkschaftlicher Schutz in der Praxis nicht mehr existiert. Mit der Aufhebung des gewerkschaftlichen Schutzes kommt es zu Kürzungen des jährlich zustehenden Urlaubs und zu Wochenendarbeit. Die Grenzen der Arbeitszeiten verwischen sich. T-21 führt als Grund für diese Entwicklung die Tatsache an, dass die entsprechenden Rechte damals, nach einem Militärputsch im Jahre 1960, verliehen, nicht aber von den Journalisten erkämpft wurden:

> Mit dem Gesetz 212 wurde eine privilegierte Gruppe geschaffen. Wir haben nie den Wert dieser Privilegien durch 212 erkannt. Damals konnte man, wenn man ein oder zwei Arbeitsplätze gewechselt, aber keine Abfindung erhalten hatte, diese vom letzten Arbeitgeber fordern. In den Tarifverträgen vor dem Jahre 1980 wurde vereinbart, dass der Arbeitgeber den Journalisten nicht zwingen durfte, einen ihm unliebsamen Bericht zu verfassen. Wir sind mit diesen Rechten schlecht verfahren. Während der „Hohe Richterrat" beschloss, Arbeitnehmern anderer Sektoren eine Gehaltserhöhung von 5 bis 7 Prozent zu genehmigen, bekamen wir eine Erhöhung von 35 Prozent, schrieben aber in unseren Berichten und Kolumnen, dass unter den gegebenen wirtschaftlichen Bedingungen im Lande eine Gehaltserhöhung von 7 Prozent durchaus angebracht wäre. Die Mehrheit der heutigen Journalisten wird noch nicht einmal wissen, was das Gesetz 212 ist. Heute wird es schon als Glück betrachtet, wenn man wie ein Fabrikarbeiter versichert ist.

Kapitel VIII
Der Journalist und die Medieninstitution

Dutton zufolge (1986: 22) existieren bei der Bewertung und Einschätzung der *Medieninstitution* drei unterschiedliche Ansätze: Einer davon ist der so genannte liberal-pluralistische Ansatz, wonach die Medieninstitution als gut integriertes System bezeichnet wird, in der zur Erreichung der Produktivität des Ganzen die Rolle eines jeden Elements klar definiert ist. Kritische Ansätze hingegen sehen in der Medieninstitution den Handlanger, der die Interessen der Großkapitalisten innerhalb einer Gesellschaft verfolgt. Der laut Dutton auf die Medieninstitution gerichtete dritte gesellschaftliche Bewertungsansatz kann wie folgt zusammengefasst werden:

> Die Medieninstitution ist eine Struktur, in der Personen oder Gruppen existieren, die das Ziel hegen, ihre persönlichen Interessen zu erreichen, und dabei mit der inner- und außerhalb der *Medienorganisationen* vorhandenen „offiziellen" Autorität in Konflikt geraten.[1]

Das eigentliche Thema, mit dem wir uns hier befassen möchten, sind Freiheit und Unabhängigkeit der Journalisten innerhalb der Medienorganisationen, und inwiefern die Organisationsstruktur der jeweiligen Rundfunkanstalten und Zeitungen, bei denen sie beschäftigt sind, ihre Arbeit beeinflusst. Durch die Aussagen vieler griechischer und türkischer Journalistinnen und Journalisten, die in sehr unterschiedlichen Positionen arbeiten, wird es möglich, eine realistische Anschauung über die Medienorganisationen und ihre Rolle im Kommunikationsprozess zu gewinnen, das heißt, den Bereich der Publizistik in beiden Ländern zu verstehen.

Aus den Gesprächen mit Journalisten wurde vor allem ersichtlich, dass sie sich bei ihren jeweiligen Medienorganisationen nicht frei und sehr häufig eingeschränkt fühlten. Man kann allerdings behaupten, dass Journalisten, die der ideologischen Linie „ihrer" Organisationen zustimmten, sich freier fühlten, wenn es auch bei ihnen letztendlich die jeweilige Organisation war, die den Handlungsrahmen bestimmte. Klar ersichtlich ist in der hierarchischen und bürokratischen Struktur der Medienorganisationen die Hegemonie der Vorgesetzten und leitenden Angestellten über ihre Mitarbeiter. Zwar trifft man, wie Dutton schon in seinem gesellschaftlichen Handlungsansatz erwähnt, in jeder Medienorganisation auf „Gruppen und Personen, die auf ihre eigenen Interessen und Ziele hin arbeiten", aber Auseinandersetzung mit offiziellen Autoritäten ist nicht ihre Stärke. Zunächst sind da die *Medienbesitzer*, gefolgt von *Chefredakteuren*, die im Namen des Chefs handeln. Sie sind so tonangebend, dass Journalisten, die mit ihnen in Streit geraten, keinerlei Chancen haben, ihren Arbeitsplatz zu behalten.

Die Studie Youngchuls (1989: 128) über die südkoreanische Presse lässt darauf schließen, dass die Aussagen über Griechenland und die Türkei verallgemeinert werden können:

> Die Machtausübung innerhalb der Medienkonzerne fand nicht nur (und ganz offensichtlich) im Rahmen von „Strafe" und „Belohnung" statt. Der Gehorsam des Journalisten wurde von der organisatorischen Hierarchie dirigiert. Loyalität gegenüber dem Chef galt als natürlich und tugendhaft. Die Machtverhältnisse innerhalb eines Nachrichtenbüros wurden von Anfang an „von oben nach unten" strukturiert. Die Ergebenheit eines Jeden gegenüber dem nächst Ranghöheren wurde für die organi-

---

[1] In publizistischen Artikeln/Texten werden die Begriffe *Institution* und *Organisation* oft unterschiedslos verwendet. Zum Beispiel definieren manche Autoren gewisse Fernsehsender und Zeitungen als Institutionen. In diesem Buch dient das singularisch verwendete Wort *Institution* zur Bezeichnung des gesamten Mediensystems. Dennis Mc Quail (1987a: 55) erklärt die Verwendung dieser zwei Begriffe in der Publizistik folgendermaßen: „Das Etikett Medieninstitution beinhaltet die Kontrollmittel, Prinzipien, Regeln, Gesetze und Bräuche einer Gesellschaft… und Medienorganisationen übernehmen die Funktion von Produktion und Verteilung. Da die Medieninstitution nur an praktischen Aktivitäten zu erkennen ist (welche von Medienorganisationen ausgeführt werden), ist es eine künstliche Trennung, die der Analyse dient." Demnach wäre es zutreffender, wenn eine gewisse Zeitung oder ein gewisser Radio- und TV-Sender gemeint sind, von Medienorganisationen zu sprechen. Medieninstitution hingegen ist das System des Ganzen, das alle diese Organisationen beinhaltet.

> satorische Funktion des Ganzen als existentiell angesehen. Dies ist, was Galbraith als „Machtposition“ und Gramsci als „Hegemonie“ bezeichnen. Hier wurde ohne die geringste Mühe Gehorsam erzielt.

Andererseits bezeichnet Negrine (1994: 124-5) die Medien 1) als dem Nachrichtenfluss dienende, bürokratisch und hierarchisch aufgebaute Organisationen. Er betont 2), dass Journalisten in Institutionen wie dem Parlament, der Polizei, den Gerichten und Banken stationiert werden, wo mit Sicherheit regelmäßig neue Nachrichten zu erwarten sind. Ein weiterer Punkt, den Negrine für den Nachrichtenfluss als wichtig erachtet, ist 3) die Tatsache, dass jede Medienorganisation über eine Agenda verfügt, in der wichtige Tage und Ereignisse notiert sind. Hinzu kommt 4), dass Medienorganisationen besondere Abteilungen einrichten, in denen auf bestimmte Themengebiete spezialisierte (Fach-)Journalisten tätig sind.

Hier stellt sich unter anderem die Frage, ob der Journalist durch vertiefte Fachkenntnisse die von der Medienorganisation gesteckten Grenzen erweitern und mehr Freiheit gewinnen kann.

VIII.1 Die Medienorganisation und die Freiheit des Journalisten

Fast in jeder Medienorganisation beginnt der Tag mit einer Konferenz, auf der beratschlagt und entschieden wird, was in der Tagesschau oder in der ersten Auflage erscheinen wird. Auf diesen Sitzungen stellen die Redakteure, unter Berücksichtigung der Vorschläge von Reportern, die Tagesordnung auf. Sie wird aber nicht allein durch die Vorschläge von unten nach oben, sondern auch durch solche von oben nach unten festgelegt: vom Medienbesitzer, von Chefredakteuren oder anderen Personen, die mit dem Medienkonzern ein gemeinsames Interesse teilen. Es wäre falsch, alle von oben nach unten gegebenen Aufträge als ein Produkt des Hegomonie-Apparates anzusehen, der die Freiheit des Reporters einschränkt. Auch in einer äußerst demokratischen Medienorganisation kann es passieren, dass ein Redakteur dank seines hoch entwickelten Nachrichtensinns und dank seiner Erfahrungen seine Reporter auf ein bestimmtes Thema ansetzt.

Aus den Aussagen der türkischen und griechischen Journalisten geht hervor, dass sie sich nie frei fühlen. Viele Journalisten, die bei einer Medienorganisation zu arbeiten anfangen, wissen, wenn nicht schon im Voraus, dann aber nach kurzer Zeit, dass ihr Arbeitgeber eine gewisse Position vertritt und dass ihre Nachrichten dementsprechend gestaltet werden müssen. Dieser vorgeschriebene Rahmen wird entweder durch die traditionelle Ideologie der Medieninstitution insgesamt oder aber von negativen oder positiven Stellungnahmen zur Regierung oder von gewissen Geschäftskreisen bestimmt. Zweifellos haben auch die Regeln und Prinzipien des Journalismus, eines Berufs, der zur Aufgabe hat, die Wahrheit zu sagen, immer eine potentielle Macht, sich innerhalb dieses Rahmens durchzusetzen.

An der Basis einer Medienorganisation arbeiten Reporterinnen und Reporter in ihrer Anfängerzeit. In Griechenland werden sie mehr zu Interviews auf die Straße geschickt, in der Türkei beauftragt man sie mit Polizei- oder Gerichtsberichterstattung. Es herrscht die Auffassung, jedem Journalisten tue es gut, sich in seiner Anfängerzeit in diesen Bereichen zu üben.

Über den Anfängern stehen die erfahrenen *Fachreporter*: für das Parlament, eine politische Partei, für Wirtschaft, Außenpolitik, Sport und so weiter. Diese Ressorts sind in Form von Sport-Büro, Wirtschafts-Büro usw. organisiert und werden vom jeweiligen *Chef* oder *Redakteur* geleitet. Reporter gewisser Ressorts sind die Untergebenen des Abteilungsleiters. Der spricht dann von „seinen Reportern“, deren fertige Berichte erst seine Absolution erhalten müssen, ehe sie erscheinen. Ganz oben sitzt dann der *Chefredakteur*, dem alle Abteilungschefs unterstellt sind. Der Chefredakteur übernimmt auch eine Art Brückenfunktion zwischen der Medienorganisation und dem *Besitzer*.

Häufig beschwert sich die Basis über Ignoranz und darüber, nicht zu Wort zu kommen. Die Aussage von T-21, von dem es heißt, er habe die Kurdenflucht aus dem Irak entdeckt, liefert ein typisches Beispiel dafür: Den Informationen der Basisjournalisten wird sogar bei wichtigen Ereignissen wenig Achtung gezollt. Die Flucht von hunderttausenden von Kurden, die aus Angst vor einem weiteren chemischen Angriff Saddam Husseins über die türkische Grenze kamen, wurde zu einer weltweiten Nachricht. T-21 meint, es sei ungerecht gewesen, ihm die Ehre zukommen zu lassen, es als erster gemeldet zu haben:

> Eigentlich wurden wir 15 Tage lang von den lokalen Reportern über die Situation dort informiert. Sie teilten uns das rege Treiben an der Grenze, die Grenzüberschreitungen kleinerer Gruppen mit. Alle diese Berichte lagen tagelang nutzlos auf

> dem Tisch, ohne dass jemand sie aufgriff. Also, ich bin nicht der Entdecker der Sache. Aber die zuvor eingetroffenen Berichte wurden von den Redakteuren nicht zur Kenntnis genommen, sei es, weil sie von lokalen Reportern kamen, oder sei es, weil die Jungs dort auch Kurden waren.

Im Zusammenhang mit der Medieninstitution gibt es einen bedeutenden Unterschied zwischen den türkischen und den griechischen Strukturen: die Position des *Ankara-Korrespondenten.* Athen ist in jeder Hinsicht das Zentrum der griechischen Medien. In der Türkei sieht die Sache anders aus. Obwohl Ankara Regierungssitz ist, sind die türkischen Medienorganisationen in Istanbul ansässig. Deshalb sind sie gezwungen, in Ankara ein großes Büro mit weit reichenden Befugnissen zu unterhalten.

Häufig wird von türkischen Journalisten behauptet, die eigentliche Aufgabe des Ankara-Korrespondenten sei es, im Interesse und im Namen des Patrons mit Ministern und Regierungskreisen zu verhandeln. T-17 ist nur einer von vielen, der diese Behauptung zur Sprache bringt:

> Für den Posten des Ankara-Korrespondenten wählt man nur Personen, die einen guten Dialog mit Regierungskreisen führen. Außerdem sind da (im Büro) dann noch die besonderen Journalisten mit ihren Beziehungen zu bestimmten Regierungskreisen. Zum Beispiel wird es da einen Kolumnenschreiber geben, der sich mit Demirel besonders gut auskennt und den Kontakt zwischen dem Amt und der Zeitung pflegt. Ein anderer wird gute Beziehungen zu Çiller haben und die Sache leiten. Ich wurde einst Zeuge eines Telefonats zwischen Çiller und unserem Ankara-Korrespondenten. Er gab Ratschläge an Çiller weiter. Etwa so: „Meine sehr geehrte Ministerpräsidentin, ihre Rede dort war sehr schön, nur wäre es passend gewesen, wenn sie auch noch dies erwähnt hätten…“ Allen ist bekannt, dass dieselbe Person das Kreditproblem der Zeitung löste. Der Ankara-Korrespondent ist die Person, die verantwortlich für die Beziehung zwischen der Regierung und dem Medienbesitzer ist. Es gibt sogar Leute, die behaupten, dass sie Prozente von den zugeteilten Krediten erhalten.

T-1, Ankara-Korrespondent eines Fernsehsenders, beteuert, nie solche Beziehungen gehabt zu haben. Er sei verantwortlich für die Arbeit der Reporter und leite nur das Büro. Die Interventionen des Korrespondenten in die Berichte der Reporter sind beachtlich. T-1 weist darauf hin, dass seine Interventionen nicht den Inhalt, sondern die Form beträfen. Er fügt hinzu, dass die Beziehung zu seinen Vorgesetzten trotz der Tatsache, dass er der König in Ankara sei, gewissen Beschränkungen unterliegt:

> Die Institution bestimmt die Freiheit des Journalisten, das ist ganz klar. Zum Beispiel könnte ich niemals bei TGRT arbeiten. Ich wäre dort niemals so frei und glücklich wie hier. Bin ich hier sehr glücklich? Nein. Ich kann nicht alles tun und lassen, wie ich es mir wünsche. Der größte Teilhaber des Konzerns, in dem ich arbeite, ist ein mächtiges Bauunternehmen. Sollte diese Firma in einen Korruptionsfall verwickelt werden, werde ich dann darüber einen Bericht verfassen können? Vielleicht würde ich es versuchen, aber dann würde man mich vor die Tür setzen.

T-5 ist der Ankara Chef einer großen Tageszeitung. Er berichtet über die Beziehungen innerhalb seiner Zeitung:

> Ich sitze hier als Chef dieses Büros mit meiner eigenen Vorstellung von Journalismus. Aber gleichzeitig gibt es auch eine dreißig- bis vierzigjährige Tradition in dieser Organisation. Sie kannten meine Ansichten, als sie mich hier anstellten. Sie akzeptieren mich. Und ich kenne die Auffassung der Zeitung. Somit kommt es zu einer Art Gleichgewicht. Solange ich mich im Rahmen des Konzeptes bewege, bin ich ganz und gar frei. Von Zeit zu Zeit kommt es sogar vor, dass ich mit großem Aufwand den Rahmen sprenge.
>
> Für die, die unter mir stehen, gilt das Gleiche. Ich erwarte von ihnen, dass sie mir Berichte bringen, die meiner Auffassung entsprechen. Ich übe Druck aus, und ich sehe dies als mein natürliches Recht an. Die Reporter haben auch das Recht, mich unter Druck zu setzen, sie sollten davon Gebrauch machen. Natürlich können ihre Artikel dieses Zimmer nur dann verlassen, wenn sie mich überzeugen. Da führt kein anderer Weg dran vorbei.
>
> Es gibt Chefs, die es nicht leiden können, wenn unter ihrer Aufsicht stehende Reporter Erfolg haben. Sie sehen in ihnen eine Gefahr für sich und bangen um ihre Stelle. Meistens ist es so, aber ich glaube nicht, dass ich zu ihnen gehöre.

T-5 gibt es offen zu: Der einzige Weg, der den Reportern bleibt, ihn zu passieren und ihre Artikel zu veröffentlichen, ist, ihn zu

„überzeugen". Andererseits ist klar ersichtlich, dass auch T-5 Grenzen hat. Auch er musste von Anfang an die in dreißig bis vierzig Jahren gefestigte Anschauung der Zeitung, ihre Richtlinie und Regeln wenn schon nicht übernehmen, so doch akzeptieren. Er muss nach Istanbul Nachrichten senden, die bei den dortigen Managern Zustimmung finden.

G-7, G-2 und G-11 sind drei griechische Chefredakteure. Sie sind die höchste Instanz in ihren Unternehmen. G-11 leitete früher eine linksradikale Zeitschrift. Aber durch den Zerfall der Sowjetunion und den Machtverlust der Linken soll auch die ehemals von ihm geführte Zeitschrift an ideologischer Schärfe verloren haben:

> Das Journal besitzt eine gewisse politische Richtlinie. Und die Leute, die hier arbeiten, akzeptieren diese Linie. Ich nehme an, dass sie deshalb keine großen Einschränkungen verspüren. Außerdem ist die Richtlinie nicht mehr so hart und unflexibel. Früher habe ich den allgemeinen Rahmen bestimmt. Ich war Derjenige, der Feind und Freund definierte. Die Reporter hatten Berichte in diesem Rahmen zu verfassen. Aber nun kann hier jeder schreiben, was er will. Es gibt keine Zensur. Gehen wir mal davon aus, ich stimme deinem Bericht nicht zu. Wir diskutieren. Auch wenn du mich nicht von der Sache überzeugen kannst, wird dein Bericht veröffentlicht. In der nächsten Ausgabe veröffentliche ich dann einen Gegentext und gleiche somit deinen Artikel aus. Zu der Zeit, als das Blatt eine strikte Richtlinie hatte, war es dieser Rahmen, der bestimmte, was wir alle zu schreiben hatten.

G-7 ist Chefredakteur einer der bedeutendsten rechtsorientierten Zeitungen des Landes. „Wenn sie mich fragen, sind alle meine Reporter ganz und gar frei und unabhängig. Aber das Beste ist, sie selbst zu fragen", sagt er. Genau in diesem Augenblick öffnet sich die Tür, und eine erfahrene Reporterin, die auch Kolumnen über die Außenpolitik schreibt, kommt ins Zimmer und holt sich ihren kontrollierten Artikel zurück. Der Text ist an vielen Stellen durchgestrichen und verbessert. Nachdem der Chefredakteur ihr erklärt hat, wie sie was verbessern soll, setzt er sein Gespräch mit mir fort:

> Diese Zeitung wird von mir geleitet. Nur wenn ich es möchte, erscheint hier ein Artikel. Sonst nicht. Nur ich allein entscheide darüber. Es gibt Kolumnisten, die unter ihrem Namen

> schreiben, da mische ich mich nicht ein. Sie können unter ihrem Namen schreiben, was sie wollen. Natürlich bin wieder ich es, der die allgemeinen Entscheidungen trifft. Keiner kann hier etwas gegen die Interessen Griechenlands schreiben.

G-2, der Chefredakteur einer seriösen, rechtsorientierten Zeitung, erzählt uns, dass die Reporterinnen und Reporter total unabhängig seien und er ihre Berichte häufig erst nach der Veröffentlichung zu sehen bekomme. Dann fügt er hinzu:

> Wenn ich sage, sie sind unabhängig von mir, heißt das eigentlich nicht total unabhängig, denn die Wünsche und Forderungen des Bosses stehen über allem und jedem. Sie schränken alle ein. Dann gibt es da noch den *Chef der Werbeabteilung*. Es könnte sein, dass sein Einfluss größer ist als meiner. Er ist es, der die Reporter am meisten zügelt.

Auch manche türkischen Journalisten betonten, dass die Werbechefs in den Unternehmen immer mehr an Einfluss gewinnen und ihre Worte mehr Gewicht haben als die der Chefredakteure. Es kommt vor, dass sie in größeren Büros sitzen und sich, um manche großen Unternehmen nicht zu verärgern, oder um sie für ihre Medienorganisation zu gewinnen, in die Nachrichtenproduktion einmischen.

T-2, der Chefredakteur eines linksradikalen türkischen Journals ist, gibt statt dem Journalismus seiner politischen Überzeugung den Vorrang. Auch betont er, dass es anders gar nicht gehe. Im Vergleich zu den linken griechischen Journalisten neigen die Türken dazu, den Journalismus mehr wie einen „Klassenkampf" zu sehen. Der Unterschied zwischen G-11 und T-2 ist eindeutig:

> Das Medienunternehmen zeichnet ganz klar die Grenzen, in denen sich der Journalist bewegen darf. Journalisten der bourgoisen Presse behaupten oft, sie seien in ihrer Arbeit frei und unabhängig. Das liegt daran, dass sie den von ihrer Medienorganisation aufgezwungenen Rahmen total verinnerlicht haben. Wenn man sich integriert und eine dementsprechende Selbstzensur entwickelt, braucht einem auch niemand mehr zu sagen, was man zu tun hat. Ich habe immer an Orten gearbeitet, die meiner ideologischen Linie entsprachen. Ich habe den Journalismus als eine Art Parteiarbeit angesehen. Natürlich gibt es auch hier Grenzen. Hier wird man nicht die neue Weltordnung verteidigen können. Die, die hierher kommen, wissen

dies von Anfang an. Außerdem kann man bei einer Wochenzeitschrift die Reporter besser kontrollieren. Aber bei Tageszeitungen werden zwar die Titelseiten pedantisch überwacht, doch auf den anderen Seiten können die Reporter freier walten.

Der Entstehungsprozess einer Nachricht, wie von T-4 dargelegt, macht die innere Struktur der Medieninstitution eines Landes und deren Funktion konkreter deutlich:

> Ein Stückchen Nachricht kann erst nach dem Überwinden vieler Hürden in der Zeitung erscheinen. Wenn man in Ankara arbeitet, muss der Artikel erst vom Chef und dann vom Korrespondenten begutachtet werden. Ohne deren Zustimmung geht es nicht. Sie können den Text akzeptieren, wie er ist, oder manche Änderungen empfehlen. Zum Beispiel können sie sagen: „Misch noch etwas Magazinhaftes hinein, etwas Liebe, Erotik usw.“ Oder: „Die Menschen lieben Gewalt, füge noch etwas mit Gewalt hinzu.“ Sie entscheiden immer im Namen der Massen und wissen, was die wollen. Gehen wir mal davon aus, der Artikel wird in Ankara akzeptiert, das eigentliche Problem bildet Istanbul. Außerdem bietet sich hier keine Möglichkeit zu intervenieren. Das Schicksal des Artikels liegt nun in Händen von drei oder vier Personen, die in der Zentrale sitzen. Sie allein entscheiden, ob er auf der Titelseite mit riesiger Schlagzeile erscheinen wird oder als kleiner Bericht auf der siebten Seite endet. Auch ist es ihre Entscheidung, ob er mit oder ohne Bilder erscheint. In dieser Phase hat kein Reporter mehr die Chance, sich am Geschehen zu beteiligen. Es kann passieren, dass sie „es ist zu lang, wir kürzen es auf die Hälfte“ sagen. Doch ist man ein Vetter oder guter Bekannter einer dieser Personen und hat irgend welche besonderen Beziehungen, dann hat man die Möglichkeit, den Prozess zu beeinflussen. Man kann dann anrufen und sagen: „Heute habe ich einen Artikel verfasst. Könnt ihr die Sache etwas aufbauschen?“ Ihre Einstellung zu deinem Bericht wird von ihrer Weltanschauung, von ihren Ideologien, den Interessen des Bosses und dergleichen geprägt. In der türkischen Medienbranche herrscht eine von oben nach unten gerichtete Struktur. Eine von unten nach oben gerichtete Funktion, vom Reporter zum Chef, gibt es kaum. Es ist unheimlich schwierig für einen unten stehenden Reporter, einen Bericht zu veröffentlichen, der Schlagzeilen macht. Die Zentrale gibt einen Artikel zu einem bestimm-

> ten Thema in Auftrag. Gewöhnlich sind es diese bestellten Nachrichten, die in die Schlagzeilen kommen.

Auch Inal (1992: 145-6) kommt bei den Gesprächen mit Reportern der *Milliyet*, *Hürriyet* und *Sabah* zu ähnlichen Ergebnissen. Die Reporter beklagen ihre Ohnmacht bezüglich der Auswahl der veröffentlichten Nachrichten. Nur dreißig oder vierzig Prozent ihrer nach Istanbul gesandten Berichte erschienen in der Zeitung. Sie haben bei der Platzierung ihrer Texte und der Überschriften keine Mitsprachemöglichkeit. Auch verärgert es sie, dass Überschriften gewählt werden, die in Widerspruch zum Text stehen. Das Ergebnis Inals ist, dass Reporter, sofern sie nicht in vollkommener „Übereinstimmung" mit dem Unternehmen stehen – und auch hier nur begrenzt – bei Prozessen, in denen Entscheidungen gefällt werden, äußerst machtlos sind und keine Kontrolle über das Schicksal ihrer Berichte haben.

Der Bericht von G-4 ist im Hinblick auf die Funktion der griechischen Medieninstitution sehr lehrreich:

> Wie sehr ein Artikel die eigene Meinung widerspiegelt, bestimmt die Medienorganisation, bei der man arbeitet. Sollte sie eine bestimmte Richtlinie haben und der Bericht zu dieser Linie in Widerspruch stehen, wird er keine Chance haben, egal, wie objektiv er gestaltet ist. Es gibt zwei Typen von Journalisten: die, die alles schreiben wollen, was sie sehen, und die, die nur das sehen, was sie schreiben können. Das hat direkt mit der Persönlichkeit des Journalisten und der Richtlinie der Zeitung zu tun.
>
> Die Unabhängigkeit ist abhängig von der jeweiligen Position, die man in der Hierarchie der Institution einnimmt. Ist man der Chefredakteur, wird man die Interessen des Patrons wahren müssen. Ist man ganz unten und befasst sich mit Straßenreportagen, wird man versucht sein, den Vorgesetzten zufrieden zu stellen.
>
> Sollte man dieselbe Partei wie die Zeitung unterstützen, aber in einem Punkt eine Kritik äußern und etwas zu beanstanden haben, so wird der Chefredakteur es nicht erlauben und alle Kritik im Bericht weglassen. Der eigentliche Kern der Nachricht geht also verloren. Das erste was ein Journalist der Presse kennen muss, ist die Linie seines Blattes, und zwar sehr gut. Sollte sich die Position der Zeitung nicht mit der eigenen decken, und selten ist dies der Fall, wird er sich dort nie frei und wohl fühlen. Es gibt sechs große, wichtige Zeitungen in

> Griechenland. Drei davon unterstützen die Regierung, die anderen drei die Opposition. Gewinnt die Partei und wird zur Regierung, so unterstützt die Zeitung die Regierung, fällt sie aber zurück in die Opposition, so unterstützt die Zeitung die Opposition. Sollte es einen so großen Skandal geben, dass er nicht zu ignorieren ist, und ist die Regierung dafür verantwortlich, wird das Thema natürlich auch von der mit der Regierung sympathisierenden Zeitung aufgegriffen. Aber die Angestellten dort denken die ganze Zeit darüber nach, wie sie es schaffen können, am nächsten Tag einen Skandal der Opposition aufzudecken, um den Ausgleich herzustellen. Wenn sie nur wüssten, wie hoch die Zahl der Journalisten in Griechenland ist, die zwar schreiben, an was sie glauben, aber nicht veröffentlichen können. … Und die Sachen, die veröffentlicht werden, sind immer etwas anders als das, was sie glauben.

G-12 ist Radioreporter. Sehr aufschlussreich ist, wie seine Nachrichtentexte entstehen:

> Ich sitze immer vor meinem Computer. Ich bin sehr schnell im Schreiben. „Fertig“, sage ich, und bin zufrieden mit meinem Text. Dann denke ich mir, „der Rundfunk wird einen Nachrichtentext über 50 Zeilen nicht akzeptieren, es müssen 20 sein.“ Also lasse ich manche Sätze und Wörter raus und formuliere alles kürzer. Der Sinn bleibt der gleiche. Dann sehe ich alles noch mal durch und entdecke Sätze, die mir oder dem Sender, für den ich arbeite, schaden könnten. Also kommen auch die noch raus. Dann fällt mir ein Satz auf, der zwar gut für den Sender ist, aber schlecht für mich. Also weg damit. Dein Arbeitgeber erwartet von dir Texte, die seiner Anschauung entsprechen. Es gibt Sätze, die zwar richtig sind, und alle Welt weiß, dass sie der Wahrheit entsprechen, doch du weißt, sie passen nicht in die Geschichte, die dein Redakteur möchte. Jetzt stellt sich die Frage: Lässt du den Satz weg oder nicht? Diese einfach erscheinende Frage ist grundlegend. Man kann sie auch anders stellen: Möchtest du hier noch weiter arbeiten?

T-7 ist noch am Anfang ihrer Journalistinnenlaufbahn und erzählt, sie halte „ganz instinktiv“ nach Nachrichten Ausschau, die der Position der Zeitung entsprächen:

> Was für mich von Bedeutung ist, ist das Erscheinen meiner Nachricht in der Zeitung. Ich möchte meinen Namen dort le-

> sen. Es enttäuscht und betrübt mich, wenn es nicht der Fall ist. Deshalb bemühe ich mich, Nachrichten zu bekommen, von denen ich sicher sein kann, dass sie gedruckt werden. Ich überlege: Was für Artikel werden in dieser Zeitung veröffentlicht? Welche Nachrichten könnten die Titelseite schmücken? Was kann vergrößert werden? All diese Überlegungen beeinflussen meine Nachricht. Da ich neu bin, kämpfe ich um ein festes Fundament im Beruf. Deshalb verfasse ich nur Artikel, die auch wirklich in diese Zeitung passen. Sollte es eine Nachricht geben, die für unsere Zeitung uninteressant ist, aber in allen anderen Zeitungen erscheinen könnte, schreibe ich sie auch, um meinem Nachrichtenchef zu beweisen, dass ich sie nicht übersehen habe. Im Allgemeinen genügt es, Berichte zu schreiben, die dem Nachrichtenchef gefallen.

Die Äußerungen von G-20, beweisen, dass es bei der offiziellen griechischen Nachrichtenagentur ANA, zumindest zu seiner Zeit, um den Journalismus schlecht stand:

> ANA gab dir nie die Möglichkeit, deine eigene Ansicht mitzuteilen. Meine Aufgabe war es, die Telexe ausländischer Agenturen ins Griechische zu übersetzen. Nun war aber unser Generaldirektor – er hatte sehr innige Beziehungen zur rechtstehenden Regierung – in der Lage, selbst ein Telex umändern zu lassen. Er fügte dem von uns übersetzten Text drei Sätze hinzu und passte die Nachricht vollkommen seiner Ideologie an. Die Übersetzungen wurden dermaßen umgestaltet, dass Übersetzer sich weigerten, darunter ihre Unterschrift zu setzen. Hat man ein Abkommen mit einer anderen Nachrichtenagentur getroffen, so verpflichtet man sich auch, die einkommenden Nachrichten ohne die geringste Veränderung zu verwenden. Aber dieser Mann war verrückt, abnormal, und ich glaube, man wird auch nicht so leicht einen anderen treffen, der so etwas tun würde.

G-20 arbeitet gleichzeitig bei einer Zeitung und fühlt sich dort freier. Trotzdem gibt er zu, dass er Selbstzensur üben muss, um sich der allgemeinen Linie anzupassen:

> Das Einzige, was mich bei der Zeitung einengt, ist die allgemeine Richtlinie. Interventionen von oben geschehen selten. Aber besonders bei der Berichterstattung über die Jugoslawien-Krise musste ich häufig zensieren. Es kamen Leserbriefe

> an die Zeitung mit der Behauptung, wir wären Sympathisanten der Muslime. Solche Briefe sind sehr wirkungsvoll. Als man uns mit Protestbriefen bombardierte, ermahnte uns der Redakteur.

T-16 und T-17 sind der Ansicht, dass Angestellte kleiner (lokaler) Zeitungen mehr Freiheiten haben. „Das System sagt, solange du meine Version von der Realität zu Papier bringst wirst du existieren. Schreibst du aber über meine Fehler, so wirst du eliminiert. Große, effektive Organisationen werden von außen strenger beobachtet und kontrolliert. In einem Journal, das 5000 Exemplare herausgibt, den Generalstab zu kritisieren, ist einfach. Wer liest das schon?, wird man sagen und sich nicht weiter darum kümmern. Aber bei einer Zeitung mit einer Auflage von 400 000 sieht die Sache anders aus. Je kleiner das Medium, desto freier der Journalist.“ T-14 ist hier gleicher Meinung. Er betont außerdem, dass einige große Medienorganisationen dem Journalisten noch nicht einmal die „Freiheit lassen, krank zu werden. Die Zeitung, bei der ich arbeite, hatte angeordnet, dass alle Angestellten sich gegen Grippe impfen lassen sollten. Als viele dagegen protestierten, wurde es freigestellt.“

Dass die Medien im Lande „ein gut integriertes System, bei dem jedes Mitglied eine klare Rolle übernimmt“ seien, wird durch die Aussagen der türkischen und griechischen Journalisten nicht bestätigt. Dass die Sache gar nicht so ist, wie behauptet, belegt auch T-3:

> Im Journalismus existieren die alten Gebote der Hierarchie auch nicht mehr. Heutzutage ist es unmöglich zu verstehen, wer wo warum und mit welchen Fähigkeiten sitzt. Außer einem hervorragenden Talent bestimmen heute noch weitere Faktoren, welche Position jemand in einem Medienbetrieb erreicht. Es gibt etwas, das man „Team“ nennt. Drei Personen fangen irgendwo gemeinsam an zu arbeiten. Wenn einer von ihnen irgendwie Erfolg hat und einen guten Posten bekommt, dann nimmt er die anderen zwei mit. Man kann ihren gemeinsamen Aufstieg beobachten. Ich bin nicht gegen einen solchen Aufstieg. Aber da diese Personen nicht durch irgendwelche Fähigkeiten diese Position erlangt haben, haben sie Minderwertigkeitskomplexe. Und wegen ihrer Komplexe tyrannisieren sie diejenigen, die unter ihnen arbeiten. Diese Teams formieren sich außerhalb der offiziellen Hierarchie der Zeitung, aber nach einiger Zeit können sie sich in eine offizielle Hierar-

> chie verwandeln. Früher war es so, dass Journalisten mit großer Erfahrung und großen Talenten in die Position des Chefs befördert wurden. Da sie selbst fähige Leute waren, achteten sie bei ihren Mitarbeitern gleichfalls auf Talent und Leistung. Heute ist es anders. Ich kenne ein paar Cliquen, Teams, die in verschiedenen Zeitungen gegeneinander fechten. Ständig befinden sie sich in einem Machtkampf. Es ist für mich geradezu ein lustvolles Spiel, jeden Morgen in die Zeitung zu schauen und Vermutungen darüber anzustellen, welche der Cliquen wohl heute die Schlagzeile entworfen hat. Wenn die Schlagzeile etwas derb und obszön formuliert ist, weiß ich, gestern hat das Team x gesiegt. Da ich schon lange bei der Zeitung bin und mich mit den inneren Angelegenheiten auskenne, irre ich mich selten.

Dieses „Team-Verständnis“ füge, so meinen T-11 und T-15, dem Journalismus in der Türkei ernsthaft Schaden zu. T-11 sagt, dieses Verständnis habe in der Türkei eine Art „Vorarbeiter-Journalismus“ geschaffen: „Heutzutage ruft der Boss einen Journalisten zu sich und sagt: Du bist der Verantwortliche. Rufe dein Team zusammen und erledige diese Sache.“ Während diese Vorarbeiter sehr gutes Geld verdienen und der engste Kreis um sie noch ein relativ gutes Gehalt bekommt, sinkt der Verdienst, je mehr es in der Hierarchie nach unten geht.

VIII.2 Die Ressorts und die Freiheit der Journalisten

Im Journalismus heute ist der *Ressortjournalismus* wegen der immer komplexer werdenden Ereignisse unentbehrlich geworden. Deshalb ist jedes Medium darauf erpicht, mehr Ressortjournalisten anzustellen. Man sucht nicht mehr den in früherer Zeiten beliebten Journalistentyp, der von allem eine Ahnung hat. Einerseits behaupten manche Journalisten, ein Ressort verschaffe mehr berufliche Erfüllung und Freiraum. Auch Inal (1992: 141) stellt fest, dass sich Ressortjournalisten in einer Medienorganisation „stärker“ fühlen. Die Außenpolitikreporter, mit denen er gesprochen hat, wiesen darauf hin, dass sie sich „der hierarchischen Kontrolle des Organs relativ entzögen und somit autonom fühlten“.

Doch Golding und Middleton (1982: 123) schreiben: „Je mehr der Bereich sich erweitert und die Technik komplizierter wird, desto mehr gewinnt die Fertigstellung von Nachrichten an Passivität." Auch Negrine (1994) betont, dass Nachrichten zunehmend über Presseerklärungen, Dokumente und Informationen, die auf verschiedenste Weise eintreffen, und über Telefonate die Medien erreichten; der Journalist müsse nur noch selten nach draußen, um Nachforschungen für seinen Bericht anzustellen.

Man muss auch sehen, dass der Ressortjournalismus den Journalisten zwar aus seiner Abhängigkeit vom Redakteur befreien, ihn aber in eine neue Abhängigkeit, nämlich von der *Informationsquelle*, bringen kann. Da die Informationsquelle ein größerer Experte ist als der Ressortjournalist, besteht die Gefahr, dass der Journalist zunehmend deren Wahrnehmungsart und Werte übernimmt und zu ihrem Verbündeten wird (Negrine, 1994: 126).

„Ressortjournalismus bringt dem Journalisten mehr Freiheit." Dieser Aussage scheinen sich Vorgesetzte mehr als die Reporter anzuschließen. T-1 meint, dass ihn zum Beispiel ein Reporter, der auf das Verfassungsgesetz spezialisiert ist, vom Nachrichtenwert einer Parlamentsdebatte zu diesem Thema eher überzeugen kann. T-2 sagt, dass heute ein Journalistentyp mit Allround-Wissen nicht mehr gefragt sei, und außerdem mache eine Spezialisierung den Journalisten frei und unabhängig. T-6 meint, er könne zum Beispiel in Sachen Wirtschaft seinem Reporter nichts sagen und leite Texte von ihm nach formeller Kontrolle gleich an den Nachrichtenservice weiter. Nur einer der Top-Journalisten, ein linker Chefredakteur, sagte, der Journalismus sei ein Beruf, der sich nur an der Oberfläche der Ereignisse bewege. „Auch wenn sie ein Ressortjournalist sind, wird ihr Bezug zu den Ereignissen oberflächlich bleiben."

Griechische und türkische Journalisten sind einer Meinung: Der Ressortjournalismus ist unausweichlich, aber ist er auch befreiend für den Journalisten? Fast alle meinen, der Ressortjournalismus erleichtere es, „das Gesuchte zu finden", aber er helfe nicht, der Kontrolle durch die Organisation zu entgehen. T-7 weist darauf hin, der Ressortjournalismus könne gleichzeitig Entfremdung vom Ganzen bringen. „Es wäre naiv zu erwarten, dass er uns Freiheiten gewähren soll", erklärt T-8. „Der Chef steht über allen Ressorts." Auch T-16 gehört zu denjenigen, die nicht an den positiven Einfluss des Ressortjournalismus auf die Stellung des Journalisten glauben:

> Egal, wie fachkundig man auch ist, wenn man den Vorgesetzten nicht gerecht wird, erreicht man nichts und kann sich auch seines Postens nicht sicher sein. Die Zeitungen wünschen kei-

> ne Ressortjournalisten, denn die wichtigen Nachrichtenfakten kommen sowieso über besondere Kanäle von irgendwo oben her. Die Experten bringen keine so großen Nachrichten raus. Weshalb sollten dann die Medien für Personal und Qualität mehr ausgeben?

Unter den gegebenen Umständen kann man nach Aussagen von T-17 nicht viel Positives über Expertentum sagen:

> Der Journalismus in der Türkei verlangt keine Spezialisten. Wenn man aber unter „spezialisieren“ die Kenntnis des Gründungsjahres und anderer wichtiger Informationen über die politische Partei, die man beobachtet, versteht, dann muss ich sagen: Ja, das wird verlangt. Aber derlei Sachen kann jeder innerhalb weniger Wochen lernen. Also, so etwas darf nicht unter „Expertise“ laufen. Aber im Bereich der Medizin braucht man Fachkenntnisse, denn mit einem falschen Artikel ist man in der Lage, die Hoffnung Tausender zu wecken oder zu zerstören. Doch in der Türkei wird man sehen, dass der Reporter, der die medizinischen und wissenschaftlichen Artikel schreibt, gleichzeitig auch Nachrichten über das Schulwesen und religiöse Bereiche verfasst.

G-8 ist auf Außenpolitik spezialisiert und hat folgende Erfahrungen gemacht:

> Wir sind ständig in Kontakt mit Zuständigen des Verteidigungs- und des Außenministeriums. Die meisten von ihnen sind mehr oder weniger Nationalisten. Teilt man ihre Ansichten nicht, beginnen sie, einem Informationen vorzuenthalten, und aus ist es mit dem Expertentum. Steht man ihnen nahe, wird man mit vielen Informationen beliefert. Aber da man es aus deren Perspektive weitergibt, hat das Fachwissen wieder keinen Sinn.

Auch G-5 hat nichts Erfreuliches zu berichten:

> Wie soll man als Ressortjournalist freier sein? Der Redakteur soll nicht verstehen können, was man schreibt? Ist dies nicht das Fundament, auf dem diese „mehr Freiraum, mehr Freiheiten“-Behauptung aufbaut? Nun möchte ich sie mal fragen: Wie soll es denn der Leser verstehen, wenn es nicht einmal der Redakteur versteht? Fachjournalisten dieser Art brauchen Fachleser, und die gibt es nicht!

VIII.3 Die Unabhängigkeit des Redakteurs

Es ist fast natürlich, dass ein Medienbesitzer aus der Medienorganisation, in die er sein Geld investiert hat, ein Gewinn bringendes Unternehmen machen will. Man kann keinem Arbeitgeber anlasten, mit seinem Unternehmen Profite erzielen zu wollen. Aber wenn eine Medienorganisation wegen des Profits Informationen verbreitet, die der Berufsethik des Journalismus widersprechen, dann ist das so, als würde ein Krankenhaus, nur um mehr zu verdienen, Krankheiten verbreiten, statt sie zu kurieren. Deshalb muss es die eigentliche Aufgabe des Redakteurs sein, das Medienorgan zum Forum verschiedener Meinungen zu machen und zu verhindern, dass es von den journalismusimmanenten Zielen abkommt, zur Bildung kritischer Bürger für eine bessere Demokratie beizutragen. Und dies ist nur durch autonomes Handeln und durch Unabhängigkeit vom Patron möglich. Doch liegt klar auf der Hand, dass es auch hier einen Unterschied gibt zwischen dem, was sein sollte, und dem, was ist.

Die Geschichte des Journalismus ist die Geschichte der Unabhängigkeit des Redakteurs. Die Geschichte ist voll von Redakteuren, die keinen Druck duldeten, den Prinzipien des Berufes treu waren und kündigten. Leider sind heute solche Kündigungen immer seltener.

Unvergesslich sind die 1995 geäußerten Worte des Chefredakteurs einer großen türkischen Zeitung: „Die Zeitung *Sabah* ist dazu da, Gewinn zu bringen. Die Zeitung *Sabah* ist nicht dazu da, das türkische Volk aufzuklären. ... Mit falschen Schlagzeilen und falschen Seiten sind wir auf dem Markt erschienen. ... Wir spielen mit allem. Die ganze Sache ist ein Spiel. Ein Masturbieren.“ Andererseits ist es auch interessant, dass der Chefredakteur der Konkurrenz *Hürriyet* ein Gewerkschaftsverbot billigte, und zwar mit der Begründung, dass eine gewerkschaftliche Organisierung unlauterem Wettbewerb gleichkäme. Es liegt klar auf der Hand, dass sich in beiden Fällen die Chefredakteure nicht wie Anwälte von Berufsprinzipien und Berufskollegen, sondern wie Anwälte des Bosses verhalten haben. Sie haben nicht als Manager einer Zeitung gehandelt, sondern als deren Vermögensverwalter.

Es gibt viele Beispiele für die von türkischen und griechischen Journalisten festgestellte Tatsache, man könne, wenn es die Interessen des Bosses gefährde, nicht die Wahrheit sagen. Zweifellos tragen dafür die größte Verantwortung die Chefredakteure, die schließlich das letzte Wort haben.

T-9 ist der Ankara-Korrespondent eines privaten Fernsehsenders. Indem er seine Aufgaben und die des Chefredakteurs bei seinem Sender erörtert, gibt er gleichzeitig preis, welchen Gebrauch Medienbesitzer von ihren Medien machen:

> Der Chefredakteur hat große Macht. Er entscheidet über alles. Alles hängt an dem, was aus seinem Munde kommt. Bei einer Zeitung ist der Chefredakteur einmal bei der morgendlichen Sitzung anwesend und sieht später, am Abend, die Zeitung noch mal durch. In der Zwischenzeit wird die Arbeit von den Angestellten erledigt. Hier in Ankara bin ich der Gott und Herr. Ich habe das letzte Wort. Unter den von hier gesendeten Nachrichten steht meine Unterschrift. Auf Wunsch meines Chefredakteurs filtere ich die Nachrichten meiner Angestellten.
>
> Die Korrespondenten in Ankara sind letztendlich die Vertreter des Patrons in der Hauptstadt. Ich habe Glück, ich werde nicht mit anderen Angelegenheiten des Patrons beauftragt. Aber Ankara-Korrespondenten sind berüchtigt dafür. Natürlich setze ich mich und meine Position ein, wenn die Gruppe Schwierigkeiten hat. Doch habe ich von meiner Position nur Gebrauch gemacht, um für ein gutes Verhältnis zwischen dem Boss und der Regierung zu sorgen. Mit meiner Hilfe wurde er (der Boss) hier gut behandelt. Medien und Politik sind zu sehr miteinander verwoben. Unsere Bosse heben Kredite ab. Deshalb sind sie auf gute Beziehungen zu der Regierung angewiesen. Letztens habe ich den Boss zum Ministerpräsidenten geführt. Aber er bat um keinen Pfennig. Er wollte nur, dass die Regierung Maßnahmen zur Verhinderung einer Kartellbildung treffe.

T-9 sagt, der Patron habe nichts für sich verlangt, nur die Verhinderung von Trust-Bildung der Konkurrenz. Gleichzeitig gibt er offen zu, wegen der Interessen des Besitzers mit der Regierung nicht kritisch genug verfahren zu können. Hätte T-9 für seinen Boss mehr getan, als das, was er erwähnte, hätte er es mir erzählt? Vielleicht nicht! Aber genügt nicht das Gesagte, um ein Bild von der Beziehung zwischen Medienbesitzer, Medienverwalter und Regierung zu zeichnen?

Die von O'Neil gestellte Frage, „was denn die Herrschaft des

Redakteurs legitimiere“, ist wieder von großer Bedeutung. O’Neil zufolge (1992: 17) kann man auf diese Frage mit dem Hinweis auf das Besitzrecht antworten. Die Medienorganisationen „sind unter marktwirtschaftlichen Gesichtspunkten Privatbesitz des Pressesektors, und die Redakteure dienen als Verwalter des Besitzes. Sie haben das Recht, jemanden hinein oder draußen zu lassen.“ Zu Recht behauptet O’Neil, dass bei Medienunternehmen, die sich der Wahrheit verpflichtet fühlen und das Ziel haben, die Bürger für eine demokratische Gesellschaft gut und kritisch zu informieren, das Besitzrecht nicht die Grundlage für die Unabhängigkeit des Redakteurs sein kann. Wenn das Besitzrecht entscheidet, welche Meinung im Medium vertreten wird, kann es dazu kommen, dass es Redakteure gibt, die sagen: „Ich möchte in meiner Zeitung keine Nachrichten über Proletarier lesen.“ Wenn Autorität und Rechte des Redakteurs aber auf den Prinzipien des Journalismus basieren, wird es eine im wahrsten Sinne des Wortes redaktionelle Unabhängigkeit geben.

Der Chefredakteur einer der bekanntesten türkischen Zeitungen legitimiert die Beziehung zu seinem Boss mit der Pappel-Theorie. Seinem engsten Freundeskreis erklärt er, dass es heutzutage out sei, sich den Mächtigen zu widersetzen. Man könne gegen die Macht nicht an und müsse sich ihr beugen. Sobald sie aber vorüber sei, müsse man sich wieder aufrichten. Wenn der Boss ihm Druck mache, beuge er sich dessen Wünschen; ab und zu, wenn er die Gelegenheit habe, mache er das, was er gutheiße. Dies nennt er seine Pappel-Theorie.

Um die existentielle Bedeutung, die *redaktionelle Unabhängigkeit* für die Berufspraxis hat, ganz genau zu verstehen, muss auch die Besitzstruktur näher erforscht werden. Das geschieht im nächsten Kapitel.

Kapitel IX
Die Struktur des Medienbesitzes in der Türkei und in Griechenland

Die Medienbesitzstruktur in Griechenland und der Türkei erfuhr fast gleichzeitig eine fundamentale Veränderung. Nach 1980 wurde aus der *traditionellen Besitzstruktur* eine so genannte *neue Besitzstruktur*. Fast alle Journalistinnen und Journalisten bedauern noch heute die negativen Auswirkungen dieser Umwandlung. Man merkt, dass die neue Besitzstruktur den ganzen Kommunikationsprozess stark kommerzialisiert hat. Redakteure der Medienunternehmen führen sich wie Gutsbesitzer auf. Ihre Autorität basiert auf ihrer Beziehung zum Besitzer. Vielleicht ist dies auch der Grund, weshalb Journalisten im obersten Management sich nicht, wie weiter unten stehende Kolleginnen und Kollegen, von der neuen Besitzstruktur stören lassen. Aber Reporter mit niederem Rang, egal, ob rechts oder links gesinnt, fühlen sich gleichermaßen davon gestört.

Den Äußerungen der türkischen und griechischen Journalisten zufolge war der traditionelle Besitzer meist eine Person, die aus Familientradition Journalist war und erst nach jahrelanger Praxis im familiären Zeitungsbetrieb Besitzer und Verwalter wurde. Einzige Aufgabe und einzige Arbeit solcher Personen war der Journalismus. Ein traditioneller Besitzer war nicht nur Chef der Zeitung, sondern meist auch derjenige, der seinen Mitarbeitern das Handwerk des Journalismus beibrachte. Die neuen Medienbesitzer hingegen sind Fremde in diesem Metier. Der neue Besitzer ist eine reiche Person, die nie zuvor etwas mit Journalismus zu tun hatte und ihr Vermögen in anderen Bereichen gemacht hat. Auf die Frage, wieso denn jemand, der in anderen Bereichen

Unternehmen besitzt, Interesse am nicht so profitablen Mediensektor zeigt, hört man immer wieder dieselbe Antwort: mehr Macht für die Verfolgung politischer und wirtschaftlicher Interessen; Beseitigung aller eventuellen Hindernisse für die eigenen Firmen. Karykopoulos (1984: 133-142) weist in seinem Werk *1784-1984, 200 Jahre der griechischen Presse* auf den Unterschied zwischen den traditionellen und neuen Besitzern der Medien hin. Im Gegensatz zum neuen Besitzer kommt der traditionelle Besitzer aus dem Medienbereich, und der Journalismus ist für ihn, wenn auch nicht die einzige, so doch die eigentliche Aufgabe. Der neue Besitzer hingegen hat sein Vermögen in anderen Wirtschaftsbereichen verdient und hat sich erst im Nachhinein auf dieses für ihn fremde Feld begeben. Wenn man diesen Sektor mit anderen vergleicht, erscheint er gar nicht profitabel. Die neuen Besitzer kümmern sich nicht um die tägliche Vorbereitung der Zeitung, aber sie haben die Macht, ein Medienimperium aufzubauen, in dem jede anders lautende Meinung, die in der Presse eines demokratischen Landes gang und gäbe ist, im Keime erstickt werden kann.

Die neuen Medienbesitzer gehören auch zu einer anderen sozialen Schicht. Obwohl auch die traditionellen Medienbesitzer aus wohlhabenden Familien stammten, gehörten sie doch nicht der Elite der oberen Schicht an. Obwohl sich die neuen Medienbesitzer im Klaren sind, dass ein Grossteil der potentiellen Leser keine Angehörigen der oberen Klassen sind, propagieren sie doch die Werte der kapitalistischen Konsumgesellschaft und einen zu diesen Werten passenden Lebensstil. Die neuen Medienbesitzer zahlen sehr hohe Gehälter an leitende Redakteure. Der so in die obere Klasse beförderte elitäre Medienleiter wird ein freiwilliger Missionar der Werte und des Lebensstils der oberen Schicht und ein aktiver Verfechter der Konsumgesellschaft.

Tuncel artikulierte in einem seiner Artikel (1994: 33) anhand des Beispiels von Arif Bilgin die Wandlung der Besitzstruktur in der Türkei. Arif Bilgin ist der Inhaber einer kleinen Radiostation in Seydişehir. Am 8. Juli 1994 nimmt er das Mikrofon seines Senders *Hilal FM* zur Hand und beschimpft die Gesellschaft für Journalisten (*Gazeteciler Cemiyeti*) und den Direktor der örtlichen Aluminiumfabrik aufs Ärgste. Die Polizei versucht, ihn festzunehmen, woraufhin er sich das Leben nehmen will (er springt vom Balkon). Zu guter letzt wird er dennoch festgenommen. Jedem in der Stadt ist der Grund seines Vorgehens bekannt. Bilgin beteiligte sich an einer Ausschreibung der Aluminiumfabrik, ein anderer gewann sie, daraufhin setzte er seinen Radiosender für einen privaten Racheakt ein. Das eigentliche Ziel des Kleinunternehmers Bilgin war es, mittels seines Rundfunks im städtischen Raum mehr Einfluss zu gewinnen und somit gewisse Vorteile auf finanzieller und geschäftlicher Basis zu erringen. Nun wäre folgende Frage zu beantworten: Ist das Leitmotiv größerer Unternehmer, die Inhaber großer Medienorganisationen sind, etwa ein anderes?

Medienbesitzer benutzen ihre Medienunternehmen für private Interessen. Nicht selten ist der Preis dafür, dass die journalistischen Prinzipien auf der Strecke bleiben.

Auch in England, das als Wiege der Demokratie und der demokratischen Presse bekannt ist, bleibt eine interessenorientierte Intervention des Medienchefs nicht aus.

Hanlin schreibt (1992: 37), dass die Interventionen des Besitzers der *Mirror-Gruppe*, Robert Maxwell, schließlich so weit reichten, dass er sich praktisch zum selbst ernannten Chefredakteur seiner Zeitungen machte. Durch Maxwells Interventionen wurde seinerzeit in England sogar die Frage aufgeworfen, „ob es angebracht und durchführbar sei, durch eventuelle gesetzliche Verordnungen oder dergleichen redaktionelle Funktionen von den verwalterischen Funktionen zu trennen“.

IX.1 Der Übergang vom traditionellen Medienbesitz zum neuen Medienbesitz in Griechenland

In der Vergangenheit gehörten die griechischen Zeitungen Familien oder Personen, die jahrzehntelang nichts anderes als Journalismus ausübten und in dieser Funktion immer eine bedeutende Rolle im Hintergrund der griechischen Politik spielten (Zum Teil ist dies immer noch so). Jede Zeitung war unmittelbar an einen politischen Führer gebunden. Dieses Verhältnis führte dazu, dass Zeitungsbesitzer politische Vorschläge machten und neue Politik entwarfen, ja sogar eine gewichtige Rolle bei der Verabschiedung von Gesetzen spielten. Gesellschaftliche und wirtschaftliche Entwicklungen, wie der Vorstoß des Fernsehens in die Medienwelt, erhöhte Kommerzialität, die Eroberung des Sektors durch neue und teure Technik und die Überflutung des Marktes mit vielen, neuen Zeitungen der neuen Medienbesitzer ließ die traditionellen Medienbesitzer an Macht verlieren (Stangos, 1988: 6). Mit dem Erscheinen der *Ethnos* im Jahre 1981, die dem reichen Immobilienbesitzer und Bauunternehmer Bobolas gehörte, begann die Invasion des Kapitals auf dem griechischen Medienmarkt. Der neue Besitzer der 1982 wieder auf dem Markt erscheinenden Zeitung *Messimvrini* war die reiche Familie Vardinoyannis, die für ihre Reederei und ihre Erdölgeschäfte bekannt war. Die Familie schloss die *Messimvrini* und wurde Teilhaber des TV-Senders *Mega Channel*. 1983 brachte der Handelsagent für Energieversorgungstationen und technische Ausrüstung, Voudouris, die *Eleftheros Typos* auf den Markt (Kominis, 1985: 235-7, 256). 1984 gelangte die 1881 gegründete Morgenzeitung *Akropolis* in den Besitz des Stahlindustriellen Anastasopoulos. 1985 begann Liakounakos, Handelsagent für Produkte der Waffenindustrie, die Wirtschaftszeitung *Kerdos* zu veröffentlichen. Die 1986 gegründete *Proti* ging kurz nach ihrem Erscheinen in die Hände des Bauunternehmers Kalogritsa über, der zu der Zeit mit staatlichen Aufträgen beschäftigt war (Stangos, 1988: 8). Aber es herrschte auch die weit verbreitete Ansicht, die *Proti* gehöre in Wahrheit der griechischen kommunistischen Partei KKE.

Stangos schreibt (1988: 11), dass auch nach 1987 die Invasion der Kapitalgesellschaften weiterging. Der bedeutendste Medienchef der kommenden Jahre wird Koskotas werden. Es wäre nicht falsch zu behaupten, dass den Hintergrund für das Presse-Interesse von Koskotas sein Verlag *Grammi* abgab. *Grammi* kaufte als Erstes die seit 1919 erscheinende seriöse *Kathimerini* auf. Später gab Koskotas mehrere andere Zeitungen und Zeitschriften heraus. Er kaufte die Kreta Bank auf und investierte viel in Pressetechnik. Damals waren die Größe seines Vermögens und dessen Quelle unerklärbar. Er hat mehr als 50 Millionen US-Dollar ausgegeben, um die seiner Zeit fortschrittlichste Technik auf dem Gebiet der Presse ins Land zu holen.

In den letzten zehn bis zwanzig Jahren vollzogen sich bedeutende Veränderungen in der Besitzstruktur der griechischen Medien. Bis zum Ende der Militärjunta im Jahre 1974 herrschten zwei große Pressegruppen im Land: Die eine war BOCIS, die Stiftung für Journalisten, und die andere Lambrakis. BOCIS brachte *Apogevmatini* und *Akropolis* heraus und besaß somit 50 Prozent der gesamten Auflage der griechischen Presse. Es entstand der Eindruck, als wäre die *Apogevmatini* das offizielle Publikationsorgan der rechten *Partei der neuen Demokratie* ND. Lambrakis kontrollierte mit *Ta Nea* und *To Vima* 40 Prozent der gesamten Auflage. Die *Ta Nea* hatte bis zum Erscheinen der *Eleftherotypia* die Funktion eines offiziellen Presseorgans für die sozialdemokratische PASOK. Zwei rechte Zeitungen, die *Eleftheros Kosmos* und *Estia*, hielten bis zum Ende der Junta 10 Prozent der gesamten Auflage. Mit dem Ende der Junta stieg die Zahl der Tageszeitungen.

Ein Grund dafür dürfte sich mit den neuen Freiheiten und den Entwicklungen in der Pressetechnologie erklären lassen. Von der eingetretenen Freiheitsatmosphäre haben auch die neuen Besitzer in diesem Sektor profitiert. Dank der Vorteile, welche die neue Lage mit sich brachte, konnten sie sich den traditionellen Besitzern stellen. Sie haben sich nicht damit begnügt, nur Zeitungen aufzukaufen, sie gründeten auch Radio- und später Fernsehstationen.

Die neuen Medienchefs Griechenlands, die außer im Journalismus auch in anderen Wirtschaftszweigen tätig sind, können wie folgt aufgezählt werden:

Vardinoyannis	bekannter, reicher Erdölindustrieller; kaufte die *Messimvrini* auf und ist Teilhaber / Partner des *Mega Channel.*
Bobolas	Bauunternehmer; brachte die *Ethnos* heraus.
Voudouris	Bauunternehmer; brachte die *Eleftheros Typos* heraus.
Koskotas	Bankier; kaufte und verkaufte die *Kathimerini.* Kaufte die *Vradini* auf und schloss sie später. Besitzer einer Mediengruppe, die viele verschiedene Blätter publizierte. Nach Aufdeckung seiner Korruptionsaffären (durch die Presse) konnte er mit prominenter Hilfe fliehen, kam aber in Kanada ins Gefängnis.
Alafouzos	Besitzer einer Reederei; kaufte Koskotas die *Kathimerini* ab.
Anastasopoulos	Fabrikbesitzer; kaufte die *Akropolis* und schloss sie später. Die *Akropolis* und *Vradini*, eine der traditionellen Abendzeitungen, werden heute von Giorgos Trangas auf den Markt gebracht.
Kokkalis	einer der größten Geschäftsmänner des Landes; er kaufte die *Epikerotita* auf und schloss sie. Besitzer von *Radio Flash.*
Androulidakis	Besitzer eines Bauunternehmens; besitzt die wöchentliche Wirtschaftszeitung *Ependytis* und die Tageszeitung *Exousia* sowie *Radio Planet.*

Lambrakis, einer der zwei traditionellen Medienbesitzer Griechenlands, hatte Erfolg und existiert noch heute. Die BOCIS führt heute eine Zeitung mit geringer Auflage, die *Apogevmatini* (Zausis und Stratos, 1993: 139-43).

Stangos schreibt (1988: 11): „Die neuen Chefs der griechischen Medienwelt teilen eine unangenehme Eigenschaft: Alle hatten in der Vergangenheit mit ihren Geschäften ein tiefes Interessenverhältnis zum Staat! Und dieses Verhältnis wird nun weiterhin fortgesetzt.“ Eigentlich fand der Einstieg der neuen Medienchefs in die griechische Pressewelt zu einer ungünstigen Zeit statt, der Medienmarkt war damals alles andere als verlockend. Stangos versucht (1988: 8), das Interesse an der wirtschaftlich ganz und gar unattraktiven Pressewelt wie folgt zu erklären:

> Im Besitz einer Zeitung zu sein, ist aus folgenden drei Gründen immer noch attraktiv: Erstens haben Medienchefs das Recht, 4 Prozent ihres Einkommens nicht zu versteuern. Der zweite und wichtigere Grund ist, Medienbesitzer können auf staatliche Angelegenheiten Einfluss ausüben. Und der dritte und wichtigste Grund ist die Hoffnung, dass in nächster Zukunft Fernseh- und Radiostationen in Griechenland ungehindert arbeiten können.

Die letzten zwei Gründe sind die bedeutendsten Faktoren, die den Einstieg der in anderen Bereichen erfolgreichen Geschäftsmänner veranlasste. Diese Tendenz steigt weiter und beginnt, gefährlich zu werden. Denn die neuen Chefs sind nicht allein auf Gewinn aus. Bedenkt man, dass die Nachfrage auf dem Markt eher klein und weit gehend gestillt ist, wird man sofort erkennen, dass die neuen Chefs nicht Profite erzielen, sondern politischen Einfluss gewinnen wollen.

Trotz allem und im Gegensatz zur Türkei sind die Zeitungen, die das gesellschaftliche und politische Leben Griechenlands am effektivsten beeinflussen, immer noch diejenigen, an deren Spitze traditionelle Medienbesitzer stehen (Papassarantopoulos, 1997: 77). Die Besitzer der drei wichtigsten Zeitungen Athens sind noch zu den *Traditionellen* zu zählen. Die *Ta Nea* ist im Besitz der Familie Lambrakis. Die Familie Tegopoulos bringt die links orientierte *Eleftherotypia* und BOCIS die nach Rechts tendierende *Apogevmatini* heraus. Tegopoulos ist auch Partner bei *Mega Channel*.

IX.2 Die Besitzstruktur der Medien in der Türkei

Stangos schreibt in seiner Arbeit (1988) über die griechischen Medien, dass es die neuen Medienchefs nicht auf Gewinn, sondern auf politischen Einfluss abgesehen haben. Sönmez (1995) untersucht die Lage in der Türkei und stellt dabei die Frage, ob es das Ziel der neuen Chefs ist, Gewinn zu machen oder eine Waffe in der Hand zu haben. Er betont, dass die Funktion der türkischen Medien sich mit der Zeit geändert hat und relativ autonom von der Politik ist: „Die Medien haben in den letzten Jahren für große kommerzielle Gruppen die Funktion einer Waffe. Profite zu erzielen, ist ein zweitrangiges Thema bei den Medien." Die Invasion auf dem türkischen Mediensektor oder vielmehr das Verschwinden der traditionellen Medienbesitzer von der Bildfläche ereignete sich in der ersten Hälfte der neunziger Jahre. Während Familien wie Karacan und Simavi, Vertreter der alten Besitzstruktur, ganz und gar den Medienmarkt verließen, konnte nur die *Cumhuriyet*, die eine Auflage von 45 000 hat, mit einigen Veränderungen ihre alte Besitzstruktur wahren. Der letzte Vertreter der Medienfamilie Simavi war Erol Simavi, der seine Anteile an der *Hürriyet* (20 Prozent) im August 1994 an Aydın Doğan verkaufte und sich damit aus dem Medienbereich zurückzog. Doğan hatte zuvor die von Karacan geführte *Milliyet* aufgekauft.

Sönmez zufolge erzielt der Investor auf dem Medienmarkte außer finanziellen Erträgen andere Pluspunkte. Viele Holdings in der Türkei starteten in den höchst zerstörerischen Konkurrenzjahren der Achtziger ihr Medienunterfangen. Ziel war es, vom Einfluss des Mediums zu profitieren. Sönmez: „Das hier verlorene Geld wurde von den Kapitalgesellschaften als eine Art Verteidigungsausgabe angesehen."

Der Durchbruch des privaten Fernsehens ließ die Zahl der Holdings in der Medienindustrie rapide steigen. Die Tendenz mancher besonders ehrgeiziger Bankiers und Geschäftsleute, mittels der Medien ihre Kapitalgesellschaften zu vergrößern und zu stärken und sie gegen Konkurrenz und Politiker – gegen alle, die ihre Entwicklung einschränken könnten – als Waffe einzusetzen, stieß auf keinen ernsthaften Widerstand.

Manche große Kapitalgesellschaft ging die Sache in Ruhe an. Sie konnte, auch ohne im Besitz eines Mediums zu sein, über alle Medien herrschen, so, wie es schon seit Jahren der Fall war. Denn als die größten Werbekunden der Medien teilten sie sich mit diesen die Macht (Sönmez, 1995: 6).

Aydın Doğans *Doğan-Gruppe* ist auf den Gebieten des Textilindustrie, der Banken, des Handels, von Versicherungen, Tourismus und Automobilindustrie tätig. Einige zur Firmengruppe gehörende Unternehmen sind Doğan Holding, Türk Diş Ticaret Bankası, Ray Sigortacılık, Pen Turizm, Doğan Enerji, Hür Ithalat, AD Yayıncılık, usw. Als Presseorgane der Gruppe können der private TV-Sender *Kanal D* (einer der populärsten Fernsehkanäle des Landes), *Bravo TV* (strahlt hauptsächlich Kulturprogramme aus), zwei der meistverkauften Zeitungen, *Hürriyet* und *Milliyet*, die linke *Radikal,* die Boulevardblätter *Meydan* und *Posta*, das Magazinblatt *Hafta Sonu*, die Radiostationen *Radyo D*, *Radyo Klüp*, *Foreks* und *Hür FM* sowie viele Journale wie *Tempo*, *Ekonomist*, *Kapital* usw. genannt werden. Die *Doğan-Gruppe* besitzt moderne Druckereien sowie auch ein eigenes Verteilernetz.

Dinç Bilgin *(Sabah-Gruppe)* brüstete sich damit, nur im Mediensektor tätig zu sein, doch führt die Gruppe die zuvor versteckt laufenden Tätigkeiten – insbesondere im Bankwesen – heute (seit 1997) offen fort. Mit 50 Prozent der Anteile der 1997 privatisierten Etibank gelang es Dinç Bilgin, zusammen mit einem anderen Geschäftsmann, Cavit Çağlar, der auch auf dem Mediengebiet engagiert war, Einfluss auf die Bankverwaltung zu bekommen. Laut Sönmez (1995: 8) ist bekannt, dass Bilgin an der Pamukbank, Interbank, Yapı Toko Bank-Russland, Bank Kreis AG-Deutschland, Inter Overseas-Island, Inter Capital-Island, Çukurova Elektrik und Halk Sigortacılık Teilhaber ist. Eine der meistverkauften Zeitungen des Landes, die *Sabah,* und einer der einflussreichsten TV- Sender, *ATV*, gehören zur Gruppe sowie die beiden Kulturkanäle *Prima TV* und *Medya TV*. Auch werden Tageszeitungen wie *Takvim* und *Bugün* und wiederum täglich erscheinende Sportzeitungen wie *Fotomaç* und *Taraftar* und viele Journale (*Aktüel* usw.) von ihr herausgebracht. Die *Sabah-Gruppe* hat ihren Ausgang in der Lokalzeitung *Yeni Asır*. Die Gruppe schaffte es, ihre Tätigkeit vom Lokalen zum Nationalen auszudehnen. Die *Yeni Asır* ist heute immer noch ein einflussreiches Lokalblatt und hat nun noch den lokalen Fernsehkanal *Yeni TV* an ihrer Seite. Die Gruppe Sabah ist im Besitz eines eigenen Verteilernetzes.

Das erste Privatfernsehen wurde von der *Uzan-Gruppe* gegründet. Damit endete in diesem Bereich das Monopol des Staates. An der Eröffnung dieses ersten privaten Fernsehkanals hatte auch der Sohn des damaligen Ministerpräsidenten Turgut Özal, Ahmet Özal, seinen Anteil; er war Partner der Gruppe. Die *Uzan-Gruppe* verfügt neben Banken wie Imar Bankası, Adabank usw. auch über Firmen wie Çukurova Elektrik, Kepez Elektrik, Rumble Elektrik, Rumeli Çimento, Trabzon Çimento, Ladik Çimento, Şanlıurfa Çimento, Gaziantep Çimento Rumeli Holding, Çestaş Anonim, Eltem-Tek AŞ, Standart Yapı, Yapı Ticaret und Tunceli Pamuk Iplik. Auch gehören Fernsehsender wie *Star TV* – einer der populärsten Fernsehkanäle – und *Kral TV* und die Radiostation *Kral FM* der *Uzan-Gruppe*. In Journalistenkreisen geht die Behauptung um, dass die Gruppe, die 1997 die nötige Infrastruktur der Druckerei fertig stellte, bald mit einigen Zeitungen einen Vorstoß im Pressebereich plant.

Mit der Übernahme von Istanbulspor verwirklichten die Uzans den ersten Transfer von Medien zum Sport und brachten den zur Firma umfunktionierten Club in die 1. Liga. Heute ist die Istanbulspor eine der viel versprechenden Mannschaften der 1. Liga. Später kauften die Uzans auch Adanaspor auf. Als der Club dann im Jahre 1998 in die 1. Liga aufstieg, war die Gruppe gleich mit zwei Mannschaften in der 1. Liga vertreten. In letzter Zeit zeigen fast alle Medienbesitzer Interesse an Fußballvereinen. Dinç Bilgin setzte sich an die Spitze von Göztepe, die eine etablierte Zweitliga-Mannschaft ist. Göztepe ist nun ein viel versprechender Kandidat für die 1. Liga.

Erol Aksoy ist der Besitzer der Avrupa-Amerika Holdings. Aksoy hat in Frankreich und den USA zwei Banken. Einige der wichtigen Firmen Aksoys in der Türkei sind Iktisat Bankası, Factofinans, Atlas Finansal Kiralama, Emek Sigorta, Uzman Hayat Sigorta, Showpa Televizyonla Pazarlama, Edatur Turizm und einige Verlage. Aksoys Medieninvestitionen bestehen aus *Show TV*, die hohe Einschaltquoten zu verzeichnen hat, dem Kabelfernsehen *Cine 5*, dem erotischen, ebenfalls gebührenpflichtigen *Playboy TV* und dem Rundfunksender *Show Radyo*. An der zuvor von ihm geführten *Hürriyet*, die nun an die Doğan-Gruppe verkauft wurde, hat er immer noch einen Anteil von 18 Prozent.

Cavit Çağlar ist ein bekannter Politiker und Geschäftsmann. Seine Kapitalgesellschaft Nergis-Gruppe ist in vielen Wirtschaftssektoren tätig, in erster Linie aber im Textilgewerbe. Çağlar ist der einflussreichste und aktivste Geschäftsmann der Industriestadt Bursa. Er ist im Besitz des größten integrierten Textilunternehmens der Türkei sowie auch der Bank Interbank und ist zu 50 Prozent an der privatisierten Etibank beteiligt. Çağlar zeigte auch Interesse an der Publizistik und startete mit der lokalen Zeitung *Olay* und dem lokalen Fernsehen *Olay TV* . 1997 gründete er den Nachrichtensender NTV, der die vierthöchsten Einschaltquoten zu verzeichnen hatte. Sein Medienapparat hatte nun ein landesweites Ausmaß angenommen. Mitte des Jahres 1998 stationierte NTV in Aserbaidschan eine Antenne und konnte so ohne Hilfe eines Satellitenempfängers in diesem Land empfangen werden.

Mehmet Emin Karamehmets Çukurova-Gruppe ist in erster Linie im Bankenwesen, dann im Handelswesen und in der Energieindustrie, Stahlindustrie, im Maschinenbau, Tourismus und in der Versicherungswirtschaft aktiv. Der Kapitalgesellschaft gehören die Pamukbank und die Yapı Kredi Bankası. Auch sie war durch die Partnerschaft mit Dinç Bilgin bei *ATV* und *Sabah* immer mit einem Fuß im Mediengeschäft. 1977 kaufte die Gruppe die Zeitungen *Güneş* und *Akşam* auf und verwahrte die *ATV-Aktien*. Somit vergrößerte sich ihr Einfluss auf dem Medienmarkt.

Die Kapitalgesellschaft Doğuş-Gruppe arbeitet vor allem in der Baubranche, unter anderem aber auch im Handelsbereich, Versicherungswesen, Tourismus und in der Lebensmittelindustrie. Zu den wichtigsten Firmen der Gruppe gehören Doğuş Inşaat ve Ticaret, Garanti Bankası, Körfezbank, Antur Turizm, Doğuş Hava Taşımacılığı, Filiz Gıda Sanayii, Genel Otomobil, Pazarlama ve Ticaret und so weiter. Ayhan Şahenk, Besitzer der Kapitalgesellschaft, gilt als drittreichster Mann der Türkei. Der private Fernsehkanal *Kanal D* gehörte zunächst größtenteils der Doğuş-Gruppe. Auch heute noch ist sie im Besitz einiger *Kanal-D-Aktien*.

Die größte Kapitalgesellschaft der liberalen, staatstreuen islamischen Gemeinde ist die Ihlas-Gruppe. Sie besitzt nebst einigen Aktien der Egebank auch ein eigenes Finanzunternehmen (Ihlas Finanz), das, eigenen Angaben zufolge, nichts verzinsen würde und demnach dem islamischen Recht entspreche. Besitzer der Gruppe ist Enver Ören. Er verwaltet außerdem noch Firmen wie Otomobil Pazarlama Şirketi, International Hospital, Ihlas Diş Ticaret, Ihlas Pazarlama, Ihlas Gıda, Ihlas Ev Araçları, Ihlas Fuar Organisasyon und so weiter. Das Privatfernsehen TGRT und der Rundfunk TGRT FM sowie die Tageszeitung *Türkiye* und die Nachrichtenagentur *Ihlas Haber Ajansı* gehören zu ihren Investitionen auf dem Mediensektor.

Auch die Gemeinde der *Fethullahçılar*, die sich in den Achtziger und Neunziger Jahren rapide vergrößerte, hat bedeutende Investitionen im Medienbereich. Die bestverkaufte islamische Zeitung, die hin und wieder eine Auflage von 350 000 erreicht, ist die von Fethullah Gülens Anhängern herausgegebene *Zaman*. Neben vielen anderen Zeitschriften und Rundfunksenden wird auch das Privatfernsehen *Samanyolu TV* von Gülens Anhängern geleitet. Die Gemeinde versucht, mit der Autoren-Stiftung (*Yazarlar ve Gazeteciler Vakfı*) die im literarischen Bereich aktiven Personen um sich zu scharen und durch Preise und Auszeichnungen deren Arbeit in ihrem Sinne zu fördern beziehungsweise zu manipulieren. Im Jahre 1993 wurde die *Zaman* in Aserbaidschan, Usbekistan und Bulgarien veröffentlicht. Im Jahre 1997 expandierte sie dermaßen, dass ganz Zentralasien, Russland und Australien zu ihren Publikationsgebieten gehörten.

Auch große Bauunternehmen, die nach 1980 einen enormen Zuwachs aufwiesen, bekundeten durch den Kauf von TV-Sendern und Zeitungen ein großes Interesse am Medienmarkt. Die Ceylan-Gruppe, die vor allem in der Baubranche tätig war, trat mit *C-TV* auf den Medienmarkt, der Bauunternehmer *Korkmaz Yiğit* mit *E-TV*. Die Kapitalgesellschaft Ceylan ist Besitzer der Kapital Bank, Korkmaz Yiğit gehört die Bank Ekspres. Ende 1998 wurde man Zeuge einer großen Offensive Yiğits: Er kaufte den Fernsehsender *Kanal 6* und die zur *Sabah-Gruppe* gehörenden Zeitungen *Yenı Yüzyıl* und *Ateş*.

Es gibt noch viele andere neue Medienbesitzer im Land, aber größtenteils wird der Medienmarkt der Türkei von den Kapitalgesellschaften Doğan und Bilgin kontrolliert. Natürlich fühlen sich politische Parteien und verschiedene Geschäftskreise von Zeit zu Zeit von dieser Tatsache gestört. Besonders, wenn die populärsten Zeitungen parteiisch reagieren, erzürnen sie die jeweils angegriffene politische Partei und deren Führer. Aber im Grunde ist es so, dass die Medienwelt und die Politik untrennbar voneinander sind. Gleich, wer an die Regierung kommt, hat auch Macht über die Medien. Das ist wohl auch der Grund, weshalb Enis Berberoğlu sagte: „Manchmal bin ich mir nicht sicher, wer mein eigentlicher Chef ist. Aydın Doğan oder die Politiker in Ankara?"

Am 25 November 1995 lieferte die *Siyah Beyaz*, eine kleine, in Ankara veröffentlichte Zeitung, ein konkretes Beispiel für ein Parteiergreifen in politischen Auseinandersetzungen. Dem Bericht der Zeitung zufolge hatte die Sabah-Kapitalgesellschaft an die Verwaltung ihres Fernsehsenders ATV eine Anweisung geschickt, in der verlangt wurde, bei Übertragungen von Meetings der DYP-Vorsitzenden Tansu Çiller die Anwesenden stets zahlreich erscheinen zu lassen und auf die Frage nach ihrem Vermögen nicht weiter einzugehen. Dieselbe Mitteilung ging auch an die Verwalter der Zeitungen *Sabah* und *Yenı Yüzyıl*. Wenn diese Situation auch zum Teil dem Partisanenverhalten der griechischen Presse ähnelt, so muss man doch einräumen, dass in der Türkei eine Zeitung nicht auf immer und ewig einer Partei treu ist; dies trägt dazu bei, dass die Medien eine parteiische Haltung vor ihrem Publikum verbergen können. Das Publikum sieht keine direkte Verbindung zwischen den Nachrichten und den politischen Parteien, und die Nachrichten erscheinen wahr und objektiv. Doch in Griechenland ist die Beziehung zwischen einer Zeitung und deren politischer Partei jedermann bekannt; deshalb ist das Publikum in der Lage, eine gewisse Distanz zu den Nachrichten zu wahren, wenn die eine Partei unterstützt oder die andere kritisiert wird.

Eigentlich spielten Medienbesitzer schon immer eine effektive Rolle im politischen und wirtschaftlichen Leben. Aus den Memoiren des Orhan Erkanlı (einer der wichtigen Kommandeure des Militärputsches von 1960, 1972: 50-7) geht hervor, dass auch die damaligen Militärs den Einfluss der Medienbesitzer zu spüren bekamen. Erkanlı:

> In der Presse wurde alles vom Chef kontrolliert. Keiner konnte gegen seinen Willen etwas schreiben. … Aussagen wie, „die Presse ist frei“, entsprangen der Fantasie. In der Türkei ist der Medientrust dermaßen stark, dass er selbst für die Führer des Militärs schwer antastbar ist. … Da man annahm, Medienorganisationen würden öffentliche Dienste leisten, wurden ihnen viele Privilegien eingeräumt. … Eigentlich sind auch sie nur darauf aus, Profit zu machen, genau wie andere Unternehmen.

In der Türkei waren Medienbesitzer, die Traditionellen inbegriffen, immer sehr mächtig. Nur waren die traditionellen Medienbesitzer nie so offenkundig in andere geschäftlichen Beziehungen vertieft, wie es die Neuen sind. Und was noch wichtiger ist, sie verhielten sich zu den Journalisten ihrer Zeitung nie wie zum Personal eines gewinnorientierten Unternehmens. Da Medienbesitzer heute im offenen und direkten Verhältnis zu anderen wirtschaftlichen Sektoren stehen, hat auch der Konkurrenzkampf zwischen ihnen eine bisher unbekannte Dimension angenommen. Bekannte Kolumnisten und Journalisten ergriffen in diesen Kriegen Partei für ihre Chefs und nahmen in ihren Artikeln kein Blatt vor den Mund, wenn es um die Konkurrenz ging.

Es ist unnötig, die Namen derer hier aufzulisten, die den Chef der Konkurrenz aufs Ärgste beschimpften, später dann zu seiner Organisation wechselten und nun den ehemaligen Chef im Visier hatten. Liest man sich die Kolumnen zu Zeiten der Medienkriege durch, wird man sofort den nötigen Einblick haben. Am 22.10.1995 schrieb *Taner Berksoy* in der *Cumhuriyet* folgendes:

> Die größten Medienunternehmen diskutieren untereinander, wer von ihnen der größere Betrüger ist. Wer besticht hart gesottener? Wer erpresst effektiver?
>
> Der Kampf der Medien findet weit oben statt und wirkt sich auf ein breites Feld aus. Drei große Zeitungen und die kleinen Lotteriefreunde, die Fernsehkanäle, Magazine und Journale der beteiligten Kapitalgesellschaften werden bei diesem Kampf eingesetzt. Da der Kampf ein so großes Ausmaß gewinnt, wird man wohl oder übel dem schmutzigen Streit beiwohnen müssen. Die immer deutlicher werdende chaotische Monopolstruktur nimmt uns die Möglichkeit, diesem Streit zu entfliehen. Auch wenn ihnen nichts an deren Werbekampagnen liegt oder sie keine Leser dieser Zeitungen sind, werden die schmutzigen Geschäfte der Medien und der Politik sie vor dem Fernseher einholen.

Selami Akpınar, ein alter Journalist, der 1940 bei der Zeitung *Vatan* seine Karriere begann und bis 1960 bei der gleichen Zeitung unter *Ahmet Emin Yalman* arbeitete, hat Schwierigkeiten, die heute in den Medien vorfallenden Ereignisse zu verstehen. Akpınar war 10 Jahre lang der Direktor der *Anadolu Ajansı* (Anatolische Presse Agentur) und unterrichtete Publizistik an der Universität. In seiner langen Berufslaufbahn wurde er kein einziges mal Zeuge eines Medienkampfes, wie es sie in den letzten Jahren in der Türkei gibt. In einem Interview mit der *Cumhuriyet*, das am 22.10.1995 erschien, äußert er sich wie folgt:

> Es gab schon immer einen Kampf in der Presse. Große, hässliche Kämpfe. Aber alle diese Kriege wurden um den Journalismus geführt, um Berufsverständnis und berufliche Ideale. Sogar die schwersten Anschuldigungen hielten sich in diesem Rahmen. Meines Erachtens haben die heutigen Pressekriege nichts mehr mit dem Journalismus zu tun. Ihnen liegt ein absolut kommerzieller Gedanke zugrunde. Ich für meinen Teil bedaure es sehr. Schade um unseren Beruf.

In der ersten Hälfte der Neunzigerjahre gab es viele Auseinandersetzungen zwischen den Mediengruppen, die als „Medienkriege“ bezeichnet wurden. Eigentlich waren diese Kriege für den gemeinen Leser und die Medienforscher höchst aufschlussreich. Durch sie erhielt man viele Informationen über das Verhältnis zwischen Regierungen und Medienbesitzern sowie auch über deren vielerlei Investitionen. Um jeden Preis deckten die großen Medienunternehmen das Verhältnis des Gegners zur Regierung oder andere wirtschaftliche Interessen des Gegners auf. Egal, ob das Ansehen des Berufes darunter litt. Gleichzeitig lüfteten sie aber auch das Geheimnis ihrer Strukturen.

Am 18. August 1994 schreibt *Hürriyets* bekannter Autor *Emin Çölaşan*, die Sabah-Gruppe hätte von Staatsbanken einen Kredit in Höhe von 47 Milliarden Lira abgehoben und fragt: „Wieso nehmen sie einen Kredit auf, wenn sie doch gegen staatliche Subventionen sind?“ Am 21. August schreibt *Çölaşan*, dass viele junge, talentierte Journalisten entlassen würden oder für ein paar Lira arbeiten müssten, während eine andere Gruppe von Journalisten – ihre Kollegen bei der *Sabah* – im Geld schwimmen würden. Als Antwort auf diese Attacken schreibt *Zafer Mutlu*, Chefredakteur der *Sabah*, am 22 August einen Artikel mit der Überschrift „Nervend“ :

> Systematisch wurde behauptet, die *Sabah* hätte günstige, staatliche Kredite aufgenommen, und als Gegenleistung würde sie nun die Regierung unterstützen. Unsere Geduld ist am Ende, und wir veröffentlichen alle Zahlen. Jetzt erfährt die ganze Türkei, wem der Staat zu welchen Konditionen einen Kredit eingeräumt hat.

Selbst *Necati Doğru* von der *Sabah*, der bisher darauf bedacht war, dem Krieg fern zu bleiben, sah sich letztendlich gezwungen zu schreiben. In seinem Artikel vom 31. Okt.1995 zielt er auf die Doğan-Gruppe: „Die Presse ist die 4. Gewalt. Das Fernsehen ist die 5., der Rundfunk die 6. Gewalt. Die Zeitschriften sind die 7. Gewalt, die Banken die 8., die Versicherungen die 9. Gewalt. Die Firma, die dem Militär Panzerfahrzeuge verkauft, ist die 10. Gewalt. Die Tourismusunternehmen sind die 11., die Marketingfirmen die 12. und die Holdings die 14. Gewalt.

Besitzer der *Hürriyet* und *Milliyet*... Hält die 4. Gewalt in Händen... Kauft nun den *Fernsehkanal D* auf... hält somit die 5. Gewalt in Händen... Einen Radiosender hatte er sowieso... auch Zeitschriften waren sein.

Und zwei Banken hatte er... Alle Mächte, angefangen bei der

4. bis hin zur 12., waren nun in einer Hand...

Doğru deutet manche geheimen Abkommen zwischen der Regierung und der Doğan-Gruppe an. Er fragt, warum die Dişbank ohne öffentliche Ausschreibung an den Besitzer der *Hürriyet* und *Milliyet* verkauft wurde. Er forscht nach dem Grund. Weshalb wurden andere mögliche Käufer nicht informiert? Weshalb konnte kein Preis bezahlt werden, der unter den Bedingungen der freien Marktwirtschaft zustande gekommen war?

Bedauernswerterweise sah man in diesem Kampf bekannte Journalisten und Kolumnisten. Sie bekriegten sich im Namen ihrer Chefs. *Hürriyets* Chefredakteur, *Ertuğrul Özkök*, hatte die Kritik an seinem Chef und dessen anderweitigen Tätigkeiten wohl schon übermäßig satt, als er am 24. Nov.1995 schrieb:

> Ja, es stimmt. Aydın Doğan, Besitzer der *Hürriyet*, hat auch auf anderen Gebieten Investitionen. Diese Investitionen schaffen eine Arbeitskapazität von über 1 Milliarde US-Dollar. Er zahlt Steuern in Höhe von 2,2 Trillionen Lira. ... Dies ist unser ganzer Stolz. Aus diesem Grund sind wir der Regierung nicht zu Dank verpflichtet.

Özkök gibt ganz offen zu verstehen, dass die Redakteure und Journalisten der *Sabah* ein Vermögen besitzen, dessen Herkunft nicht so leicht zu erklären ist, und dass man zu diesem Vermögen nicht durch den Journalismus, sondern durch Unterwürfigkeit gegenüber dem Chef kommt.

Nach all den Kriegen kamen die beiden rivalisierenden Gruppen zusammen und beschlossen, den Vertrieb der Zeitungen in einer Hand zu konzentrieren. Ihr Vertriebsmonopol nannten sie Bir-Yay. Eines der Ziele, worauf es diese Fusion absah, war die Zeitung *Akşam*. Sie befand sich im Entwicklungsstadium und erhielt große Unterstützung von Seiten der Regierung. Der Besitzer der *Akşam* war Mehmet Ali Ilıcak. Mit der Begründung, die *Akşam*-Leser zu schützen, stellte Bir-Yay den Vertrieb/die Verteilung dieser Zeitung ein. *Akşam*, die Dank einer Werbekampagne, in der sie ihren Lesern Fernseher versprach, ihre Auflage plötzlich auf 1 Million gesteigert hatte, würde, so Bir-Yay, dieses Versprechen nicht halten. Vor dem Beschluss, den Vertrieb zu stoppen, erhöhten sie die Vertriebskosten, die nun fast 70 Prozent des Zeitungspreises ausmachten. Im Besitz einer Vertriebsfirma zu sein, ist für Medienunternehmen von großer Bedeutung. Sie gibt ihnen eine große Macht, kleinere Zeitungen und Zeitschriften sind immer von ihnen abhängig. Die beiden Gruppen gründeten nach der Bir-Yay noch eine andere gemeinsame Firma, die BIMAŞ. Ziel war es hier, den Werbemarkt im Fernsehen zu kontrollieren und den größten Teil der Werbung ihren Sendern *Kanal D* und *ATV* zukommen zu lassen.

IX.3 Welchen Eindruck haben griechische und türkische Journalisten von ihren Medienchefs?

Türkische und griechische Journalisten stellen gemeinsam fest, dass die wichtigste Entwicklung nach 1980 die Veränderung der Besitzstruktur der Medien war. Die Medien des Landes gelangten in die Hände von Unternehmen, deren eigentlicher Tätigkeitsbereich ein anderer Sektor war. Wie bereits betont, hatten die Journalisten an der Spitze der Hierarchie weniger Probleme damit als ihre Kolleginnen und Kollegen weiter unten. Bei dem griechischen, rechtsorientierten Chefredakteur G-7 sieht die Lage nicht anders aus:

> Der Besitzer der Zeitung entscheidet über unsere allgemeine Richtlinie in der Publizistik. Ich als Chefredakteur beschließe mit meinem Chef, was wir allgemein in der Redaktion machen werden. Ich stehe mit ihm ständig in Verbindung. Es ist sein natürliches Recht zu erfahren, was in seiner Zeitung geschieht. Aber ich allein entscheide über die Gestaltung der Zeitung. Die politische Richtlinie bestimmt jedoch mehr der Chef; er setzt die allgemeine Orientierung fest. Meine Aufgabe als Chefredakteur ist es, der Zeitung eine den Normen des Journalwesens angepasste Form zu geben. Meine Interpretationen werden in die Zeitung aufgenommen. Ich entscheide, was zur Schlagzeile gemacht wird und was in den Innenseiten steht.

Um verstehen zu können, wie griechische und türkische Journalisten die Medienbesitzer, also ihre höchsten Chefs, sehen und was sie von ihnen halten, hier einige ihrer Aussagen:

> G-9: Wir bei der *Eleftherotypia* haben großes Glück. Wir arbeiten bei einem traditionellen Medienbesitzer. Er selber ist ein guter Journalist. Er ist der Leiter der Zeitung und schafft für uns alle eine gute Arbeitsatmosphäre. Die anderen Medienbesitzer machen irgendwelche Geschäfte mit dem Staat. Manche besitzen Reedereien, manche Bauunternehmen. Der Besit-

zer des Rundfunks *SKY* ist Reeder. Auch *Antenna* gehört einem Reeder. Ehrlich gesagt, ich bin sehr zufrieden, dass ich mit einem Chef arbeite, der Journalist ist und der lange Jahre im Geschäft zubrachte.

G-20: Die meisten Medienchefs von heute sind selbst keine Journalisten. Sie sind auf anderen Gebieten tätig und investieren da. Und dies wirkt sich direkt auf unsere Arbeit aus. Könnten sie sich zum Beispiel vorstellen, dass eine Zeitung, deren Besitzer an der Privatisierung des Telefonnetzes interessiert ist, die Regierung kritisiert? Manchmal wird man Zeuge, wie eine oppositionelle Zeitung auf einmal die Kritik an der Regierung einstellt. Der Grund ist bestimmt ein Handel zwischen der Regierung und dem Chef.

G-21: Wir beobachten, dass, seit die Besitzstruktur in Griechenland vom Traditionellen zum Neuen wechselte, die Zeitungen ihre Position zu wirtschaftlichen Themen häufig ändern. Mit wirtschaftlichen Themen sind Verträge mit dem Staat und der Gebrauch / die Ausgabe der öffentlichen Gelder gemeint. Hier gibt es Medienchefs, die trotz anhaltender Verluste ihre Zeitungen nicht aufgeben. Das Geld verdienen sie in anderen Bereichen.

Nehmen wir zum Beispiel den Verkauf des Fernsprechdienstes. Manche Medienchefs interessieren sich dafür. Entweder möchten sie den Dienst selber kaufen, oder sie möchten verhindern, dass es ihre Konkurrenz tut. Ihre Einstellung zur Privatisierung des Fernsprechdienstes versuchen sie dann, dem Journalisten, der über dieses Thema schreibt, zu empfehlen. Es ist nicht nötig, es dem Journalisten direkt zu sagen. Der Journalist lebt bereits unter einem ernsthaften Druck, wenn er über Themen schreibt, die den Chef interessieren. Soll er dieses Wort wählen? Oder das andere? Sollte er den Satz so formulieren? Oder lieber anders? Er ist am Abwägen. Also auch, wenn dem Journalisten nichts gesagt wird, ist er doch dem Psycho-Terror ausgeliefert. Eine Art Selbstzensur setzt ein. Doch meistens wird er auf das, was zu tun ist, direkt angesprochen. Man gibt ihm spezielle Informationen zum Thema und reicht ihm Akten weiter. Auf Grund dieser Informationen und Akten schreibt der Journalist genau das, was der Chef möchte, aber halt „objektiv". Sollte er ein Typ sein, der all dem standhält und sich widersetzt, wird das Thema einem anderen zugeteilt, egal, ob es zu seinem Bereich gehört oder nicht.

Die Journalisten hier arbeiten bei mehreren Medienunternehmen gleichzeitig. Das führt zu gefährlichen Situationen hinsichtlich der Beziehung zum Chef. Denken sie sich einmal, sie müssten zu einem Thema, wo die Chefs konkurrieren, einen Artikel schreiben. In der einen Zeitung müssten sie das Interesse des einen, in der anderen das Interesse des anderen wahren. Dies löst beim Journalisten eine ungeheure Panik aus.

T-4: Von oben wird aufgetragen, die Feinde des Chefs auf Schritt und Tritt zu verfolgen. Hier ein konkretes Beispiel: Ein Kollege von der *Milliyet* ist als Nachrichtenchef zum Fernsehsender *Star TV* übergewechselt. Doch bevor er die Stelle angenommen hat, ist er nach Istanbul und hat ihnen erklärt, dass er nichts anderes als Journalismus machen wird. Er würde nicht erpressen und sich nicht um andere Geschäfte des Chefs kümmern. Sie stimmten zu. „O.K.", sagten sie, „wir wollten sowieso das Image des Senders verbessern. Wir möchten, dass er ein Kanal mit seriösen Nachrichten wird." Er nahm die Stelle an. Zwanzig Tage später wurde der Besitzer der *Star* bei Çukurova Elektrik mit einem Problem konfrontiert, als es um die Verteilung der Aktien ging. Der geplante Eingriff wurde der *Star-Gruppe* vom Kapitalmarktausschuss SPK nicht erlaubt. Daraufhin erhielt der Kollege am 22. Tag seiner Arbeit eine Order: „Stationiere die Kameras vor dem SPK-Gebäude und filme 24 Stunden lang jeden, der das Gebäude betritt oder verlässt." Der Kollege widersprach. Dies sei keine Berichterstattung, sondern Erpressung der SPK. Aber sie ließen nicht locker. Sie beorderten ihn nach Istanbul. Er folgte der Aufforderung und erinnerte sie an ihre Vereinbarung, außerdem hätte er sowieso nur zwei Kameras zur Verfügung, und wenn er sie dort einsetzen würde, könnte er keine Nachrichten liefern. „Lösen sie ihre geschäftlichen Angelegenheiten auf geschäftlichem Wege und setzten sie die Kameras nicht als Waffen sein!" Man entgegnete ihm: „Wir zahlen dir so viel Geld. Es gibt jede Menge Leute, die bereit wären, es für weniger Geld zu machen." Der Kollege kündigte. Ein konkretes Beispiel dafür, wie der Chef das Medium und den Journalisten missbraucht und zur Erpressung einsetzt.

Lassen Sie mich noch ein weiteres konkretes Beispiel geben. Ich wurde selbst Zeuge. Ein Kollege von mir schrieb einen Artikel, und wir sind dann später gemeinsam nach Istanbul gefahren: „Im Verfassungsgesetz ist das Prinzip *baue, betreibe, übergebe* aufgehoben worden." Das war eine wichtige Neuigkeit. Die erste Reaktion in Istanbul war: „Ja, hatte das denn nicht Zeit? Ihr habt die ganze Börse in Aufregung versetzt. Es gibt große Verluste. Wäre es denn nicht möglich gewesen, diese Nachricht außer Acht zu lassen?“ Das war die Reaktion des Mannes an der Spitze der Zeitung. Natürlich kam es in die Nachrichten. Aber so lange solche Männer an der Spitze von Medienorganisationen sitzen, kann man sich denken, dass solche Neuigkeiten auch anders gehandhabt werden.

T-5: Wegen der anderen Geschäfte des Chefs kann ich mich nie frei und wohl fühlen. Diesen Druck spüre ich immer, ob nun direkt oder indirekt. Manchmal werden gewisse Dinge ganz offen gesagt. Wenn sie zum Beispiel mit einer anderen Mediengruppe eine Auseinandersetzung haben, und sie wissen, dass die andere Gruppe im Recht ist, werden sie dies dann auch sagen können? Wenn die *Sabah-Gruppe*, bei der sie beschäftigt sind, wegen einer Kreditsache beschlossen hat, die Regierung nicht zu kritisieren, werden sie dann als Journalist oder Redakteur kritisch vorgehen können?

T-9: Dem Besitzer des Fernsehsenders, wo ich arbeite, gehört auch eine Bank. Und er übt auch noch andere Tätigkeiten aus. Beim Verfassen von Wirtschaftsnachrichten muss man sehr vorsichtig sein. Man muss aufpassen und ja nicht den Fehler begehen, die Firmen des Konkurrenten positiv zu bewerten. Diese Regel gilt nicht nur hier, sondern bei allen Mediengruppen. Ich hatte mal bei der *Milliyet* gearbeitet. Wir alle wussten, dass der Chef mit Özer Çiller, dem Ehemann der Premierministerin, jedes Wochenende in die Sauna ging. Wie will man mit dem Wissen eine Nachricht zu Ungunsten der Familie Çiller verfassen?

T-20: Ich sage mir: „Ich muss dies schreiben. Die Öffentlichkeit muss es wissen. Das ist meine Verantwortung.“ Aber es ist unmöglich, die Nachricht sofort niederzuschreiben. Man muss darauf achten, das Gleichgewicht der Mächtepotentiale nicht zu stören. Erst wird die Nachricht eine Zeit lang aufs Eis gelegt. Zum Beispiel durfte ich keine Nachricht gegen den Direktor der Zentralbank verfassen. Der Befehl kam von oben. Der Chef habe es so gewünscht. Aber ich habe es geschafft, ihn dann 5 Monate später zu schreiben. Außerdem hat das Verbot mich nur noch mehr angespornt. Da sie nicht wollten, dass ich es schreibe, steckte bestimmt Dreck dahinter, dachte ich mir. Also, wenn der Journalist es möchte, dann führt kein Weg daran vorbei, er wird es schreiben. Entweder schreibt er dann ein Buch, oder er liefert die Informationen und lässt es von jemand anderem verfassen.

> Die großen Kapitalgesellschaften investieren in die Medien, um manche ihrer Geschäfte zu verheimlichen. Wie groß muss diese Investition sein? Eine Million Dollar? O.K., dann investiert er halt eine Million Dollar in die Medien, aber so kann er dann manche Geschäfte geheim halten, deren Aufdeckung ihn bestimmt mehr gekostet hätte. Die neue Besitzstruktur in den Medien beeinträchtigt besonders uns Wirtschaftsreporter. Höchstens drei von zehn Berichten, die ich verfasse, erscheinen in der Zeitung.

Der Mediensektor ist zu einem sehr komplizierten und teuren Markt geworden. Dies hat dazu geführt, dass traditionelle Medienbesitzer immer weniger Fuß fassen konnten, und alten, erfahrenen Journalisten wurde die Gründung einer eigenen Zeitung unmöglich gemacht. Die neuen Medienbesitzer sehen die Ausgaben für den wenig profitablen Mediensektor als Verteidigungskosten an. Während der Bürger immer weniger mit korrekten Informationen versorgt wird und sie es ihm erschweren, zu einer richtigen Entscheidung zu kommen, werden Journalist und Nachrichten immer mehr zu einem „Verteidigungsspielzeug“ im Krieg zwischen den verschiedenen Interessenverbänden.

Kapitel X
Die Journalisten im Spannungsfeld zwischen Medien und Staat

Aus den Berichten der türkischen und griechischen Journalisten geht ein theoretisches Konzept hervor, welches die Medien-Staat-Beziehungen beschreibt: *Zuckerbrot und Peitsche*! Gramscis (1971) *Zustimmung und Druck*, Galbraiths (1983) *Belohnung und Bestrafung* und Gramsons (1968) *Förderung und Einschränkung* haben ganz ähnliche Bedeutungen.

Journalisten müssen stets enge Verbindungen zu staatlichen Organisationen pflegen. Denn die staatlichen Organisationen sind wichtige Informationsquellen. Sowohl die türkischen wie auch die griechischen Journalisten nannten beim Auflisten ihrer Nachrichtenquellen Regierungsvertreter und öffentliche Repräsentanten an erster Stelle. Negrine (1994: 29) bemerkt: „Der Staat verfügt über eine Unmenge an administrativen und politischen Informationen, die von direktem Interesse für die Bürger sind.“ Die Journalisten dienen als Brücke zwischen diesen Informationen und den Bürgern.

X.1 Das *Zuckerbrot-und-Peitsche-System* in den Beziehungen zwischen Medien und Staat in der Türkei

Der Militärputsch von 1980 hatte das Verbot sämtlicher politischer Parteien und des Parlaments zur Folge. Die Presse wurde scharf kontrolliert. Über bestimmte Themen durfte nicht geschrieben, bestimmte Nachrichten durften nicht gedruckt werden. Was geschrieben wurde oder nicht, bestimmte die Kommandantur für den Ausnahmezustand.. Die Stimmen Süleyman Demirels und Bülent Ecevits waren in den Medien nicht zu vernehmen. Das staatliche Fernsehen stand im Dienste der Generäle. Auf Wunsch eines Kommandanten konnte eine Zeitung geschlossen werden. Die Medienbesitzer hatten zwei Möglichkeiten: ihren Betrieb selbst zu schließen oder schließen zu lassen oder auf Schmusekurs mit der Junta zu gehen. Sie wählten die Letztere.

Zusammen mit einer Volksabstimmung zum neuen Grundgesetz wurde Putschgeneral Kenan Evren zum Staatspräsidenten gewählt. An den allgemeinen Wahlen von 1983 nahmen nur von den Generälen gebilligte Parteien teil. Die Mutterlandspartei ANAP von Turgut Özal gewann mit über 40 Prozent der Stimmen. Wenn auch begrenzt, verschaffte die erneute Zuwendung zum Mehrparteiensystem der Presse etwas mehr Spielraum. Ministerpräsident Özal knüpfte zu einigen Zeitungen, Journalisten und Reportern direkte und persönliche Beziehungen an. Es entstand ein neuer Journalistentypus, der den Beziehungen zu den politischen Machtzentren höchste Bedeutung beimaß. Zur gleichen Zeit entstand auch der Typus, dem es nichts mehr ausmachte, seine politischen Kontakte zu provozieren.

Als die bewaffneten Auseinandersetzung mit der PKK im August 1984 begannen, legte der Staat der Presse erneut einen Maulkorb um. In elf Provinzen Ost- und Südostanatoliens wurden bestimmte Zeitungen verboten. Zu jener Zeit über die Kurdenfrage zu schreiben, war ein risikoreiches Unterfangen. Viele Journalisten und Reporter fanden sich wegen ihrer Kurden-Artikel vor dem Gericht für Staatssicherheit DGM wieder. Artikel 8 des Anti-Terrorgesetzes über das *Verbot separatistischer Propaganda* bildete das Hauptargument für eine Verhaftung und wurde für Künstler, Journalisten und Gewerkschaftsmitglieder zum Alptraum, da der schwammige Begriff *separatistische Propaganda* nur allzu leicht eine willkürliche Auslegung erlaubte.

Bizim Gazete, die der Istanbuler Journalistenverband herausgibt, berichtet in der Ausgabe vom Oktober 1991, dass in den acht Jahren unter der ANAP-Regierung 1392 Verfahren gegen Journalisten eröffnet und 26 die Pressefreiheit einschränkende Gesetze verabschiedet sowie viele Zeitungen und Magazine beschlagnahmt oder verboten worden seien. Innerhalb eines Jahres wurden gemäß Artikel 158 des türkischen StGB 16 Journalisten wegen Beleidigung des Staatspräsidenten vor Gericht gestellt. 1991 wurden 29 Bücher auf den Index gesetzt, 121 Zeitungen und Magazine wurden verboten oder zensiert, oder ihre Einstellung wurde erzwungen. Ferner wurden zu ANAP-Zeiten fünf Journalisten ermordet (HRFT, 1992: 119).

Im November 1991 gründeten Süleyman Demirel von der Partei des Rechten Weges DYP auf dem rechten Flügel und Erdal Inönü von der Sozialdemokratischen Vokspartei SHP des linken Flügels eine Koalitionsregierung und versprachen dem Volk die Demokratisierung. In Diyarbakır, wohin Ministerpräsident Demirel seine erste Reise zusammen mit Inönü machte, sagte Demirel vor der versammelten Zuhörerschaft, der Staat „weiß über die kurdische Realität Bescheid“. Diese Worte erzeugten landesweit eine ungeheuer optimistische Atmosphäre. Überall im Land stieg die Hoffnung auf eine Demokratisierung. Die Entwicklungen jedoch deckten sich mit diesen Erwartungen nicht im mindesten. Im Juni 1992 warnte der Vorsitzende des Presserates in einem offenen Brief an den Ministerpräsidenten: „Wenn das so weitergeht, wird die Türkei mit der Zahl ihrer Morde an Journalisten das dafür berüchtigte Kolumbien noch überrunden.“

In einem Bericht vom Januar 1994 bewertete der Presserat das Jahr 1993 als ein Jahr der Trauer. 1993 wurden 51 Journalisten überfallen und acht ermordet. 16 der Überfälle verübten die Sicherheitskräfte, vier Angehörige des Öffentlichen Dienstes, sieben erfolgten aus parteipolitischen Gründen. Im selben Jahr fanden sieben Überfälle auf Zeitungen und Magazine statt und 15 Polizeieinsätze in Zeitungsbüros. 95 Journalisten kamen in Untersuchungshaft, 49 davon wurden zu Gefängnisstrafen verurteilt. Die *internationale Journalistenföderation* CPJ erklärte die Türkei für Journalisten zu einem der risikoreichsten Länder der Welt. Zu dieser Zeit stand die Türkei mit der Zahl ihrer ermordeten Journalisten an dritter Stelle der Weltrangliste.

Die meisten Ermordungen erfolgten zwischen 1993 und 1998. Der zu jener Zeit amtierende Ministerpräsident Demirel und sein Innenminister Ismet Sezgin bestritten vehement irgendwelche Zusammenhänge zwischen den Morden und dem Staat und sagten, einige der Getöteten seien PKK-Anhänger und militante Kurden gewesen. Andrew Yurkovsky, ein die Todesfälle untersuchender CPJ-Berichterstatter, sagte: „Bei zwei Morden hatte der türkische Staat seine Hand mit im Spiel, und für zwei weitere hat er die PKK beschuldigt bzw. verantwortlich gemacht.“

In den neunziger Jahren entführte die PKK eine Reihe türkischer und ausländischer Journalisten. Diese Entführungen waren vor allem in Südostanatolien eine echte Bedrohung für eine freie Berichterstattung. Oft hielten militante PKK-Anhänger ihre Opfer tagelang in den Bergen fest, ließen sie dann aber, ohne ihnen körperlichen Schaden zugefügt zu haben, frei. Derartige Fälle stellten türkische Behörden so dar, als ob die meisten der Entführten freiwillig mit ihren Entführern gegangen seien.

1994 nahm die Zahl der Morde an Journalisten beachtlich ab, der Druck jedoch dauerte an. Journalisten und Berichterstatter erhielten in jenem Jahr insgesamt 448 Jahre, sechs Monate und 25 Tage Gefängnisstrafen und Geldstrafen in Höhe von 2 000 400 US-Dollar. 41 Prozent der Prozesse am Istanbuler Gerichtshof für Staatssicherheit fanden gegen die Presse statt. Bei 34 Anlässen wurden 76 Journalisten in Ausübung ihres Berufes von Sicherheitsbeamten oder Angestellten des Öffentlichen Dienstes verprügelt oder beleidigt.

Eine der folgenschwersten Aktionen war die gegen die oppositionelle Zeitung *Özgür Ülke* gerichtet. Auf diese Zeitung hatte sich wegen ihrer Haltung zur Kurdenfrage der geballte staatliche Zorn konzentriert. Am 2.12.1994 wurden die Istanbuler Zentrale und die Ankaraner Filiale bombardiert, dabei eine Person getötet und zwei verletzt. Am 30.11.1994 hatten zuständige Behörden ein von Ministerpräsidentin Tansu Çiller unterzeichnetes Schreiben mit dem Stempel „Geheim" erhalten, in dem Veröffentlichungen einiger Zeitungen und die Zeitung *Özgür Ülke* als zerstörerisch und separatistisch bezeichnet und gefordert wurde, entsprechende Schritte einzuleiten.

Der einzige Journalist, der nach dem Anschlag auf *Özgür Ülke* 1995 ermordet wurde, war Seyfettin Tepe von der *Yeni Politika* in Batman. Diese Zeitung vertrat dieselbe Linie wie *Özgür Ülke*. Tepe wurde am 22. August festgenommen und starb am 29. August in der Polizeidirektion Bitlis.

1995 setzte das CPJ die Ministerpräsidentin Tansu Çiller auf die Liste der zehn größten Pressefeinde der Welt. Ein Jahr später kam ein anderer Ministerpräsident, Mesut Yılmaz, der stärkste Konkurrent der Rechten, an die Regierung. Nichts aber änderte sich an der Behandlung der Presse. 1996 nahm Yılmaz den Platz von Frau Çiller auf der CPJ-Liste ein.

Laut TIHV-Bericht wurden 1996 zwei Journalisten ermordet, darunter der für den Kampf um die Pressefreiheit international zum Symbol gewordene *Metin Göktepe*. Während von 1992 bis anfang 1996 262 Journalisten verhaftet wurden, schlug das Jahr 1996 mit 243 Verhaftungen jeden Rekord. 88 Journalisten wurden in Ausübung ihres Berufes verprügelt. Ebenfalls laut TIHV wurden im Zeitraum 1990 bis 1998 34 Journalisten ermordet. 1996 lag die Türkei mit 79 inhaftierten Journalisten an trauriger

Weltspitze. Im selben Jahr befand sich in Griechenland kein einziger Journalist in Haft, in Äthopien, nach der Türkei an zweiter Stelle, waren es 18. Es folgten China mit 16, Kuwait mit 15 sowie Nigeria, Burundi und Syrien mit je sechs Inhaftierten.

Der Prozess um den von der Polizei zu Tode geprügelten jungen Journalisten *Metin Göktepe* von der linksgerichteten Zeitung *Evrensel*, der am 8 Januar 1996 stattfand, erregte 1997 internationales Aufsehen. Eine der fesselndsten Seiten des Prozesses war, dass die Polizisten trotz eines Gerichtsbeschlusses nicht festgenommen, dass sie trotz der Anweisung von Minsterpräsident Mesut Yılmaz nicht vor Gericht gestellt wurden. Die wegen Mordes zu verhaftenden Polizisten arbeiteten trotz gerichtlichen Haftbefehls weiter in ihrem Beruf. Der Ort, an dem sie sich befanden, wurde zwar bekannt, sie selbst wurden jedoch nicht festgenommen.

All dies gibt eine Anwort auf die Frage, unter welchen Bedingungen die Presse seit 1980 gearbeitet hat. Ohne Zweifel haben die oppositionellen Zeitungen und Journalisten den größten Teil der Unterdrückungsaktionen abbekommen. Ziel dieser Aktionen waren hauptsächlich Zeitungen, welche die Kurdenbewegung unterstützten, und als radikal islamistisch und als links geltende Zeitungen und deren Mitarbeiter. Während letztere dieser massiven Unterdrückung ausgesetzt waren, hielten sich die großen Medienorganisationen zurück und bezogen keine einheitliche und nachdrückliche Position dagegen. Kurz, die oppositionelle Presse erhielt überreichlich die *Peitsche*, während die übrigen Medien mehr an das *Zuckerbrot* dachten und in Zurückhaltung verharrten.

Sollten sie schon einmal eine kritische Haltung gegenüber den Parteien und der Regieurng eingenommen haben, verteidigten sie im Prinzip nur das System. Parteipolitisch erst einmal an die Macht gekommen, gewährte man den Medien, die einen unterstützten, verschiedene Schlupflöcher. Staatliche Banken vergaben ihnen großzügig niedrigverzinste Kredite. Mit der Unterstützung politischer Parteien haben sich manche Mediengruppen dermaßen polarisiert, dass man, wie es ein Chefredakteur vor den Wahlen 1995 ausdrückte, fragen konnte, welcher Zeitung man sein Wählerstimme gebe. Am 23.12.1995 gab *Zafer Mutlu*, Chefredakteur der *Sabah*, seiner eigenen Zeitung ein Interview. Darin erzählte er, wie sich die Mediengruppen, die bestimmte Pareien unterstützten, polarisierten, und sagte: „Die Wähler fragen sich gegenseitig: Gibst du deine Stimme der *Sabah* oder der ANAP?“ Zu jener Zeit unterstützte *Sabah* mit aller Kraft die Regierungskoalition CHP/DYP. Das Konkurrenzblatt *Hürriyet* stand hunderprozentig auf der Seite der Oppositionspartei ANAP. *Mutlu* legitimierte sein Eingreifen folgendermaßen: „Wir haben keine Angst, dass Çiller verliert..., aber wir haben Angst, dass Yılmaz an die Macht kommt, weil es mich beunruhigt, in einem Land leben zu müssen, in dem sich ein Yılmaz oder ein Erbakan gegen die Zollunion aussprechen."

Am 22.10.1995 sagte der damalige ANAP-Vorsitzende und Oppositionsführer Mesut Yılmaz in einer Gesprächsrunde des Fernsehsenders *Interstar*: „Der Chefredakteur und der Eigentümer der *Sabah* kamen zu mir und stellten mir ein Ultimatum. Sie nutzen ihre Zeitung als erpresserisches Mittel. Das größte Problem in der Demokratie bilden käufliche Medien." In derselben Sendung beschuldigte Yılmaz auch den Ehemann der Frau Çiller, Özer Çiller, indem er sagte, Herr Çiller rufe die Zeitungen an und diktiere ihnen, was sie zu schreiben hätten und was nicht. Seiner Meinung nach manipuliere Herr Çiller die Mediengruppen, indem er die Werbekampagnen der staatlichen Banken gezielt an sie weiterleite.

Fehmi Köfteoğlu schrieb im Wirtschaftsblatt *Iktisat* vom 15. Januar 1995, dass die Regierung 8,6 Trillionen TL an die Zeitungen verteilt habe und veröffentlichte eine Liste der Mediengruppen, die mit Billigkrediten bedacht wurden.

Nicht immer sind Angaben über Kreditvergaben auf Ministerebene zu erhalten. Das ist jedoch in Zeiten von Medienschlachten, in denen die Zeitungen sich gegenseitig beschuldigen und versuchen zu beweisen, dass sie weniger erhalten hätten als andere und ihre Beziehungen zum Staat an der Höhe der Zahlungen messen, anders. *Sabah* beschuldigte laufend die Konkurrenz, Billigkredite erhalten zu haben und schrieb, dass die Zeitungsgruppe *Milliyet* 142 784 Milliarden TL, die *Hürriyet-Gruppe* 48 667 Milliarden TL und sie, die *Sabah*, (nur) 21 809 Milliarden TL erhalten habe.

Zwischen der Wohlfahrtspartei Refah Partisi RP mit ihrem Vorsitzenden Erbakan und den großen Medien der laizistischen Linie kam es immer zu Auseinandersetzungen. Als die Partei dann im Juni 1996 gemeinsam mit der DYP von Tansu Çiller an die Macht kam, drohte Erbakan der Presse mit der Sperrung der staatlichen Kredite. Aber ein entsprechendes Gesetz wurde nie erlassen. Der RP-Vorsitzende wusste nur zu gut, dass die staatliche Subvention eine lebenswichtige Funktion für diese Medien hatte. Trotz der Tatsache, dass auch der Koalitionspartner DYP den großen Mediengruppen den Krieg erklärte, schaffte es Erbakan in seiner einjährigen Regierungszeit nicht, die Subventionen an die Medien zu streichen.

Doğan Akın beschuldigt in der *Cumhuriyet* vom 13.5.1997 auf Seite 19 die beiden großen Mediengruppen, innerhalb von 14 Jahren 85 Trillionen TL aus dem Staatssäckel bezogen zu haben. Die Hauptschuld daran trage die DYP-Vorsitzende Tansu Çiller, die den Medien nun den Kampf angesagt habe; sie selbst habe ihnen zu diesen unglaublich hohen Krediten verholfen. Allein im Dezember 1995, kurz vor den Wahlen, hat Çiller Garantiebriefe für die Mediengruppen in einer Gesamthöhe von 1 423 134 119 000 000 (1,4 Billiarden) TL bewilligt. Während im Jahre 1995 das gesamte Staatsbudget des Landes 1,4 Trilliarden TL betrug, hatte die damalige Premierministerin Çiller bahnbrechende Garantiebriefe in Höhe von 2,1 Trilliarden TL allein für gewisse Medien ausgestellt.

X.2 *Zuckerbrot und Peitsche* in Griechenland. Die Beziehung zwischen Staat und Medien

Nachdem Griechenland im Jahre 1974 wieder zurück zur Demokratie gefunden hat, gibt es hier, im Gegensatz zur Türkei, nicht viele Beispiele für ein *Peitschen-Schwingen* gegenüber den Medien. Auch in Griechenland gibt es Prozesse im Rahmen des Terrorbekämpfungsgesetzes, insbesondere gegen Zeitungen, die Flugblätter der wenig bekannten Organisation 17. November abgedruckt haben. Auch sieht man den Staat die Peitsche schwingen, wenn es um die Meinungsfreiheit geht, zwar nicht gegen die Journalisten, aber gegen die Studenten. Studenten wurden verhaftet und verurteilt, weil sie im Jahre 1993 auf dem Omonia-Platz in Athen Flugblätter verteilt hatten, auf denen die Minderheit in West-Thrakien nicht *Moslems*, sondern *Türken* genannt und die Bezeichnung *Mazedonien* für die damals offizielle *Republik Skopori* (Skopje) verwendet wurde. Damals äußerte sich ein griechischer Journalist so zu der Situation: „Hätte ich dieselbe Erklärung in meiner Kolumne veröffentlicht, so wäre mir nichts passiert." Diese Worte zeigen ganz klar, dass Journalisten der Peitsche kaum ausgesetzt werden.

Die Peitsche des griechischen Staates wird erst dann spürbar, wenn es um Nachrichten geht, mit denen nationale Tabus gebrochen werden. Am 18. Februar 1997 wurde der Hörfunksender *Işık Radyo*, ein Sender der türkischen Minderheit in West-Thrakien, geschlossen, weil er keine Lizenz vorweisen konnte, obwohl zu jener Zeit viele lizenzlose griechische Rundfunksender in Betrieb waren. Der einzige Unterschied zwischen *Işık Radyo* und den anderen bestand darin, dass dieser Sender auf Türkisch sendete. Anfang 1997 wurde gegen die *Trakyanın Sesi*, eine Zeitung, die von Türken in West-Thrakien herausgebracht wird, ein Prozess eröffnet. Doch muss man auch erwähnen, dass es Ende 1997 eine zweisprachige griechisch-türkische Sendung gab, die von einem westtrakischen Türken gemeinsam mit einem Griechen moderiert wurde. Und das auch noch bei einem staatlichen Rundfunksender!

In Griechenland gibt es keine weiteren Beispiele für Nötigungen der Presse. Kein griechischer Premierminister wurde je in die Liste der 10 pressefeindlichsten Staatsoberhäupter der Welt aufgenommen. Für Journalisten zählte Griechenland nie zu den gefährlichsten Ländern. Auch gehörte es nach der Rückkehr zur Demokratie nicht zu den Ländern, wo die meisten Journalisten hinter Gittern waren. Man kann sagen, dass in Griechenland der Staat im Umgang mit den Medien mehr die *Zuckerbrot-Methode* wählte.

Mouzelis behauptet (1986), dass in der Geschichte Griechenlands immer eine klientelistische Kultur herrschte. Zur Regierungszeit der Sozialdemokraten, in den Achtzigerjahren, wurde der historische Klientelismus Griechenlands von neuem definiert. Michailis (1994: 444) behauptet, dass dieser Prozess in den Achtzigerjahren und Anfang der Neunziger von der PASOK geformt wurde. Ziel war es, die Macht der PASOK zu festigen, und hierfür wurden dann Anhänger der Partei, ohne nach ihrer Kompetenz zu fragen, in den Öffentlichen Dienst eingestellt. Dieser bürokratische Klientelismus wurde auch von der Oppositionspartei Neue Demokratie ND und den anderen politischen Parteien des Landes gepflegt.

Mouzelis berichtet (1980:261-4;1986), dass Griechenland eine umfangreiche, starke und relativ autonome Staatsstruktur besitzt. Die Tatsache, dass Bürgerinitiativen im Lande traditionell schwach sind und der Kapitalismus nicht stark ausgeprägt ist, führte dazu, dass der Staat verschiedene politisch-ideologische Funktionen übernahm und einen intervenierenden Charakter annahm. Der griechische Staat setzte populistische Politik und umfangreichen Klientelismus als vertikalen Integrationsmodus ein. Diese Art Integration stand im Gegensatz zur horizontalen Integration der entwickelten kapitalistischen Länder und stützte sich auf das Patriarchat des Staates, das die Bildung autonomer Interessengruppen unterbindet. Der aufgeblähte griechische Staatsapparat wurde aufgrund seines Umfeldes stark von nationalen und internationalen Spannungen beeinflusst. All dies brachte Mouzelis zu der Äußerung (1980: 262), „die griechische Staatspolitik schützt nicht die Interessen aller Kapitalgruppen, sondern nur die Interessen eines gewissen Teils“. Interessengruppen sind unbedeutend und, vergleicht man sie mit politischen Parteien, nur begrenzt autonom.

Man kann behaupten, dass der türkische und der griechische Staat sich in einem Punkte ähneln: Beide „neigen dazu, die Entwicklung von Bürgerinitiativen zu hemmen“. Aber der Begriff *Partei-Staat* wie ihn griechische Journalisten des Öfteren gebrauchen, ist weit davon entfernt, den türkischen Staat zu definieren. Von türkischen Journalisten gewählte Bezeichnungen wie *Staat im Staat* und *Staatspartei* lassen darauf schließen, dass in der Türkei die Existenz einer höheren Instanz wahrgenommen wird. Sie steht über allen politischen Parteien und Regierungen. Das mächtige und laizistische Militär, das in den Jahren 1960, 1971 und 1980 putschte, sowie der Staatssicherheitsrat werden als konkrete Machtinstanzen angesehen.

Als ein *Partei-Staat* hat der griechische Staat eine direktere Beziehung zu den Medien. Oder: Die Medien sind ein Teil der politischen Parteien Griechenlands. Deshalb wird in Griechenland die Zuckerbrot-Methode bevorzugt.

Stangos schreibt (1988: 78), es sei bemerkenswert und eine Besonderheit ohnegleichen, dass die finanzielle Situation der griechischen Medien trotz Staatssubventionen schwach ist. Zollfreier Import von Druckmaschinen und Maschineninventar (sie sind auch steuerfrei), Ermäßigung bei Dienstleistungen der Telefongesellschaft und der Post (wie in der Türkei) und die gesetzlich vorgeschriebene Pflicht des Staates, manche Erklärungen durch die Presse bekannt zu machen, gehören zu den von Staatshand geleisteten Subventionen. Auch müssen offizielle Firmen und Betriebe ihre jährliche Bilanz in der Presse veröffentlichen und dafür auch bezahlen. Außerdem hat die Regierung das Recht und die Befugnis, die Presse oder andere Medien finanziell zu unterstützen.

Laut Karykopoulos (1984: 135) greift die griechische Regierung des Öfteren in die finanziellen Angelegenheiten der Medien ein, meistens zu deren Gunsten. Nur selten komme es vor, dass der Staat hierbei eine Mediengruppe der anderen vorzieht. Seiner Meinung nach profitieren alle Zeitungen, egal welche politische Anschauung sie vertreten, gleichermaßen von der finanziellen

Unterstützung des Staates. Auch gibt es ein beachtliches Maß an indirekter finanzieller Unterstützung von Regierungsseite. Zum Beispiel hat der Staat im Jahre 1980, als klar wurde, dass es Zeit war, eine neue Pressetechnik einzuführen, eine finanzielle Belastung von 2 Milliarden Drachmen auf sich genommen, um damit den Streik in den Druckereien zu beenden.

Stangos meint dazu (1988: 14):

> Andererseits gibt es Leute, die glauben, dass all die finanziellen Hilfen und zugeteilten Vorteile der Regierung dazu da sind, die Medien mundtot zu machen. Theoretisch stimmt das, aber wir finden nirgendwo ein Beispiel, wo die Regierung mittels ihrer finanziellen Unterstützung versucht hat, den Zeitungen ihre Meinung aufzuzwingen. Und dies gilt sogar für zwei Zeitungen (eine Morgen- und eine Abendzeitung) mit sehr geringer Auflage, die in einer finanziellen Krise stecken. In Wahrheit wird die Regierung von den *Medienbesitzern*, den *Journalisten* und der *Gewerkschaft für technisches Personal* unter Druck gesetzt. Sie verlangen von der Regierung die finanzielle Unterstützung kriselnder Zeitungen; man solle sie bitte vor ihrem Untergang bewahren!
>
> Natürlich versucht, wie überall auf der Welt, auch die Regierung in Griechenland, die Presse zu beeinflussen und für sich zu gewinnen. Aber dies ist nicht institutionalisiert. Im Allgemeinen funktioniert es über private Kontakte. Die Personen, die dabei helfen, sind Journalisten.

Stangos betont, dass Journalistinnen und Journalisten, die bestimmte Aufgabenbereiche der Regierung verfolgen, gleichzeitig Beauftragte dieser offiziellen Ämter sind. Es sei gang und gäbe, dass Journalisten parallel zu ihrem Job bei einer Zeitung auch für staatliche Medien arbeiten. Stangos (S. 16) zieht daraus folgende Schlüsse:

> Ganz offensichtlich steht der Journalist unter ernsthaftem psychologischem Druck, nichts Negatives über die Regierung verlauten zu lassen oder über ungünstige Begebenheiten hinwegzusehen. Doch trotzdem spielt der Persönlichkeitsfaktor eine große Rolle, denn die Gefahr, seine Stelle zu verlieren, ist für einen Journalisten, der für staatliche Institutionen arbeitet, gering. Er kann zwar, sollte er einen Artikel zu Ungunsten der Regierung verfasst haben, strafversetzt werden; gekündigt wird jedoch nie.

Stangos schreibt, Regierungssprecher würden mittels privater Kontakte zu Journalisten versuchen, die Verfassung politischer Artikel zugunsten der Regierung zu beeinflussen. Manchmal komme es vor, dass der Regierungssprecher in direkten Kontakt mit dem Chefredakteur einer Zeitung trete, auch auf privater Ebene. Zeitungen, die auf der Seite der Regierung stehen, erklären sich von vornherein zu einer regierungstreuen publizistischen Linie bereit. Oppositionell gesinnte Zeitungen wiederum pflegen Kontakte zu Sprechern und führenden Personen der Oppositionsparteien.

X.3 Propagandist oder Journalist?

Viele Journalisten sagten aus, ihre Kollegen würden Artikel zugunsten der Regierung oder einer bevorzugten Partei verfassen und nationale Themen immer im Einklang mit der offiziellen Politik behandeln. Das heißt, der Journalismus ist häufig mit Propaganda durchwoben. Auf die Frage, ob sich die Journalisten nicht wie Propagandisten vorkämen, antworteten einige der türkischen und griechischen Journalisten mit „ja". Die große Mehrzahl meinte, dass die meisten Journalisten Propaganda betrieben, sie selbst würden dies allerdings nicht tun.

Das wichtigste Kriterium für Propaganda ist der Versuch, offizielle Daten und Ansichten zu verbreiten. Propaganda wird als eine im Voraus geplante, systematische Aktion definiert, deren Ziel es ist, Wahrnehmungen zu formen, Auffassungen zu manipulieren und bei den Lesern die vom Propagandisten gewünschte Reaktion hervorzurufen.

Außer G-11, dem zur politischen Linken tendierenden Chefredakteur, hat keiner der befragten griechischen Journalisten zugegeben, Propaganda zu betreiben:

> Besonders früher, wo wir eine klare ideologische Richtlinie hatten, konnten wir selber entscheiden, wer Freund und wer Feind war. Besser gesagt, ich entschied darüber. Demnach förderten unsere Reporter Nachrichten zu Tage, die dem Feind schadeten und dem Freund nutzten. Dies können sie natürlich als Propaganda bezeichnen. Aber sagen sie ehrlich, gibt es vielleicht irgendeine Zeitung oder einen Fernsehsender, wo das nicht der Fall ist? Sollte es jemand geben, der behauptet, keine Propaganda zu betreiben, so seien sie sich sicher, dass er lügt.

Ähnlich wie er argumentiert auch T-2, der in der Türkei Chefredakteur einer linken Zeitschrift ist. Ihm zu Folge braucht zwischen Propaganda und wahrheitgetreuer Berichterstattung kein Widerspruch zu bestehen:

> Natürlich ist ein Journalist gleichzeitig Propagandist. Das stört mich nicht. Ich habe gleichzeitig Kontakte zu einer politischen Partei und übe bewusst Propaganda aus. Ich propagiere die Interessen der Arbeiterschaft. Dies widerspricht nicht meinen Pflichten als Journalist. Meine Propaganda stützt sich auf die Realität. Die Propaganda der bourgeoisen Journalisten ist auf Lügen aufgebaut. Sie verheimlichen, dass sie Propagandisten sind. Ich hingegen leugne es nicht.

Die meisten griechischen Journalisten sagen dasselbe wie G-6 aus, die behauptet, sich nicht wie eine Propagandistin zu fühlen. Sie sei glücklich, die Karriereleiter schnell erklommen zu haben. „Besitzt man einen Namen und hat eigene Ansichten, so ist es schwer, ausgenutzt zu werden. Aber dies ist eine Seltenheit. Die Regel sieht in Griechenland anders aus. Meist betreiben Journalisten Propaganda.“ Viele der befragten Journalisten sahen sich selber als „Ausnahme“, sodass es schwer fällt, die Aussagen richtig zu interpretieren.

In der Türkei fühlten sich mehr Journalisten als Propagandisten als in Griechenland. T-7 sagte, sie wäre nicht versucht, den Lesern etwas einzureden, doch das Publikum würde immer von der Presse beeinflusst. Da aber die Leute aus freien Stücken die Zeitungen kaufen und die wählen, deren Meinung sie teilen, könne dies nicht als Propaganda gewertet werden. T-9 ist Leiter eines liberalen Fernsehsenders und behauptet, dass Zeitungen Propaganda machen. Er liebe es, seine persönlichen Ansichten zwischen den Zeilen zu verstecken. T-11 erzählt uns, dass er immer für Bürgerinitiativen und zivile Organisationen Propaganda betreibe, aber nicht für politische Parteien oder Regierungen.

Geht man davon aus, dass Propaganda das Verbreiten von Meinungen offizieller Stellen ist, erhebt sich die Frage, ob die Tätigkeit dieser Journalisten auch noch in die Kategorie der Propaganda fällt. Denn hier handelt es sich nicht um eine von oben verlautbarte offizielle Information. Im Gegenteil, diese Informationen kommen von Bürgerinitiativen und zivilen Organisationen und stellen nur ein schwaches Bollwerk gegen die Informationsflut aus Regierungskreisen dar. Aber trotzdem ist es „der Versuch, offizielle Daten und Ansichten zu verbreiten. Es ist ein im

Voraus geplanter, systematischer Akt, dessen Ziel es ist, Wahrnehmungen zu formen, Auffassungen zu manipulieren und bei den Lesern die vom Propagandisten gewünschte Reaktion hervorzurufen". In diesem Punkt gleicht dieses Vorgehen der Propaganda. Da es jedoch ein Versuch ist, gegen herrschende Strukturen Informationsmacht zu gewinnen, birgt es auch einen demokratischen Kern in sich.

T-12 fühlt sich manchmal als Propagandist, sagt er und fügt hinzu:

> Wenn ich zum Beispiel ein Interview mit dem syrischen Botschafter führe, nehme ich automatisch die Position der offiziellen Stellen ein. Ich verhalte mich wie ein türkischer Diplomat und stelle dementsprechende Fragen. Offen gestanden, diese Einstellung behalte ich auch beim Verfassen des Artikels bei.

Journalisten haben also bei manchen Themen, insbesondere in der Außenpolitik sowie in nationalen Fragen, eine von vornherein fest gefügte Einstellung im Kopf. Widerspricht einiges diesem Bild, kommt es vor, dass sie manche Informationen ignorieren und in ihre Artikel nicht aufnehmen. Wenn Journalismus jedoch heißt, unter allen Umständen die Wahrheit zu sagen, so muss alles, was der Wirklichkeit entspricht, an die Öffentlichkeit gelangen. Der Journalist darf sich nicht kulturell, ideologisch oder physisch an eine Autorität gebunden fühlen und deren Genehmigung erwarten, um die Wahrheit zu sagen.

Viele Journalistinnen und Journalisten geben zu, dass es Themen gibt, über die sie nicht schreiben können. T-2 und G-11, beide Chefredakteure linker Zeitschriften, sagten, dass sie darauf achten würden, nicht persönlich zu werden, die Privatsphäre der Personen nicht zu verletzen und keine Artikel zu verfassen, die Freundschaften schaden würden. T-20 gehört zu den wenigen türkischen Journalisten, die behaupten, alles der Wahrheit Entsprechende zu schreiben: „Nur ein kranker, staatshöriger Kopf kann etwas, von dem er sicher ist, dass es der Wahrheit entspricht, der Öffentlichkeit verheimlichen." Doch die meisten der Befragten sind der Ansicht, dass Nachrichten dem „nationalen Interesse nicht schaden" dürfen. Vorgegeben wird das nationale Interesse jedoch immer von Staaten und Regierungen. Eine weitere, beachtlich große Gruppe von Journalisten teilt die moralische Auffassung, dass Nachrichten, egal wie richtig sie sind, nicht veröffentlicht werden dürfen, wenn sie z. B. den Drogenmissbrauch fördern könnten. Auch sollten keine nackten oder blutrünstigen Fotos zu sehen sein.

„Gibt es Ihrer Ansicht nach Themen, über die nicht geschrieben werden sollte?“ Die Antworten, die griechische und türkische Journalisten auf diese Frage gegeben haben, zeigen uns, dass diese Themen mit dem jeweiligen *Nationalismus* zu tun haben:

G-6: Wenn es um griechische Interessen geht, verhalte ich mich nicht sehr militant, jedoch teile ich die Ansicht, dass keine Artikel verfasst werden dürfen, die den Interessen Griechenlands schaden.

G-7: Ich würde in der Zeitung den Druck eines jeden Artikels verbieten, der in der Außenpolitik den griechischen Interessen schaden würde. Solange ich hier der Chefredakteur bin, darf hier keiner etwas schreiben, was dem Staat schadet.

G-12: Diese Frage kommt gerade zur richtigen Zeit. Heute erlebt der Balkan einen Krieg, und hier im Lande herrscht eine nationalistische Stimmung. Es gibt einige Tabus, die nicht angetastet werden. Manchmal hat man das Gefühl, man müsse jetzt dieses oder jenes schreiben, aber nachher kommt man wieder davon ab und sagt sich, dass nicht der richtige Zeitpunkt dafür ist. Oder andere kommen und sagen es dir. Wir haben ernsthafte Schwierigkeiten mit Mazedonien. Auch wenn man selber die diesbezügliche Regierungspolitik verurteilt, führt man eine Selbstzensur durch. Man denkt sich: „Warum sollte ich etwas tun, was der Nation schadet?“

G-18: Ich glaube, dass alles veröffentlicht werden kann und soll, außer manchen privaten Angelegenheiten und blutrünstigen oder nackten Fotos. Besonders, wenn es um Fotos geht, die Kinder verstören könnten, bin ich sehr vorsichtig. Ich möchte auf der Titelseite keinen Fixer mit einer Nadel im Arm sehen.

T-1: Man sollte keine Nachrichten drucken, die bestimmte Personen körperlichen Attacken aussetzen könnten. Im Allgemeinen bin ich auch dagegen, Informationen weiterzugeben, die den nationalen Interessen schaden könnten.

T-3: Wir sind umkreist von Ländern wie Iran, Irak, Syrien, Griechenland, Bulgarien und Russland. Die Haltung dieser Länder gegenüber der Türkei ist von vornherein klar, und in den meisten davon gibt es auch keine freie Presse. Sie gehen davon aus, dass alles, was in der Presse erscheint, von offizieller Stelle kommt. Deshalb muss man bei kritischen Themen sehr vorsichtig sein. Sogar über Themen, von deren Richtigkeit ich überzeugt bin und die ich sorgfältig kontrolliert habe, vermeide ich zu schreiben, um keine Krise zwischen den Ländern zu riskieren, wie zum Beispiel zwischen der Türkei und Griechenland. Man sollte schon die Wahrheit schreiben, aber um welchen Preis? Sollte dies um den Preis einer Auseinandersetzung geschehen?

T-8: Allein dem Journalismus zuliebe kann man nicht etwas schreiben, das den Interessen des Landes schadet. Aber leider ist es so, dass wir ständig mit irgendwelchen abstrakten Interessen des Landes, des Staates und der Gesellschaft konfrontiert werden.

T-11: Morgen werde ich über die türkisch-griechischen Beziehungen schreiben. Heute Morgen attackierte Tansu Çiller Griechenland aufs Schlimmste. Zweck der ganzen Sache war, die Aufmerksamkeit der Bevölkerung von den internen Problemen des Landes abzulenken. So etwas Verlogenes. Ich würde die Ministerpräsidentin gerne schärftens kritisieren und ihre „Verlogenheit" herausschreien, aber ich kann sie öffentlich nicht der Verlogenheit bezichtigen. Vielleicht werde ich sie als doppelmoralisch bezeichnen, aber verlogen werde nicht sagen können. Ich weiß nicht, warum. Ich kann es einfach nicht über mich bringen, die Ministerpräsidentin des Landes so heftig zu denunzieren. Ich fühle mich als Weltbürger und hege auch Sympathie für Griechenland. Trotzdem bleibt immer eine Spur Patriotismus, eine gewisse Sorge um „nationale Interessen".

T-17: Manche Geheimnisse können nach einiger Zeit gelüftet werden, aber nicht sofort. Zum Beispiel führt der Iran Spionagetätigkeiten in der Türkei aus, streitet dies aber immer wieder ab. Im Iran ist keine Presse vorhanden, die diese Tätigkeiten dort zu Tage fördern würde. Vielleicht haben sie auch das Attentat, dem *Mumcu* zum Opfer fiel, auf dem Gewissen. Sollte auch mein Land Spionagetätigkeiten im Iran ausüben, so würde ich dies, sosehr ich der Sache auch sicher bin, nicht veröffentlichen können.

T-21: Es kann sein, dass man die Nachricht von einer Devaluation einen Tag im Voraus erfährt. Sollte man eine Holdinggesellschaft davon unterrichten, wird man für sein ganzes Leben ausgesorgt haben. Doch so eine Nachricht dürfte nicht einen Tag im Voraus in der Presse erscheinen. Dies würde dazu führen, dass Händler ihre Waren zurückhalten würden.

All diese Antworten zeigen, dass bei vielen Journalisten, ob nun Griechen oder Türken, die abstrakte Vorstellung von *nationalem*

Interesse, *Landesfreunden* und *Landesfeinden* existiert. Der Journalist fühlt sich (selbstverständlich) gezwungen, für sein Land gegen dessen Feinde Partei zu ergreifen. Aber trotzdem sind offizielle Stellen, egal ob in Griechenland oder in der Türkei, nie mit den Leistungen der Journalisten zufrieden. Ein türkischer Gouverneur sagte mal: Es werden Journalisten gesucht, die „die Ereignisse wie ein Sportreporter bei einem Länderspiel schildern“.

X.4 Presseverordnungen in der Türkei und in Griechenland

Jeder demokratische Staat hält Ordnung durch Gesetze, die von einem gewählten Parlament verabschiedet werden. Es gehört ebenfalls zu einer demokratischen Gesellschaft, dass in vielen Ländern hinterfragt wird, wie demokratisch oder verfassungskonform diese Gesetze sind. Journalisten neigen stark dazu, die Regeln für ihre eigenen Tätigkeiten selber festzulegen. Aber die Regierungen, insbesondere die der Türkei, fühlen sich veranlasst, mit immer neuen Gesetzen die Aktivitäten der Medien den eigenen Ordnungsvorstellungen zu unterwerfen. Gesetze sind Instrumente, durch die Journalisten am konkretesten Kontrolle und Existenz des Staates im Kommunikationsprozess spüren.

Im Hinblick auf Presseverordnungen sieht es in Griechenland und der Türkei ganz unterschiedlich aus. Während griechische Journalisten bemerken, dass es kaum arbeitsregelnde Gesetze gibt, klagen die Türken über 150 Presseverordnungen, die ihre berufliche Freiheit einschränken.

Stangos (1988: 16) sagt über die gesetzliche Lage der Presse in Griechenland folgendes: „Es kann sein, dass die griechische Presse ein konfuses Bild abgibt. Aber zweifellos ist die griechische Presse praktisch total frei.“

Stangos fährt fort:

> Der Paragraph 14 des griechischen Verfassungsgesetzes aus dem Jahre 1975 schützt die *Pressefreiheit*, verbietet die *Zensur* und räumt einem jedem das *Recht auf freie Meinungsäußerung* ein, egal ob mündlich oder schriftlich. Jeder hat das Recht, mit Hilfe der Presse seine Meinung kundzutun. Die Beschlagnahmung von Zeitungen, ob nun vor oder nach dem Vertrieb, ist bis auf wenige Ausnahmen verboten.

In Griechenland gibt es keine speziellen Verordnungen und Gesetze für die Presse. Als im Jahre 1978 die Regierung versuchte, ein Pressegesetz zu erlassen, sah sie sich gewaltiger Kritik ausgesetzt. Der Versuch löste bei den Journalisten und der ESEIA so heftige Reaktionen aus, dass die Regierung wieder von ihrem Vorhaben absah. Experten sind der Ansicht, dass auch bei Vergehen der Presse das Strafgesetz angewandt werden kann. Ihm wurde im Jahre 1938, zur Zeit der Metaxas-Diktatur, ein Paragraph hinzugefügt, der ein gesetzliches Fundament für die Zensur liefert. Er kann als Sonderverordnung angesehen werden. Die Existenz dieses Gesetzes und einiger ähnlicher Verordnungen ist eine Tatsache. Andererseits gibt es kein einziges Gesetz, das Journalisten, die ihre Informationsquellen nicht bekannt geben, schützen könnte (S. 16-17).

In dem 1982 erlassenen und 1983, 1985 und 1987 überarbeiteten Verfassungsgesetz der türkischen Republik wird die Meinungsfreiheit durch die Paragraphen 25 und 26 garantiert. Aber der Paragraph 26 zählt auch auf, unter welchen *besonderen Bedingungen* dieses Grundrecht eingeschränkt werden darf. In Paragraph 28 der Verfassung heißt es: „Die Presse ist frei und darf nicht zensiert werden. Die Gründung eines Verlags kann nicht von der Bedingung abhängen, eine Erlaubnis zu haben oder finanzielle Sicherheiten vorzuweisen.“ 8 der darauf folgenden 9 Paragraphen schildern dann, wie und unter welchen Umständen die Pressefreiheit eingeschränkt werden kann, um die „innere und äußere Sicherheit des Staates“ und „das Prinzip der Unteilbarkeit von Volk und Land“ zu wahren (Verfassungsgesetz der Republik Türkei, 1995: 14-17).

Die überwiegende Mehrheit der Journalisten ist dafür, dass Gesetze und Verordnungen, die Medientätigkeiten regeln, von Leuten vom Fach verfasst werden. Auch ist in beiden Ländern die Zahl derer nicht gering, die sich, obwohl sie sich über die Verordnungen des Staates beklagen, neue Gesetze vom Staat wünschen, um dem chaotischen Zustand der Medien ein Ende zu setzen.

Wenn griechische Journalisten berichten, es gebe keine Presseverordnungen im Land, so möchten sie damit zum Ausdruck bringen, dass sie in der täglichen Berufspraxis keinerlei gesetzlichen Druck verspüren. Außerdem wissen sie, dass es zwei Gesetze gibt, die nur auf dem Papier existieren. Eins davon ist das erwähnte Gesetz von 1938. Dieses Gesetz schreibt übrigens auch vor, dass Zeitungen außer Nachrichten und Informationen nichts verbreiten dürfen. Als dann im Jahre 1993 Werbekampagnen mit Geschenkartikeln üblich wurden, klagten Zeitungen, die selber nicht die nötigen finanziellen Mittel hatten, um mitzumachen, vor Gericht auf Einhaltung dieses Gesetzes. Vielleicht ist es wiederum diesem Gesetz zu verdanken, dass Werbekampagnen dieser Art in Griechenland zu keinem großen Problem der Presse wurden. In der Türkei sind sie ein Problem. Das zweite Gesetz, dessen Existenz in der Praxis schon einige Male zu spüren war, verbietet die Veröffentlichung von *Erklärungen terroristischer Gruppen*. Eine Zeitung, die es gewagt hatte, ein Kommuniqué des 17. November zu veröffentlichen, wurde aufgrund dieses Gesetzes verurteilt. G-20 wies auf die Existenz mancher Gesetze hin, die homosexuelle und pornographische Schriften einschränken. Aber Athens Kioske und Zeitungsstände führen Zeitschriften, die beweisen, dass dieses Gesetz kaum beachtet wird. Fast alle Journalisten in Griechenland, egal, ob sie nun Kommunisten, Rechtsradikale, Oppositionelle oder Regierungstreue sind, denken wie G-9: „Hier kümmert sich niemand um irgend ein Gesetz. Beim Schreiben spüre ich keine Einschränkung durch staatliche Verordnungen oder Gesetze."

Im Gegensatz dazu fühlt sich fast jeder türkische Journalist von den Gesetzen eingeschränkt. T-2 erinnert an die 150 einschränkenden Presseverordnungen, die vom Presserat festgestellt wurden: „Wenn man nicht versucht ist, die Grenzen zu sprengen, wird man sie auch nicht spüren, und somit gibt es kein Problem. Aber will man ehrlich sein und die Wahrheit zu Papier bringen, so wird man auf lauter Grenzen stoßen."

Wieder im Gegensatz zu Griechenland sieht sich jeder oppositionelle türkische Journalist, der „die erzwungenen Grenzen zu sprengen" wagte, unter ernsthaften gesetzlichen Druck gesetzt. Berufsanfänger haben noch nicht mal Ahnung vom Paragraphen 212, der Journalisten weit gehende Privilegien einräumt.

T-17 betont die Schwierigkeit, über die Kurdenfrage zu berichten und fährt fort:

> Aber wenn es um Medienbesitzer geht, scheinen die Gesetze nicht zu gelten. Haben sie schon je erlebt, dass Inspektoren des Finanzministeriums zur Kontrolle bei einer Zeitung waren, um festzustellen, ob alle Mitarbeiter versichert sind? Sie kontrollieren jedes Unternehmen, aber die Zeitungen nicht. Es muss Gesetze geben. Aber leider sind Journalisten nicht in der Lage, ihre eigenen Gesetze zu machen und moralische Regeln aufzustellen. Journalismus ist zu einer Waffe geworden. Man kann keinen unkontrollierten Waffengebrauch erlauben. Zweifellos möchte ich keine Gesetze, die die Meinungsfreiheit be-

schränken. Aber es muss Gesetze geben, die den einfachen Bürger vor den Medien schützen und die Journalisten vor der Willkür der Medienunternehmer.

„Die einfachen Bürger vor den Medien schützen." Diese Aussage wurde von vielen türkischen Journalisten wiederholt. In den Jahren, in denen diese Untersuchung angestellt wurde, war dies ein aktuelles Thema, denn so manche *reality show* im Fernsehen trieb Menschen in den Selbstmord.

Die Journalisten beider Länder haben allerdings eine traurige Gemeinsamkeit: Sie wissen, was es heißt, unter einer Militärdiktatur zu arbeiten. Während Griechenland in den Jahren 1967 bis 1974 eine Militärjunta hatte, ergriffen in der Türkei die Militärs drei Mal die Macht. Zweifellos sind die Arbeitsbedingungen für Journalisten unter einer Militärjunta viel härter. Sie haben es häufig auch mit direkten oder gar illegalen Eingriffen des Staates zu tun. Bewertet man die Junta-Erfahrungen der Journalisten, so gewinnt man auch einen Einblick in die Beziehungen zwischen Journalisten und Staat.

X.5 Journalisten und das Junta-Regime

Vergleicht man das Verhalten der Journalisten gegenüber den Militärregimen, kann man sagen, dass sich die türkischen Journalisten, insbesondere die höher gestellten, besser anzupassen verstanden als die griechischen. Die Besitzer und Leiter der Zeitungen in der Türkei akzeptierten ohne Widerspruch die Einschränkungen der Militärregime. In Griechenland gab es Journalisten, die zur Zeit der Militärjunta in den Untergrund gingen. Es gab Redakteure, die ins Ausland flohen und von dort aus versuchten, die Junta zu bekämpfen. *Eleni Vlahu*, Inhaberin einer Zeitung, schloss aus Protest ihr Blatt.

Darüber, wie sich türkische Journalisten zur Zeit der Militärregierung von 1980 verhielten, werden heute viele Geschichten erzählt. Eine sehr bekannte Geschichte spielt sich zur Zeit des Referendums über das neue Verfassungsgesetz ab: Kurz vor dem Referendum über das Verfassungsgesetz von 1982 treffen sich die Bewohner einer Journalistenkolonie, um zu entscheiden, wie sie sich verhalten werden. Man entscheidet, nicht geschlossen mit „Nein" zu stimmen; einige sollen auch „Ja" stimmen, damit man nicht zu sehr auffällt. Aber nach der Abstimmung stellt man fest, dass eine überwiegende Mehrheit für das von allen als antidemokratisch bezeichnete Verfassungsgesetz gestimmt hat.

Carmocolias (1972) schildert die Probleme der griechischen Presse nach der Machtergreifung durch die Militärjunta im Jahre 1967. Zwei Tage nach dem Putsch erschienen nur noch drei Zeitungen zum Verkauf:

> Diese waren *Vima*, *Akropolis* und die neu erscheinende, ärgste Regime-Verteidigerin *Eleftheros Kosmos*. *Kathimerini* und *Messimvrini* waren Schwesterzeitungen, deren Besitzerin *Eleni Vlahu* aus Protest gegen die Zensur und die Revolution (gemeint ist wohl die Junta, L.D.T.) beide schloss. Während die EDA-Zeitungen *Avgi* und *Dimokratiki Allagi* auf Befehl von oben geschlossen wurden, erklärte die *Athinaiki* den Konkurs. *Vradyni*, *Estia*, *Apogevmatini*, *Nea* und *Ethnos* erschienen später wieder, wobei die *Ethnos* 1970 auf Befehl von oben geschlossen wurde.

Grosse türkische Zeitungen wurden in verschiedenen Regionen von den Kommandeuren des Ausnahmezustandes zensiert und eingezogen, jedoch wurde keine von ihnen geschlossen. Zur Zeit des *12.-September-Regimes* wurden nur zwei linke Tageszeitungen sowie Presseorgane der aufgelösten politischen Parteien verboten. Chefredakteure und Kolumnisten, die sehr mit dem Militärregime harmonierten, fingen mit dem Ende der Militär-Ära an, im Namen der Demokratie Kritik zu üben, obwohl sie damals sogar die Repressionen gegen die Presse stillschweigend akzeptiert und keine Kritik an den Generälen hatten verlauten lassen.

Die griechische Militärjunta hat auch die Lesegewohnheiten der Griechen verändert. In den Jahren der Diktatur stiegen die Auflagen der Abendzeitungen im Vergleich zu denen der Morgenzeitungen rasant an. Stangos erklärt (1988:5-6) diesen Umstand:

> In den 7 Jahren der Diktatur änderten sich in einem bedeutenden Maß die Gewohnheiten der Leser. Die Leser wollten nicht, dass andere Leute sahen, welche Zeitung sie lasen. Besonders Zeitungen, deren gegnerische Haltung gegenüber der Junta bekannt war, wollte man verheimlichen. Deshalb gab man die Gewohnheit auf, auf dem Weg zur Arbeit eine Zeitung zu kaufen. Andererseits führte die Zensur dazu, dass politische Nachrichten kompromissbereit wirkten. Dies veranlasste die Leser dazu, Zeitungen mit mehr Text und mehr Seiten zu kaufen, und das waren eben die Abendzeitungen…

> Die griechische Presse war zu jeder Zeit parteiisch und extrem politisiert. Eine Ausnahme bildet nur die Juntazeit zwischen 1967 und 1974. Zu jener Zeit gab es kein demokratisches politisches Leben. Der Inhalt der Nachrichten wurde vorgegeben, abschreckende oder strafende Zensur wurde praktiziert. Dies hielt die Presse davon ab, ihre politische Meinung zu äußern und Kontrolle über die Regierung auszuüben. In den Jahren der Diktatur reduzierte sich die Zahl der Athener Zeitungen von 15 auf 9. Mit Ende der Junta im Jahre 1974 stieg sie wieder auf 12.

Die Situation in der Türkei sah zur Zeite der Militärregierung 1980 auch nicht anders aus. Die zahlreichen Korruptionsfälle und Folterverbrechen der Führer der Militär-Ära wurden von der Presse nie thematisiert. Als der Putschistenführer Kenan Evren Jahre später seine Memoiren veröffentlichte, beklagte er sich bitterlich über die Presse. Er erinnerte daran, wie sehr sie anfangs dem Putsch zugejubelt, nach der Machtübergabe jedoch erbarmungslose Kritik an ihm geübt habe.

Auf die Frage, ob sie Scham oder Stolz über den Journalismus der Juntazeit verspürten, war die Zahl derer, die Stolz verspürten, bei den Griechen höher als bei den Türken. Aber in beiden Ländern gab es viele, die aussagten: „Es gab sowohl Journalisten, die offen gegen die Junta waren, als auch welche, die kollaborierten und schwiegen." Weiter unten rangierende Journalisten und Reporter versuchten, einen Mittelweg zwischen Widerstand und Anpassung zu finden. T-15 definiert diese Lage so: „Wir versuchten, uns über Wasser zu halten. Zu der Zeit konnte man keinen Journalismus ausüben. Ich versuchte als Journalist, mich über Wasser zu halten."

T-6 sagte, dass er es nicht als ganz richtig empfindet, wenn man Journalisten und Menschen aus anderen Berufsgruppen unterscheidet. „Was würde ein Ingenieur über seinen Beruf empfinden? Wie würde ein Arzt empfinden? Ich empfinde das Gleiche wie sie. Die Presse hat sich nicht allzu schlecht verhalten, aber es gab auch niemanden, der wie Jelzin auf den Panzer stieg." Viele türkische Journalisten waren auch der Ansicht, dass man das Verhalten der Presse nicht kritisieren dürfe, denn sie sei schließlich nichts weiter als ein Teil der Gesellschaft, und somit habe die Presse auch nur so viel Widerstand geleistet, wie in der Gesellschaft vorhanden war.

T-16 spricht von dem großen Beifall, den die heute bekanntesten Journalisten damals dem Putsch spendeten und wie sie die erhabene Persönlichkeit des Kenan Evren in ihren Schriften priesen. T-19 sagt: „Während die Junta alle fortschrittlichen Kräfte zermalmte, saß die Presse da und schaute nur zu.“ T-20 betont, dass alle Zeitungsbesitzer auf der Seite des Staates waren und die Junta die eigentliche Unterstützung von ihnen erhielt.

T-21 erzählt, was es bedeutet, Journalismus unter einem Militärregime auszuüben:

> General Haydar Saltık war der Generalsekretär der Junta. Er gab eine Pressekonferenz bezüglich des neuen Verfassungsrechts. Instinktiv hob ich die Hand, um eine Frage zu stellen. „Keine Fragen“, herrschte mich Saltık an. Die Pressekonferenz war beendet. Zum ersten Mal wurde ich Zeuge, wie eine Pressekonferenz mit dem Satz „Keine Fragen!“, beendet wurde. … Heute beklagen alle Journalisten, wie apolitisch die Leute durch die Junta geworden sind. Aber keiner fragt sich, was das Mittel war, um diese Entpolitisierung durchzuführen. Mit welcher Methode haben sie es geschafft? Wer waren die Helfer? Die Handelskammer? Oder die Ärztekammer? Sie machten von der Presse Gebrauch! Wir haben nicht den geringsten Mut gezeigt, um die mit ihren Panzern die Macht an sich reißenden Junta-Führer auch nur ein bisschen in die Schranken zu verweisen. Wir haben allem nur zugestimmt: „Aye aye Sir, sehr wohl die Herren.“ Die Journalisten hätten Partei ergreifen können. Fünf Zeitungsinhaber hätten sich zusammenschließen und erklären können, dass sie die Schließung der Zeitungen und die Zensur nicht akzeptieren. Es geschah nicht.

Interessant ist, dass die Kritik der Griechen an der Haltung ihrer türkischen Kollegen nicht so hart ausfällt wie deren Selbstkritik. Sie versuchen, es zu verstehen, manche zeigen sogar Verständnis. G-8 und G-21 versuchen das Verhalten ihrer türkischen Kollegen zu erklären, indem sie auf die Unterschiede zwischen der türkischen und griechischen Junta verweisen. G-8 weist auf den großen Konsensus in der Öffentlichkeit hin und meint, dass der Putsch Rückhalt im Volk gehabt hätte. Auch sei die Repression der griechischen Junta weitaus geringer gewesen als die des 12. September. Deshalb sei es normal, dass die türkische Presse keinen allzu großen Widerstand leisten konnte. G-21 bemerkt, dass das Verhalten der griechischen Journalisten nicht einheitlich war. „Manche hatten Familien, sie konnten es nicht riskieren, sie in Schwierigkeiten zu bringen. … Manche leisteten Widerstand, und einige versuchten nur, sich über Wasser zu halten." Dann vergleicht er die Militärregime der beiden Länder:

> Ich nehme an, dass die Diktatur bei euch anders ausgesehen hat als bei uns. In der Türkei intervenierte die Armee aufgrund der durch Befehl und Gehorsam hergestellten Verbundenheit als ein Ganzes. Außerdem haben sie bei der Intervention von vornherein erklärt, die Macht später wieder an die Zivilisten abgeben zu wollen. Ich möchte damit nicht sagen, dass es richtig war. In vieler Hinsicht war die Junta in der Türkei grausamer und blutiger als hier. Folterungen fanden hier in der Intensität und in dem Ausmaß statt wie in der Türkei. All dies muss bedacht werden, bevor man über das Verhalten unserer türkischen Kollegen urteilt.

G-3, G-12 und G-18 finden zwar das Verhalten der griechischen Presse gegenüber der Junta im Großen und Ganzen in Ordnung, sind aber der Ansicht, dass es da nichts zu beschönigen gibt. G-3 erklärt, dass sie stolz ist auf diejenigen, „die bis zum Ende der Junta, ohne irgendwelche Sicherheit, nicht für Geld und nicht für irgendwelche Interessen, immer auf die Gefahr hin, verhaftet zu werden, im Untergrund arbeiteten, aber nicht auf diejenigen, die Kompromisse eingegangen sind". Man darf Journalisten wie *Mostarakis* nicht vergessen. Er interviewte internierte Studenten und garantierte, dass ihnen nichts zustoßen würde. Am nächsten Tag wurden alle Studenten verprügelt. G-12 unterstreicht, dass die Haltung der griechischen Presse sich mit der Haltung des Volkes zur Junta deckte. „Die griechische Mentalität liegt irgendwo in der Mitte zwischen Anarchie und Interessengemeinschaft. Es gab nur sehr wenige Menschen, die sich klar und deutlich gegen die Junta aussprachen und sie bekämpften." G-18 erzählt, dass zur Zeit der Junta seine besten Freunde und Kollegen sowie er selbst im Gefängnis waren. „Einige, die draußen waren, gaben das Schreiben auf. Andere schämten sich für ihre Artikel und veröffentlichten sie ohne Namenszeichnung."

G-10 und G-15 vergleichen die Leistungen der Journalisten beider Länder:

> Die griechische Presse hat die Prüfung durch die Militärjunta bestens bestanden. Sie war so gut, dass es keinen Vergleich zur türkischen Presse gibt. Viele der bekannten Journalisten lehnten es ab, mit der Junta Kompromisse zu schließen und zu kollaborieren. Darunter gab es auch rechtsgesinnte Journalisten.

> Es gab *Eleni Vlahu*, die ihre Zeitung schloss und sagte: „Ich kann in einem Land, das von einer Junta regiert wird, keinen Journalismus ausüben.“ Viele Journalisten verließen das Land, und diejenigen, die zurückblieben, waren auch nicht sehr kompromissbereit. Sie sagten sich nicht: „Wenn diese Zeit erst einmal vorüber ist, werden wir die Junta niedermachen“, wie es die Türken taten (G-10).

G-15 ist der Ansicht, dass sich hinter der Kollaboration der griechischen Presse sogar schwarzer Humor verborgen habe. Damit habe man die Junta zum Narren gehalten:

> In der Junta-Ära druckten die Zeitungen die Nachrichten unverändert, so, wie sie vom Pressezentrum der Junta verlautbart wurden. Dies taten sie, um die Junta zum Narren zu halten. Die Sprache in den Schriften war dermaßen miserabel und voll von Rechtschreibfehlern. ... Die Zeitungen, die nicht geschlossen wurden, haben sich solch eine Methode ausgedacht. Die meisten Zeitungen waren gegen die Junta. In der Türkei hat niemand aus Protest seine Zeitung geschlossen. Hier hat es die *Vlahu* getan. Viele Politiker haben das Land verlassen und sind ins Ausland, um die Junta zu bekämpfen. Kein türkischer Politiker hat das getan. Auch dies ist ein Beispiel für die große Verbundenheit mit der Demokratie, die in der griechischen Bevölkerung herrscht. Ich kann mir Demirel nicht vorstellen, wie er in Deutschland gegen die Junta kämpft. Nach jedem Putsch hat man in der Türkei den Generälen einen Platz im Parlament zugewiesen. Eine jede Partei hat einen pensionierten Offizier ins Parlament eingebracht. Hier konnte sich, nachdem die Militärdiktatur vorüber war, ein Offizier noch nicht mal vor dem Parlamentsgebäude blicken lassen.

Ganz offensichtlich haben die griechischen Journalisten zwischen sich und die Junta eine größere Distanz gelegt als die Türken. Einer der Gründe hierfür war, dass der griechische Staat ein Partei-Staat war. Da die Griechen den Staat eher mit einer politischen Partei identifizierten und nicht, wie die Türken, das Bild vom Vater Staat hatten, fiel es ihnen auch leichter, sich dem Staat zu widersetzen.

X.6 Die Staatsauffassung der türkischen und griechischen Journalisten

Kennt man die Staatsauffassung der Journalisten und weiß, wie die Beziehung zwischen Staat und Journalisten konkret aussieht, so kann man auch erfahren, wie der Journalismus, dessen hauptsächliche Aufgabe es ist, die Wahrheit zu sagen und Regierungen im Namen der Öffentlichkeit zu kontrollieren, in Wirklichkeit praktiziert wird.

Griechische Journalistinnen und Journalisten meinen, sie würden beim Ausüben ihres Berufes nicht die geringste staatliche Kontrolle verspüren. Aber sie klagen über einige Kolleginnen und Kollegen, die sich wie Machthaber verhalten. Andere wiederum behaupten, dass die Zeitungen äußerst mächtig seien und in direktem Kontakt zu politischen Parteien stünden. Somit sei es nur natürlich, wenn einige Journalisten sich als Teilhaber der Macht fühlten. Griechische Journalisten bekommen ihren Presseausweis nicht vom Staat, sondern von ihrem Arbeitgeber oder vom Journalistenverband. Der Presseausweis sichert ihnen freien Eintritt in etliche Kinos und Theater, Steuervergünstigungen und freie Passage von Polizeikontrollen. Die Journalisten betrachten es als Privileg, das der Staat ihnen zukommen lässt, aber man sieht auch, dass sie der Sache nicht viel Wert beimessen.

Viele der griechischen Journalisten, die keinerlei staatliche Kontrolle zu verspüren glauben, sind der Meinung, dass ihr Telefon abgehört wird. Dieser Glaube ist bei griechischen Journalisten derart verbreitet, dass er an Paranoia grenzt. In der Türkei kann von einer ähnlichen Paranoia unter den Journalisten nicht gesprochen werden, obwohl viele Abhörfälle aufgedeckt wurden.

Über die Staatsauffassung der griechischen Journalisten und ihre Beziehung zum Staat:

> G-1: Wie überall auf der Welt gilt auch hier die Methode *Zuckerbrot und Peitsche*. Aber die Peitsche steht hier nicht für Verhaftung und Gefängnis. Vielmehr wird hier versucht, den Informationsfluss zum Journalisten zu stoppen und dies ganz heimlich. Eines Tages passiert es, dass man seinen Informanten nicht mehr erreichen kann. Auch in Fällen, wo der Informant keine direkte Verbindung zum Staat hat, ist das so. Wenn

man einmal von ihnen als Problem definiert wurde, wird so leicht keiner mehr Kontakt aufnehmen. Sie suchen Informanten, Freunde, Kollegen auf, finden die Beziehungen zu Banken und Firmen heraus und erzählen unmögliche Geschichten über einen. Sie erzählen, man würde seine Frau schlagen, besoffen Auto fahren und Unfälle bauen, mit anderen Männern ins Bett gehen usw. Diese Geschichten sind die Peitsche. Mit solchen Gerüchten verliert man seine Informanten. Das Zuckerbrot wiederum ist der leichte Informationsfluss. Das ist die einfachste Methode. Man hebt jemanden in eine gewisse Position, lässt ihn zum Verwaltungsrat werden, so kann man auch zusätzlich Geld verdienen.

Die Beziehung zwischen Journalisten und Staat gleicht der Beziehung zwischen der Prostituierten und ihrem Freier. Der Freier ist der Staat und die Dirne der Journalist. Aber beide brauchen einander. Der eine kann ohne den anderen nicht sein. Diese Abhängigkeit gleicht einer Rauschgiftsucht. Manchmal weiß man nicht mehr, wer der Journalist und wer der Staat ist. Man sieht Journalisten, die sich wie Politiker verhalten und Politiker, die sich wie Journalisten gebärden.

G-4: Journalisten sind hier gänzlich frei. Sie spüren keinerlei staatlichen Druck. Der Staat wird hier immer mit politischen Parteien und der Regierung gleichgesetzt. Sobald eine Partei an die Macht gelangt, konstruiert sie den ganzen Staatsapparat nach ihrem Gutdünken.

Das Eigentliche, was hier die *Pressefreiheit* bedroht, sind unsere *Tabus*. Auch wenn alle Journalisten die Meinung teilen, dass Griechenland in der Außenpolitik einen Fehler begangen hat, wird keiner kommen und es schreiben. Der Grund ist die Angst, die Angst vor der Reaktion der Leserschaft. Nach der Militärdiktatur konnte kein Polizist, Soldat oder Offizier auf der Straße spazieren. Wir haben sie lange Zeit nicht gesehen. Repressionen von Seiten der Polizei kommen hier seltener vor als in der Schweiz. Der Staat hütet sich davor, den Eindruck von Repressionen gegenüber der Bevölkerung zu erwecken, denn das erinnert sofort an die Junta-Ära.

G-6: Jetzt sind wir völlig frei. Natürlich gab es zuvor eine Zeit der Diktatur. Die Beziehung zwischen Staat und Medien war damals inniger. Heute ist der Staat nicht mein Feind, aber er interessiert mich auch nicht. Die eigentlichen Feinde sind die Unternehmen, die die Medienorganisationen besitzen. Dank mancher Unternehmen werden Medien zum Monopol. Der Staat ist schwach. Eigentlich bräuchten wir, zum Ausgleich des privaten Sektors, einen starken öffentlichen Sektor. Der private Sektor denkt nur ans Geld, das Informieren der Bevölkerung interessiert ihn nicht.

G-16: In Griechenland gibt es ein äußerst freies Pressewesen. Aber wir müssen, besonders heute mit der gewaltigen nationalistischen Welle, genauestens auf unsere Äußerungen achten. Viele griechische Journalisten sehen es als etwas Ehrenhaftes an, Beziehungen zu wichtigen Personen und Politikern zu unterhalten. Überall auf der Welt ist dies eine gefährliche Situation. Ich werde Zeuge, dass dank solcher Beziehungen die Pressedirektion die Leute „höflich" zurechtweist und bestimmt, dass anstatt „Mazedonien" „Skopje" geschrieben wird.

G-17: Die berüchtigte Terrororganisation 17. November, die überall im Lande Sprengstoffanschläge verübte, wollte einst eine Erklärung veröffentlichen. Aber das Gesetz spricht dagegen, man darf die Meinung von Verbrechern nicht verbreiten. Sie werden wohl gut gezahlt haben, denn eine Zeitung veröffentlichte ihre Mitteilung. Das Einzige, was der Staat tun konnte, war, eine Verwarnung gegen die Zeitung auszusprechen. Die Zeitungen sind dermaßen mächtig, dass sogar der Staat sie fürchtet.

G-20: Ich fühle in keiner Weise eine staatliche Bedrohung. Mehr fühle ich mich durch die so genannten „nationalen Interessen" bedroht. Nationale Interessen sind nicht mit dem Staat oder der Regierung identisch. Sie stehen über allem und sind sehr mächtig. Hier wird man aber auch nicht umgebracht, wenn man etwas schreibt, was gegen die nationalen Interessen verstösst. Natürlich gibt es einige Radikale, die so etwas tun könnten. Doch damit hat der Staat nichts zu tun.

Im Gegensatz zu den Griechen fühlen sich türkische Journalisten ständig unter der Kontrolle des Staates. Allein die Tatsache, dass die Türkei 1996 und 1997 zu den Ländern mit den meisten Journalistenverhaftungen zählte, sagt genügend über die Staatsauffassung der Journalisten aus:

T-1: Es gibt viele Journalisten, die wegen ihrer Artikel im Gefängnis sitzen. Das *Anti-Terror-Gesetz* schwebt wie ein Damoklesschwert über unserem Kopf. Ich spüre immer einen indirekten Druck der Gesetze um mich. Auch erhielt ich mal eine direkte Verwarnung der Behörden, um zu erreichen, dass ich über ein gewisses Thema nicht berichtete.

T-2: Der Staat macht von allen Kontrollmaßnahmen Gebrauch. Zum Beispiel ist es uns verboten, das Gebäude des Generalstabes zu betreten. Journalisten können mit einer einzigen Verwarnung des Generalstabes ihren Job verlieren. Es gibt 150 Gesetze, die die Presse kontrollieren.

T-4: Die oppositionelle Presse wird mundtot gemacht. Man gibt keine Anzeigen auf, bei öffentlichen Bekanntmachungen werden sie nicht berücksichtigt. Im Februar 1995 gab die Regierung für die Ziraat Bankası eine Anzeige im Wert von 40 Milliarden TL auf. Untersuchen sie mal die damaligen Zeitungen: Auch die kleinsten Entwicklungen bezüglich der Zollunion wurden auf der Titelseite gross gedruckt und als ein riesiger Erfolg wiedergegeben.

T-5: Unsere Staatsmänner sagen immer wieder: „Der Journalist muss immer auf Seiten des Staates und der Nation stehen." Dies widerspricht dem Grundprinzip des Journalismus. Der Journalist darf sich niemals zum Verbündeten des Staates machen. Es ist nicht unsere Aufgabe, die Interessen des Staates zu vertreten. Denn dann kann es sein, dass man einiges nicht berichten darf. Wir hatten mal von einem „geheimen amerikanischen Embargo" berichtet. Wir schrieben, dass die Türkei sich wegen des US-Embargos manche Waffen und Bomben aus Pakistan besorgte. Aus der Perspektive des Staates war es falsch, darüber zu berichten.

Der Journalismus in der Türkei ist nicht frei vom Staat und der Ideologie der Republik. Der Journalist arbeitet in diesem Rahmen. Der Staat gibt Presseausweise aus und setzt auch die Grenzen. Bewegt man sich außerhalb dieser Grenzen, wird der Presseausweis eingezogen.

T-7: Der Staat bietet dem Journalisten keine direkten Vorteile, aber er unterstützt eine Zeitung oder einen Journalisten auf verschiedene Weise. Viele Male wurde ich Zeuge, wie gewisse Dokumente in die Zeitung gelangten und wir wichtige Nachrichten daraus machten.

T-9: Wenn die Banken privatisiert werden und das Interessenverhältnis zwischen Staat und Medien ein Ende nimmt, wird alles besser laufen. Dann wird auch die Kontrolle des Staates abnehmen. Der Staat ist auf dem Sektor des Bankwesens sehr stark. Die meisten Kredite und Anzeigen kommen von staatlichen Banken. Dies verhindert, dass man sich gegen den Staat äußert.

Unsere Beziehung zum Generalstab hat keine wirtschaftliche, sondern eine gesetzliche Grundlage. Der Generalstab besitzt Immunität. Erzürnt man ihn, wird man vielleicht arbeitslos.

T-11: In der Özal-Ära wurde zwischen zwei Gruppen von Journalisten unterschieden: die Fliegenden und die Kriechenden. Die Fliegenden waren diejenigen, die mit Özal im Flugzeug saßen. Sie begannen später, so bedeutsame Meldungen zu verfassen wie z.B. „die First Lady hat ihren Kaffee ohne Zucker zu sich genommen", oder, „ weil Özal auf Diät war, hat er nichts gegessen". Genau wie Medienbesitzer waren auch Journalisten stolz auf ihr gutes Verhältnis zu den Machthabern. Was war denn schon der Staat? Der Staatspräsident, der Generalstab, das Parlament oder die Regierung. Hatte man zu einem dieser Ämter ein gutes Verhältnis und schrieb man Meldungen zu deren Gunsten, konnte man in diesem Land zu einer „bedeutenden Persönlichkeit" werden.

T-19: Ich als Journalist sehe den Staat als eine Zensurbehörde, die alles zensiert, was ihn kritisiert. Vor allem wird die oppositionelle, sozialistische Presse unterdrückt. Zeitungen werden geschlossen, Journalisten in Haft genommen.

T-21: Wegen meiner Artikel kam ich ein paar Mal ins Gefängnis. In der Özal-Ära lag das Verhältnis zwischen Staat und Medien offen auf der Hand. Özal drohte den Medienbesitzern mit der Einstellung von Krediten oder mit der Verzollung von Importen, sollten sie etwas veröffentlichen, was ihm und seiner Familie unliebsam sein könnte. Heute ist das Fernsehen zu einer sehr effektiven Waffe geworden. Verfolgt man die Kommentare im Fernsehsender ATV, so kann man daraus schließen, dass die Zeitung *Sabah* Kredite erhalten hat, und wenn man die Sache intern verfolgen kann, wird man sogar die Summe erfahren können.

Heper und Demirel definieren das Verhältnis der türkischen Journalisten zu ihrem Staat in ihrem Artikel „Die Presse und die Stärkung der Demokratie in der Türkei" (1996: 111) wie folgt:

Es ist wahr, dass Journalisten sich, besonders nach 1980, zum Sprachrohr für die Forderungen mancher *Bürgerrechtsorganisationen* machten und das Alltagsleben der Gesellschaft in den Vordergrund rückten. Diesen Beitrag, den sie zur Verwirklichung der Demokratie lieferten, kann man als ihren ehrlichen Wunsch zur effektiven Teilnahme der Bürger an der Politik interpretieren. Aber dem ist nicht so. Die Zeitungsinhaber interessieren sich im Grunde nur für die Steigerung des Umsatzes.

Dies beweisen sie durch die Werbekampagnen, die sie durchführen, und durch die Sensationsmache, die sie betreiben. *Şahin Alpay* bezeichnete in seiner neuesten Untersuchung die Journalisten als „bedachte Demokraten“. Journalisten zweifeln sogar untereinander die Ehrlichkeit der türkischen Presse in punkto demokratische Werte an. Außerdem verstehen sie unter Demokratie nicht Meinungsfreiheit für alle, sondern nur für sich selbst. *Orhan Koloğlu* schrieb einmal, dass Anfang der Siebzigerjahre Journalisten das Militär aufgefordert hätten zu putschen. Wenn man ihre jakobinische Vergangenheit bedenkt, erstaunt einen das elitäre Verhalten der Journalisten nicht weiter.

Kapitel XI
Nationalismus und journalistische Einstellungen zu nationalen Tabus

Mîna Urgan (1998: 267-8) meinte über den *Patriotismus*: „Patriotismus, mein Herr, ist die letzte Zuflucht eines Schurken." Sie schrieb, dass Patriotismus praktisch Hand in Hand mit Unredlichkeit und Faschismus gehe. Urgan sagte auch, dass General Milan Astroy, der den widerlichen Slogan „Viva la muerte! Abajo la intelligencia!", also „Lang lebe der Tod! Nieder mit der Intelligenz!", während des Spanischen Bürgerkrieges prägte, sich selbst als Patrioten beschrieb. Einige Fachleute, Journalisten eingeschlossen, fühlen sich im Grunde genommen dazu verpflichtet *Patrioten* zu sein oder, besser gesagt, *Nationalisten.*

Fast jeder türkische und jeder griechische Journalist, der für diese Studie interviewt wurde, beschwerte sich darüber, dass die Medien in seinem Land, ob rechte oder linke, nationalistisch seien. Diese Beschwerde war so offensichtlich, dass sich einige Journalisten von ihren eigenen Artikeln über Themen, die als nationale Tabus angesehen werden, zu distanzieren versuchten und sich mit einem kritischen Ansatz dieser Problematik näherten.

Bei gelegentlichen Gesprächen debattierten türkische und griechische Journalisten darüber, in wessen Land die Medien nationalistischer seien. Wie zu erwarten, sagen die meisten griechischen Journalistinnen und Journalisten, dass die türkischen Medien einen größeren nationalistischen Tenor haben. Umgekehrt denken ihre türkischen Kolleginnen und Kollegen dasselbe über die griechischen Medien. Meine eigene Einschätzung zu diesem Thema ist, dass beide Medien nationalistisch sind.

Ohne Zweifel bildet der Nationalismus eine der stärksten

Ideologien und sozialen Bewegungen der jüngeren Geschichte. Auf der einen Seite entwickelt er sich als *Rassismus* und *Faschismus*, während er auf der anderen Seite *nationale Einheit* ermöglicht und als ein Transformator für moderne Gesellschaften fungiert. Manche Fachleute, wie Kedourie (1994: 55), heben Nationalismus als eine Doktrin für die Volksfreiheit hervor, die Religion ersetzt. Sie weisen darauf hin, dass Nationalismus zu einer starken Macht wird, wenn eine Gesellschaft große soziale Transformationen erfährt. Parallel dazu geht sie traditioneller Werte verlustig. Anderson (1991) betrachtet die moderne Nation als eine „imaginäre politische Gemeinschaft“. Er betrachtet „den Printkapitalismus“ in Form von Zeitungen und jedweder Literatur als einen dominanten Aspekt bei der Schöpfung von solchen imaginären Gemeinschaften. Im Gegensatz dazu argumentiert Gellner (1994), dass es nicht die homogenisierte Ideenmacht ist, die den Nationalismus erzeugt, sondern der Bedarf der modernen Gesellschaften an kultureller Homogenität.

Bestimmte Transformationen der Kultur, d.h. die Schöpfung von „Hohen Kulturen“ – im Gegensatz zu „Volkskulturen“ – erklären für Gellner den Nationalismus. Griechenland behauptet zum Beispiel, Heimstätte einer hohen Kultur zu sein, das heißt, die Fortsetzung des antiken Griechenlands und die Wiege der Demokratie. Auch die Türkei argumentiert, dass sie eine hohe Kultur hat: Sie vereine die qualitativen Eigenschaften des Islam mit den tiefverwurzelten Werten eines weiten Landes zwischen Zentralasien und Anatolien.

Der Historiker Edward Peters (1985: 405-7) hob hervor, dass mit der Geburt des Nationalstaates das Konzept des Verrats erweitert wurde. Die Herrscher mussten sich sagen lassen, dass ihre Politik extrem schwach gegenüber internen und externen Feinden war. Diese Kritik erzeugte einen großen Gegendruck von Seiten der Staatsmacht auf die Kritik, um, wie es heißt, den Staat zu schützen. Das erklärt, warum Journalisten oft dem staatlichen Zorn ausgesetzt sind, wenn sie Artikel schreiben, die nationale Tabus berühren.

Laçiner (1996: 3) schrieb, dass der Nationalismus ewige Feinde produziert, die sich gegenseitig ernähren. Somit ist der griechische Nationalismus der Nährboden für den türkischen Nationalismus und umgekehrt. Es entbehrt nicht der Ironie, dass sich die Medien beider Länder gegenseitig attackieren und damit gleichzeitig den Dünger für den Nationalismus des Anderen ausbringen.

Es sollte nicht übersehen werden, dass der Nationalismus auch die Bemühungen der politischen Elite zur Legitimation ihrer eigenen Macht zum Ausdruck bringt. Hobsbawm (1990) betont, dass die Nation als Konzept eigentlich von der politischen Elite erfunden wurde, um ihre eigene Macht zu legitimieren. Lewis Coser (1956) schrieb in seinem Klassiker *The Functions of Social Conflict*, dass externe Konflikte die interne Kohäsion verstärken. Das haben sowohl die griechischen als auch die türkischen Regierungen sehr gut verstanden. Sie wussten immer, dass die Schaffung eines Feindes auf der anderen Seite der Ägäis das Volk seine internen Probleme vergessen lassen und die Opposition schwächen würde. Wenn die herrschenden Mächte diese Option wählen, werden Wahrheit und Information über die andere Seite systematisch verborgen und verzerrt und zu einer Notwendigkeit. Journalisten und Medien tragen wesentlich dazu bei.

Der türkische Nationalismus ist vielseitig und hat in seiner rassistischen Form das Gesicht nach Zentralasien gerichtet, wo türkisch-stämmige Völker leben. Dieser auf Zentralasien gerichtete extreme türkische Nationalismus *(Pan-Türkismus)* scheint zwei Hauptgründe zu haben: Erstens ist Zentralasien die Heimstätte der Türken, aus der sie nach Anatolien immigrierten. Zweitens war *Anti-Kommunismus* immer ein starkes Element des türkischen Nationalismus; die türkischen Völker in Zentralasien, „die Brüder", mussten unter dem Druck der „verdammten" Kommunisten lebten. Ziel war, die Brüder von der Unterdrückung zu befreien. Doch auch der *Balkan* und *West-Thrakien* waren von Interesse für den türkischen Nationalismus, weil manche die Ansicht vertreten, dass, wo immer ein Türke lebt, dort auch türkisches Land ist.

Auf der anderen Seite war die *Megali Idea*, die Idee, das *byzantinische Reich* wieder zu beleben, Istanbul wiedereinzunehmen und *West-Anatolien* zu erobern, eines der Hauptkonzepte des griechischen Nationalismus. Auch wenn der türkische Nationalismus Hass auf die Griechen beinhaltete, war er ebenso Sammelbecken für feindliche Gefühle gegenüber Russen, Bulgaren, Armeniern und Arabern. Der dominante Aspekt des griechischen Nationalismus war jedoch immer der Hass auf die Türken; z.B. in Parolen wie „Kein Türke in der Morea, kein Türke auf der ganzen Welt!", oder „Tötet den braunen, haarigen, wilden Türken!"

Die türkische *Militärintervention auf Zypern* im Jahre 1974 hat den griechischen Nationalismus entscheidend beeinflusst. Die Griechen in Griechenland betrachteten diese Intervention als einen direkten Angriff gegen sich und ihr Land. Ihr Bild von den

Türken, wie es ihnen offiziell beigebracht wurde, erhielt durch das, was die Türken Friedensoperation nannten, eine Bestätigung. Die Türkei wurde nun als die größte fremde Bedrohung für Griechenland betrachtet.

Eine Zwischenbemerkung: Realität ist, so wie sie wahrgenommen wird, meiner Meinung nach realistischer als die Realität selbst. Ein griechischer Journalist sagte darüber, wie die Griechen ihre türkischen Nachbarn wahrnehmen, folgendes:

> Egal, ob es wahr ist oder nicht, wenn es so wahrgenommen wird, dann wird es zur Realität. Die Griechen haben totale Angst von der Türkei. Sie nehmen wirklich die Türkei als eine Bedrohung wahr. Wir können viele Gründe dafür nennen: weil die Türkei immer in Richtung Westen geschaut hat, weil der Westen der Platz für die Türkei ist, wo wirtschaftliche und politische Macht liegen. Vielleicht sogar, weil die Türkei keine guten Beziehungen zu den Arabern hat und vielleicht, weil sie Angst von der Sowjetunion hat. Wie auch immer die Gründe liegen mögen, wir nehmen die Türkei wahr, als ob sie auf uns zukommen würde. Andererseits hat die Türkei eine Bevölkerung von ca. 60 Millionen, während wir nur 9 Millionen sind. Sie erscheint wie ein Gigant, der bereit ist, uns runterzuschlucken. Ein anderer Grund ist die Besatzung durch die Osmanen. Alle diese Gründe kommen zusammen, und die griechische Wahrnehmung von der Türkei wird zur Realität.

Die Türken glauben vielleicht, dass diese Wahrnehmung nichts mit der Realität zu tun hat. Auch ich meine, dass sie einer Paranoia gleichkommt. Doch meine Meinung hat für den durchschnittlichen griechischen Bürger, Zeitungsleser und Fernsehzuschauer keine Bedeutung. Für ihn gibt es nur eine Realität: die Realität, die er wahrnimmt. Die Rolle der Journalisten und Medien bei der Herstellung dieser wahrgenommenen Realität muss geändert werden. Andererseits muss auch die Türkei Schritte unternehmen, um ihre Wahrnehmung von Griechenland zu ändern.

Die Bemühungen um eine hohe Kultur, wie sie Gellner betonte, können zum Verständnis des griechischen und des türkischen Nationalismus beitragen. Die Mehrheit der griechischen Politiker, Sozialisten und diverse Kommunisten eingeschlossen, verteidigt die Idee, dass die Griechen des zwanzigsten Jahrhunderts die Erben der alten Griechen und der byzantinischen Kultur seien. Somit habe der moderne griechische Charakter eine gewisse Überlegenheit oder nehme wenigstens einen besonderen Platz ein, denn das antike Griechenland war die Quelle des modernen Denkens.

Die türkischen Nationalisten widersprechen diesem Argument mit der *Fallmerayer-These*. Diese These, 1830 vom deutschen Historiker Jacob Fallmerayer aufgestellt und von vielen seiner Zeitgenossen belächelt, behauptet, dass alle antiken griechischen Volksstämme von slawischen Stämmen während des Mittelalters vernichtet wurden, sodass keine Verbindung mehr zwischen den alten und den modernen Griechen hergestellt werden kann.

Ein bekannter Athener Journalist beschreibt den Einfluss des griechischen Nationalismus auf die Arbeit der Medien und der Journalisten wie folgt:

> Während der Krise in Jugoslawien war Griechenland ein Verbündeter von Serbien. Für Griechenland sind die Muslime bedrohliche Wesen. Wir fühlen uns nicht speziell von den Bosniern bedroht, aber von den Muslimen im Allgemeinen. Wenn man als Journalist die Dinge anders sieht, als es üblich ist, dann beginnen die Probleme. Wir und die Serben haben etwas Gemeinsames. Wir und die Serben glauben, dass alle gegen uns sind. Die Griechen haben keine handfesten Beweise wie die moslemischen Bosnier, die auch denken, dass alle gegen sie sind. Dennoch betrachten wir jede noch so kleine Kritik als ein Zeichen von Drohung. ... Griechenland ist ein *hellenozentrisches* Land. Wenn man anfängt, sich mit Themen, die Griechenland betreffen, zu beschäftigen, dann hat man Probleme. Sogar Themen, die mit der Türkei und nicht direkt mit Griechenland zu tun haben, sind problematisch. ... Denn, wenn etwas gut für die Türkei ist, ist es schlecht für uns. Nehmen wir als Beispiel Aserbaidschan und Armenien. Auf diesem besonderen Feld sind die Griechen a priori für die Armenier. Es ist sehr selten ein Artikel in der griechischen Presse zu sehen, der außerhalb dieser Balance liegt.

Erklärungen türkischer Journalisten zeigen, dass die Situation in der Türkei nicht anders ist als in Griechenland. Der türkische Staat betrachtet die Medien als Frontkämpfer für nationale Themen. Ein eindeutiges Beispiel sind die Bemerkungen eines früheren Gouverneurs von Ankara, der die Journalisten während einer Pressekonferenz aufforderte, „die Ereignisse wie Sportjournalisten zu verfolgen, die über ein Spiel der türkischen Fußballnationalmannschaft berichten“ (Tusalp, 1995:59). In ihrer Untersuchung über die türkischen Tageszeitungen erklärte Inal

(1992:143), wie Korrespondenten für Diplomatie oder Außenpolitik berichten:

> ... eine andere wichtige Einschränkung in der Berichterstattung über Außenpolitik ist der Sinn für Selbstkontrolle unter den Reportern. In der außenpolitischen Berichterstattung sind die Grundprinzipien, dass man sich verpflichtet, die nationalen Interessen zu schützen und die nationale Außenpolitik zu unterstützen. Die Interviews machten klar, dass dies nicht als äußerer Druck auf die Berichterstatter betrachtet wird, sondern als ein Prinzip, das die Korrespondenten total verinnerlicht haben. Der Korrespondent der *Tercüman* betonte, dass sich kein Zeitungsjournalist trauen würde, eine entgegengesetzte Meinung über ein Thema der türkischen Außenpolitik zu schreiben. Somit reproduziert sich der ideologische und politische Diskurs direkt in den Nachrichten.

Viele diplomatische Korrespondenten, türkische und griechische, benutzen die grammatische Form „wir" und machen sich damit rhetorisch zu einem Teil der Bürokratie des Außenministeriums oder des Staates.

„Die Griechen (oder die Türken) taten dies und jenes, oder die Russen sagten dies und das, also wie ist „unsere" Reaktion? Wie werden „wir" „ihnen" antworten? Diese Differenzierung ist in der Tat ein fundamentales Element eines jeden Nationalismus.

Ein junger türkischer Journalist bezieht gegenüber dem Nationalismus in den Medien der Türkei einen sehr kritischen Standpunkt, meint aber, dass es schon ein bisschen leichter geworden sei, über das Kurden-Problem zu schreiben:

> Alle Journalisten in der Türkei machen sich Sorgen über eine Sache: den türkischen Interessen nicht zu schaden. Alle sind im Dienste der türkischen Interessen vereint. Wenn es eine allgemeine Ideologie über die Türkei gibt, eine offizielle Ideologie über ein bestimmtes Thema, niemand stellt sie in Frage. Es gibt jedoch einige Journalisten, von denen die offizielle Ideologie bezüglich der Kurden-Frage in Frage gestellt wird.

Besonders in den Jahren 1993 und 1994 war *Mazedonien* das nationale Problem Nummer eins für Griechenland. Die türkische/muslimische Minderheit in *West-Thrakien* und das *Zypern-Problem* sind sowohl für die Türkei als auch für Griechenland jahrelang zwei nationale Tabus gewesen. Die Kurden-Frage bleibt das

Hauptproblem der Türkei. Es war interessant, griechische und türkische Journalisten und ihre Kolleginnen über ihre Ansichten zu nationalen Tabus zu befragen und ihre Antworten mit den offiziellen Ansichten zu vergleichen.

XI.1 Ansichten griechischer und türkischer Journalisten zur Zypern-Frage

Als Ergebnis der militärischen Intervention der Türkei auf Zypern im Jahre 1974 wurde 1983 der türkisch kontrollierte Norden unter dem Namen Türkische Republik von Nordzypern TRNC für unabhängig erklärt. Allerdings wird diese Republik bisher nur von Ankara anerkannt. Die TRNC, die 38 Prozent der Insel umfasst und fast 180 000 Einwohner hat, verfügt über ein Pro-Kopf-Einkommen von 2000 bis 3000 US-Dollar. Der Süden, international anerkannt als Republik von Zypern, hat 600 000 Einwohner und ein Pro-Kopf-Einkommen von ca. 14 000 US-Dollar. Seit 1974 hat die Türkei 30 000 Soldaten auf der Insel stationiert. Zahlreiche internationale Initiativen sind ergriffen worden, um die Insel zu einer Föderation zu vereinen.

Die Türkei widersetzt sich einer Mitgliedschaft der Insel in der Europäischen Union, bevor nicht die Zypern-Frage gelöst worden ist. Besondere Schwierigkeiten bereitet die Tatsache, dass der griechisch-zyprische Süden als einziger Repräsentant der ganzen Insel betrachtet wird.

Nach dem EU-Gipfeltreffen in Luxemburg, auf dem die Türkei aus dem Erweiterungsprozess der Union ausgeschlossen wurde und die EU sich zu Aufnahmegesprächen mit dem griechischen Zypern bereit zeigte, erklärte der türkisch-zyprische Führer Rauf Denktaş, die türkisch-zyprische Seite werde nur dann an EU-Mitgliedschaftsgesprächen teilnehmen, wenn die TRNC als Staat anerkannt werde. Nach dem Luxemburger Gipfeltreffen beschlossen die Türkei und die TRNC, das Ziel einer bi-zonalen, bi-kommunalen Föderation nicht mehr zu verfolgen. Man vertrat die Ansicht, dass im Falle des EU-Beitritts einer möglichen zyprischen Föderation die türkische Gemeinschaft auf der Insel nicht imstande sei, sich ökonomisch und politisch zu behaupten, wenn nicht auch die Türkei Mitglied der Union sein werde. Schließlich, im September 1998, schlug Denktaş eine Konföderation vor; eine Konföderation, die er die „letzte Möglichkeit" nannte.

Für die griechische Seite beginnt die Geschichte der Insel mit der türkischen Militär-Intervention von 1974. Deren Vorgeschichte wird kaum erwähnt: z.B. der Staatsstreichversuch, der Mord an Türkenzyprern oder die *Enosis*-Absichten, also die Vereinigung der Insel mit Griechenland. Die griechische Seite betrachtet den Abzug türkischer Truppen von der Insel als Grundvoraussetzung für irgendeine Lösung und versucht, den Konflikt innerhalb der EU entsprechend zu lösen.

Veremis und Tsitsopoulos (1995: 184-185) fassen die griechische Zypern-Politik wie folgt zusammen: Das Problem sollte durch eine bi-kommunale, bi-territoriale Föderation gelöst werden, die eine internationale Repräsentation und eine Regierung haben soll. Menschenrechte wie freier Verkehr, freie Niederlassung und freie Siedlung sollen wiederhergestellt werden. Flüchtlinge von beiden Seiten sollen in ihre Häuser zurückkehren dürfen, wenn sie es so wünschen. Die Wirtschaft der Insel erfüllt alle Voraussetzungen, um Mitglied der EU zu werden. Die Integration in die EU kann gleichzeitig mit der Lösung der Zypern-Frage stattfinden.

Wie mehrfach erwähnt, sind die persönlichen Ansichten der griechischen und türkischen Journalisten weniger nationalistisch geprägt als ihre Arbeiten. Da jedoch in der Zypern-Frage in den letzten 20 Jahren kein Fortschritt erzielt wurde, sind viele Journalisten pessimistischer geworden. Eine griechische Journalistin äußerte ihren Pessimismus, indem sie sagte, die Insel sollte „versinken", denn nur dann sei eine Lösung möglich. Sie fügte hinzu: „Ich glaube, der erste Schritt für eine Lösung ist der Abzug der türkischen Truppen. Auch Griechenland sollte seine Hände von der Insel lassen." Den Abzug der türkischen Truppen fordern viele griechische Journalisten, ob links oder rechts gesinnt, und sie folgen damit strikt der offiziellen Linie. Für sie ist die „Besatzung durch türkische Truppen" der Kern des Zypern-Problems.

G-19 sagte: „Realistisch betrachtet kann die Zypern-Frage gelöst werden, wenn alle drei, Zypern, Griechenland und die Türkei, EU-Mitglieder wären." Und er fügte hinzu:

> Minderheit oder Mentalität oder gar die Besatzungstruppen. Das Problem ist die Trennungslinie, die Menschen daran hindert, vom Punkt A zu Punkt B zu gehen. Ich habe in Limasol Muslime gesehen, wie sie ohne Probleme in der Moschee beteten. Niemand hat sie gestört. Ich kenne viele Griechen, die es vorziehen, in türkische Restaurants essen zu gehen. Wenn die Mauer nicht dazwischen wäre, hätten sie die Seite wech-

> seln können. Was wir tun müssen, ist, diese Wand wirtschaftlich, kulturell und militärisch zu zerstören.

Verschiedene griechische Journalisten, unter ihnen auch der konservative Chefredakteur G-2, sagten, dass alle Probleme durch den „Dialog“ gelöst werden können. Viele andere sagten, dass eine Lösung möglich wäre, wenn Griechenland und die Türkei die Zyprer in Ruhe lassen würden. G-18 arbeitet bei einer linken Zeitung, die ohne Probleme über nationale Tabus schreibt. Die Erklärungen von G-18 veranschaulichen die Probleme, mit denen sich Journalisten konfrontiert sehen, wenn sie Ansichten wie die obigen vertreten. G-18 sagte:

> Ich laufe Gefahr, als nationale Verräterin abgestempelt zu werden, wenn ich solche Fragen beantworte. Doch ich werde antworten... Zyprer könnten miteinander leben, wenn Ausländer ihre Hände von der Insel lassen würden, wenn Briten, Amerikaner, Türken und Griechen die Insel in Ruhe lassen. Die Lösung für Zypern ist, dass Zypern ein unabhängiger Staat wird. Nicht bi-kommunal, nicht bi-zonal. Ein vereinigtes Parlament und ein demokratischer Staat werden die Sicherheit beider Gemeinschaften gewährleisten.

Manche griechische Journalistinnen und Journalisten erwähnten die Vermissten. Griechisch-Zyprer und Griechenland behaupten, dass türkische Soldaten 1974 eine Anzahl von Griechisch-Zyprern in Gefangenschaft gebracht haben. Seitdem werden sie vermisst. Manche behaupten, dass einige dieser Gefangenen in die Türkei gebracht wurden. Eine Zeit lang hätten sie in türkischen Gefängnissen verbracht, und seitdem habe niemand mehr etwas von ihnen gehört. Die Türkei weist diese Beschuldigungen zurück. 1997 einigten sich bei einem von der UNO initiierten Treffen die beiden Führer, der Türkisch-Zyprer Rauf Denktaş und der Griechisch-Zyprer Glafkos Klerides, zum ersten Mal darauf, alles zu tun, um die vermissten Menschen ausfindig zu machen. Es wurde beschlossen, einige Massengräber zu öffnen und religiöse Begräbnisfeiern für die Vermissten abzuhalten. Die griechisch-zyprische Seite behauptet, dass sie 1619 Menschen vermisst, während die türkisch-zyprische Seite die Zahl ihrer Vermissten mit 803 angibt.

> G-8: Über die Zypern-Frage kann ich zwei Sachen sagen: Vor 1974 gab es die türkische Minderheit, die nicht voll respektiert

wurde. Wir haben alle diese Geschichten über Massaker ... Das Beste ist, dass sie koexistieren, doch das Problem ist, wenn sie koexistieren, wie sie miteinander umgehen werden. Ich habe keine leichte Antwort. Die türkischen Truppen sollen abziehen, aber irgendwie soll es Garantien für die türkische Minderheit geben.

G-12: Das Zypern-Problem kann nur gelöst werden, wenn die Lebensbedingungen der Türken und der Griechen harmonisiert werden. Wenn die Türken reicher werden und die türkische Regierung ihre Militärpolitik verändert. Wenn es eine volle Integration mit dem Westen gibt, dann kann das Problem gelöst werden. Das Problem wurde durch die Fehler der griechischen Seite verursacht. Wir sagen, dass Makarios ein toller Politiker war. Doch er scheiterte daran, die Türkisch-Zyprer zu überzeugen, dass sie Bürger erster Klasse sein könnten. Hätte er das geschafft, dann wäre er ein wirklicher Staatsmann. Ich war auf Zypern 1963. Ich sah, dass die Türkisch-Zyprer Bürger dritter und vierter Klasse waren. Zuerst kamen die Griechisch-Zyprer, dann die Touristen, die Araber und erst danach die Türkisch-Zyprer.

G-19: Ich war auf Zypern. Ich war wirklich traurig über die Situation dort. Ich war verärgert, eine schöne Stadt geteilt zu sehen. ... Es hat mir sehr imponiert, so viele griechische Flaggen in einem fremden Land zu sehen. Ich glaube, dass Zypern ein fremdes Land ist. Warum sind die griechischen Flaggen dort?. ... Ich war sehr gerührt, als ich Derinya besuchte. Die Menschen von Derinya haben große Plakate an ihren Häusern hängen: „Schauen Sie diese tote Stadt an!“, oder „Ein Blick auf diese Stadt für 10 Pfennig!“ Ich habe mich geschämt zu sehen, wie manche Griechenzyprer dieses Problem für touristische Zwecke benutzen. Ich habe einen türkisch-zyprischen Freund. Wir telefonieren miteinander. Ich kann das Problem sehen. Ich kann verstehen, dass in Griechenland eine Diktatur herrschte und dass es auf Zypern einen Staatsstreich gab. Aber ich kann nicht einsehen, warum die Bewohner der Insel getrennt voneinander leben oder warum es türkische Truppen auf der Insel geben soll. Ich hasste viele Griechisch-Zyprer, aber nicht die Türkenzyprer. Viele Griechenzyprer sagten mir in Nikosia, die EOKA habe zu verantworten, was den Türkenzyprern widerfahren sei. Ich hoffe, nächstes Mal auf die andere Seite gehen zu können und mich mit meinen Freunden dort zu treffen.

G-21: Ich glaube, dass, trotz des Terrorismus, der von der

griechischen Seite begangen wurde, Ankara immer vorhatte, wenn auch aus unterschiedlichen Gründen, einen Teil von Zypern zu übernehmen. Und ich glaube, Ankara fand 1974 eine gute Gelegenheit, um dies zu tun. Ich denke auch, dass diese Vereinigung zwischen Griechenland und Zypern bereits 1974 in Wirklichkeit ein totes Unternehmen war. Auf jeden Fall, auch wenn es nicht tot war, starb es sofort in jenen Tagen. Die Menschen lebten zusammen auf der Insel. Selbstverständlich ist es nicht mehr so leicht jetzt. Es hat Blut gegeben. Aber nicht so viel wie zwischen den Palästinensern und den Israelis. Es ist nicht wie in Bosnien. Ich glaube, Ankara ist ein Gefangener von Denktaş geworden. Diese Person, Präsident eines Landes von 3000 Quadratkilometern, denkt, sie sei in der Tat ein wirklicher Präsident. Jetzt scheint das Problem unlösbar zu sein. Die stärkste Seite muss normalerweise den ersten Schritt machen. Ich habe das Gefühl, dass Ankara dies machen will, doch aus internen Gründen ... konnte es das bis jetzt nicht machen.

Die Zypern-Frage schien für die griechischen Journalistinnen und Journalisten weit wichtiger zu sein, als für ihre türkischen Kolleginnen und Kollegen. Die türkischen Journalisten waren viel weniger darüber informiert und beschäftigten sich nicht besonderes mit der Zypern-Frage. Deswegen waren ihre Antworten auch viel knapper, manchmal nicht länger als ein oder zwei Sätze. Verschiedene türkische Journalisten sagten, dass „keine Lösung" die einzige Lösung für Zypern sei. Dabei betonten sie, dass weder Griechenland noch die Türkei eine Lösung wollten. Sie sagten auch, dass der Kampf um die Kontrolle des östlichen Mittelmeeres der eigentliche Grund für das Problem ist.

In Griechenland waren sowohl linke als auch rechte Journalisten sehr nahe an der offiziellen Meinung bezüglich der „Besatzung" und „der Präsenz türkischer Truppen auf der Insel". In der Türkei jedoch gingen die Meinungen radikaler Linker, Rechter und Zentrumslinker weit auseinander. Manche Linke gaben zu, dass es auf der Insel eine „Besatzung" gebe – wie ihre griechischen Kollegen. Für sie ist der erste Schritt in Richtung Lösung der Abzug der türkischen Truppen.

T-12, ein Rechter, sagte, dass das Problem von der griechischen Seite verursacht wurde, als sie versuchte, das Recht der Türkenzyprer einzuschränken. Er fügte hinzu, dass unter diesen Umständen keine Lösung gefunden werden könnte. T-13, eine rechtsgesinnte Journalistin, meinte, dass im Vergleich zur griechischen die türkische Seite viel mehr für Versöhnung wäre. Und dass sich die Türkei mit der TRNC vereinigen solle. „Aber ich bin auch nicht optimistisch im Hinblick auf eine Türkei-TRNC-Vereinigung, weil die Türkisch-Zyprer so etwas nicht wollen. Sie betrachten die Türken aus der Türkei als diejenigen, die ihre Insel verdorben haben“, sagte sie.

Die meisten türkischen Journalisten bevorzugen jedoch eine Föderation, in der Griechen- und Türkenzyprer zusammen leben könnten. Sie forderten, die Problemlösung durch Dialog anzustreben und dass beide, die Türkei und Griechenland, ihre Finger von der Insel lassen sollten. Sie schlugen vor, die türkische Seite sollte in einem Referendum über die EU, die Türkei und die türkischen Truppen abstimmen. Sie meinten, dass auf jeden Fall die Türkisch-Zyprer das letzte Wort über ihre eigene Zukunft haben sollten. Es muss betont werden, dass alle diese Ansichten in der Atmosphäre freundlicher Gespräche geäußert, also nicht niedergeschrieben oder in Zeitungen veröffentlicht wurden.

Einige Beispiele:

T-7: Wie ich sehen kann, sind die Menschen der TRNC nicht sehr glücklich über die Präsenz von Türken auf der Insel. Aber Zypern braucht die Türkei. Die Türkei ihrerseits braucht Zypern, um unseren Süden abzuschließen. Aber die Türkei hat die Vernichtung der türkisch-zyprischen Wirtschaft herbeigeführt. Beide Gemeinschaften auf der Insel lebten in nicht allzu freundschaftlichen Beziehungen miteinander, es herrschte eine Kriegsatmosphäre. Deswegen hat die Intervention stattgefunden. Ich glaube nicht, dass die Teilung notwendig oder gut war. Wir müssen einen Weg finden, damit die Menschen miteinander leben können.

T-9: Wegen unserer Ansicht über das Kurden-Problem haben wir für die Zypern-Frage doppelte Standards. Wenn wir keinen unabhängigen Staat für die Kurden hier wollen, dann denke ich, dass wir auch kein Recht haben, einen unabhängigen Staat für die Türkenzyprer zu fordern. Wenn wir eine Föderation für die Türkisch-Zyprer dort wollen, dann sollten wir auch Sympathie für die Forderung der Kurden nach einer Föderation zeigen. Ich bin für ein System, in dem Kurden und Türken die gleichen Rechte haben. Ähnlich bin ich für ein System auf Zypern, in dem türkische und griechische Zyprer unter gleichen Bedingungen leben können und die gleichen Rechte haben, ihre eigene Kultur zu entwickeln und zu gestalten. Heute ist Zypern eine Enklave der staatlichen Unternehmen, die permanent ein Defizit produzieren. Es gibt keinen Unterschied zwischen Zypern und Ereğli. Dort lebten die Menschen von staatlicher Unterstützung, auch wenn die staatlichen Kohlebergwerke nicht profitabel waren. Zypern bringt auch keinen Profit, und doch leben die Menschen dort von der Unterstützung des türkischen Staates. Zypern ist nach der Teilung Pleite gegangen. Es gibt keine einzige touristische Anlage, die perfekt ist. ... Ich sollte noch sagen, dass die Verantwortung der griechischen Seite ebenso bedeutend ist. Sie haben Nationalisten wie wir. Dieselbe Krankheit gibt es auf beiden Seiten.

T-17: Das Problem auf Zypern ist, dass ein unabhängiger Staat von einem anderen besetzt wurde. Aber das ist nur die eine Seite der Münze. Zuerst intervenierte die griechische Seite. Griechenland schickte zwar keine Soldaten, doch es unterstützte mit allen Mitteln den *Enosis*-Plan. Die Lösung könnte beginnen, wenn die Türkei und Griechenland ihre Hände von der Insel fern halten würden.

Ergänzend muss hinzugefügt werden, dass T-9, der liberale Ankara-Repräsentant eines populären Fernsehsenders, sagte, er könne solche Ansichten nicht über den eigenen Sender äußern.

XI.2 Die Kurden-Frage und die türkischen Journalisten

Seit Mitte der Achtzigerjahre ist die Kurden-Frage das wichtigste Problem der türkischen Regierungen und des Landes überhaupt. Die Kurdische Arbeiterpartei PKK griff 1984 zu den Waffen, um den etwa 12 Millionen Kurden in der Türkei zur politischen Selbständigkeit zu verhelfen. Bis 1998 sind circa 35 000 Menschen in dem unerklärten Krieg zwischen den kurdischen Rebellen und den türkischen Sicherheitskräften ums Leben gekommen. Es ist ein Krieg, den die türkischen Militärs als „Konflikt von niedriger Intensität“ beschreiben. Die Zahl der Toten wirkt schockierender, wenn man sich daran erinnert, dass während des Befreiungskrieges von 1919 bis 1923 „nur“ 9176 Menschen getötet und 31 173 verwundet wurden. Darüber hinaus kostet der Kampf gegen die kurdischen Rebellen täglich acht Millionen US-Dollar; eine sehr hohe Summe, wenn man überlegt, dass die Türkei gegen wirtschaftliche Probleme wie hohe Inflation und Etatdefizite zu kämpfen hat.

Türkische Amtsinhaber betonen, dass die Kurden Bürger der Türkei sind. Sie hätten die gleichen Rechte wie die Türken. Seit der zweiten Hälfte der Neunzigerjahre sprechen sich verschiedene türkische Politiker dafür aus, dass den Kurden mehr kulturelle Rechte gewährt werden sollten. Doch der türkische Präsident Süleyman Demirel sagte mir in einem Interview im März 1998, dass „kulturelle Rechte" der Teilung dienen würden und dass der türkische Staat eine Sprache und ein Volk habe. Er betonte, dass Bildung auf Kurdisch oder Radio- und Fernsehprogramme auf Kurdisch den Beginn eines Prozesses einleiten würden, der das Land zu einem weiteren Jugoslawien machen würde.

Die offizielle Politik der Türkei unterscheidet klar zwischen der PKK und dem, was man das „kurdische Problem" nennt. Die Türkei betont, dass die PKK eine terroristische Organisation ist, mit der ein Staat nie verhandeln würde. Demirel im Interview: „Die Türkei sucht keine Verhandlungspartner" für eine Lösung des kurdischen Problems. Das ist auch der Grund, weshalb einige pro-kurdische Parteien, die als Bedrohung für die territoriale Integrität und Einheit des Landes betrachtet werden, verboten wurden und kurdische Parlamentarier im Gefängnis landeten, nachdem die Polizei sie aus dem Parlament entfernt hatte. Der türkische Staat sieht das Problem nicht als „Kurden-Frage", sondern als Problem der wirtschaftlichen Rückständigkeit seiner südostanatolischen Provinzen. Die Lösung sieht er in der militärischen Niederlage der PKK, gefolgt von Reformen und wirtschaftlicher Entwicklung in der Region.

Viele der türkischen Journalistinnen und Journalisten, die für diese Untersuchung interviewt wurden, sagten, dass die Kurden-Frage nur durch mehr Demokratisierung der Türkei gelöst werden könne. Einzige Lösung: mehr Rechte für die Kurden und Verbesserung der Menschenrechtslage im Allgemeinen. Auch wenn in der offiziellen Sprache das Problem nicht als „Kurden-Frage" genannt wird, benutzten, mit Ausnahme von einem, alle den Terminus „Kurden-Frage". Ein höherer Angestellter der staatlichen Nachrichtenagentur zog es vor, von „Südost-Frage" zu sprechen und antwortete auf eine der Fragen mit der Gegenfrage: „Darf ich diese Frage nicht beantworten?" Während viele betonten, dass mehr Demokratie das Problem lösen könne, wiesen einige darauf hin, dass der erste Schritt zur Lösung die unbeschränkte Freiheit sei, das Problem überhaupt zu diskutieren.

Wie bereits erwähnt, unterscheiden sich Rechts- und Linksgesinnte in der Türkei sehr, wenn es um nationale Tabus geht. Rechtsgesinnte ergreifen Partei für die offiziellen Ansichten, während die Linken sie kritisieren. Es sollte noch darauf hingewiesen werden, dass Journalisten, die sich selbst für Linke halten, anders über die offizielle Politik denken und ihre Ansichten in den Printmedien äußern, wobei sie sich über die möglichen Konsequenzen durchaus im Klaren sind. Ein rechter Chefkorrespondent sagte, er setze die „Kurden-Frage" gleich mit der „PKK-Frage". Er sagte auch, die „Kurden haben alle Rechte wie die Türken. Die Kurden-Frage wird gelöst, wenn die PKK am Ende ist". Eine rechte Korrespondentin bestritt, dass es überhaupt so etwas wie eine „Kurden-Frage" gibt. „Es gibt sicherlich keinen Unterschied zwischen Kurden und Türken in der Türkei. Ich kann niemals einen geteilten Staat akzeptieren", sagte sie. T-2, radikal linker Chefredakteur einer Zeitschrift, sagte, „Türken und Kurden sollten freiwillig miteinander in einer Arbeiterrepublik leben."

Die folgenden Zitate veranschaulichen die Ansichten über das Kurden-Problem:

> T-3: Beide Seiten müssen etwas tun. Die Kurden müssen sagen: Wir wollen mit euch leben, wir lieben euch. Wir sollten sagen: Okay, von nun an wird alles gleichberechtigt. Es sollte keine Diskriminierung geben. Beide Seiten sollten einander vertrauen.
>
> T-6: Wenn ich sage, was die Kurden-Frage ist und wie sie gelöst werden sollte, dann begehe ich ein Verbrechen. Auf der einen Seite haben wir den Staat, groß wie ein Gigant, wie ein Elefant. Groß, aber nicht flexibel. Die Kurden-Frage zwingt diesen Staat, von seinem ursprünglichen Platz abzurücken. Die Kurden sagen: He, ich habe Probleme. Löse sie! Bis jetzt war die Antwort des Staates immer „Nein"!. Aber Schritte werden langsam unternommen, um diese Probleme zu lösen. Der Staat kann sich mit seinen gigantischen Strukturen nicht schnell bewegen; wenn er es doch tut, bringt es Verluste.
>
> T-7: Es gibt Kurden in der Türkei. Du kannst weder ihre Präsenz noch ihre Identität verneinen. Wenn nach dem Befreiungskrieg mehr Investitionen in den kurdischen Regionen gemacht würden und wenn sie besser in unserem politischen System repräsentiert wären, hätte es diese Probleme nicht gegeben. Aber man zog die Assimilationspolitik vor. Und jetzt haben wir ein Problem, das sich selbst ernährt. Du tötest eine Person, aber du wirst mit 10 anderen konfrontiert.
>
> T-9: Ich habe liberale Ansichten, was die Kurden-Frage betrifft. Ich bin offen für alle möglichen Lösungen, einschließ-

lich der Föderation. Aber wegen meiner internationalistischen Ansicht kann ich nie den *Separatismus* verstehen, die Forderung nach einem unabhängigen Staat. Ich glaube nicht an Grenzen. Ich mag die Grenzen zwischen Griechenland und der Türkei nicht. Aber wenn unterschiedliche Kulturen und geographische Lokalitäten erforderlich machen, dass manche Gruppen zusammenleben, könnte ich die Föderation akzeptieren. Kurdisches Fernsehen, Bildung: Das alles muss da sein für die Kurden. Das muss gemacht werden. Das Problem wurde durch den Terror sichtbar gemacht. Das Verdienst der PKK war es, dass sie uns half, das Problem zu sehen.

T-11: Die Kurden-Frage ist eine Frage des Mittleren Ostens. Die Kurden leben in 5 Ländern, einschließlich der Türkei, des Irans, Iraks, Armeniens und Syriens. In der Türkei ist einer der Partner in einer Million Familien entweder türkisch oder kurdisch. Eine von zwölf Familien stammt aus gemischten Ehen. Das ist eine Gelegenheit für das Zusammenleben. Der Staat muss demokratisiert werden; die EU und die USA müssen ihre Hände fern halten.

T-15: Die Kurden-Frage kann nicht gelöst werden, wenn die Existenz der Kurden nicht akzeptiert wird. Heute gibt es keinen kurdischen Repräsentanten, mit dem die Türkei verhandeln könnte. In diesem Sinne hätte die DEP[1] eine Rolle spielen können, doch diese Chance wurde durch ihr Verbot verspielt. Wenn Türken und Kurden nicht miteinander können, wird diese Frage weiter existieren.

T-18: Die türkische Gesellschaft ist ein Mosaik. Es gibt viele Gemeinden. Wir dürfen sie nicht ignorieren. Wir sollten jedoch gegen ein unabhängiges Kurdistan sein. Die Kurden sollen alle Verfassungsrechte erhalten. Wenn sie Kurdisch sprechen wollen, sollten sie dies auch tun. Wenn sie auf Kurdisch fernsehen wollen, sollte es ihnen erlaubt sein. Doch die offizielle Sprache ist Türkisch, und dies kann nicht geändert werden.

Sollte die Kurden-Frage in der Türkei das wichtigste nationale Tabu sein, kann das Thema der türkischen Minderheit in West-Thrakien als das griechische Äquivalent betrachtet werden. Aber griechische Journalistinnen und Journalisten distanzieren sich

1 DEP ist die pro-kurdische politische Partei, die 1995 verboten wurde. Nach dem Parteiverbot wurden 15 DEP-Parlamentarier verhaftet und wegen Separatismus ins Gefängnis gebracht. Einige, unter ihnen auch Leyla Zana, die erste Parlamentarierin kurdischer Abstammung, wurden zu bis zu 15 Jahren Haftstrafe verurteilt.

zwar bis zu in einem gewissen Grad von der offiziellen Politik, doch in der Frage der türkischen oder muslimischen Minderheit in Thrakien scheinen sie nationalistischer zu sein als ihre türkischen Kolleginnen und Kollegen bezüglich der Kurden-Frage.

XI.3 Die türkische Minderheit in West-Thrakien und die griechischen Journalisten

Im Nationalismus wird der Begriff des „Anderen" ausgeklammert. Dieses Ausklammern führt oft zu einer Situation, in der Minderheiten unterdrückt werden; hierin ist Griechenland keine Ausnahme. Ein Beispiel sind die Slawomazedonier, die in dem Teil von Mazedonien leben, der sich in Griechenland befindet. Slawomazedonier werden nicht als Mazedonier anerkannt, sondern sie werden offiziell als slawisch-sprechende Griechen betrachtet. Hinzu kommt, dass slawische Namen und Unterricht in slawischer Sprache verboten sind. Die offizielle griechische Politik behandelt sie wie die Pomaken (muslimische Slawen) und die Türken. Diese beiden Minderheitengruppen werden als *muslimische Griechen* betrachtet, und ihre *ethnische Identität* wird ignoriert (Poulton 1993: 175-184).

Beschwerden über Probleme und Unterdrückung der Türken in West-Thrakien werden nicht nur von den dortigen Türken, sondern auch von *Internationalen Menschenrechtsorganisationen* und *Gruppen für die Verteidigung von Minderheitenrechten* vorgebracht. Darüber hinaus sprechen sogar die *griechischen Menschenrechtsaktivisten* von Verletzung elementarer Rechte und Unterdrückung in diesem Gebiet. Poulton stellte einen Katalog dieser Beschwerden auf: Sie haben kein Recht, Liegenschaften zu kaufen. Die Genehmigung für den Bau oder die Restaurierung von Moscheen wird nicht leicht gewährt. Soweit es geht, werden sie von Bürokratie und Politik ausgeschlossen. Die Verwendung der türkischen Sprache und das Wort „türkisch" im Namen von Vereinen und Organisationen ist verboten.[2] Poulton weist auch darauf hin, dass die Zahlen türkischer Schüler in Grund- und Mittelschulen dramatisch zurückgehen. Das ist ein Ergebnis der „Hellenisierungs-Politik". Konsequenterweise ver-

2 Was die Benutzung des Wortes „kurdisch" oder Namen von anderen ethnischen Gruppen in Vereinen und Stiftungen betrifft, ist die Situation in der Türkei genau dieselbe. Die erste Stiftung, die den Namen „kurdisch" tragen durfte, wurde Anfang 1997 in Istanbul gegründet, und dies nach einem langen juristischen Kampf der Stiftungsgründer.

sucht der griechische Staat, eine Art „hellenischer Homogenität“ in der Region beizubehalten, indem er die nicht-griechischen Sprachen und die Türken, die „griechische Muslime“ genannt werden, ignoriert.

Ein griechischer Gelehrter, Prof. Athanasios Paresoglu (1994: 819-25), zeichnet das Bild von West-Thrakien folgendermaßen: Die muslimische Minderheit in West-Thrakien zählt etwa 125 000 Personen. 45 Prozent von ihnen sind ethnische Türken, 36 Prozent ethnische Pomaken, und 18 Prozent sind Roma. Sie haben alle Rechte eines griechischen Bürgers. Im Gegensatz dazu wird die griechische Minderheit in der Türkei kaum registriert. Sprache, Schulrechte und Selbstbestimmungsrechte werden auf den Inseln Tenedos (Bozcaada) und Imros (Gökçeada) völlig ignoriert. In Istanbul sind noch etwa 3000 Griechen übrig geblieben. Die Türkei sollte zuerst das eigene Glashaus anschauen, bevor sie die Situation der muslimischen Minderheit in West-Thrakien kritisiert und Steine gen Athen schleudert. So weit Paresoglu.

Andere Griechen entwickelten jedoch in den letzten Jahren ein differenzierteres Argument. Dieses Argument, das auch einige Journalistinnen und Journalisten benutzen, lautet im Wesentlichen so: „Griechenland sollte sich nicht mit der Türkei vergleichen, denn die Türkei ist weniger demokratisch und die Menschenrechtssituation ist hier eine der schlechtesten der Welt. Griechenland sollte sich mit anderen europäischen Ländern vergleichen.“ Das ist in der Tat ein Ansatz mit nationalistischem Touch, und er greift die Türkei an, auch wenn er Zugeständnisse an die Situation in West-Thrakien macht. Man muss aber sagen, dass dieses Argument die Verbesserungen beeinflusst hat, die in den letzten Jahren von verschiedenen griechischen Regierungen in West-Thrakien vorgenommen wurden. Die Probleme bei Kauf und Verkauf von Liegenschaften sowie bei der Ausstellung von Führerscheinen haben aufgehört. Allerdings wird die Unterdrückung bis zu einem gewissen Grade fortgesetzt.

Deutlich verbessert hat sich die Repräsentanz der türkischen Minderheit in der Politik. Noch bei den Parlamentswahlen vom September 1996 gab es eine 3-Prozent-Wahlhürde, um Minderheitenparteien am Einzug ins Parlament zu hindern. Wegen der 3-Prozent-Hürde auf nationaler Ebene änderten die Minderheiten in Thrakien ihre Politik. Sie stellten keine rein ethnischen Parteien mehr auf, sondern platzierten ihre Kandidaten in den Reihen der griechischen politischen Parteien. Heute gibt es 3 türkische Parlamentarier: Der eine ist bei der konservativen Nea Dimokratia, der andere bei den Sozialdemokraten von PASOK und der Dritte bei der Vereinten Linken.

So, wie es in der Türkei Menschen gibt, die das Risiko auf sich nehmen, die Kurden zu verteidigen, gibt es auch Griechen, die es riskieren, für die Türken in Griechenland zu sprechen. Nur Batur, die Korrespondentin der Tageszeitung *Hürriyet* in Griechenland, interviewte am 2.12.1996 Panagiotis Dimitras, bekannt als Sprecher für Minderheiten- und Menschenrechtsfragen. Aus diesem Grund, und weil er über die Rechte der türkischen Minderheit sprach, wurde er in den griechischen Universitäten zur Persona non grata erklärt.

Es bedarf großen Mutes, einer türkischen Zeitung ein Interview zu geben und darin die offizielle griechische Politik zu kritisieren. Dass Dimitras diese Courage nicht fehlte, wird in dem Interview klar:

> Es gibt Verbotszonen in Griechenland. Die betreffenden Gesetze haben sich nicht geändert. Spezielle Pässe sind für die Menschen, die dort leben, ausgestellt worden. Man kann diese Zonen nicht ohne Polizeigenehmigung betreten. Erklärungen, dass diese Zonen nicht existierten, sind nur Show. … Alles über die Minderheit wird durch das berühmte „Büro für kulturelle Angelegenheiten“ kontrolliert. Dieses Büro hat Beziehungen zu den Geheimdiensten und zum Außenministerium. … In diesem Sinne lebt die Minderheit in einem Ghetto. Aber es gibt weniger Belästigungen als in der Vergangenheit. … In den Fünfzigerjahren wurde die Minderheit „Türken“ genannt. Man wurde bestraft, wenn man sie „Muslime“ nannte, weil zu jener Zeit die Beziehungen mit der Türkei gut waren. Wir hatten gute Beziehungen zur Türkei, aber schlechte zu Bulgarien. … Wir schickten die Pomaken zu türkischen Schulen. Wir sagten, „ihr seid keine Pomaken, sondern Türken“. Dann hatten wir Krisenzeiten mit der Türkei wegen der Ereignisse von 1955, 1964 und 1967. So begannen wir, die Türken zu „moslemisieren“. Wir begannen, sie zur Migration zu zwingen. Wir begannen eine stille ethnische Säuberung durchzuführen, wie sie (gegen die Griechen) von Istanbul durchgeführt wurde. Wenn es keine Veränderung in der Politik geben wird, könnte Griechenland alle vier oder fünf Monate vom *Europäischen Gerichtshof für Menschenrechte* wegen der mazedonischen und türkischen Minderheit bestraft werden. Griechenland kann nichts mehr erreichen, indem es Minderheiten belästigt. Das Spiel ist aus.

Das Schweigen der griechischen Journalistinnen und Journalisten über die Situation in West-Thrakien erklärt Dimitras so: „Wenn sich Intellektuelle fürchten, wie kann man erwarten, dass Journalisten sprechen?"

Ich glaube, es ist nicht ungerecht, die Position griechischer Journalisten bezüglich der Minderheiten in ihrem Land als „ignorant" und „uninformiert" zu bezeichnen.

> G-15: Die Mehrheit der griechischen Journalisten, die über die türkische Minderheit schreiben, war nie in Komotini. Sie kennen Komotini nicht. Die türkischen Zeitungen schicken ihre Korrespondenten dorthin. Aber die griechischen schicken nur jemanden, wenn es Probleme gibt und etwas zu Bruch gegangen ist. Oft benutzen sie die Informationen, die ihnen das Gouverneursamt dort aushändigt. Ich kann nicht sagen, wie viele Journalisten mit Sadık Ahmet gesprochen haben. Wenn 100 Journalisten über ihn geschrieben haben, dann schätze ich, dass nur zwei mit ihm Kontakt aufnahmen. Die anderen brauchten nicht mit ihm zu sprechen. Er ist Moslem, er ist auf der Seite der Türkei. Das ist alles. Auf der anderen Seite habt ihr die Kurden-Frage. Die türkischen Journalisten sind viel mehr in dieser Sache engagiert. Auch wenn das Risiko, die kurdischen Gebieten zu besuchen, größer ist, gehen viele Journalisten dorthin. *Birand* ist gegangen und sprach mit Apo. Es gibt Fernsehprogramme und Bücher darüber. Als Apo Öcalan eine Pressekonferenz gab, schickten die Zeitungen ihre Korrespondenten ins Bekaa Tal...
>
> G-16: Das ist typisch für Griechenland. Kein Journalist geht nach Thrakien. Wenn man über diese Themen schreibt, bekommt man nur Feinde. Die ausländischen Korrespondenten in Griechenland kennen die Situation der Pomaken und Türken viel besser als ihre griechischen Kollegen. Gerd Höhler[3] ist einmal von der Polizei verhaftet worden, als er Fotos von einer Moschee machte.
>
> G-19:Ich muss zugeben, dass ich nie dort war. Ich habe keine persönlichen Gefühle, doch ich glaube, dass jede Minderheit respektiert werden muss.

Viel interessanter waren die Aussagen von G-17. Sie ist Reporterin bei einer Zeitung und beim staatlichen Fernsehen. Sie sagte, dass die Menschen in Thrakien sich selbst als eine Minderheit se-

[3] Korrespondent einer deutschen Zeitung, lebt in Athen, berichtet auch über die Türkei.

hen sollten. Sie sollten alle Rechte vom griechischen Staat bekommen. Als sie den Staat erwähnte, sprach sie von „wir" und fügte hinzu, dass Griechenland versuchen müsste, „sie" dazu zu bringen, dass „sie" sich als Bürger „dieses Landes" fühlten. Sie sagte auch: „Sie werden Griechen sein, die eine muslimische Sprache sprechen." Es schien, als ob sie Probleme hätte, das Wort „türkisch" zu benutzen, selbst, wenn es sich nur um die Sprache handelte. Trotz ihrer „guten Absichten" bringt ihre nationalistische Haltung sie dazu, unbeabsichtigt auch die türkische Sprache ins „muslimische Konzept" einzufügen.

Im Gegensatz zu den türkischen Journalisten, die, mit einer Ausnahme, alle den Terminus „Kurden-Frage" benutzten, machten nur sehr wenige griechische Journalisten, einschließlich der Linken, von der Bezeichnung „türkische Minderheit" Gebrauch, wenn sie über die Türken in West-Thrakien sprachen. Als ich für meine Frage die Bezeichnung „muslimische Minderheit" wählte, antwortete G-20: „Du bist vorsichtig genug, muslimische Minderheit zu sagen, und nicht türkische." Er sagte:

> Ich denke, sie können sich selbst „Türken" nennen. Skopje kann sich „Mazedonien" nennen, nur ich kann darüber nicht schreiben. Und Nichts wird geändert, wenn ich darüber schreibe. Die muslimische Minderheit wird nicht gerade rechtens behandelt hier. Natürlich wird dieses Thema auch von den verschiedenen türkischen Regierungen benutzt. Aber der einzige Weg ist, mit ihnen zusammenzuleben, ihnen alle Rechte als Menschen und Bürger Griechenlands zu geben. Nur dann kann der Propaganda der Türkei entgegengewirkt werden.

Verschiedene griechische Journalisten, die Kritik an der Politik der griechischen Regierung übten, nahmen direkt danach die Türkei ins Visier. G-6 sagte, dass die Lösung für die Probleme der muslimischen Minderheit auf internationalen Abkommen basieren müssten. Dann sagte sie mit einem sarkastischen Lächeln auf ihrem Gesicht: „Das gilt aber auch für die Türkei!" G-18, ein bekannter linker Journalist, machte – wie so oft – Witze über die griechische Politik:

> Die Minderheit in Thrakien? Wenn du damit Ost-Thrakien meinst, sind wir bereit, es zu befreien. Meinst du Ost- oder West-Thrakien? Wir sind bereit, Ost-Thrakien von der türkischen Besatzung zu befreien. Die Straße, in der ich wohne, heißt „Ost-Thrakien-Straße". ... Um ehrlich zu sein, für mich

> gibt es keine Probleme. Ich glaube, dass diese Menschen griechische Bürger sind, sie können sich selbst nennen, wie sie wünschen. Türken, Muslime, Griechen. Das ist etwas, worüber sie entscheiden, nicht wir. Gemäß der *Konferenz für Sicherheit und Zusammenarbeit in Europa* können sie sich als Minderheit sogar „Eskimos" nennen. Ich denke, der griechische Staat und die Gesellschaft müssen noch einiges für sie tun. Zuallererst müssen sie alle Rechte bekommen. Weil sie nicht viele Rechte haben. Es gibt eine Art Diskriminierung gegen diese Menschen. Die zweite Sache, die getan werden muss, ist, dass die Situation mit der Türkei geklärt wird. Ich kann es nicht erlauben, ich kann es nicht ertragen, wie sich die türkische Regierung, der Staat oder die Geheimdienste in die Angelegenheiten der Minderheit einmischen. Sie nutzen diese Minderheit aus. Ich will diese Minderheit frei, aber nicht missbraucht. Ich mag nicht sehen, wie Herr Sadık (Ahmet) hinter Herrn Özal herläuft und „Sayın Başbakanım, Sayın Başbakanım (Mein Ministerpräsident, Mein Ministerpräsident)" ruft. Özal ist nicht sein Ministerpräsident.

G-10, ein linker Journalist, schien auch die Berichterstattung der türkischen Presse über die Situation in West-Thrakien zu verfolgen. G-10 sagte, das Problem sei multidimensional und die Menschen tendierten dahin, nur auf die eine Seite der Münze zu schauen. Nach G-10 war die Mehrheit der Berichte in den türkischen Zeitungen nach demselben Klischee geschrieben:

> Es gibt schlechte Griechen, und es gibt eine türkische Minderheit. Die schlechten Griechen unterdrücken die türkische Minderheit. Das alles wird in der Türkei veröffentlicht. Es ist wahr, dass der griechische Staat die türkische Minderheit unterdrückt. Darüber gibt es keinen Zweifel. Es ist dumm, die Türken nicht „Türken" zu nennen. Wenn man die Sache näher betrachtet, wird man aber auch andere Aspekte des Problems sehen. Es wurde der türkischen Minderheit erlaubt, in Thrakien zu leben, so, wie Griechen in Istanbul leben sollten. Schau dir an, was der griechischen Minderheit in Istanbul widerfahren ist. Ihr Besitztum wurde geplündert, sie wurden geschlagen und sind geflohen. Wenn der Druck auf Minderheiten gewogen werden könnte, dann sollte die griechische Regierung geehrt werden, weil sie sich ziemlich freundlich gegenüber der türkischen Minderheit verhält. Keine griechische Minderheit ist in Istanbul übrig geblieben, aber in Griechen-

> land sind es über 300 000 Menschen, die der türkischen Minderheit angehören. Sie besitzen Land in Griechenland. Sie haben auch Häuser in der Türkei, und ihre Kinder besuchen Universitäten in der Türkei. Man kann auch solche Berichte schreiben. Wenn man die Dinge noch näher betrachtet, wird man sehen, dass die Hodschas in den Moscheen von Thrakien Löhne von den türkischen Geheimdiensten beziehen. Diese Hodschas hetzen die Menschen gegen die Christen auf. … Wenn man die Dinge näher betrachtet, wird man sehen, dass auch die Hand von Saudi Arabien mit im Spiel ist und dass Riad Löhne an manchen Hodscha bezahlt. Man wird sehen, dass die von der Türkei und Saudi Arabien bezahlten Hodschas auf Konflikt- und Konfrontationskurs sind. Man wird auch Menschen sehen, die Propaganda machen, so in dem Stil „wir haben Zypern gerettet, wir werden auch euch retten. Schickt eure Kinder nicht auf ihre (griechischen) Schulen." Man wird sehen, dass die Bildung unterbrochen wurde, weil der türkische Staat seit 30 Jahren keine Bücher mehr schickte. Aus der Nähe betrachtet, wird man auch die Hände von USA und Bulgarien im Spiel sehen. All das sind die verschiedenen Aspekte der Geschichte von West-Thrakien. Jeder nimmt sich einen Aspekt, der seinen eigenen Ansichten entspricht, heraus.

Einige griechische Journalisten sagten, dass sich die muslimische Minderheit selbst einer besseren Integration in die griechische Gesellschaft widersetzte, indem sie ihre Kinder nicht auf griechische Schulen schickte. G-21 sagte, dass es nicht möglich sei, von Unterdrückung der türkischen Minderheit zu sprechen, wohl aber von sozialer Diskriminierung. Er bezeichnete die Praxis, der Minderheit keine Führerscheine auszustellen, als „idiotische Sanktionen" und sagte, dass letztendlich die türkische und die griechische Mafia davon profitierten. Am wichtigsten ist nach Meinung von G-21 der soziale Aspekt des Problems:

> Das andere Problem ist, dass die Moslems noch sehr konservativ sind. Deswegen schaffen sie sich ein Ghetto. Sie leben in der Tat in einem Ghetto, aber nicht, weil es ihnen aufgezwungen wurde. Vor einigen Jahren versuchte die griechische Regierung, sie aus ihrem Ghetto zu bekommen, doch sie scheiterte daran. Große Fehler wurden gemacht, was die Bildung betrifft. Da sie griechische Bürger sind, müssen sie Griechisch lernen, um innerhalb der Gesellschaft leben zu können, Universitäten besuchen zu können…

> Es scheint, als ob es Menschen auf beiden Seiten gibt, die so etwas nicht wollen. Ein anderes Problem ist das Generalkonsulat, das ein politisches Zentrum geworden ist. Das ruft Reaktionen hervor, Kettenreaktionen. So sind die Dinge viel komplizierter geworden.

G-5 sagte, dass sowohl Ankara als auch Athen die Minderheit in Thrakien für ihre eigenen politischen Zwecke benutzten. Sie fügte hinzu, dass diese Minderheit nicht nach Ankara schauen würde, wenn die griechische Regierung ihr wirklich geholfen hätte. G-8 vergleicht die Situation der türkischen Minderheit mit der Situation der griechischen Minderheit in Albanien und warnt: „Dort gibt es eine dominierende Tendenz zum türkischen Nationalismus. Das erschwert die Situation. Es könnte zu einer Explosion kommen.“

G-12 ist ein liberaler griechischer Journalist:

> Das Problem hätte vielleicht gelöst werden können, wenn ein brutales Gesetz sie zurück in die Türkei geschickt hätte, damals, als die türkische Seite die Griechen aus Istanbul vertrieb. Es ist auch möglich zu sagen: Ich bleibe in einem Land mit 15 000 US-Dollar Pro-Kopf-Einkommen und kann überall in Europa reisen. Oder, ich gehe in ein muslimisches Land (die Türkei) und lebe mit einem Einkommen von 2000 US Dollar. Die griechische Regierung führte ihnen diese zwei Möglichkeiten nicht vor Augen. Sie ging den mittleren Weg. Sie ließ sie keine Traktoren kaufen, keine Führerscheine machen. Das war Scheiße! Entweder ist man ein brutaler Staat oder ein europäischer. Beides geht es nicht. Man tut das eine oder das andere. Man gibt vor, ein demokratischer Staat zu sein, gleichzeitig unterdrückt man einen Teil der eigenen Bürger mit kleinen Alltagsproblemen. Das ist es, was Griechenland getan hat.

Als im Sommer 1993 und 1994 diese Interviews geführt wurden, hatte die griechische Regierung die Politik des Führerscheinverbots und der Einschränkungen bei Kauf und Verkauf von Liegenschaften bereits aufgegeben. Auf einer Reise in die Region entschuldigte sich der damalige Premierminister Mitsotakis bei der Minderheit dafür.

G-14, noch am Beginn ihrer journalistischen Karriere, betrachtet sich selbst als zentrumsnah, arbeitet aber bei einer rechten Zeitung. Sie beschuldigte den griechischen Staat für das, was passierte. Doch ihre Argumente setzten auch andere Akzente.

Sie warf der Regierung in Athen vor, sie selbst hätte der muslimischen Minderheit die Gründe geliefert, sich „Türken" zu nennen. G-14 sagte: „Die griechische Regierung hat der muslimischen Minderheit erlaubt, viel zu viel zu weinen, viel zu viel zu schreien. In Griechenland gibt es kleinere religiöse Minderheiten wie die Katholiken, die Protestanten. Sie weinen nicht wie die Muslime, die sich Türken nennen. Meiner Meinung nach sind sie eine religiöse Minderheit, die in Griechenland lebt. Nicht mehr und nicht weniger."

G-11, Chefredakteur einer linken Zeitschrift, kritisierte die offizielle Politik nicht allzu sehr. Er sagte, die Frage der Muslime sei ein generelles Problem in Griechenland und nicht spezifisch für West-Thrakien:

> Es gibt Muslime auf Rhodos, auf Kos, auch in anderen Teilen des Landes. Sie können arbeiten, sie machen Geld, sie führen Tavernen. Bis jetzt hat es keine Probleme gegeben. Die türkische Minderheit lebt in Thrakien seit dem vierzehnten Jahrhundert. Sowohl die Regierung als auch das türkische Konsulat und der Geheimdienst MIT tragen die Verantwortung für die bestehende Situation. Es ist dumm zu behaupten, dass Griechenland eine Politik der ethnischen Säuberung anwendet, um die Minderheit aus der Region zu vertreiben... Sehr dumm ist auch die Art, wie die türkische Regierung die Minderheit ausnutzt. Es ist nicht sehr schön, wie sie, als Minderheit, in Griechenland Probleme verursachen. Mit einer intelligenten Politik hätte die Minderheit keine Probleme mit Griechenland gehabt. Im Vergleich zu seinen Nachbarländern hat Griechenland den kleinsten Anteil an Minderheiten, nur 2 Prozent.

G-4 ist ein Journalist mit guter Kenntnis beider Länder. Ich möchte mit seinen Aussagen das Kapitel über die türkische Minderheit in West-Thrakien abschließen:

> Die West-Thrakien-Frage hat immer die Stifte der Journalisten in Brand gesetzt. Es gibt Kollegen, die dorthin reisten, Interviews führten und über die Ungerechtigkeit dort schrieben. Doch sie konnten ihre Artikel nicht veröffentlichen. Damit solche Geschichten veröffentlicht werden, scheint es, als ob es notwendig wäre, dass die dortigen Türken zu den Waffen greifen, revoltieren und die Unabhängigkeit erklären. Artikel über Thrakien können veröffentlicht werden, wenn die Minderheit

etwas Negatives verursacht. Alles Positive von Seiten der Minderheit findet in der griechischen Presse keinen Platz.

Für griechische Journalisten gibt es gewisse nationale Tabus. Man kann sich nicht außerhalb des offiziellen Rahmens bewegen. ... Die Bulgaren haben angefangen, die Minderheit in Bulgarien „türkische Minderheit" zu nennen, doch die Griechen nennen sie immer noch „muslimische Minderheit in Bulgarien". West-Thrakien stellt eines unserer vier stärksten Tabus dar. Menschen gehen tagelang in den Hungerstreik, sie demonstrieren, und kein Wort wird darüber geschrieben. Mitsotakis hat einmal die Region besucht. Irgendwie hat er sich entschuldigt. Er sagte: „Wir kennen ihre Probleme, und sie werden nicht mehr existieren." Seitdem gibt es wirklich eine Veränderung. Jetzt bekommen sie ihre Dokumente für Liegenschaften und Führerscheine.

XI.4 Die Mazedonien-Frage und die griechischen Journalisten

Der Nationalismus der griechischen Medien kann auch mit der *Mazedonien-Frage* getestet werden. Als diese Interviews 1993 in Athen geführt wurden, stand Mazedonien im Brennpunkt der Politik, und die griechische Politik störte diesbezüglich die *Europäische Union* empfindlich.

Als Mazedonien seine Unabhängikeit erklärte, sich „Republik von Mazedonien" nannte und den „Stern von Vergina" zum Wappen auf ihrer Nationalflagge machte, fingen die Proteste in Griechenland an. Die Unabhängigkeit der Früheren Jugoslawischen Republik von Mazedonien FYROM, die 1991 erklärt worden war, frustrierte Griechenland zunehmend. Griechenland akzeptiert weder die Staatsfahne noch den Namen „Mazedonien". Beides ist für Griechenland eine Beleidigung des griechischen kulturellen Erbes (Triandafyllidou und andere, 1977: 2.1.-3.5). Den „Stern von Vergina", der die Fahne der FYROM schmückt, betrachtet Griechenland als das Emblem des Kaiserreichs von Alexander dem Großen. Da er als der wichtigste historische Held von Griechenland angesehen wird, gehört auch sein Symbol zum griechischen Kulturerbe und zur nationalen Tradition. Dieser Ansatz betrachtet die griechische Kultur als Besitz des griechischen Nationalstaates.

Nach Triandafyllidou benutzt der Staat diesen nationalistischen Ansatz, um die Aufmerksamkeit der Menschen von der internen politischen und ökonomischen Krise abzulenken und sie auf den künstlich erzeugten „gemeinsamen Feind“ FYROM zu lenken. Rozakis (1994: 48-68), ehemaliger stellvertretender griechischer Außenminister, schrieb, dass die griechische Außenpolitik 1991 „mazedonisiert“ wurde. Er wies darauf hin, dass die wirkliche Krise am 3. Januar 1992 mit einer Erklärung des Pressesprechers des griechischen Außenministeriums begann. Er sagte: „Wir haben immer wieder erklärt, dass Griechenland nie mit der Pseudoidentität Mazedonien einverstanden sein wird. Sie verfälscht die Geschichte und beleidigt die Griechen.“ Rozakis sagte auch, dass Athen die Illusion hatte, die internationale Gemeinschaft würde die Ansichten Griechenlands teilen und sie unterstützen. Tatsächlich aber hatte die EU angefangen, sich auf verschiedenen Wegen von Griechenland zu distanzieren, schon um zu vermeiden, dass dieses Problem zu einer internen Angelegenheit der EU würde. Die EU zog es vor, dass sich die *Vereinten Nationen* mit dem Problem beschäftigten.

1992 wurde entschieden, dass „Griechenland nie einen Staat anerkennen würde, dessen Name das Wort Mazedonien oder Ableitungen daraus beinhaltet“. Doch andere EU-Länder fingen an, Mazedonien mit Namen, in denen das Wort „Mazedonien“ vorkam, anzuerkennen. Währenddessen begann Athen, darüber nachzudenken, seine Politik, die zur Isolation führte, zu ändern. Das war jedoch nicht leicht. Der berühmte Satz von Ministerpräsident Mitsotakis „Niemand wird sich in 10 Jahren an das Problem mit Skopje erinnern“ führte zum Rücktritt von Außenminister Antonis Samaras. Samaras, ein Hardliner in Bezug auf die Mazedonien-Frage, gründete eine eigene Partei (Politischer Frühling) und führte im August 1993 den Zusammenbruch der Regierung herbei. Im Oktober 1993 gewann die PASOK von Andreas Papandreou die Wahlen. Die Krise eskalierte weiter, als die neue Regierung ein Embargo gegen die FYROM verhängte. Doch die Dinge begannen, sich zu ändern, und die Spannung ließ nach. Im September 1995 wurde das Embargo aufgehoben, und die Beziehungen zwischen Athen und Skopje verbesserten sich in gewisser Weise. Mazedonien änderte nämlich Fahne und Verfassung, und das Problem mit dem Namen der neuen Republik wird von den Vereinten Nationen gelöst werden müssen. Griechenland schlägt vor, dass Mazedonien zwei Namen bekommt: einen für seine internationalen Beziehungen und einen, der von Griechenland anerkannt wird.

Die damaligen innergriechischen Auseinandersetzungen konzentrierten sich auf den Namen für die neue unabhängige jugoslawische Republik. Es gab so große Widerstände, dass Studenten zu einer 19-monatigen Haftstrafe verurteilt wurden, weil sie den Namen „Mazedonien“ benutzten. Dieses Ereignis spaltete die griechischen Intellektuellen in zwei Lager: Die Intellektuellen, die im Namen der Demokratie und der Redefreiheit die Studenten unterstützten, sahen sich einer weit größeren Gruppe von Universitätsprofessoren, Schriftstellern und Journalisten gegenüber, die dagegen war. Es war fast unmöglich, jemanden zu treffen, der sagte: „Ein Staat kann den Namen benutzen, der ihm gefällt. Was haben wir damit zu tun?“ Die Mehrheit der Journalisten, die sich als Linke oder Liberale betrachteten, zeigten sich tolerant, doch es gab auch Linke, die gegen den Namen Mazedonien waren. Sie gaben „wissenschaftliche“ und „historische“ Erklärungen für ihre Einwände.

G-8 sieht sich als Linker und beschreibt die Zeitung, bei der er arbeitet, als links-liberal. Er sagt, dass die Mazedonien-Frage eine kleine Sache war und glaubt, dass ein großes Chaos durch die rechten Gesellschaftsmächte innerhalb Griechenlands verursacht wurde:

> Es gibt eine rechte Dynamik hier. Ich glaube nicht, dass Mazedonien eine Gefahr für Griechenland darstellt. Sie haben den Namen „Mazedonische Republik des Früheren Jugoslawien“, und das haben wir akzeptiert. Wir hatten Einwände wegen ihrer Verfassung. … Es gibt eine kleine (mazedonische) Minderheit in Griechenland. Wenn sie ihre Sprache benutzen wollen, sollen sie; sie sollen auch ihre Schulen haben.

G-9 brachte ihre Ideen zur Mazedonien-Frage zum Ausdruck, nachdem sie betont hatte, dass „für sie die Gefahr bestand als Verräterin abgestempelt zu werden“. Und sie fügte hinzu, dass sie ihre Meinung in der Zeitung, wo sie arbeitet, nicht zum Ausdruck bringen könnte. Sie sagte: „Die Menschen in Mazedonien sollten sich Mazedonier nennen dürfen und ihren Staat Mazedonien. Griechenland sollte ein gutes Nachbarland sein, wirtschaftliche Beziehungen fördern und aufhören, ein Feind zu sein.“

Andere Journalisten teilten die die Meinung von G-9. Sie sagten, dass sie diese Ansichten aber nicht in ihren Zeitungsartikeln veröffentlichen könnten. Manche hatten keine Einwände gegen den Namen „Mazedonien“, während andere die Notwendigkeit betonten, dass man eine Unterscheidung zwischen dem griechischen und dem restlichen Mazedonien machen müsse. G-18 war einer von ihnen:

> Ich glaube, der Name Mazedonien muss mit der klaren Differenzierung anerkannt werden, dass sie keine Mazedonier, sondern Slawen oder irgendetwas anderes sind. Geographisch betrachtet liegt Mazedonien in Griechenland, in Bulgarien und in Jugoslawien. Wenn wir die Vergangenheit anschauen, hat Griechenland früher die Mazedonische Föderalrepublik von Jugoslawien anerkannt. Wir hatten keine Probleme. Das Problem kam mit der Unabhängigkeit. Samaras entdeckte Mazedonien im Jahre 1992. Jetzt sagen sie Skopje, Skopje... Es gibt kein Land, das Skopje heißt. Zwischen 1945 und 1991 schrieb nie eine griechische Zeitung den Namen Skopje. Weder linke noch rechte. Alle schrieben die Republik Mazedonien von Jugoslawien der Slawomazedonier. Wir nennen sie nicht albanische Minderheit oder Zigeuner-Minderheit.

Manche griechischen Journalistinnen und Kollegen, die strikt gegen die Benutzung des Namens Mazedonien waren, kritisierten die griechischen Regierungen für ihre frühere, zu weiche Politik, die diesen Namen erlaubte. Verschiedene Journalisten aus dem ganzen politischen Spektrum gaben historische, ethnische und geographische Erklärungen ab, um zu begründen, warum die neue unabhängige jugoslawische Republik den Namen Mazedonien nicht benutzen dürfe:

> Skopje ist eine Art trauriger Geschichte. Es ist ein perfektes Beispiel dafür, wie man aus dem Nichts ein Problem schaffen kann. Es wurde erzeugt durch eine Gruppe von Menschen, die in Dimensionen der Zwanzigerjahre denken. Während der Zwanzigerjahre bestanden einige darauf, den Slawen, die einen Dialekt des Bulgarischen sprachen, einen Namen zu geben, der Bezug auf die geographische Region nahm. Das ist ein Rezept für Katastrophe. Diese fing 1945 an, als die Region Republik von Mazedonien genannt wurde. Die Reaktion von Griechenland war gleich null, denn Griechenland glaubte damals, dass sie nie auf internationaler Ebene als Mazedonien erscheinen, sondern durch Jugoslawien repräsentiert werden würde. So trugen beide zum Problem bei. Während des Osmanischen Reiches war Mazedonien der Name der geographischen Region, wo Griechen, Juden und andere lebten (G-21).

G-11, der radikal linke Journalist einer linken Zeitschrift, sagte, dass die *Skopje-Frage* eine „große Dummheit“ sei und dass sowohl Griechen als auch Mazedonier die Verantwortung für diese Dummheit trügen. Er beschuldigte allerdings nur die Mazedonier:

> Ich habe Mazedonier getroffen, mit ihnen gesprochen, ich kenne ihre Probleme. Es gibt zwei Nationen in Mazedonien: Albaner und Slawen. Die Slawen sind allerdings Bulgaren. Das ist eine lustige Geschichte. Sie änderten die Endungen bei den Namen. Aus Petrov wurde Petrovsky. … Wir suchten einen mazedonischen Dichter. Es gibt keinen. Es gibt nur bulgarische Dichter. Die Slawen von Mazedonien bestehen aus verschiedenen Gruppen. Eine Gruppe ist pro-, eine andere antibulgarisch. … Die Geschichte wurde in Mazedonien so schlecht behandelt, dass auch viele Mazedonier … sagten, sie wären keine Mazedonier. … Hier an der Pontus-Universität organisierten linke Studenten ein Forum und luden mazedonische Intellektuelle ein. Es wurde über die Fahne-Frage debattiert. Geschichtlich gesehen haben sie einen Löwenkopf auf rotem Hintergrund; das benutzten sie auch, als sie gegen die Osmanen revoltierten. Jetzt sind es die Oppositionsführer, die es benutzen. Sollte Gligorov die Fahne zurücknehmen, würde dies zu einer Konfrontation mit seinen Rivalen führen. Also, er entschied sich für eine andere Fahne und nahm diese auch.

G-19, der sich selbst als „Eurokommunisten“ sieht, sagte, dass er nicht versteht, warum sie es ihnen erlaubten, den Namen Mazedonien jahrelang zu benutzen. G-21 sagte, das Skopje-Problem werde durch diejenigen verursacht, die nichts von der Geschichte wissen und schob die Schuld auf die Nationalisten in Mazedonien. „Als die Region von Mazedonien unter osmanischer Besatzung war, war das in der Tat ein Tiegel von Menschen, die einen unterschiedlichen ethnischen Ursprung aufweisen konnten. Dann begann die nationalistische Bewegung der Mazedonier. Diese waren Mazedonier bulgarischen Ursprungs“, sagte G-21. Er, wie viele andere griechische Journalisten, argumentierte, dass es in der Tat keine mazedonische Nation gebe und dass Mazedonien, geographisch betrachtet, zu Griechenland gehöre. Damit teilt er die Meinung der überwiegenden Mehrheit, die glaubt, dass die neue unabhängige jugoslawische Republik kein Recht hat, den Namen „Mazedonien“ zu benutzen.

Die Ansichten der Journalisten bezüglich der nationalen Tabus und die Tatsache, dass sie diese in ihren Artikeln nicht zum Ausdruck bringen können, liegt am nationalistischen Druck von außen. Dieser Druck kommt jedoch nicht immer vom Staat. Oft reagiert die ganze öffentliche Meinung. Bezeichnend dafür sind die Erklärungen eines griechischen Journalisten, der bei der linken satirischen Zeitschrift *Pontiki* arbeitet, wo man noch am ehesten über nationale Tabus schreiben kann:

> *Pontiki* unterstützt Serbien ohne jeden Vorbehalt. Ich unterstütze Serbien nicht. Für mich ist Serbien am meisten für das verantwortlich, was in Jugoslawien passiert. Ich schreibe meine eigenen Ansichten, doch sie veröffentlichen auf der gegenüberliegenden Seite einen anderen Artikel, um meinen auszubalancieren, um ihn meinem entgegenzusetzen. Ich kämpfe mit den Lesern. Als ich sehr kritisch über Serbien schrieb, bekam ich Leserbriefe, die sagten: „Wir kannten dich als einen Mann der Linken. Doch jetzt unterstützt du den amerikanischen Imperialismus und Fundamentalismus." Viele Briefe landeten auf dem Schreibtisch meines Chefs, doch er feuerte mich nicht. ... Die Serben sind nicht meine Brüder. Ich habe Brüder überall auf der Welt. In Serbien, in der Türkei, in Israel.

In der Berichterstattung über nationalen Themen gibt es in Griechenland wie auch in der Türkei „eine doppelte Neigung": Die erste Neigung wurzelt im persönlichen Nationalismus der einzelnen Journalistinnen und Journalisten. Die zweite hat mit einem Nationalismus zu tun, der die persönlichen Ideen des Journalisten übersteigt.

Kapitel XII
Ethik im Journalismus

Emile Durkheim (1962), einer der Gründer der Soziologie, betont, dass jede soziale Aktivität eine ethische Disziplin braucht, und unterstreicht, dass jeder Beruf einen *ethischen Verhaltenskodex* und *Berufsstandards* zum Wohle der Gesellschaft haben sollte. Der Journalismus ist keine Ausnahme. Trotzdem beklagte sich jeder Journalist, der für diese Studie interviewt wurde, über den Mangel an ethischem Bewusstsein in Griechenland und in der Türkei und betonte, dass es bei der heutigen Ausübung des Journalismus unmöglich sei, über Berufsethik zu sprechen.

Die Mehrheit der griechischen und türkischen Journalisten beantwortete die Frage nach Ethik sehr knapp: Es gibt keine Ethik. Der einzige Journalist, der über die Existenz eines ethischen Prinzips in Griechenland sprach, war G-8. Er sagte: „Es gibt die Ethik, dass man Kollegen nicht angreift. Kollegen beschützen einander." In der Türkei hingegen kann man führende Journalisten finden, die oft Krieg gegeneinander führen, statt sich gegenseitig zu beschützen.

Manche griechischen Journalisten denken, dass die mangelnde Berufsethik im Lande mit der mangelnden Berufsausbildung zu tun hat. Doch andere Journalisten sagten, dass Studenten der vor kurzem eröffneten Journalistik-Schulen ein noch niedrigeres Ethikverständnis hätten. Was wiederum zeigt, dass der Besuch einer Journalistik-Schule nicht unbedingt zu einem höheren Verständnis von Berufsethos führt. Einige griechische Journalisten betonten, dass es Regeln gibt wie zum Beispiel Respekt vor der *Off-The-Record-Information* und „Themen bei

Kollegen nicht klauen". Doch sie fügten schnell hinzu, dass „niemand diese Regel respektiert". G-14 sagte, dass sie nicht stolz ist, „eine griechische Journalistin zu sein, wenn es um Ethik geht". G-18 sagte, dass die Ethikprobleme begannen, wenn ein Reporter den Eingriff seines Chefs in die eigenen Artikel akzeptierte. „Sie setzen deinen Namen unter den veränderten Artikel. Nach einigen Monaten akzeptiert man mehr und mehr und zum Schluss endet man damit, dass man für Geld alles schreibt", sagte er.

Manche Journalisten entwickeln ihre eigenen Prinzipien und versuchen, ihnen zu folgen. G-19 nannte diese Prinzipien, „nicht diejenigen zu attackieren, die sich nicht wehren können, und nicht provokativ zu schreiben". Doch alle waren sich einig darin, dass eine *ethische Degenerierung* fortschreitet. G-2 sagte:

> Mit der journalistischen Ethik geht es immer mehr abwärts. Zum Beispiel, vor einigen Jahren, es war 1985, gab es etliche Diskussionen über die Berichterstattung eines brutalen Mordfalls. Der Mann hatte seine Frau zerstückelt. Eine Zeitung veröffentlichte das Bild des Opfers. Alle protestierten. Doch seit 1985 haben wir viel schlimmere Bilder im Fernsehen gesehen. Seit 1985 hat unsere Sensibilität erheblich abgenommen.

G-20 sagte, dass es mehrere Beispiele gibt, wie die Grenzen des seriösen Journalismus in Griechenland überschritten werden:

> Die Affäre von Papandreou mit Liani ist ein gutes Beispiel dafür, die Persönlichkeit der Sekretärin der Kommunistischen Partei ein anderes. Sie war Mitglied der stalinistischen Flügel der Kommunistischen Partei und wurde zur Vorsitzenden gewählt. Damals war die Tendenz, sie nicht für ihre Ideen zu kritisieren, sondern für ihre Körperformen. Es gab eine Reihe von Witzen über sie.[1]

Ein anderer Grund für die ethische Degenerierung in den griechischen Medien ist universeller: die engen Beziehungen zwischen Journalisten und den Kreisen der Macht. G-21 sagte, dass sich viele griechische Journalisten um die Verbesserung des Le-

---

1 Die Generalsekretärin der Kommunistischen Partei, Aleka Papariga, war übergewichtig, als sie gewählt wurde. Das erste, worüber die Medien schrieben, waren ihre überflüssigen Kilos. Später nahm Papariga ab, doch dann wurde ihre Diät wichtiger als ihre politischen Ansichten.

bensstandards Sorgen machen. Und er fügte hinzu, dass sie „die Beziehungen zu den Machtzentren und der Regierung so weit ausnutzten, dass sie sogar Zement für den Bau ihres Hauses umsonst bekamen“. Als anderen Grund für die ethische Degenerierung nannte er die *Struktur des Medienbesitzes*:

> Weil wir keine strikte ethische Regel haben und die Besitzer sich um solche Dinge nicht kümmern, versuchen viele Journalisten, Druck auf Regierungen und Parteien auszuüben. Durch ihren Einfluss versuchen sie zu erreichen, dass gewisse Dinge auf eine gewisse Art geschehen. Sie versuchen, Teil der regierenden Macht zu sein, der Machtelite.

Die türkischen Journalistinnen und Journalisten gaben ähnliche Antworten wie ihre griechischen Kolleginnen und Kollegen. Sie sagten, sie könnten sich unter Ethik im Journalismus nichts vorstellen. Manche begründeten den Mangel an Ethik mit den großen Einkommensunterschieden zwischen den Journalisten, andere nannten die Eigentumsstrukturen oder die Beziehungen zur Machtelite. Andere wiederum nannten als Grund die „Verkaufskampagnen“. T-2 sagte, dass ein „Gesetz des Dschungels“ in der Journalistenwelt herrsche und fügte hinzu: „Es gibt nichts, womit man die armen, ungeschützten Menschen vor der Presse schützen kann. Es gibt keine Regel, die Journalisten in ihrer Beziehung zueinander befolgen. Geld, Erpressung, Geheimnisenthüllung, alle diese Mittel werden benutzt, wenn Journalisten sich gegenseitig bekämpfen.“

Viele türkische Journalisten betonten, dass die ethische Degenerierung verstärkt nach 1980 einsetzte. T-4 sagte:

> Vor 1980 galt es als eine sehr große Beleidigung, jemanden „Dieb“ zu nennen. Es war unverzeihlich, die berufliche Position für die persönlichen Interessen zu benutzen. Natürlich gab es Menschen, die so etwas taten, doch sie versuchten, es zu verbergen. Die ethischen Werte der Welt begannen 1980 zu erodieren. In den Achtzigern integrierte sich die Türkei in die *freie Marktwirtschaft*. Die alten Werte wurden während dieser Zeit zerstört. Es wurde üblich, dass man mit Journalismus Geschäfte machte, dass man manche Probleme mit der Regierung löste, indem man seine berufliche Position ausnutzte. Geld wurde zum einzigen Wert. Diejenigen, die nicht mitmachten, wurden als Idioten betrachtet. Jetzt rennen Zweidrittel unserer Kollegen nur hinter dem Geld her.

Die Journalistinnen und Journalisten bemerkten, dass *Blutvergießen* und *Gewalt im Fernsehen, rassistisch und sexuell diskriminierende Artikel* in der Presse und der *Sensationsjournalismus* durch den Mangel an Ethik verursacht wurden. Sie sagten, dass all dies das Land „zu einer verrückten Gesellschaft mit schizophrenen Menschen“ macht.

Eine andere Beschwerde im Hinblick auf die Berufsethik in der Türkei betraf die Differenz zwischen Inhalt und Titel einer Geschichte. Die türkischen Journalisten beschwerten sich auch über Reporter, die vom Schreibtisch aus Storys fabrizieren, die wiederum einen großen Teil der *Regenbogenpresse* ausmachen. T-15 betonte, dass solche unverantwortlichen Artikel den Weg für Familientragödien ebneten:

> In manchen türkischen Zeitungen kann man diese Art von Nachrichten lesen: „Der Holzfäller blieb den ganzen Tag im Hause von Ayşe aus Üsküdar.“ Tatsache ist, dass es keine Ayşe gibt, auch keinen Holzfäller, doch die Zeitung bringt so eine Geschichte mit ein bisschen Sex und Abenteuerelementen. Wie aber kann man das den Laien erklären? Nachdem sie die Story gelesen hatten, machten sich Leute auf die Suche nach Ayşes in Üsküdar. Der Ehemann jeder Ayşe fängt an, Zweifel an seine Frau zu haben. Diese blöde Geschichte kann zu Kämpfen zwischen allen Ayşes und ihren Gatten führen. Das kann zu einer Scheidung führen. Wie kann man über Ethik sprechen, wenn solch eine Verantwortungslosigkeit herrscht?

Ein Korrespondent der Tageszeitung *Sabah* gab ein anderes Beispiel von Verantwortungslosigkeit:

> Diese Nachricht wurde 1995 in unserer Zeitung veröffentlicht. Es wurde darüber berichtet, dass ein Student sich umbrachte, nachdem der stellvertretende Direktor ihm die Erlaubnis verweigerte, die Schule zu verlassen. Es hat einen Studenten gegeben, der Selbstmord begangen hatte, doch es war unklar, warum. Nachdem der Artikel erschienen war, töteten Verwandte des Studenten den stellvertretenden Direktor aus Rache. Später kam heraus, dass an dem Tag, wo ihn angeblich der Student angesprochen hatte, der stellvertretende Direktor nicht einmal in der Schule war.

Ein anderes ethisches Problem in der Türkei ist, dass man Geschenke von Informanten akzeptiert. Nach 1980 hat es einen regen Austausch von Geschenken zwischen Journalisten und ihren Quellen gegeben. Das Wort „Austausch“ ist eigentlich fehl am Platz, denn nur die Journalisten waren die Empfänger jener Geschenke. Die Partei des Richtigen Weges DYP der damaligen Ministerpräsidentin Tansu Çiller verteilte 1996 goldene Münzen an die Korrespondenten, die über die Aktivitäten der Partei berichteten. Als das bekannt wurde, gab es einen Skandal kleineren Kalibers. Hinterher wurde auch aufgedeckt, dass die hauptoppositionelle Partei, die Mutterlandspartei ANAP, das Gleiche getan hatte, nur, dass die ANAP-Korrespondenten es für sich behielten. Als alles an die Öffentlichkeit gelangte, versprachen die Reporter, dass sie die goldenen Münzen einer Stiftung übergeben würden. Doch sie vergaßen schnell ihre Versprechen. Die zweite Hälfte der Neunzigerjahre erlebte einen unbegrenzten Austausch von Geschenken. Pressekonferenzen wurden mit Promotionen gestaltet. Die Tageszeitung *Siyah Beyaz* schrieb am 28.02.97, dass die DYP Geschenk-Schecks im Gesamtwert von 10 Millionen TL an die Korrespondenten verteilte. Damals lehnten die Journalisten die Schecks ab. Die Behauptung, dass ein Parlamentarier von Antalya während des Opferfestes von 1998 Schafe an Journalisten verschenkte, führte zu Protesten der Journalistischen Vereinigung von Antalya. Nach T-17 ist das Beschenken der Journalisten eine neue Tradition, die von Präsident Turgut Özal eingeführt wurde. T-17 gab zu, selber beschenkt worden zu sein:

> Ein Kollege schreibt einen Artikel zu Gunsten der Firma EuroGold, die in der Nähe der Stadt Bergama[2] im Westen nach Gold suchte. Es war ein kleiner Artikel, der die Goldsuche mit Zyanid pries. … Ein Jahr später wurde unser Chefredakteur in Istanbul von EuroGold auf eine Reise nach Australien geschickt, damit er sich über die dortigen Methoden der Goldsuche informierte. Niemand bekam Wind von dieser Reise. Solche Vorfälle vermehrten sich während der Özal-Ära. Özal nutzte den Wunsch der Journalisten, nahe an der Macht zu sein, am besten. Er lud sie zum Mittag- und Abendessen ein. Er schenkte Photoreportern Nikon-Kameras. Plötzlich erhöhte

[2] In der zweiten Hälfte der Neunzigerjahre wurde Bergama, eine west-anatolische Kleinstadt, das Zentrum einer der wichtigsten Bürgerbewegung in der Türkei. Die Bürger von Bergama führten jahrelang einen Kampf gegen die Firma EuroGold, die vorhatte, mit Hilfe von Zyanid Gold zu fördern. Sie demonstrierten, marschierten durch Städte, gingen vor Gericht und boykottierten die Entscheidung mit dem Argument, dass Zyanid die Umwelt und ihre Zukunft vergiften würde. 1997 hatten sie ihren ersten Gerichtserfolg gegen die Firma.

> sich die Zahl der *Özalisten* in der Presse. Eines Tages bekam auch ich ein Geschenk. Ich bekam Stoff, damit ich mir einen Anzug nähen lassen konnte. Es gab genug Stoffe für jeden Journalisten. Der Kleidungsstoff wartete bei mir Zuhause zwei Jahre lang. Irgendwann mal hatte ich einen Anzug nötig und fragte meine Kollegen nach einem Schneider. Sie gaben mir einen Namen. Ich ging dorthin. Als ich mich mit dem Schneider unterhielt, stellte ich fest, dass er mehr Journalisten kennt als ich. Ich fragte ihn danach. Er sagte, Özal hätte Kleidungsstoffe an Journalisten verschenkt und dass sie alle ihre Anzüge bei ihm schneidern ließen. Durch die Geschenke Özals machte der Schneider die Bekanntschaft der ganzen Journalisten-Kolonie in Ankara.

Es gibt auch kleine Geschenke, die nicht der Rede wert sind. Die Journalisten geben zu, dass dies ein ethisches Problem ist, aber sie behaupten, dass die Geschenke, die „wichtige Journalisten" bekommen, viel größer sind, als die Geschenke, die sie bekommen.

Bei Angriffen gegeneinander enthüllen führende Journalisten die „schmutzigen Beziehungen" der anderen. Am 19. September 1994 schrieb *Emin Çölaşan* in *Hürriyet*, dass ein Chefredakteur den Bürgermeister von Istanbul besucht und ihn bedroht habe, weil sein Chef eine Kommunalausschreibung nicht gewonnen hatte. Der Chefredakteur machte sich nichts daraus, seine berufliche Position auszunutzen und den Bürgermeister unter Druck zu setzen. Er schrieb: „Wir werden alles über dich schreiben, wir werden dich vernichten." Diese Drohungen änderten nicht die Ergebnisse der verlorenen Ausschreibung, brachten aber dem Erpresser den Gewinn bei einer weiteren Ausschreibung.

Wenn man über die journalistische Ethik spricht, sollte man unbedingt auch den Fall des Sportjournalisten *Şansal Büyüka* erwähnen. Büyüka hatte sein eigenes Sportprogramm beim Fernsehsender *Kanal D* und attackierte die Rivalen *Show TV* und *Cine 5*, die bei der Ausschreibung für die Live-Übertragung von Fußballspielen gewonnen hatten. Er behauptete, dass diese zwei Fernsehsender „das Recht der Menschen zu freiem Nachrichtenzugang" verletzten, wenn sie keine Kameras von anderen TV-Sendern im Stadion erlaubten. Da es einen großen Wettbewerb für die Live-Übertragung von Fußballspielen unter den Fernsehsendern gab, wurde das Wochenprogramm von Büyüka zu einer Lektion über „Pressefreiheit" und „Menschenrechte zum freien Nachrichtenzugang". Als seine „inbrünstige Kritik" ihren Höhepunkt erreichte, wurde Büyüka samt Team an den Sender *Show*

TV transferiert. Es wurde behauptet, dass er 500 000 US-Dollar dafür bekam, während sich jedes Mitglied seines Teams mit 100 000 Dollar zufrieden gab. Nachdem Büyüka bei *Show TV* angefangen hatte, vergaß er seine Kritik und verteidigte von nun an seinen neuen Sender und dessen Monopol für Live-Übertragungen von Fußballspielen. „Wieviel Dollar kostet die Pressefreiheit, Şansal Abi?“, fragte ihn die Tageszeitung *Radikal*.

Scheckbuch-Journalisten, also Journalisten, die für Nachrichten bezahlen, sind eine sehr neue Entwicklung in der Türkei und verbreiteten sich, als die Konkurrenz unter den Fernsehsendern 1996-97 ihren Höhepunkt erreichte. Über die Verbreitung des Scheckbuch-Journalismus schrieb Prof. Ünsal Oskay (15.01.96) in der *Cumhuriyet*, dass „alles anfing, als Objekt, Verkäufer und Opfer der Liebe betrachtet zu werden, genau wie bei einer Prostituierten“. *Hıfzı Topuz*, der viele Jahre als Direktor der Kommunikationsabteilung der UNESCO arbeitete, sagte, dass, um die Fernsehquoten zu steigern, die Bezahlung von Menschen ein Teil des Spiels sei.

Die Beziehungen innerhalb der neuen Eigentumsstrukturen und die zunehmende Monopolmacht, die eine Ursache für das Abnehmen journalistischer Ethik sind, lassen sich selbstverständlich nicht nur in der Türkei, sondern auch in Griechenland beobachten.

Die große Unzufriedenheit mit der Presse und den Medien im Allgemeinen kann als Anzeichen für die Tatsache betrachtet werden, dass die Medienleute die steigende Verschlechterung und den Verlust an ethischen Werten als ein Problem ihres Berufes ansehen. Wenn jedoch trotz der wachsenden Medienskepsis keine Verbesserungen zu verzeichnen sind, muss das Problem als sehr komplex angesehen werden. Es wird in der Tat nicht allein durch die üblen Charaktere im Medienberuf verursacht, sondern vor allem durch die Struktur des Kommunikationssystems, da im Allgemeinen die Ethik das Produkt der Kultur und der sozialen Struktur eines Landes ist.

In *Ana Britannica* wird Ethik als „das philosophische Fach, das die Qualität und die Wurzel von Werten, die Individuen gemeinsam haben, untersucht, und inwieweit diese Werte moralisch als gut und schlecht, richtig oder falsch definiert werden“. Wie in anderen Kapiteln bereits erörtert wurde, hängt die ethische Verantwortung der Journalistinnen und Journalisten mit der wirtschaftlichen und politischen Freiheit der Medienorganisation, ihrer Macht und der Freiheit derjenigen, die für sie arbeiten, zusammen.

XII.1 *Förderungskampagnen* als Gefahr für die Ethik der Journalisten

In der Türkei schoben viele Journalistinnen und Journalisten die Schuld für die Verschlechterung des Berufsethos auf die *Förderungs- und Lotteriekampagnen* der Zeitungen. Auch wenn Förderung und Lotterie in der griechischen Presse nicht sehr verbreitet sind, betonten auch griechische Kolleginnen und Kollegen, dass diese Kampagnen den anständigen Journalismus in ihrem Land in Gefahr brächten.

Als der Zeitungsverkauf sank, wandten griechische Zeitungsmanager das türkische Modell an und versuchten, durch Förderungskampagnen ihre Zeitungen zu retten. Manche Zeitungen verschenkten Kaffeebecher, Erdöl, Bücher, Wörterbücher, Lexika und Landkarten. Andere kombinierten ihre Kampagnen mit Fernsehprogrammen. Sie veröffentlichten eine Serie von Zahlen in ihren Zeitungen, und die Leser mussten sich Fernsehprogramme ansehen, um diese Zahlen zu ergänzen. Das war eine Art Lotterie, die den Leser zum Schluss mit einem Geschenk belohnte. Doch solche Kampagnen störten den größten Teil der griechischen Journalisten. Von Anfang an wurde gegen die Förderungskampagnen der reichen Zeitungen der Vorwurf erhoben, dass sie unfair gegenüber den armen Zeitungen wären. Die konnten sich solche Kampagnen nicht leisten. Kleine und wirtschaftlich schwache Zeitungen forderten allerdings die reichen heraus, indem auch sie Geschenke an die Leser verteilten. Außerdem protestierten sie vor Gericht gegen diese und beriefen sich auf ein Gesetz aus den 30er Jahren, das es den Zeitungen verbietet, irgendetwas anderes als *Informationen* zu verbreiten.

Da die Förderungskampagnen sich in der Türkei rasch ausbreiteten und wilde Dimensionen erreichten, zeigten sich viele türkische Journalisten bereit, die Kampagnen in Griechenland zu tolerieren. Sie billigten z.B. die Verteilung von „kulturellen Produkten“ wie Lexika, Bücher und Landkarten.

Förderungskampagnen haben in der Türkei eine lange Geschichte. Sie begannen mit *Cumhuriyet*, die heute indes fast die einzige Zeitung ist, die keine Kampagnen betreibt. In den Vierzigerjahren schenkte *Cumhuriyet* ihren Lesern Lexika und organisierte Schönheitswettbewerbe. Ziel war es, westlichen Lifestyle im Lande zu fördern. Doch nach 1980 entwickelte sich dies zu einem unkontrollierbaren Prozess und fing an, gegen die Grundprinzipien des Journalismus zu verstoßen. Als Ergebnis dieser Kampagnen entstand ein *neuer Lesertyp*: Er schnitt den Coupon aus der Zeitung aus und lies sie am Kiosk zurück. Der Leser bekam alles: Autos, Häuser und Fernseher, Flugtickets, ganze Ferienaufenthalte, Computer und Spielzeug. Anstatt in Nachrichten und Personal zu investieren, förderten die Zeitungseigentümer nur ihre Kampagnen. Manche Journalisten sagten: „Der beste Chefredakteur ist nicht mehr derjenige, der die besten Nachrichten bringt, sondern derjenige, der sich die beste Kampagne ausdenkt." Eine solche Förderungskampagne schockierte die Journalisten, als die Boulevardzeitung *Super Tan* bekannt gab, dass diejenigen Leser, die eine bestimmte Telefonnummer wählten, eine „Nacht" mit einer der vier Damen, deren Bilder die Frontseite schmückten, verbringen könnten. Journalisten nannten die Kampagnen „das Karzinom des türkischen Journalismus". Unglaublich, dass sie anfingen, Frauen zu vermieten! Die Reaktionen der Journalisten waren so heftig, dass die *Super Tan* etwas nachgab. Sie zog ihre Kampagne jedoch nicht zurück, sondern änderte bloß den Wortlaut: Aus „eine Nacht verbringen" wurde „Dinner mit", und die Bilder der halb nackten Frauen blieben auf der ersten Seite.

Zeitungen fingen an, jede Art von Haus- und Küchenausrüstung zu verteilen, sodass von nun an in jedem Haushalt der mittleren oder niedrigeren Klasse die gleichen Teller, Messer und Gläser zu finden waren. Die „Leser" kauften die Zeitungen auf der Basis der angebotenen Produkte. Die Händler in Anatolien wurden dadurch zunehmend gestört. Sie behaupteten, dass sie nun ihre Waren nicht mehr verkaufen könnten und drohten, die Zeitungen zu boykottieren. Im Herbst 1995 startete die *Gewerkschaft Konföderation Revolutionärer Arbeiter* eine Kampagne gegen die Zeitungskampagnen. Die Händler protestierten 1998 noch heftiger, als die Zeitungen anfingen, gegen eine Extragebühr Wäsche zu verkaufen. Im Juni 1998 wandte sich die Handelskammer von Adana ATO an das Industrie- und Handelsministerium und bat dringend darum, die Zeitungskampagnen einzustellen. Der Vorstandsvorsitzende von ATO, Fethi Kamışlı, sagte:

> Die Verteilung mancher Produkte durch die Zeitungskampagnen, die eigentlich Produkte sind, die den Konsumenten unter günstigeren Bedingungen auf dem Markt angeboten werden, erschwert nicht nur die Lage unserer Mitglieder, sondern

> zwingt auch die Leser dazu, Geld in ein Produkt zu stecken, das sie erst Monate später erhalten, ohne jegliche Information über den Verbleib ihres Geldes. Unsere Kammer erwartet von den Medienorganisationen, dass sie nur ihre Pflicht erfüllen und das ist, die Öffentlichkeit zu informieren. Deswegen sollten notwendige Veränderungen in dem entsprechenden Mediengesetz stattfinden, und Medienorganisationen sollten daran gehindert werden, dass die unter irgendeinem Namen oder mit irgendeiner Methode Förderungskampagnen organisieren (*Cumhuriyet*, 25.06.98).

Die interessanteste Reaktion gegen diese Kampagnen kam jedoch von der Lokalzeitung *Olay*. Sie erscheint in der Südostprovinz Gaziantep und erklärte am 3. Juli 1995, dass sie für 99 Coupons ein Grab verschenken würde. Die Zeitung argumentierte, dass es, da die Zeitungskampagnen schon alles für „diese Welt“ geben würden, jetzt höchste Zeit sei, auch etwas für die „andere Welt“ zu verschenken.

Die *Kampagnenkosten* spiegelten sich in den Zeitungspreisen wider, sodass plötzlich Zeitungen so viel wie ein Buch kosteten. *Orhan Erinç* (*Cumhuriyet*, 14.12.94) verglich die Zeitungspreise mit den Gehältern. Er schrieb, dass man bei einem Minimumgehalt von 2,5 Millionen TL und einem Durchschnittslohn von etwa 8 Millionen 20 Prozent seines Minimumgehalts ausgeben musste, wenn man täglich die Zeitung kaufte.

Ziya Sonay, Vorsitzender der *Journalisten Gewerkschaft* TGS, sagte über diese Förderungskampagnen:

> Die Chefs investierten in die Kampagnen primär, um ihre Auflagen zu erhöhen, glaube ich. Doch später wurde die Auflagen-Frage vergessen und der Fokus verlagerte sich auf die Produkte, die verschenkt wurden. Die billigen Zeitungen erhöhten ihre Preise durch die Kampagnen um 100 000 TL, sodass viel Bares durch den Verkauf in die Kasse kam. Die Produkte wurden Monate, ja sogar ein Jahr später geliefert. Die baren Gewinne waren sehr groß. Man fing mit den Kampagnen aus Sorge um die Auflagen an. Doch später wurde das Ganze ein rein kommerzieller Handel.

Die Koalitionsregierung zwischen dem islamistischen Premierminister Necmettin Erbakan und der konservativen Tansu Çiller, die Mitte 1996 an die Macht kam, war sich der Gewinne der Medienbosse aus diesen Kampagnen sehr bewusst. Die Regierung wollte deshalb ein Gesetz verabschieden, um die Kampagnen zu stoppen, eigentlich aber, um die Medien zu bestrafen, weil sie sich gegen die Koalition gewendet hatten. Viele Kolumnisten, die persönlich gegen die Kampagnen waren, griffen den Regierungsvorschlag an. Obwohl das Gesetz anti-demokratische Aspekte enthielt, gab es berechtigte Zweifel daran, dass die Journalisten dieses Gesetz wegen seiner anti-demokratischen Inhalte angriffen. Wahrscheinlicher war, dass sie die Interessen ihrer Bosse verteidigten.

Fast jeder Journalist kritisierte die Zeitungskampagnen, mit Ausnahme derjenigen, die diese Kampagnen organisierten, der *Management-Elite* und der Besitzer. Doch die türkischen Printmedien wurden süchtig nach diesen Kampagnen wie ein Junkie nach Heroin. Darüber hinaus bestand die Gefahr, dass hunderte von Journalisten ihre Arbeit verlieren würden, wenn die Kampagnen aufhörten. Deshalb wurden Journalisten, die eigentlich gegen diese Kampagnen waren, unsicher.

Can Aksın, Generalkoordinator der Tageszeitung *Akşam*, die durch die Kampagne „Ein Fernsehgerät für jeden Leser“ ihre Auflage von 100 000 auf eine Million erhöht hatte, sagte: „Es gab zwischen 2,4 und 2,6 Millionen Zeitungsleser in der Türkei, jetzt sind es über 5 Millionen. Man kann auch sagen, dass sie nur Coupons ausschneiden und keine Zeitung lesen. Wenn aber 20 Prozent der Zeitungskäufer lesen, heißt das, dass 500 000 bis 600 000 neue Leser hinzugekommen sind.“ (*Cumhuriyet*, 12.08.95) Die Kampagnen fügten dem Journalismus jedoch großen Schaden zu. Nach einer Untersuchung der Kommunikationsabteilung der *Anadolu-Universität* hatten die Menschen wegen der Förderungskampagnen kein Vertrauen mehr in die türkischen Medien.

Im Gegensatz zur allgemeinen Auffassung verursachten die Kampagnen keine Extrakosten für die Zeitungsbesitzer. Der wichtigste Kostenfaktor ist das Papier. Vor Beginn der Förderungskampagnen verwendeten die Zeitungen Importpapier. Sie bekamen Kredite für 3 Monatszahlungen im Voraus, doch sie bezahlten das importierte Papier erst 3 Monate nach Erhalt. Und sie nahmen jeden Tag Geld aus dem Zeitungsverkauf ein. Ihre Einkommen aus dem Anzeigenverkauf erzielten sie spätestens nach 60 Tagen. Die Zeitspanne zwischen dem Tag, an dem sie ihre Ausgaben bezahlten, und dem Tag, an dem sie ihre Einnahmen machten, war sehr wichtig für alle Unternehmen. Insbesondere in Ländern wie der Türkei, wo die Zinsen sehr hoch sein können, ist der Zufluss vom baren Geld ein sehr wichtiger Faktor für die Unternehmer. Dieser Zufluss von Barem entwickelt sich zu einer sehr wichtigen Einkommensquelle, besonders, wenn die monatlichen Zinsen 7, 8 oder gar 10 Prozent betragen. Das heißt nämlich, dass die Zeitungsunternehmen mit dem Geld aus dem Verkauf circa zwei Monate arbeiten können, bevor sie ihre Ausgaben bezahlen müssen. Wenn 100 Milliarden TL für zwei Monate mit 10 Prozent Zinsen auf der Bank bleiben, gewinnt das Unternehmen 20 bis 25 Milliarden. Der zweite Vorteil der Kampagnen hat mit der Kapazität zu tun. Zeitungsunternehmen entwickelten während der Achtzigerjahre mit staatlicher Hilfe große, zum Teil ungenutzte Kapazitäten. Als die Kampagnen den Verkauf erhöhten, wurde auch die unbenutzte Kapazität ausgelastet. So wurde die „optimale Produktionsebene", die entscheidend für den Profit eines Unternehmens ist, erreicht.

Es darf auch nicht vergessen werden, dass die Zeitungen Druck auf die Regierungen ausübten, um keine Steuern für die Kampagnen zahlen zu müssen. Dies führte zu einer Kostenminderung für die Zeitungsbosse. Außerdem bekamen sie die zu verschenkenden Produkte von Unternehmen, zu denen sie Beziehungen hatten. Zum Beispiel verteilte die *Zeitungsgruppe-Doğan* Fernsehgeräte, die sie von der *Koç-Gruppe* bekam. Mit der unterhielt sie wirtschaftliche Beziehungen. Somit schaffte die *Doğan-Gruppe* einen Markt für einige Hunderttausende Fernsehgeräte der *Gruppe-Koç*. Trotz aller Kritik aus verschiedenen Sektoren der Gesellschaft und von Journalisten tun sich die Medienbosse schwer, den Wettbewerb mit Hilfe der Förderungskampagnen zu beenden.

XII.2 Eine weitere Gefahr für die journalistische Ethik: der zweite Job

Die türkischen Journalistinnen und Journalisten wiesen auf Kolleginnen und Kollegen hin, die einem weiteren Job nachgehen, der mit Journalismus nicht zusammengehen kann. Diese anderen Jobs wurden als „unethisch" betrachtet, da sie meistens damit zu tun hatten, unter Ausnutzung des Journalistenberufes zu mehr Geld zu kommen. „Andere Jobs", die Journalisten ausüben, sind zum Beispiel *Ratgeber bei einem Politiker und bei Firmen*. Die Situation ist eigentlich ziemlich ernst, wenn man der Tatsache ins Auge sieht, dass Politiker und Firmen die Informationsquellen der Journalisten sind. Wirtschaftsreporter sagen, dass ihre Kollegen, die Experten in Sachen Finanzmärkte sind, als „Idioten“ und „naiv“ betrachtet werden, wenn sie nicht in die Märkte investieren. Und sie beschweren sich über „Journalisten“, von denen es heißt, dass sie Portofolios im Wert von Trillionen TL auf dem Stockmarkt haben.

Auch wenn sich griechische Journalistinnen und Journalisten über solche Probleme nicht beklagten, wiesen einige von ihnen durchaus auf ethische Probleme in der griechischen Medienlandschaft hin. Wie ihre türkischen Kolleginnen und Kollegen, arbeiteten griechische Journalisten für 2 bis 3 Medienorganisationen. Das war vielleicht der Grund, weswegen ihnen kaum Zeit und Energie für nichtjournalistische Beschäftigungen blieben. G-1 sagte, dass ein griechischer Journalist mit dem Geld aus nur einer Einnahmequelle nicht leben könne:

Es gibt eine stillschweigende Konspiration unter griechischen Medienarbeitgebern, dass sie den Journalisten Gehälter bezahlen, die kaum zum Leben reichen. Alle bezahlen weniger, als sie sollten. Mit dem Ergebnis, dass sich ein Journalist nach einem zweiten, dritten, ja sogar nach einem vierten Job umsehen muss. Meistens sind das journalistische Tätigkeiten. So kosten sie den jeweiligen Boss nicht viel, und sie verdienen insgesamt genug zum Leben. In den letzten Jahren haben Journalisten angefangen, in den Bereich der *Öffentlichkeitsarbeit* zu gehen, in die *Werbung* oder als *Ratgeber*; sie helfen den Firmen, ihre Botschaften an die Leute zu bringen. G-11 behauptete, dass manche Kollegen als *Pressesprecher für große Firmen* arbeiteten.

Andererseits sagten auch viele türkische Journalisten, ein zweites berufliches Standbein zu haben. Das sei eine ziemlich verbreitete Praxis, obwohl das Gesetz 212 den Besitzern von Presseausweisen verbietet, anderen Arbeiten nachzugehen. Eine kleine Anzahl von Journalisten behauptete, dass diese Praxis nicht verbreitet sei, doch andere wiesen darauf hin, dass es schwer sei, das herauszufinden, da es im Verborgenen geschieht.

T-3 sagte, dass die Journalisten, die sie kannte, keinen zweiten Job hatten. Sie sagte aber auch, dass sie das Konzept „koçancı“ kannte. Dieses Konzept wurde Journalisten nachgesagt, die ihren Beruf ausnutzten, um für Wirtschaftsleute Ausschreibungen zu gewinnen. Sie sagte, dass sich einige Journalisten dadurch bereicherten, dass sie diese „unverschämten Sachen“ machten. T-14 kannte eine andere Methode, mit der sich Journalisten beschäftigen, „appointment circular“. Das erklärte er wie folgt:

> Manche Wirtschaftsleute kommen zu dir und sagen: „Mach mir einen Termin mit dem Minister für Öffentliche Arbeiten,

> und ich werde dir 10 Millionen geben.“ Dann sagt der Journalist, dass es „für 10 Millionen nicht möglich ist, aber für 15“. Oder man spricht nicht über Geld, sondern über das Auto, das inzwischen sehr alt sei. Mit solchen Geschichten beschäftigt sich die Justiz. Der Dialog zwischen der Sekretärin eines Ministers und einem Journalisten wurde aufgenommen und dem Gericht als Beweismaterial vorgelegt.

T-5 betonte, dass eine zweite Beschäftigung ein verbreitetes Phänomen unter Lokaljournalisten auf dem Lande sei. Fast 80 Prozent der Journalisten auf dem Lande dürften einen zweiten Job haben. Einige Journalisten übten eine zweite Arbeit unter dem Namen ihrer Ehefrau aus, andere taten das Gleiche und eröffneten eigene Firmen. T-9 sagte, dass sehr häufig bei Problemen mit dem Staat ausgeholfen werde, beim Umzug von einer Stadt in eine andere, beim Wechsel von einem Arbeitsplatz zum nächsten. T-17 sagte, dass er Konstrukteure kannte, die ihr Geld von den Kommunen schneller bekamen, weil ein Kollege, der gute Beziehungen zum Bürgermeister hatte, nachhalf. Und er fügte hinzu: „Für diesen Service bekam er auch Geld von dem Konstrukteur.“ T-21 sagte, dass es eine Tatsache sei, dass Journalisten in der Türkei Dinge taten, die mit Journalismus nicht kompatibel sind:

> Es gab eine Ausschreibung für die Konstruktion von Fußgängerzonen in Ankara. Der Name des Wirtschaftskorrespondenten unserer Zeitung wurde im Zusammenhang mit der Vermittlung an eine Firma erwähnt. Ich konnte es kaum glauben. Wir fragten ihn danach. Er antwortete: „Natürlich, ich beschäftige mich damit. Selbstverständlich werde ich Geld für die Vermittlung bekommen.“

Die populären Journalisten verdienen sehr gut und brauchen keinen anderen Job. Sie sind bereits halbe Arbeitgeber geworden. Der Boss sagt ihnen: „Mach das und das Programm fürs Fernsehen. Für jede Sendung bekommst du 5 Milliarden. Such dir dein Team. Bezahl die Leute selber.“ Somit ist der Journalist kein Journalist mehr, sondern der Manager einer Firma, Eigentümer eines Unternehmens. Ein Freund von mir bekam ein Arbeitsangebot. Ich fragte ihn, mit wem er gesprochen hatte. Er sagte: „Ich sprach mit Journalist X.“ Dieser Journalist suchte die Korrespondenten aus, den Fahrer, die Sekretärin. Das ist für den Arbeitgeber logisch, denn der Journalist fängt an, wie ein Arbeitgeber zu denken. Wenn er Werbung für das Programm holt, bekommt er

10 Prozent der Einnahmen. Oft werden auch die Ehefrauen als Koordinatoren mit ins Team einbezogen, damit man mehr Geld in der Familienkasse hat. So muss sich der Journalist nicht nach einem anderen Job umsehen, denn der Journalismus selbst ist bereits der andere Job. Wenn ich eine Nachrichtensendung den Islamisten widme, bekomme ich genug Werbung von Ülker[3].

Abschließend sollte erwähnt werden, dass die Existenz eines Kodexes für ethisches Verhalten der letzte Zufluchtsort ist, wo sich der liberale Pluralismus vor der Herausforderung durch die negativen Entwicklungen im Bereich der Kommunikation verstecken kann. Mit dem Hinweis darauf, dass die Journalistinnen und ihre Kollegen mit Hilfe der ethischen Regeln schon das Richtige tun würden, versuchen die liberalen Pluralisten sich über alles hinwegzusetzen, und sie gehen davon aus, dass Journalisten und Medien mit Hilfe des ethischen Kodexes die Wahrheit an die Bürger bringen und sie zum Wohle der Demokratie korrekt informieren. Wenn wir die Erklärungen der türkischen und griechischen Journalisten über die Berufsethik in ihrem Land genau betrachten, dann fällt einem das Argument, dass *Journalismus der letzte Zufluchtsort des Liberalismus* sei, sehr schwer.

[3] Eine Lebensmittelfirma, bekannt für ihre Beziehungen zu den Islamisten

Schlussbemerkungen

Die in diesem Buch präsentierten Aussagen zeigen, dass die türkischen und griechischen Journalistinnen und Journalisten die paradoxe Aufgabe haben, einerseits die die Öffentlichkeit richtig zu informieren und andererseits, die Interessen der Medienbosse und die Interessen ihrer Länder zu wahren. Wenn wir die Journalisten ausschließen, die auf höchster Ebene arbeiten und die direkten Vertreter des Unternehmenschefs sind, kann festgestellt werden, dass sich alle anderen Journalistenkolleginnen und -kollegen zwischen den unterschiedlichen Verantwortlichkeiten hin- und hergerissen sehen. Sie durchleben ernsthafte innere Konflikte. Der von Lukacs bemerkte „Unterschied zwischen dem schriftlichen Werk des Journalisten und seinem Glauben und seiner Ausrichtung“ tritt hier ans Licht.

Insbesondere von den türkischen Journalisten wurde das Fehlen einer starken *Journalistengewerkschaft* beklagt. Trotz des Wunsches nach einer starken Vereinigung, konnte weder bei den griechischen noch den türkischen Journalisten eine konkrete berufliche Ausrichtung auf „eine Art Klassenbewusstsein und das Streben nach einem Klassenbewusstsein“ festgestellt werden. Die Journalisten beider Länder stellten die Tendenz „nach einer beruflichen Selbstkontrolle und Autonomiebestrebung“ realistisch dar. Dennoch sind sie weit von einer solchen „beruflichen Autonomie“ entfernt. Die unter den Journalisten beider Länder am weitesten verbreitete Tendenz ist das Streben nach einem „beruflichen Aufstieg“. Insbesondere in den letzten Jahren ist in beiden Ländern das Streben nach Ruhm und Reichtum, selbst auf Kosten beruflicher Werte, zur treibenden Kraft geworden.

Die *Medienbesitzstruktur* in beiden Ländern unterlag, mehr oder weniger zur selben Zeit und in derselben Art und Weise, einem Wandel. Die traditionellen Zeitungsfamilien verließen den Medienmarkt und wurden durch Geschäftsleute, die ganz andere Interessen haben, ersetzt. Die überwiegende Mehrheit der Journalisten, egal, welcher ideologischen Ausrichtung und egal, auf welchem Karriereniveau, beklagten sich über den negativen Einfluss dieser neuen Besitzstruktur. Eine Ausnahme bildeten lediglich solche Journalisten, die den Gipfel der Hierarchie erreicht hatten. Die Veränderung der Besitzstruktur führte gleichzeitig zu einer *Kommerzialisierung des Mediensektors.* Der Staat verlor sein *Medienmonopol.* Die quantitative Diversifizierung führte jedoch nicht zur Bereicherung und Differenzierung der Inhalte.

Mitten in diesen Umwandlungsprozessen vergaßen die türkischen und griechischen Journalistinnen und Journalisten allerdings nicht, dass ihr Beruf ein Ideal hat, „die Wahrheit zu sagen“. Da jedoch die gegenwärtige journalistische Praxis stark von diesem Ideal abweicht, begann man, Ideale und Prinzipien des Journalismus als „altmodisch“ anzusehen. Der Unterschied zwischen der eigenen *Berufsauffassung* und der *Medienrealität* lässt einige von ihnen depressiv werden und macht sie, wie behauptet, zu „schizophrenen Geschöpfen“.

Auch wenn der *liberal-pluralistische Ansatz* sich keine demokratische Gesellschaft ohne Journalismus vorstellen kann, bemerkten einige Journalistinnen und Journalisten in der Türkei und in Griechenland, dass „die Dinge in einer Gesellschaft viel besser laufen würden, wenn es keine Journalisten gäbe“.

Unter *Medienatmosphäre* wird vom Autor all das verstanden, was die sozial-politische Struktur eines Landes bestimmt. Dazu gehören Kultur, Wirtschaft und Entwicklungsniveau. Trotz des Endes der türkischen Militärherrschaft im Jahre 1983 zeugt die Zahl der inhaftierten und ermordeten Journalisten von keiner allzu demokratischen Medienatmosphäre. Es besteht kein Zweifel darüber, dass die Medienatmosphäre in Griechenland demokratischer ist als in der Türkei.

Die Antworten der türkischen und griechischen Journalistinnen und Journalisten verdeutlichen, dass die *Intentionen der Medienbesitzer* nicht mit den *Grundprinzipien des Journalismus* übereinstimmen. Nicht immer aber existiert ein harmonisches Verhältnis zwischen den Medienbesitzern und der Medienatmosphäre. Es gab Zeiten, in denen die türkischen und griechischen Regierungen die Medienbesitzer mit unterschiedlichen Mitteln unter Druck setzten. In der Regel ist deren Verhältnis jedoch harmonisch und partnerschaftlich. Selbst in höchst antidemokratischen Zeiten, welche sicherlich nicht das Wohl des Journalismus und der Öffentlichkeit im Auge hatten, waren die Beziehungen der Medienbesitzer zu den Kreisen der Macht extrem nützliche und profitable Beziehungen.

Wie in dem Kapitel über die *Medienorganisationen* ausgeführt wurde, räumen diese den Journalisten keine Möglichkeit ein, über den gesteckten Rahmen hinauszugehen. Die *Chefredakteure*, welche als Manager großer und komplexer Medienorganisationen fungieren, verfügten weder in der Türkei noch in Griechenland über eine *wirkliche redaktionelle Unabhängigkeit.*

Obwohl Journalismus heutzutage, hauptsächlich wegen der Journalisten selbst, ein negatives Image besitzt, sind Journalisten und Journalistinnen die einzigen, die das Potential besitzen, Wahrheiten an die Öffentlichkeit weiterzuleiten. Die Journalisten sind es, die sich im Zentrum des Kommunikationsprozesses befinden. Ohne sie geht es nicht weiter. Trotz aller Widerstände gibt es in Griechenland, der Türkei und überall auf der Welt Journalisten, die Belohnungen und Bestrafungen der herrschenden Kreise ignorieren und darum bemüht sind, selbst unter schwierigsten Bedingungen, als Journalisten zu arbeiten. Sie machen einen Funken Hoffnung: Die gegenwärtige Situation wird sich ändern, solange es Journalistinnen und Journalisten gibt, die gegen die *beschämende Situation* angehen.

Die Massen an Zeitungslesern, Radiohörern und Fernsehzuschauern begegnen uns als die passivsten Elemente im Kommunikationsprozess. Die Situation in Griechenland und in der Türkei zeigt, dass sich die Empfänger nicht, wie von den liberal-pluralistischen Ansätzen angenommen, als aktive, einflussnehmende und bewusste Masse darstellen. Sie begnügen sich in der Regel mit dem, was ihnen präsentiert wird, beklagen sich zwar hin und wieder auf individueller Ebene, sie meckern, aber sie machen keinen Versuch, die Situation zu ändern. Die Aufrichtigkeit ihrer Beschwerden ist fraglich, wenn die oberflächlichsten und banalsten Programme zu Rennern werden können.

Trotz dieses negativen Bildes bin ich der Meinung, dass der Journalismus eine *fast heilige Aufgabe* hat, und ich bin davon überzeugt, dass im Journalismus immer noch Kolleginnen und Kollegen arbeiten, die sich dessen bewusst sind. Ich bin auch davon überzeugt, dass diese Journalisten in der Lage sind, den Kommunikationsprozess, über den sie sich so bitterlich beklagen, umzukehren. Aus diesem Grunde kann ich noch immer sagen: „Ich bin ein Journalist“. Auch wenn die Verhältnisse, in denen ich arbeite, mich beschämen. Ich stimme vollkommen mit meinem griechischen Kollegen Papassarantopoulos überein, der sich auf einer Konferenz über die *Medien auf dem Balkan* wie folgt äußerte:

> Um mit einer solchen (negativen) Situation umzugehen, muss man sich folgende Frage stellen: „Wie optimistisch bist du über die Situation der Medien in deinem Land?“ Ich werde mit aller Aufrichtigkeit auf diese Frage antworten. Meine Worte werden pessimistisch bleiben, in meinen Aktionen aber werde ich optimistisch sein. Die einzige Hoffnung für die Massenmedien in meinem Land, welche tagtäglich beweisen, dass sie, genau wie der mythologische Gott *Ianos*, zwei Seelen besitzen, ist es, die Stimmen derer zu vermehren, die davor warnen, dass die Medien bereits auf den Grund gestoßen sind.

Heidegger sagt: „Wir verstehen erst, was ein Hammer ist, wenn er zerbrochen ist.“ Was er damit sagen wollte, ist eigentlich sehr einfach: Der Hammer gehört so zu unserem normalen Alltag, dass wir ihn, ohne über ihn nachzudenken, benutzen. Wir nehmen ihn einfach in die Hand und hauen einen Nagel in die Wand. Wenn aber sein Stiel zerbricht und der Kopf wegfliegt, wird uns richtig klar, was ein Hammer und wozu er gut ist.

Die Journalistinnen und Journalisten wissen, dass der Hammer zerbrochen und der Kopf ihnen davongeflogen ist. Einige, nicht sehr viele, sind dabei, sich einen neuen Hammer zu besorgen. Die Griechen nennen den Journalisten einen *dimosiografos*. Das ist jemand, der für das Volk über Themen schreibt, die das Volk etwas angehen. Es ist an der Zeit, dass die Journalistin wieder zur *dimosiografi* und ihr Kollege wieder zum *dimosiografos* werden.

Dann haben wir einen neuen Hammer, und ich muss mich nicht mehr schämen.

Über den Autor

L. Doğan Tılıç wurde im Jahre 1960 in Niksar (Schwarzmeerprovinz Tokat) geboren. Der Militärputsch am 12 September 1980 zwang ihn, eine Pause in sein Soziologiestudium an der Middle East Technical Universität in Ankara einzulegen. Er wurde vom Militärgericht der Mitgliedschaft in einer linksgerichten Organisation beschuldigt und verurteilt. Bis zu seiner Rückkehr an die Universität im Jahre 1984 blieb er im Militärgefängnis Mamak (Ankara) in Haft. Er absolvierte sein Studium und erlangte 1997 den Doktortitel im Fachbereich Soziologie.

Seit 1998 unterrichtet er an der Fakultät für Kommunikationsforschung der Gazi Universität in Ankara. Im Juni 2002 erhielt er aufgrund seiner akademischen Leistungen den Dozententitel im Fachbereich „Soziologie des Journalismus".

Seine journalistische Arbeit begann er 1987 in der Zeitschrift *2000'e Dogru*. 1990 gehörte er zu den Gründern der Zeitschrift *Demokrat!* und arbeitet als deren Chefredakteur im Ankarabüro. 1988 wurde er Mitarbeiter beim ARD-Radio, ein Jahr später bei der spanischen Presseagentur EFE, für die er auch heute noch als Türkei-Korrespondent tätig ist. Er beobachtete, zeitweise vor Ort, die Konflikte in Afghanistan, von Irak und Saudi Arabien aus verfolgte er den Golfkrieg, wurde Zeuge des Zerfallsprozesses Jugoslawiens, ging zur Beobachtung der Aserbaidschanisch-Armenischen Konflikte nach Karabach und berichtete aus Albanien. Aus der Türkei kommentierte er für den *BBC Weltservice*, das *Nationale Kolumbianische Radio* und die portugiesische Zeitung *Publico*. 1995 und 1996 schrieb er regelmäßig für die Zeitschrift *Siyah Beyaz* außenpolitische Kommentare in seiner Kolumne „Welt und Politik". Er gehörte zum Redaktionsteam der Zeitschrift *Mürekkep*. 1996 wurde er in das Exekutivkomitee der *European Organization for Journalist* gewählt, einer Organisation die 2500 Journalisten aus insgesamt 25 Ländern vertritt. 1998 wurde er in derselben Organisation ins Komitee zur Beoachtung der Pressefreiheit, im Jahre 2000 zum stellvertretenden Vorsitzenden der Organisation gewählt. In der Türkei gehört er zur Fortschrittlichen Journalistenvereinigung *Çağdaş Gazeteciler Derniği*, dort verantwortlich für Internationale Beziehungen. Außerdem ist er Sprecher der *G9-Plattform*, einer Vereinigung von neun Journalistenverbänden.

Zwischen den Jahren 1999 und 2001 gestaltete und moderierte er zusammen mit *Faruk Bildirici* ein medienkritisches Programm für TV8. Im Jahre 1999 erhielten sie dafür die Auszeichnung *Journalist des Jahres*. Dasselbe Programm erhielt im Jahre 2000 den *TV Oskar der Journalistenvereinigung für Radio und Fernsehen*. Für das vorliegende Buch erhielt er den Preis *Journalist des Jahres 1999/Sertel Demokratie Preis* der Sertel Journalistenstiftung.

Tılıç veröffenlichte mehrere Bücher. „Parteien, Bosse, Promotionen" (*Untanıyorum ama Gazeteciyim*) ist 1988 im Iletişim Verlag, Istanbul, und 2000 im Papazisis Verlag, Athen, erschienen.

Quellennachweis

AEJ Annual Report, 1997, *The European Union in the Media 1996*, Madrid: Tabapress.

Agee, W.K., 1983, *Reporting and Writing News*, New York: Harper and Row.

Association for Democracy in the Balkans, 1997, *Democracy and Civil Society in the Balkans*, Thessaloniki: Paratiris.

Akın, D., 1997, „Basında Teşvik Rekoru Çiller'de", *Cumhuriyet*, 13. Mai 1997, Seite 19.

Alemdar, K. und Kaya, R., 1983, Ankara: Savaş Yayınevi.

Altan, Z., 1996, *Radikal*, 26.11.1996.

Albright, M.K., 1983, *Poland: The Role of Press in Political Change*, New York, Praeger.

Altheide, D.L., und Snow, R.P., 1979, *Media Logic*, London: SAGE Publications.

Althusser, L., und Balibar, E., 1970, *Reading Capital*, New York: Patheon Books.

Anderson, B., 1991, *Imagined Communities: Reflections on the Origin and Spread of Nationalism*, London: Verso.

Bakewell, J., und Garnham, N., 1970, *The new Priesthood. British Television Today*, London: The Penguin Press.

Bardoel, J., 1996, „Beyond Journalism. A Profession between Information Society and Civil Society", *European Journal of Communication*, Band 11, Nr. 3, London: SAGE.

Baudrillard, J., 1983, *In the Shadow of the Silent Majorities. Or the end of the Social*, New York: Semiotext.

Baumann, Z., 1990, *Thinking Sociologically*, Oxford: Blackwell.

Beardsworth, A., 1980, „Analysing Press Content: Some Technical and Methodological Issues“, Christian, H., *The Sociology of Journalism and the Press*, Sociological Monograph 29, University of Keele.

Belsey, A., 1992, „Privacy, Publicity and Politics“ in Belsey, A., und Chadwick, R., 1992, *Ethical Issues in Journalism and the Media*, London und New York: Routledge.

Belsey, A. und Chadwick, R., 1992, „Ethics and Politics of the Media: The Quest for Quality“. Ebenfalls in *Ethical Issues in Journalism and the Media.*

Bennett, T., 1980, „Popular Cultur: A ‚feaching Object‘“, *Screen Education*, 34, 17-29.

1982, „Theories of the Media, Theories of Society“, Gurevitch, M., *Culture, Society and the Media*, London: Routledge.

Berle, A., und Means, G., 1968, *The Modern Corporation and Private Property*, New York: Hartcourt Brace.

Bertelsmann Foundation, 1994, *The Resposibility of Television Towards Society*, Gütersloh: Bertelsmann Foundations Publications.

Bildirici, F., 1998, *Gizi Kulaklar Ülkesi*, Istanbul: Iletişim Yayınları.

Blau, P., und Scott, W.R., 1962, *Formal Organisations*, San Francisco: Chandler.

Blauner, R., 1973, *Alienation and Freedom: The Factory Worker and his Industry*, Chicago: The University of Chicago Press.

Blumler, J.G., Katz, E., 1974, *The Uses of Mass Communication*, Beverly Hills: SAGE Publications.

Blumler, J.G., und Gurevitch, M., 1981, „Politicians and Press: An Essay on Role Relationship“, Nimmo, D.D., und Sanders K.R., *Handbook of Political Communication*, Beverly Hills: SAGE Publications.

Bora, T., 1994, *Bosna Hersek: Yeni Dünya Düzeninim Av Sahası*, Istanbul: Birikim.

Bottomore, T.B., und Rubel, M., 1974, *Karl Marx Selected Writings in Sociology and Social Philosophy*, London: Penguin.

Bourdieu, P., 1977, *Outline of a Theory of Practice*, Cambridge: Cambridge University Press.

1980, *Distinction*, Harvard: Harvard University Press.

Bourdieu und Passeron, J.C., 1977, *Reproduction in Education, Society and Culture*, London: SAGE.

Boyce, G., Curran, J., und Wingate, P., 1978, *Newspaper History: From the 17th Century to the Present Day*, London: SAGE.

Bowman, W.W., Johnstone, J.W., und Slawski, E.J., 1976, *The*

Newspeople: U.S., Illinois: University of Illinois Press.

Breuilly, J., 1985, *Nationalism and the State*, New York: Saint Martin's Press.

Broddason, T., 1994, „The Sacred Side of Professional Journalism", *European Journal of Communication*, Band 9, London: SAGE.

Brooks und andere, 1986, *News Reporting and Writing*, 2. Ausgabe, New York: Saint Martin's Press.

Burnet, D., 1992, „Freedom of Speech, the Media an the Law", Belsey, A., und Chadwick, R., 1992, *Ethical Issues in Journalism and the Media (Professional Ethics)*, London und New York: Routledge.

Burnham, J., 1960, *The Managerial Revolution*, Indiana: Indiana University Press.

Burns, T., 1969, *Industrial Man*, London: Penguin.

Calhoun, C., 1993, „Nationalism and Ethnicity", *Annual Review of Sociology*, Band 19, 211-239.

Cameron, J., 1969, *Point of Departure*, London: Grafton Books.

Carmocolias, D.G., 1972, *Political Communication in Greece During The Last Two Years of Parliamentary Democracy: 1965-1967*, Columbia University, Doktorarbeit.

Chomsky, N., und Herman, E. 1979, *The Washington and Third World Fascism: The Political Economy of Human Rights*, Band 1, Nottingham: Spokesman Books.

Christian, H., 1980, *The Sociology of Journalism and the Press*, Sociological Review Monograph 29, University of Keele.
1980, „Journalist's Occupational Ideologies and Press Commercialisation", *The Sociology of Journalism and the Press*, Sociological Review Monograph 29, University of Keele.

Christians, C.G., 1995, „Review Essay; Current Trends in Media Ethics", *European Journal of Cummunication*, Band 10, Nr. 4, London: SAGE.

Cohen, E.D., 1992, *Philosophical Issues in Journalism*, New York: Oxford University Press.

Cohen, S., 1972, *Folk Devils and Moral Panics. The Creation of the Mods and Roccers*, London: MacGibbon and Kee.

Cohen, S., und Young, J., 1973, *The Manufacture of News*, London: Constable.

Coser, L., 1956, *The Functions of Social Conflict*, New York: Free Press.

Cumhuriyet, 1996, „Tükiye, Gazete Sayısıda Üçüncu", 28.11.1996. Methuen.

Curran, J., Smith, A., und Wingate, P., 1987, *Impacts and Influ-*

ence: Essays on Media Power in the Twentieth Century, London und New York: Methuen.

Curran, J., 1980, „Advertising as a Patronage System“, in Christian, H., *The Sociology of Journalism and the Press*, Sociological Review Monograph 29, University of Keele.

3D, 1994, „Bas Küfürü Kap Parayı“, *3D Dergisi*, Nr. 1, Oktober.

Daniel, S.H., 1992, „Some Conflicting Assumptions of Journalistic Ethics“, Cohen, E.D., 1992, *Philosophical Issues in Journalism*, New York: Oxford University Press.

Dayan, D., und Katz, E., 1992, *Media Events. The Live Broadcasting of History*, Cambridge: Harvard University Press.

De La Haye, Y., 1980, *Karl Marx and Frederick Engels on the Means of Communication*, London: I.G. Editions, Inc.

Demirkent, N., 1995, *Medya-Medya*, Istanbul: Dünya Yayınları.

Downing, J., Mohammadi, A., und Sreberny-Mohammadi, A., 1990, *Questioning the Media: A Critical Introduction*, London: SAGE Publications.

Durkheim, E., 1962, *Melek Ahlakı*, Istanbul: Milli Eğitim Başımevi.

Dutton, B., 1986, *The Media*, New York: Longman.

Edelstein, S.A., Ito, Y., und Kepplinger, H.M., 1989, *Communications and Culture: A Comparative Approach*, New York und London: Longman.

Edgar, A., 1992, „Objectivity, Bias and Truth“ in Belsey, A., und Chadwick R., 1992, *Ethical Issues in Journalism and the Media (Professional Ethics)*, London und New York: Routledge.

Erinç, O., 1996 a) und b), *Cumhuriyet*, 8.7.1996, Seite 3.

FAO, 1995, *Report on Safeguarding Future Fish Supplies*, Japan, Kyoto, 4. bis 9.12.1995.

Featherstone, K., 1990, „The Party-State in Greece and the Fall of Papandreou“, *West European Politics*, Band 13, Nr. 1, 101-15.

Fishman, M., 1988, „Crime waves as ideology“ in S. Cohen und J.Young *The Manufacture of News*, G.B.: St. Edmundry Press Ltd.

Fiske, J., 1989, *Understanding Popular Culture*, London: Unwin Hyman.

Gaillard, P., 1991, *Gazetecilik*, Istanbul: Iletişim Yayınları.

Galbraith, J.K., 1983, *The Anatomy of Power*, Boston: Houghton Mifflin.

Galtung, J., und Ruge, M., 1973, „Structuring and Selecting News“ in S. Cohen und J. Young *The Manufacture of News*, London: Constable.

Garnham, N., 1990, *Capitalism and Communication. Global Culture and Economics of Information*, London: SAGE Publications.

Gellner, E., 1994, „Nationalism and High Cultures“ in J. Hutchinson und A. Smith *Nationalism*, Oxford: Oxford University Press.

Giddens, A., *Capitalism and Modern Social Theory*, London: Cambridge University Press.

1985, *The Nation-State and Violence: Volume Two of an Contemporary Critique of Historical Materalism*, Cambridge: Polity Press.

Gilbert, P., 1992, „The Oxygen of Publicity: Terrorism and Reporting Restrictions“, Belsey, A., und Chadwick, R., 1992, *Ethical Issues in Journalism and the Media (Professional Ethics)*, London und New York: Routledge.

Golding, P., 1994, „Telling Stories: Sociology, Journalism and the Informed Citizen“, *European Journal of Communication*, Band 9, 461-84.

Golding, P., und Middleton, S., 1982, *Images of Welfare*, Oxford: Martin Robertson.

Golding, P., und Murdock, G., 1991, „Culture, Communications and Political Economy“, J. Curran und M. Gurevitch, *Mass Media and Society*, G.B.: Edward Arnold.

Gramsci, A., 1971, *Selections from the Prison Notebook*, Q. Hoarew und G.N. Smith, New York: International Publishers.

GUMG, 1976, *Bad News*, London: Routledge and Kegan Paul.

1980, *More Bad News*, Routledge and Kegan Paul.

Gurevitch, M., Bennett, T., Curran, J., und Woollacott, J., 1982, *Culture, Society and the Media*, London: Routledge.

Habermas, J., 1987, *The Theory of Communicativ Action*, Cambridge: Polity Press.

Hall, S., Hobson, D., Lowe, A., und Willis, P., 1984, *Culture, Media, Language*, London: Hutchinson.

Hall, S., 1982, „The Rediscovery of Ideology: Return to the Repressed in Media Studies“, Gurevitch, M., *Culture, Society and the Media*, London: Routledge.

1984, „Encoding and Decoding in the Television Message“, *Culture, Society and the Media*, London: Hutchinson.

Hall, S., Critcher, C., Jefferson, T., Clarke, J., und Roberts, B., 1978, *Policing the Crisis: Mugging, the State and Law and Order*, London: Methuen.

Halmos, P., 1969, *The Sociology of Mass Communicators*, Sociological Review Monograph Nr. 13, University of Keele.

Handy, C.B., 1980, *Understanding Organisations*, Middlesex: Penguin.

Hanlin, B., 1992, „Owners, Editors and Journalists", Belsey, A., und Chadwick, R., 1992, *Ethical Issues in Journalism and the Media (Professional Ethics)*, London und New York: Routledge.

Hansen, A., und Murdock, G., 1985, „Constructing the Crowd: Popular Discourese and Press Presentation", V. Mosco und Janet Mosco, *The Critical Communication Review Popular Culture and Media Effects*, N.J.: Abex.

Harris, N.G.E., 1992, „Codes of Conduct for Journalists", Belsey, A., und Chadwick, R., 1992, *Ethical Issues in Journalism and the Media (Professional Ethics)*, London und New York: Routledge.

Hatch, N.O., 1988, *The Profession in American History*, Notre Dame, IN University of Notre Dame Press.

Hatchten, W.A., 1971, *Muffled Drums: The News Media in Africa*, Ames: Iowa State University Press.

Heidegger, M., 1962, *Being and Time*, New York: Harper and Row.

Helsinki Watch, 1989, *Paying the Price: Press Freedom in Turkey*, USA: Helsinki Watch.

Heper, M., und Demirel, T., 1996, „The Press and the Cosolidation of Democracy in Turkey", *Middle Eastern Studies*, Band 32, Nr. 2 Nisan, 109-123.

Heretakis, E., 1996 a) und b), „Mapping the Media Revolution", *Hermes: Greece Today*, Ausgabe 4, Oktober, Athen, 8-10.
„Quantitative aspects of the Greek media and advertising landscape", *Hermes: Greece Today*, Ausgabe 4, Oktober, Athen 10-15.

Hermann, E., 1990, „Media in the US Political Economy", Downing, J., Mohammadi A., und Sreberny-Mohammadi, A., 1990, *Questioning the Media: A Critical Introduction*, London: SAGE Publications.

Hobsbawm, E., 1990, *Nations and Nationalism Since 1780: Programm, Myth, Reality*, New York: Cambridge University Press.

Hohenberg, J., 1978, *The Professional Journalist*, New York: Holt Renehart Winston.

Horkheimer, M., 1974, *Eclipse of Reason*, New York: Continuum.

Horkheimer, M., und Adorno T.W., 1972, *Dialectic of Enlightenment*, New York: Herder and Herder.

HRFT, 1992, *TURKEY: Human Rights Report 1991*, Ankara: HRFT Publications.

Hutchinson, J., und Smith, A.D., 1994, *Nationalism*, Oxford: Oxford University Press.

ILO, 1968, *International Standard Classification of Occupations*, Genf: International Labour Office.

Inal, A., 1992, *An Analysis of Turkish Daily Press: Event Selection, Text Construction und News Production*, Ankara: METU, Doktorarbeit.

Jackson, J., 1992, „Honesty in Investigative Journalism", Belsey, A., und Chadwick, R., 1992, *Ethical Issues in Journalism and the Media (Professional Ethics)*, London und New York: Rotledge.

Janowitz, M., 1975, „Professional Models in Journalism: The Gatekeeper and His Advocate", *Journalism Quaterly*, Nr. 52, 618-26.

Jensen, K.B., 1992, „Politics of Polysemy: Television News, Everyday Consciousness and Political Action", P. Scannell und C. Sparks, *Culture and Power. A Media, Culture and Society Reader*, London: SAGE.

Jonstone, J.W.C., Slawski, E.J., und Bowman, W.W., 1976, *The Newspeople*, Urbana: University of Illinois Press.

Jung, T.C., 1989, *The Media, Social Conflict And Change In South Korea: A Critical Analysis*, Stanford University, Doktorarbeit.

Karykopoulos, P., 1984, *Yunan Basınının 200 Yılı 1794-1994*, Athen: Gregori Publications.

Kavala, O. 1997, „Mass Media in Turkey", *Democracy and Civil Society in Balkans*, Selanik: Paratiritis.

Kaya, R., 1985, *Kitle Iletişim Sistemleri*, Ankara: Teori Yayınları.
1993, „Media Politics in Turkey", *International Politics: A Balkan Review of Current Affairs*, Nr. 2, Athen.
1994, „A Fait Accompli: Transformation of Media Structures in Turkey", *Studies in Development*, Ankara: METU, Band 21, Nr. 3, 285-311.

Kepplinger, H.M., und Köcher, R., 1990, „Professionalism in the Media World?", European Journal of Communication, Band 5, Nr 2-3, 285-311.

Kedourie, E., 1994, „Nationalism and Self-Determination", Hutchinson, J., und Smith, A.D., *Nationalism*, Oxford: Oxford University Press.

Kimball, S., 1965, „Journalism: Art, Craft or Profession?", Lynn, K.S., *The Professions in America*, Boston: Beacon Press.

Klaidman, S., und Beauchamp, T.L., „The Virtuous Journalist: Morality in Journalism“, Cohen, E.D., *Philosophical Issues in Journalism*, New York: Oxford University Press.

Koheimidou, E., 1987, „Frau und Frauenpresse in Griechenland“, Reiter, N., *Die Stellung der Frau auf dem Balkan*, Wiesbaden: Otto Harrasowitz.

Koheimidou, E., und Meissner, M., 1982, „Presse in Griechenland: Politischer Kurs nach kaufmännischen Kalkül“, *Die Feder*, Nr. 12, 30-4.

Kohn, H., 1967, *The Idea of Nationalism*, New York: Collier.
1968, *The Age of Nationalism*, New York: Harper and Row.

Kominis, L., 1985, *The Crisis of the Greek Press*, Athen: Kaktos.

Laitila, T., 1995, „Journalistic Codes of Ethics in Europe“, *European Journal of Communication*, Band 10, Nr. 4, 527-44.

Lasswell, H., 1948, „The Structure and Function of Communication in Society“, L. Bryson, *The Communication of Ideas*, New York: Harper.

Lazarsfeld, P., Berelson, B., und Gaudet, H., 1948, *The People's Choice*, New York: Columbia University Press.

Liebes, T., 1992, „Decoding Television News: The Political Discourse of Israeli Hawks and Doves“, *Theory and Society*, Nr. 21, 357-81.

Lipmann, W., 1922, *Public Opinion*, New York: Hartcourt Brace.

Lyrintzis, C., 1984, „Political Parties in Post-Junta-Greece: A Case of Bureaucratic Clientelism?“, *West European Politics*, Band 7, Nr. 2, 99-118.

Mancini, P., 1993, „Between Trust and Suspicion: How Political Journalists Solve the Dilemma“, *European Journal of Communication*, Band 8, 33-51.

Marceau, J., 1977, *Class and Status in France: Economic Change and Social Immobility, 1945-1975*, London: Oxford University Press.

Marcuse, H., 1968, *One Dimensional Man*, London: Sphere.

Markezinis, S., 1968, *Political History of Modern Greece* (auf Griechisch), Athen: Papyrus.

Marx, K., 1950, *Preface to a Contribution to the Critic of Political Economy*, Marx-Engels Selected Works, Band 1, London.
1961, *Economic and Philosophical Manuscripts of 1844*, Moskau: Foreign Language Publishing House.

McCombs, M., 1989, „The Promise of Problematic Situations“, Edelstein, A.S., Ito, Y. und Kepplinger, H.M., *Communication and Culture A Comparative Approach*, New York und London: Longman.

McLuhan, M., 1964, *Understanding Media. The Extensions of Man*, London: Routledge and Kegan Paul.

McQuail, D., 1987 a) und b), *Mass Communication Theory: An Introduction*, Newsbury Park: SAGE.

„Commercialization", McQuail, D., und Siune, K., *New Media Politics*, London: SAGE.

Mencher, M., 1994, *News Reporting and Writing*, Dubuque, IA: Wm. C. Brown Communications Inc.

Menem, E., 1996, „Argentine Policy Towards Fishing Around Georgias Islands" (Parlamentolarası Birlik Konreransı), Istanbul: Nisan.

Michalis, M.C., 1994, „Whither Greek Telecommunications Policy? Politics, The State and Telecommunications Policy in Greece", *European Journal of Communication*, Band 9, 441-59.

Millas, H., 1991, „History Textbooks in Greece and Turkey", *History Workshop*, Band 31.

Mills, C.W., 1959, *The Sociological Imagination*, New York: Oxford University Press.

Molotoch, H., und Lester, M., 1974, „News as Purposive Behaviour: On the Strategic Use of Routine Events, Accidents and Scandals", *American Sociological Review*, Band 39, 101-12.

Mouzelis, N., 1980, „Capitalism and the Development of Greek State", Scase, R., *The State in Western Europe*, London: Croom Helm.

1986, *Politics in the Semi-Periphery: Early Parliamentarism and Late Industrialism in the Balkans and Latin America*, London: Macmillan.

Mowlana, H., 1996, *The Global Communication in Transition: The End of Diversity*?, London: SAGE.

Münir, M., 1993, *Sabah Olayı*, Istanbul: Altın Kitaplar Yayınevi.

Murdock, G., 1980, „Class, Power and the Press: Problems of Conceptualisation and Evidence", Christian, H., *The Sociology of Journalism and the Press*, Sociological Review Monograph 29, University of Keele.

1982, „Large Corporations and the Control of the Communications Industries", Gurevitch, M., *Culture, Society and the Media*, London: Routledge.

Murdock und Golding, P., 1978, „The Structure, Ownership and Control of the Press: 1914-1976", Boyce, G., Curran, J., und Wingate, P., *Newspaper History: From the 17th Century to the Present Day*, London: SAGE.

Naser, M.K., 1983, „News Values Versus Ideology: A Third

World Perspective“, Martin, L.J., und Chaudhary, A.G., *Comparative Mass Media Systems*, New York: Longman.

Negrine, R., 1994, *Politics and the Mass Media in Britain*, London: Routledge.

Nieman Reports, 1994, „Can Journalists Shape the New Technologies? Report on Nieman Conference“, *Nieman Reports at Harvard University*, Band 48, Nr. 2, 53-8.

Nordenstreng, K., und Topuz, H., 1989, *Journalist: Status, Rights and Responsibilities*, Prag: International Organisation of Journalism.

O'Neil, J., 1992, „Journalism in the Market Place“, Belsey, A., und Chadwick, R., 1992, *Ethical Issues in Journalism and the Media (Professional Ethics)*, London und New York: Routledge.

Papassarantopoulos, P., 1997, „Mass Media in Greece“, Association for Democracy in the Balkans, *Democracy and Civil Society in the Balkans*, Selanik: Paratiritis.

Park, R.E., 1967, „News as a Form of Knoledge“, Turner, R.H., *On Social Control and Collective Behaviour*, Chicago: University of Chicago.

Peters, E., 1985, *Torture*, Oxford: Blackwell.

Pierce, R.N., 1979, *Keeping the Flame: Media and Government in Latin America*, New York: Hastings House.

Platias, A., 1991, „Greece`s Strategic Doctrine: In Search of Autonomy and Deterrence“, Costas, D., *The Greek-Turkish Conflict in the 1990s*, New York: St. Martin's Press.

Postman, N., 1985, *Amusing Ourselves to Death: A Public Discourse in the Age of Show Buiseness.*

Poster, M. 1995, *The Second Media Age*, Cambridge: Polity Press.

Poulton, H., 1993, *The Balkans: Minorities and States in Conflict*, London: Minority Rights Publications.

Pridham, G., und Verney, S., 1991, „The Coalition of 1980-90 in Greece: Inter-Party Relations and Democratic Consolidation“, *West European Politics*, Band 14, Nr. 4, 42-69.

Psihogios, D., 1992, *Atina Basının Berlisiz Geleceği* (auf Griechisch), Athen: Diavlos.

Reeves, G., 1993, *Communications and the Third World*, New York und London: Routledge.

Rivers, W.L., und Mathews, C., 1988, *Ethic for the Media*, Englewood Cliffs, New Jersey: Prentice Hall.

Rozakis, M., 1994, *Yugoslavya Krizi…* (auf Griechisch), Athen: Gnosis.

Rugh, W.A., 1979, *The Arab Press*, Syracuse: Syracuse University Press.

Rutherford, P., 1996, *Yeni Ikonalar: Televizyonda Reklam Sanatı*, Istanbul: Yapı Kredi Yayınları.

Sağnak, M., 1996, *Medya-Politik*, Istanbul: Eti Kitapları.

Schiff, F., 1996, „The Dominant Ideology and Brazilian Tabloids: News Content in Class-Targeted Newspapers“, *Sociological Perspectives*, Band 39, Nr. 1, 175-206.

Schlesinger, P., 1980, „Between Sociology and Journalism“, H. Christian, *The Sociology of Journalism and the Press*, Sociological Review Monograph 29, University of Keele.

Schichtenberg, C., 1989, „Feminist Cultural Studies“, *Critical Studies in Mass Communication*, Band 6, Nr. 2, 202-8.

Schudson, M., 1978, *Discovering the News: A Social History of American Newspapers*, New York: Basic Book.

1988, „The Profession of Journalism in the United States“, Hatch, N.O., *The Professions in American History*, Notre Dame, IN University of Notre Dame Press.

Shannon, C.E., und Weaver, W., 1949, *The Mathematical Theory of Communication*, Illinois: University of Illinois Press.

Sigal, L.V., 1973, *Reporters and Officials*, Lexington: Heath.

Siune, K., und Truetzschler, W., 1992, *Dynamics of Media Politics: Broadcast and Electronic Media in Western Europe*, London: SAGE.

Siyah Beyaz, 1995, „Dünya Televizyona Teslim“, *Siyah Beyaz*, 15.11.1995.

Smith, A., 1986, *The Ethnic Roots of Nations*, Oxford: Blackwell.

Smythe, D., 1977, „Communication: Blindspot of Western Marxism“, *Canadian Journal of Political and Social Theory*, Nr. 3.

Sönmez, M., 1995, „Medya Sektörü ve Holdingler“, *Ekonomik Forum.*

Stangos, A., 1988, *The Greek Press: Its Functions, Ownership and Relations with the Government*, Athen.

Steeves, H.L., 1987, „Feminist Theories and Media Studies“, *Critical Studies and Mass Communication*, Band 4, Nr. 2, 95-135.

Strafford, T., 1992, „Women and the Press“, Belsey, A., und R. Chadwick, *Ethical Issues in Journalism and the Media (Professional Ethics)*, London und New York: Routledge.

Tester, K., 1994, *Media, Culture and Morality*, London: Routledge.

Thompson, K., und Tunstall, J., 1974, *Sociological Perspectives*, London: Penguin.

Traber, M., 1988, *The Myth of the Information Revolution: Social and Ethical Implications of Communication Technology*, London: SAGE.

Toker, M., 1996, „Benim Gazetecim Işini Bilir“, *Milliyet*, 10.5.1996.

Triandafyllidou, A., Calloni, M., und Mikrakis, A., 1997, „New Greek Nationalism“, *Sociological Research Online*, Band 2, Nr. 1.

Tsaliki, L., 1995, „The Media and the Construction of an Imagined Community: The Role of Media Events on Greek Television“, *European Journal of Communication*, Band 10, Nr. 3, 345-70.

Tuchman, G., 1978, *Making News*, New York: The Free Press.

Tudor, A., 1995, „Culture, Mass Communication and Social Agency“, *Theory, Culture and Society*, Band 12, 81-107.

Tunstall, J., 1970, *Media Sociology. A Reader*, London: Constable.

Turner, R.H., 1967, *On Social Control and Collective Behaviour*, Chicago: University of Chicago Press.

Tuşalp, E., 1995, *Çürüme*, Istanbul: Papirüs Yayınları.

Urgan, M., 1998, *Bir Dinazorun Anıları*, Istanbul: Yapı Kredi Yayınları.

Uysal, A., 1987, *Türk Basınında Muhabir*, Ankara: Gazeteciler Cemiyeti Yayın.

Vilanilam, J.V., 1989, *Reporting a Revolution: The Iranian Revolution and the NICO Debate*, Yeni Delhi: SAGE.

Villaba, M.T., und Mitsos, M., 1996, „The Greek Media and the EU: Between Nationalism and Europeanism“, AEJ Annual Report, *The European Union in the Media 1995*, 142-53.

Ward, K., 1990, *Mass Communications and the Modern World*, London: Macmillan.

Weaver, D., und Wilhoit, C., 1986, *The American Journalist*, Bloomington: Indiana University Press.

Williams, R., 1982, *The Sociology of Culture*, New York: Schocken Books.

Williams, K., 1992, „Something More Important than Truth: Ethical Issues in War Reporting“, Belsey, A., und Chadwick, R., *Ethical Issues in Journalism and the Media (Professional Ethics)*, London und New York: Routledge.

Windahl, S., 1975, *Professionella Kommunikatörer*, Lund: Studentliteratur.

Woollacott, J., 1982, „Messages and Meanings“, Gurevitch, M., *Culture, Society and the Media*, London: Routledge.

Yağız, S., 1996, *Medya-Tiraj-Promosyon ve Gazete Halk Diyaloğu*, Yeni Türkiye.

Youngchul, Yoon, 1989, *Political Transformation And Press Ideology In South Korea*, Stanford University, Doktorarbeit.